"十二五"普通高等教育本科国家级规划教材

法学专业必修课、选修课系列教材

海商法学

Maritime Law

（第四版）

张丽英　著

高等教育出版社·北京

图书在版编目（CIP）数据

海商法学 / 张丽英著. -- 4版. -- 北京 : 高等教育出版社，2022.11
ISBN 978-7-04-058803-3

Ⅰ. ①海… Ⅱ. ①张… Ⅲ. ①海商法-法的理论-中国-高等学校-教材 Ⅳ. ①D922.294.1

中国版本图书馆CIP数据核字(2022)第106037号

Haishang Faxue

策划编辑 姜 洁　　责任编辑 姜 洁 王 鹤　　封面设计 王 琰　　版式设计 于 婕
责任绘图 黄云燕　　责任校对 商红彦 吕红颖　　责任印制 耿 轩

出版发行 高等教育出版社
社　　址 北京市西城区德外大街4号
邮政编码 100120
印　　刷 河北信瑞彩印刷有限公司
开　　本 787mm×1092mm 1/16
印　　张 29.5
字　　数 540千字
购书热线 010-58581118
咨询电话 400-810-0598
网　　址 http://www.hep.edu.cn
http://www.hep.com.cn
网上订购 http://www.hepmall.com.cn
http://www.hepmall.com
http://www.hepmall.cn
版　　次 2006年7月第1版
2022年11月第4版
印　　次 2022年11月第1次印刷
定　　价 67.00元

物 料 号 58803-00

第四版修订说明

自2016年《海商法学》(第三版)出版以来，海商法领域的国内外立法和理论研究有了很大的发展和变化。例如，《中华人民共和国船员条例》在2017年、2019年、2020年分别进行了第四次、第五次、第六次修订；光船租船相关的标准合同格式在2017年进行了修订；劳氏救助合同在2020年进行了修订。特别是《中华人民共和国民法典》在2020年通过，对海商法中的船舶物权及法律适用等方面有一定的影响。此外，这段时期的海商法学术论著也相当丰富，出于对学生负责的态度，有关研究参考书目也需要更新。虽然我国《海商法》的修订工作正如火如荼地进行，但鉴于上述诸多变化，我们仍然决定在2022年对《海商法学》进行第四版修订。

第四版修订的具体内容如下：

1. 依《中华人民共和国民法典》，对涉及原《民法通则》《物权法》《合同法》的内容进行了修订，如有关船舶所有权、船舶抵押权、船舶留置权的内容。

2. 依2020年修订的《中华人民共和国船员条例》，对第三章“船员”进行了相应的修改。

3. 在定期租船方面，增补了纽约土产格式NYPE 2015的内容。

4. 在光船租船方面，增补了“贝尔康”格式BARCON 2001和BARCON 2017的相关内容。

5. 在海难救助方面，增补了劳氏救助标准合同LOF 2011、LSSA 2011条款和LOF 2020修改的内容。

6. 在共同海损方面，增补了2016年修订《约克—安特卫普规则》的主要内容。

7. 更新各章扩展阅读文献。

在修订过程中，十分感谢曾长期从事航运和保险业务的肖钧文博士和徐曦哲博士给予的专业性协助。感谢各位同仁、学生、读者的支持，不当之处，敬请指正。

张丽英

2022年1月27日于北京果岭里

第三版修订说明

本书是普通高等教育“十一五”“十二五”国家级规划教材，于2006年首次出版，2010年再版。此为第三版，本次修订的主要内容包括：在第二章“船舶”，新增了2014年《关于外国船舶司法出售及其承认的国际公约草案》（简称“北京草案”）的有关内容；在第八章“船舶碰撞”，就侵权行为造成人身伤亡的内容，综合依据《中华人民共和国民法通则》《最高人民法院关于审理人身损害赔偿案件适用法律若干问题的解释》《中华人民共和国侵权责任法》等进行了阐述；在第十一章“海事赔偿责任限制”，依据2010年《最高人民法院关于审理海事赔偿责任限制相关纠纷案件的若干规定》进行了修订。

此外，依正文修订的内容对各章思考与辨析部分进行了相应修订，并依近几年新发表的论文和新出版的著作，对各章扩展阅读文献提示进行了更新。

张丽英

2015年8月于果岭里

第二版修订说明

本书是普通高等教育“十一五”国家级规划教材，亦是作者21年海商法教学经验和研究成果的总结。全书共分13章，分别是绪论、船舶、船员、海上货物运输合同、租船运输、海上旅客运输合同、海上拖航合同、船舶碰撞、海难救助、共同海损、海事赔偿责任限制、海上保险合同及时效与法律适用。

本书的特色是：（1）理论与实践相结合。由于海商法具有较强的实践性，本书作者在阐述相关内容时辅助以收集到的港口、船舶、单据等图片及表格资料，帮助读者掌握相关内容。此外，本书除了基础理论的阐述外，还加入了案例的内容，使读者能及时将所学内容运用实例分析。（2）广度与深度相结合。本书的写作既考虑到了广度，又考虑到了深度。广度是将海商法的基本内容全部覆盖。深度则以研究导引的方式，将热点、难点展示给读者，并将相关书目列明，达到引导读者深入研究的目的。（3）中文与西文相结合。考虑到海商法的国际性和专业性，许多西文是采用专门词语表达的，本书列明了重要的专业词语的西文表达（除英文外，还有少量的其他语言文字）及一些定义的英文表述。

在第二版的修订方面，为了使该书更能适应高校海商法教学的需要，与海商立法和实践与时俱进，在应求适用单位各方意见的前提下，作者进行了下列修改和补充：

第一，在内容上，本书在第二版修订中删除了一些过时的内容，并依近年的新发展增加了相应的内容：

1. 在国际条约的适用方面，调整了有关国际公约与国内法关系的内容，结合最高人民法院有关国际条约在我国涉外民商事审判中适用的调研结论，本书对相关内容进行了调整。

2. 在《物权法》对《海商法》的影响方面，考虑到《物权法》的实施对船舶法律性质及船舶物权上的影响，对船舶不同于一般动产的特殊性、船舶物权、船舶共有、船舶抵押权等与物权法相关的内容进行了调整。增加了船舶留置权的内容。

3. 在船舶登记方面，考虑到近年在船舶登记方面的发展，对方便旗的相关内容进行了调整，并增加了有关第二船舶登记制度，以及中资方便旗船“特案免税登记政策”的内容。

4. 在船员方面，增加了有关《中华人民共和国船员条例》与相关配套规章以及外派船员的相关内容。增加了有关《海员协议条款公约》的内容等。

5. 在货运方面，对海上货物运输合同的当事人进行了重新梳理。增加了2009年最高人民法院通过的《关于审理无正本提单交付货物案件适用法律若干问题的规定》的内容，以及2008

年12月11日通过的《鹿特丹规则》的内容。

6. 在旅客运输方面，增加了《2002年海上旅客及其行李运输雅典公约》的相关内容。

7. 在船舶碰撞方面，增加了2008年最高人民法院通过的《关于审理船舶碰撞纠纷案件若干问题的规定》的内容。

8. 在海难救助方面，增加了劳氏救助格式合同2000年的修改，涉及特殊补偿的SCOPIC条款的内容，并修改了中国适用的救助格式合同部分。

9. 在海上保险部分，依2009年修订的《中华人民共和国保险法》在内容上进行了调整；加入了2006年最高人民法院《关于审理海上保险纠纷案件若干问题的规定》的相关内容。

10. 在责任限制方面，加入了1994年修订公约的内容。

11. 对第十三章内容进行了调整，原来为“海事诉讼法”，涉及《海事诉讼特别程序法》、有关扣船的司法解释、海事仲裁等方面，内容较多。本次修订将该章改为“时效与法律适用”，只限于《海商法》涉及的内容。

第二，在载体上，第二版修订增加了光盘，将书面篇幅减小。将书中研究导引、扩展英文阅读资料、某些补充案例、某些单据移入光盘，使内容不减少，但书面的篇幅减少。

第三，在形式上，第二版修订增加了教学课件。增加PPT课件是本书第二版的最大亮点，以提高该书的使用效果。

本书既可供法学专业本科生及研究生教学使用，也可供从事海商法实务的人士参考使用。

张丽英

2010年5月

目　　录

第一章 绪 论

本章教学目的与要求

了解海商法的定义，理解海上运输关系和船舶关系的含义。了解海商法作为一个法律部门，其渊源的多样性。明确海商法在性质上属于民法特别法。

第一节 海商法的概念和性质

一、广义海商法和狭义海商法

The law of admiralty or maritime law, is tentatively defined as a corpus of rules, concepts, and legal practices governing certain centrally important concerns of carrying goods and passengers by water.

关于海商法的定义，有广义和狭义之分。广义的海商法通常是从海商法作为一个法律部门的角度来进行界定的。海商法作为一个独立的法律部门，目前在国际上没有统一的定义，学者的观点也不尽相同。有观点认为："广义的海商法是以与海上运输和船舶有关的社会关系为调整对象的一切法律规范的总和。"[①] 从调整关系的性质上说，广义的海商法既调整平等主体之间的横向民商事关系，又调整纵向的行政关系。从规范上说，广义的海商法包括民商事法律规范、海运行政规范和涉及海运的刑事法律规范。从渊源上说，广义的海商法包括国内立法及相关司法解释、国际惯例、国际条约，在普通法系国家还包括国内判例。狭

① 司玉琢：《海商法专论》，中国人民大学出版社2007年版，第6页。

义的海商法则只调整海上运输关系和船舶关系中平等主体之间的横向民商事关系。我国海商法采用的是狭义海商法的定义。

二、海商法的概念

依《中华人民共和国海商法》[①]第1条的规定，海商法是调整海上运输关系和船舶关系的法律规范的总和。从该条可以看出，我国海商法主要调整两大法律关系，即海上运输关系和船舶关系。

“海上运输关系”主要指承运人、实际承运人和托运人、收货人或旅客之间，船舶出租人和承租人之间有关船舶运输的法律关系。这类关系属于横向的民事或商事关系，具体地体现为各种合同关系，例如，以提单为书面表现形式的班轮运输合同、航次租船合同、定期租船合同、旅客运输合同、海上拖航合同等。

“船舶关系”指船舶所有人、船舶经营人、出租人与承租人之间，船舶抵押人与受押人之间，保险人和被保险人之间，救助人与被救助人之间，海上侵权行为所涉及的当事人之间以船舶作为财产形成的法律关系。这类法律关系又可概括为三类：第一类为合同关系，例如，保险合同、海难救助合同、船舶建造合同、船舶抵押合同、光船租赁合同等。第二类为海上侵权关系，主要指船舶发生碰撞时产生的有关当事人之间的关系。第三类为因海上特殊风险而产生的法律关系，例如，共同海损、责任限制等。海商法调整的关系如图1-1所示。

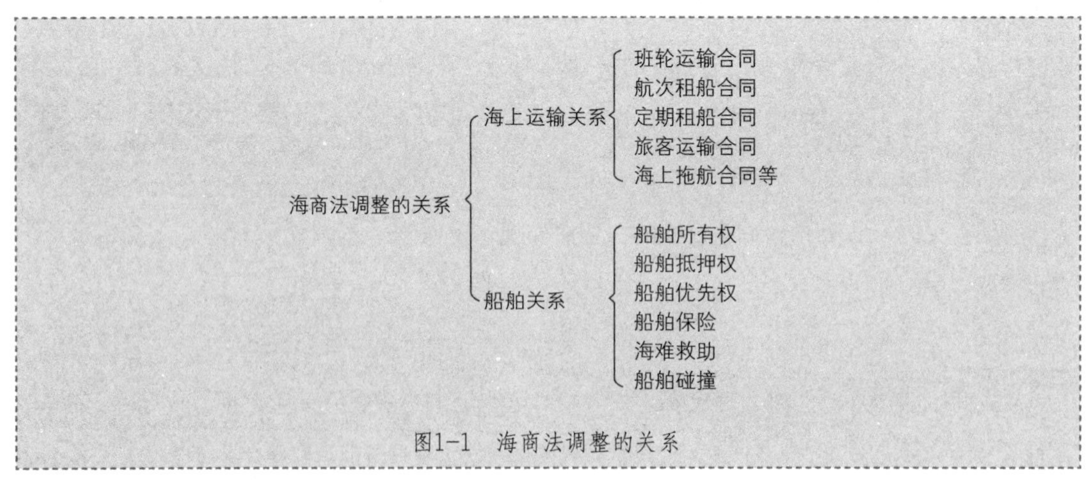

图1-1　海商法调整的关系

① 为行文简洁，本书在引用我国法律法规时，一般使用简称，如《中华人民共和国海商法》简称为《海商法》。特殊注明的除外。

"Admiralty and maritime law" covers a broad range of subjects. This field of law has its own rules relating to jurisdiction and procedure. Classically, maritime law was a species of commercial law, and in many countries it is still treated as such. Thus, this monograph includes topics such as charter parties, carriage of goods, and marine insurance.There are also areas of maritime law that are peculiar to the subject matter. The law of collision, towage, pilotage, salvage, limitation of liability, maritime liens, and general average are unique to maritime law. ①

三、海商法的性质

海商法由中古时代的航运惯例发展而来，在其形成与发展的过程中，学者对其性质一直争论不休，从陆法与海法、公法与私法、国内法与国际法、行政法与民商法等角度提出了各自的看法。有人认为海商法属于民法，有人认为应将其归入商法，还有人认为应将其归入经济法。从各国的情况看，在民商分立的国家，基本上将海商法归入商法或商法特别法的范畴；而在民商合一的国家中，则基本上将其纳入民法特别法的范畴。海商法作为一门综合法，包括很多内容，有民事的、商事的、行政的，甚至包括刑事的内容。其中船舶优先权、共同海损、海事赔偿责任限制等是海商法中特有的制度。因而，海商法应是一个相对独立的法律部门。

（一）广义的海商法是一个独立的法律部门

从海商法这个法律部门来说，其调整的内容较多，既有私法的内容又有公法的内容，既有民商法的内容又有港航行政的内容，很难在性质上将其归入传统法律部门的某一类中，实际上它已发展成为一个独立的法律部门。海商法虽然属于海法，但区域不限于海上，许多陆上的活动因与海上航行有关也受海商法的支配。海商法虽然属于私法，但船舶登记、航海文书、船舶国籍这些港航行政的内容也应属于海商法调整的范围。因此，海商法这一法律部门以私法为主，兼具公法性质。再者，海商法是商法，但诸如船舶碰撞、海员雇用等在性质上非属商法的内容也应适用海商法的规定。因此，广义地说，海商法作为一个法律部门，包括了调整一切

① Robert Force, *Admiralty and Maritime Law*, US Federal Judicial Center 2004, pix.

因航海而发生的权利义务关系的法律规范，并不以商事为限，也不以私法性质为限。海商法法典是国内法，而海商法律部门则具有国际性，国际条约和国际惯例均是海商法这一法律部门的渊源。

（二）狭义的海商法是具有较强国际性的民法特别法①

仅从法典的角度来分析，海商法调整的范围限于横向的民事关系，其性质也基本能统一到民法特别法上来。海商法作为一个法典，是具有较强国际性的民法性质的特别法。在我国海商法的起草过程中，曾经有一稿由于包括了各个方面的内容而长达350条。后将海商法定位在民法性质的特别法这一基点上，其他方面的内容就相应被删除了。例如，有关行政法的内容，如“港航行政”一章、“船员资格”一章，均被取消了；有关船舶检验、船舶登记、海上交通安全等行政管理的内容均未作规定，而是由交通部制定专门的行政法规；关于船长救助人命的刑事处罚问题属于刑法的内容，应在刑法中规定；有关海事诉讼程序的内容，应在程序法中规定，于是取消了“程序规范”一章。此外，对于已有专门规定的部分，海商法也未作规定。例如，因为我国已有《海上交通安全法》和《海洋环境保护法》，所以取消了“油污的责任”一章。现在的海商法所调整的是海上运输关系和船舶关系。这些关系均为平等民事主体之间的横向财产关系和经济关系，属于民事法律的范畴。但海商法又与民法有许多不同之处：首先，尽管两者均为国内立法，但海商法具有较强的涉外性，具体表现在，海商法的渊源除了国内立法外，还包括国际条约和国际惯例。在海商法的效力范围上，其效力可及于本国海域的外国船舶、外国海域的本国船舶及外国海域的外国船舶。其次，两者调整的社会关系也有一定的区别，民法调整的是财产关系和人身非财产关系，海商法调整的是海商和海事关系，虽然这些关系均属于横向的民事法律关系，但具有较强的技术性和专业性，许多问题是民法中没有涉及的。最后，由于在海商领域存在的特殊风险，因而海商法采用了与民法不同的责任制度和赔偿制度。在责

① 尽管很多学者认为海商法是民事特别法，但这种狭义解释已经不能适应海商法发展的需要了。因为从体制上说，海商法的独特性质是民法的基本规则和理念无法包容的。从性质上说，大量海运行政管理法规的出现，强调海洋环境的保护，维护港口国的利益，对船舶和船员要求的提高以保证航海安全等立法理念已在海商法的发展中占据了重要的地位，用奉行意思自治原则的民法规范来调整显得不切实际。因此应该明确规定：海商法是一个调整与船舶和海上运输有关的各种行政的、民商事的关系的法律规范的总称，是一个独立的法律部门。

任制度上，民法采用的是严格的责任制度，而海商法采用的是不完全的过失责任制度。在赔偿上，民法采用的是按实际损失赔偿的原则，而海商法则采用法定的责任限制，因而称海商法为特别法。

可见，海商法是具有较强国际性的民法特别法，其与民法在法律适用上的原则应该是：当海商法与民法有不同规定时，适用海商法的规定；海商法没有规定的，适用民法的规定。例如，《海商法》对船舶碰撞进行了专门的规定，但对于船舶与码头设施相撞等情况，《海商法》没有规定，其损害赔偿应当适用《民法典》关于侵权行为损害赔偿的规定处理。

第二节　海商法的适用范围

一、“水域”的范围

海商法在水域上适用于海洋和沿海（有些章节不适用于沿海），依我国《海商法》第2条的规定，该法所称海上运输，是指海上货物运输和海上旅客运输，包括海江之间、江海之间的直达运输。海商法属于海法，其许多内容是针对海上特有的风险，因此，海商法的适用在地域上有一定的要求，有些国家会对海与非海有一个界定，例如，英国过去以江河入口处的第一道桥梁作为海与非海的界线，因为海船较大，一般不能从桥梁下通过。

海商法的重心在“海”，从海上伸入内陆的“水”，应以海船能达到的“水”为标准适用海商法，“海”的止境是海船不能达到的地方，即使其上游变宽变深又可供海船航行。例如，江河湖泊地带，仍不能视其为与海相通的水域，这些区域也不应适用海商法。当然，可供船舶航行也不是绝对的，如在海边的浅滩部分或海湾处，虽然其深度不能供海船航行，但仍是海的一部分，如在这些地方发生船舶碰撞、共同海损、救助、船舶搁浅等事件，仍应适用海商法的规定。而对于一些本来不能供海船航行的地带，但由于洪水等临时性的原因而使海船可以航行了，仍不能将其归为海商法中的“水”，因而不能适用海商法。

我国《海商法》针对我国沿海货物运输与远洋货物运输的不同，在适用的范围上又加以收缩，《海商法》第四章海上货运的内容不能适用于沿海运输，沿海运输适用的是交通部制定的《水路货物运输规则》及《水路货物运输合同实施细则》。这种状况又被称为“双轨制”。《海商法》第四章“海上货物运输合同”是该法的核心部分，但该部分的内容却不能适用于沿海运输。“双轨制”是计划经济的产物，造成了沿海货物运输与远洋货物运输的承运人事实上的不平等，导致了制度与规则上的不协调。有学者主张，随着沿海运输体制的进一步改革，沿海运输适用海商法的政策和体制方面的障碍将不复存在，两者的统一是可行的。[①]

二、“船舶”的范围

“船”是从事海上活动的必要物，海商法中的“船”不是一般意义上的船舶，依我国《海商法》第3条的规定，该法所称船舶，是指海船和其他海上移动装置，但是用于军事的、政府公务的船舶和20总吨以下的小型船艇除外。

依海商法的规定，总吨位未满20总吨的船舶为小船，不足上述吨位的船舶不适用海商法。军事船舶是供作战用途的船舶，不是商船，不适用海商法的规定；公务船舶指专用于公务目的的船舶，此类船舶的使用不是以营利为目的，其地位也与商用船舶不同，因此也不适用海商法的规定。

三、“事项”的范围

“事项”指“海商法调整的事件”。适用于海商法的“事件”应是与船舶航行、经营和管理等法律活动有关的事件，这些事件主要属于“商事”，但又不限于“商事”。并非发生在海上的事件就一定由海商法调整，如在公海航行的船舶上发生的犯罪，应由刑法来调整，而不是由海商法来调整。在船上发生的事件也并不一定适用海商法，如在海上航行的船舶上订立的婚约不是海上契约，仍应适用婚姻法的有关规定，而不适用海商法的规定。而一些不是发生在海上的事件，如船舶登记、船舶检验、船员雇用、海上商业事件、航海商务等虽然没有发生在海上或与海相通的水域，但仍应适用海商法，因为这些“事件”是海商法调整范围之内的事件。

---

① 傅廷中：《论我国海上货物运输法的统一》，载《中国法学》2003年第6期，第78页。

Maritime law governs events involving vessels on navigable waters. Maritime contracts must relate to the navigation and operation of vessels on navigable waters. Admiralty law will govern only those torts that have a maritime "nexus," i. e., torts that occur on, or impact upon, the operation and navigation of vessels.①

第三节 海商法的渊源及法律适用层级关系

海商法的渊源分为形式上的渊源和实质上的渊源。形式上的渊源指法律规范的表现形式或出处。海商法的形式渊源即由国家机关依法制定的具有不同效力的有关海商与海事的规范性文件的表现形式。实质上的渊源指海商法的由来或其法源，从这个意义上讲，各国的海商法均或多或少采用、吸收或承袭了古代罗得海法、奥列龙法、维斯比海法及罗马法中有关海商事项的规定。

海商法作为一个法律部门，其形式渊源具有多重性，分为国际渊源和国内渊源。国际渊源包括国际立法和国际惯例。国内渊源主要指国内立法和相关司法解释，在英美判例法国家中，国内海商与海事判例也是海商法的渊源。如图1-2所示。

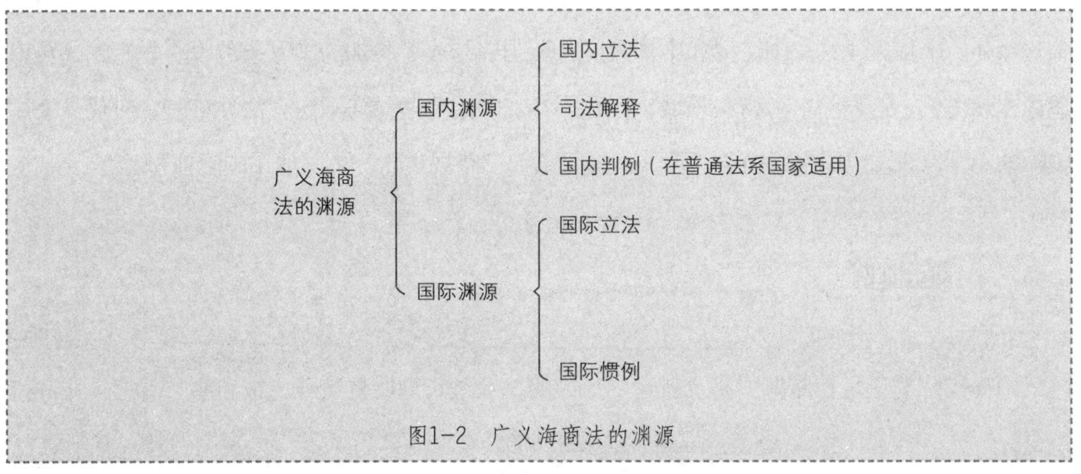

图1-2 广义海商法的渊源

① Frank L. Maraist, Thomas C. Galligan, Jr. Catherine M. Maraist, *Cases and Materials on Maritime Law*,West Group Publishing, 2003, p.37.

一、国际立法

海事国际立法是由两个或两个以上的国家协商一致缔结的有关海上运输、航运安全、船舶管理及赔偿责任等方面的条约。国际公约只在缔约国之间有效，但通过当事人的选择或冲突规范的指引，有些公约在非缔约国的当事人之间也会产生法律效力。例如，《海牙规则》可以通过合同中的首要条款而对非缔约国当事人适用。1989年《国际救助公约》规定，只要有关救助的诉讼在缔约国提起，就适用该公约，而不论当事方的船旗所属国是否为缔约国。对于国内立法与国际公约的规定不统一时应如何处理的问题，国际上有不同的做法。一种做法是直接将国际公约转化为国内法，韩国即采用此种做法；另一种做法是采用二次立法的方法，依国际公约制定国内法，英国即采用此种做法。我国宪法目前尚未规定国际条约在国内适用的方式，以及国际条约与国内法的相互地位。但在民商事领域，原《民法通则》规定了国际条约适用及其地位的原则，其第142条第2款规定："中华人民共和国缔结或参加的国际条约同中华人民共和国的民事法律有不同规定的，适用国际条约的规定，但中华人民共和国保留的条款除外。"依此规定，我国缔结或参加的民商事领域的国际条约，无须转变为国内法，而是当然纳入国内法，可以直接适用。[①]《民法典》删除了此项规定。2018年8月27日全国人大常委会首次审议民法典各分编草案时，已明确民法典不宜设立涉外民事关系法律适用编。[②]关于条约和惯例的适用，《海商法》第268条与原《民法通则》第142条有基本相同的规定：中华人民共和国缔结或者参加的国际条约同本法有不同规定的，适用国际条约的规定；但是，中华人民共和国声明保留的条款除外。中华人民共和国法律和中华人民共和国缔结或者参加的国际条约没有规定的，可以适用国际惯例。这表明在海商法领域，在我国参加的国际条约与国内立法冲突时，应优先适用国际条约，但我国声明保留的条款除外；国际条约没有规定的，可以适用国际惯例。

二、国际惯例

海事国际惯例是在航海贸易及航运中形成的，经过长期反复实践，被当事人普遍采用和遵

---

① 高晓力：《关于国际条约在我国涉外民商事审判中适用的调研报告》，载万鄂湘主编：《涉外商事海事审判指导》（第1辑），人民法院出版社2008年版，第208页。

② 马志强：《民法典编纂背景下国际私法的立法方向》，载《当代法学》2020年第3期，第33页。

守的海事习惯。海事国际惯例有些是不成文的，不成文的惯例的缺陷在于其含义不明，在不同的地区或不同的港口有不同的解释，容易造成法律关系的不稳定；还有一些惯例则通过整理和编纂成为成文的规则，如有关共同海损理算的《约克—安特卫普规则》。该规则经当事人的选择适用而对当事人具有约束力。国际惯例对国际立法和国内立法起着重要的补充作用，依我国《海商法》第268条第2款的规定，在中国法律和中国参加的国际公约没有规定的情况下，可以适用国际惯例。

三、国内立法

海商法的国内渊源主要指国内立法。国内立法是国家立法机关或行政机关颁布的有关航运及海商贸易的各种法律法规的总和。我国立法机关制定的有关海商与海事的国内立法主要有《海商法》《民法典》《民事诉讼法》《海上交通安全法》《海洋环境保护法》等。国家行政机关制定的主要是一系列有关海商与海事的单行法规、决议、决定、命令等。例如，1986年国务院发布的《中华人民共和国内河交通安全管理条例》，1983年国务院发布的《中华人民共和国防止船舶污染海域管理条例》，1976年国务院批准、交通部发布的《中华人民共和国对外国籍船舶管理规则》等。国家立法机关制定的法律的效力要高于国家行政机关制定的单行法规、决议、决定等的效力。

四、国内判例和司法解释

在英美法系国家中，国内判例也是一个重要的国内法律渊源。但在大陆法系及其他成文法国家中，判例不是国内立法，不能作为法院审理案件的法律依据。在我国，国内判例虽然不是国内法的渊源，但国内最高司法机关在司法实践中进行的解释对下级法院的司法实践却起着指导作用。我国属于成文法国家，虽然成文法具有稳定、明确、易于遵守等优点，但也存在过于概括、缺乏灵活性的缺点。当成文法中未予规定或规定的内容不完善时，通过修改法律的方法进行完善是比较困难的（因为为了保证法律的严肃性，法律的修改往往经过法定程序，需要相当长的时间），而司法机关的解释则可以弥补这一不足。在我国，最高人民法院作出的司法解释、批复等对下级人民法院的司法实践起到了积极的指导作用。

最高人民法院于2011年创立了案例指导制度，截至2021年12月，最高人民法院共发布指导性案例31批178个，平均每年发布案例约18个。最高人民法院发布的指导性案例，已经成为保障裁判标准统一的强有力抓手。[①] 指导性案例是最高人民法院对本院或下级法院个案中的具体问题正确适用法律的肯定，并不创设新的规范，也不形成法律适用的一般性原则和规则，并不具有普遍性的约束力，其作用在于促进法律在司法实践中的正确适用，限制法官的自由裁量权，通过统一裁判尺度以维护法律的严肃性和权威性。

五、海商法与其他法律在适用上的层级关系

上述各法律渊源在法律适用上的次序为：作为海商海事特别法的船舶法、船舶登记法等优于海商法适用。海商法作为民法特别法，优于民法适用。海商法与民法规定不同的，适用海商法的规定；海商法没有规定的，才适用民法的规定；当然在大原则上，特别法又不能违背一般法。

【重要术语提示与中英文对照】

编号	中文术语	英文对照
1	海商法	maritime law
2	海事法	admiralty law
3	国际海事组织	international maritime organization
4	习惯法	customary law
5	罗得海法	Rhodian Laws
6	中华人民共和国海商法	Maritime Code of the People's Republic of China
7	可航水域	navigable waters
8	海商法的渊源	sources of admiralty and maritime law
9	租船	charter parties
10	货物运输	carriage of goods
11	海上保险	marine insurance
12	船舶碰撞	ship collision
13	拖航	towage
14	引航	pilotage
15	海难救助	salvage
16	责任限制	limitation of liability
17	共同海损	general average

① 参见最高人民法院网站，https://www.court.gov.cn/。

【思考与辨析】

1. 我国海商法的哪些规定体现了以国际条约为基础的特点?
2. 从广义与狭义的角度，试述海商法的性质。
3. 从广义的角度，试述海商法的渊源。
4. 请辨析下列哪种情况应适用中国海商法的规定：A. 大连至广州的货物运输合同；B. 上海至汉堡的货物运输合同；C. 天津新港至香港的货物运输合同；D. 大连至连云港的旅客运输合同。
5. 请辨析下列哪种情况应属于海商法调整的范围：A. 公海上的德国船上发生的故意伤人事件；B. 在海上豪华邮轮上缔结的婚姻；C. 在陆上签订的船舶雇用合同；D. 公海上发生的船舶碰撞。

【扩展阅读文献提示】

1. 唐刚. 习近平法治思想中的全球海洋治理理论及实现路径. 中国海商法研究，2021（3）.
2. 张普. 商事条约的约定适用：契约自由与意思自治的二元路径. 中国海商法研究，2021（4）.
3. 司玉琢，张永坚，蒋跃川. 中国海商法注释. 北京：北京大学出版社，2019.
4. 司玉琢. 海商法专论. 4版. 北京：中国人民大学出版社，2018.
5. 郭萍，李雅洁. 海商法律制度价值观与海洋命运共同体内涵证成——从《罗得海法》的特殊规范始论. 中国海商法研究，2020（1）.
6. 袁发强，南迪. 论海上运输习惯在海商法中的法律渊源定位——兼谈《海商法》第268条的修改. 中国海商法研究，2020（1）.
7. 李海. 关于海商事国际公约的适用问题——从《海商法》第268条的规定说起. 中国海商法研究，2018（4）.
8. 胡正良，孙思琪. 论《民法总则》对《海商法》修改之影响. 中国海商法研究，2018（1）.
9. 侯伟. 关于将内河船舶纳入《海商法》调整范围的立法建议. 中国海商法研究，2018（1）.
10. 司玉琢，李天生. 论海法. 中国海商法研究，2017（4）.

11. 王淑梅，侯伟. 关于《海商法》修改的几点意见. 中国海商法研究，2017（3）.

12. 侯伟. 关于将内河货物运输纳入《海商法》调整范围的立法建议. 中国海商法研究，2017（3）.

13. 胡正良，孙思琪. 海商法基础理论的内涵、研究现状与研究意义. 中国海商法研究，2017（1）.

14. 郁志荣，全永波. 中国制定《海洋基本法》可借鉴日本模式. 中国海商法研究，2017（1）.

15. 王彦. 奥列隆惯例集. 中国海商法研究，2016（3）.

16. 司玉琢，李天生. 中国海法典编纂论纲. 中国海商法研究，2015（3）.

17. 初北平，曹兴国. 海法概念的国际认同. 中国海商法研究，2015（3）.

18. 李连君，罗天恩. 伊朗制裁相关法律对航运业的影响及对策. 中国海商法研究，2014（3）.

19. 汤喆峰，司玉琢. 论中国海法体系及其建构. 中国海商法研究，2013（3）.

20. 高晓力. 关于国际条约在我国涉外民商事审判中适用的调研报告. 涉外商事海事审判指导（第1辑）. 北京：人民法院出版社，2008.

21. 朱曾杰. 初论实践与海事立法的关系. 海商法论丛（2008）. 北京：中国商务出版社，2007.

22. 吴焕宁. 我国海商法的昨天、今天和明天. 海商法论丛（2008）. 北京：中国商务出版社，2007.

23. 傅廷中. 海商法论. 北京：法律出版社，2007.

24. 张永坚. 多元化世界的国际货物运输与一元化的国际运输公约的努力. 海商法论丛（2008）. 北京：中国商务出版社. 2007.

25. [加拿大] 威廉 · 台特雷. 国际海商法. 张永坚等，译. 北京：法律出版社，2005.

26. 司玉琢主编. 国际海事立法趋势及对策研究. 北京：法律出版社，2002.

27. [美] G. 吉尔摩，C.L. 布莱克. 海商法. 杨召南等，译. 北京：中国大百科全书出版社，2000.

28. Baatz, Yvonne(ed.). Maritime law. Routledge, 2018.

29. William Tetley. International Maritime and Admiralty Law. Éditions Y. Blais, 2002.

【拓展阅读】

研究导引

★ 海商法调整范围的扩大引起对其民法特别法性质的质疑

★ 向市场经济的转型引发对双轨制的质疑

★ 其他方面的完善

扩展英文阅读资料

★ Maritime services and WTO

【自测习题】

Maritime Law
海商法学

第二章　船　舶

本章教学目的与要求

了解船舶概念以及船舶属具、船舶分类、船舶吨位、船舶国籍、船舶检验、船舶所有权、船舶抵押权和船舶优先权的内涵。理解海商法中船舶的概念及船舶的性质，国有船舶的特别规定，船舶所有权取得、转让和消灭的法定程序和规定，船舶共有的规定。了解船舶抵押权的设定、登记、转移和消灭的规定。理解具有船舶优先权的海事请求、船舶优先权的受偿顺序以及有关船舶优先权随船而行的规定。

第一节　船舶概述

一、船舶的定义

船舶的定义分一般意义上的概念和法律意义上的概念。在一般意义上，船舶指一种水上浮动装置。在法律意义上，由于各国海商法对各类船舶的适用范围不同，对船舶所下的定义也不尽相同。有的定义较宽，有的定义则较窄。我国《海商法》第3条的规定从可航性、吨位、目的、区域等几个方

The word "**vessel**" includes every description of watercraft or other artificial contrivance used, or capable of being used, as a means of transportation on water.①

① Frank L. Maraist, Thomas C. Galligan, Jr. Catherine M. Maraist, *Cases and Materials on Maritime Law*, West Group Publishing, 2003, p.37.

面对海商法适用的船舶进行了定义。我国《海商法》第3条规定："本法所称船舶，是指海船和其他海上移动式装置，但是用于军事的、政府公务的船舶和20总吨以下的小型船艇除外。前款所称船舶，包括船舶属具。"

从该定义可以看出，中国海商法从下列四个方面界定了适用于该法的船舶：

（一）船舶的可航性

"可航性"即海上航行能力，指海船或海上移动装置应具有海上航行能力或海上自航能力。这里的海船包括了机动船、非机动船和海上移动装置（如海上钻井平台）等具有自航能力的装置。"可航性"具体讲是指海上的可航性。因此，海商法适用的船舶是海船而非河船，河船的法律关系适用民法的有关规定。"可航性"还指实际的航行能力，如果一个失去海上航行能力的船舶被用作仓库，则该船舶就不能适用海商法的有关规定；被固定在港口的船舶，如桥船、灯船、仓库船等，虽然有船形，也能浮在水上但由于不以航行为目的，也不是海商法上的船舶。但如果原来是海商法意义上的船舶，只是临时被用作码头或因特别事故而暂时被固定在陆地上的暂时不可航船舶，并不因此而失去海商法意义上的船舶的地位。"可航性"并不以"正在航行"为要件，船舶如暂时停航，仍不失为海商法上的"船舶"。例如，船舶因修缮进船坞而暂被解体，仍可视为船舶；船舶一时沉没而有被捞救或修复的可能时，仍不失其船舶属性。只有无捞救或修复可能的废船或沉船才完全丧失其船舶属性。

船舶与移动装置见图2-1所示。

集装箱船（中远公司提供）

海上移动装置（中远公司提供）

图2-1　船舶与移动装置

（二）船舶的吨位

海商法不适用20总吨以下的船舶。船舶吨位需由主管部门依法进行丈量，取得吨位证书。海商法做此规定的原意，一方面在于减轻航海的风险，鼓励投资航运业，因此一些对海船优惠的规定不适用于小船，因为小型船对远洋航运业的发展并无助益；另一方面，从安全的角度讲，海商法中有关航海安全的一些规定主要适用于在海上航行的大型船只，如要求主要航行内河或沿海港湾的小型船也符合这些要求，将是一种浪费。在船舶的吨位上，《海商法》不适用于20总吨以下的小型船舶。这从船舶的重量上界定了海商法的适用范围。船舶的重量可依不同的标准来表示，各种吨位的表示均有不同的用途和法律意义。

总吨位是船上所有围蔽空间以100立方英尺为一个吨位的丈量总和。总吨位反映船舶的建造规模。港口费及码头停泊费的计算一般依据总吨位。

净吨位是衡量船舶营运能力的数值，一般指船内能够运载旅客或货物的空间总和。海关吨税的收取一般依据净吨位来计算。

排水吨是船舶满载时的排水重量。船舶满载的标志是船舶载货吃水至载重线。载重线是船舶在当时所处的区带、区域和季节的情况下，最大程度装载时所达到的吃水线。如载货吃水没过了载重线，就会使船舶的航行安全受到威胁，船东和船长会因此而受到处罚。载重线图例如图2-2所示。

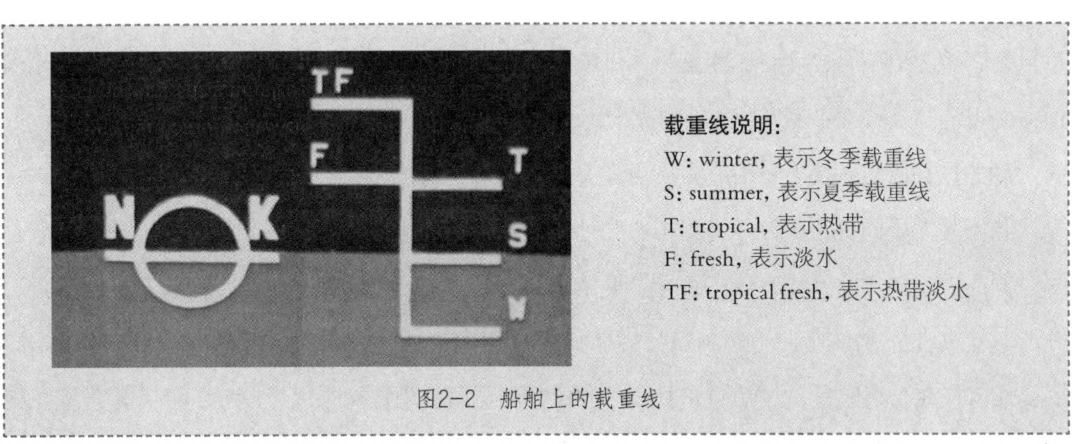

图2-2 船舶上的载重线

船舶满载排水吨与空载排水吨的差额是载重吨。船体、机器和船上设备的重量称为空载排水吨。由于空载排水吨不包括燃油、消耗品、淡水等的重量，因此，上述消耗性供应品的重量应计入载重吨。所以，载重吨并不表示船舶能够运输货物的重量。货物的载重吨应以载重吨减去燃油等消耗品的重量计算。

巴拿马运河吨和苏伊士运河吨是分别由巴拿马运河和苏伊士运河管理局丈量的船舶吨位。运河吨位是收取运河费的依据。巴拿马运河和苏伊士运河管理局均不接受其他国家对船舶吨位的丈量。当船舶通过上述两个运河时，必须出具以运河管理局认可的方法丈量取得的巴拿马丈量证书或苏伊士丈量证书。否则，该船就必须等待运河当局丈量后方可通过。运河吨一般大于各国丈量的吨位。巴拿马运河非常窄，而且高出两大洋26米，需要通过船闸提升才可通过（见图2-3）。

图2-3　中远公司"中和号"通过巴拿马运输船闸（中远公司提供）

（三）使用的目的

海商法意义上的船舶应用于商业或民用目的。军事的、政府公务的船舶，如海关缉私船、水上警察船、检疫船、灯船、测量船、气象船等是非营利的用于公共事务的船舶，均不适用海商法的规定。公务船舶应受行政法的支配。

船舶按其性质、功能及用途的不同分类，在不同程度上影响其法律地位。

依国籍的不同可将船舶分为本国船和外国船。船舶的国籍是船舶通过登记而取得的与登记国之间的固定法律联系。在国内法上，具有本国国籍的船舶享有在本国领海及内海的航行权，并能享受政府给予本国船的各种优惠，同时也受到本国法的约束。在国际法上，悬挂本国国旗的船舶有权在公海航行，并受船旗所属国的保护和监督。悬挂两个以上国旗的船或未悬挂任何国家国旗的船均为无国籍的船，不能受到国际法的保护。

依航行的区域可将船舶分为海船和非海船。海船为在海上航行的船舶。非海船是指在内河航行的船舶。我国海商法的大部分规定主要适用于海船。由于我国的国情，内河航运及沿海运输一直与远洋运输分别实行不同的制度，因而区分海船和非海船就显得尤为重要了。

依船舶的功能可将其分为客船和非客船。按照1974年《国际海上人命安全公约》第12条的规定，客船除需具备一般船舶应有的船舶文书外，还需具备“安全证书”和“无线电安全证书”。

依船舶的用途可将其分为商业船舶、专用船舶和公务船舶。商业船舶指用于海上货物运输、旅客运输、海上救助、捕捞作业、资源开采、海上拖带及其他海上服务的船舶。专用船舶指用于科学研究、文化娱乐、体育运动等专用目的的船舶。公务船舶指由政府部门使用的，用于检疫、海关、消防、测量等公务目的的船舶。商业船舶、专用船舶和公务船舶的法律地位是不同的，一般海商法只适用于各类商业船舶。

Under the **dead ship doctrine**, a ship loses its status as a vessel when its function is so changed that it has on further navigation function. For example, in *Mammoet Shipping Co., B.V. v. Mark Twain a/k/a Mark Twain Show Boat,*[①] a riverboat built in 1896 had been renovated for use as a restaurant and showboat. The riverboat was docked at a berthing space at a pier in Manhattan on the Hudson River. The court held that there was no admiralty jurisdiction over the contract for the lease of dock space because the contract did not relate to a ship in use as a ship. Merely because a boat's registration has expired, however, or because a boat is in need of repair does not mean that is has no further navigation function. Additionally, a boat stored in dry dock has not necessarily been withdrawn from navigation...[②]

（四）航行的区域

在区域上，适用于海商法的船舶须在海上及与海相通的水面或水中航行，不能供上述船舶航行的“水面”区域不是海商法中的“水”，在其上航行的船舶也不是海商法中的船舶。对于什么是与海相通的水面，有广义说和狭义说之分。广义说认为，能直接或间接地与海相通，并可供 20 总吨以上的船舶行驶的“水”，就可以视为海商法所 规定的水面，在该水面上航行的船舶也就是海商法上的船舶。

① *Mammoet Shipping Co., B. V. v. Mark Twain a/k/a Mark Twain Show Boat*, 610 F. Supp. 863, 866–67(S. D. N. Y. 1985).

② Frank L. Maraist, Thomas C. Galligan, Jr. Catherine M. Maraist, *Cases and Materials on Maritime Law*, West Group Publishing, 2003, p.39.

"**Navigable waters**"[①] includes waters used or capable of being used as waterborne highways for commerce, including those presently sustaining or those capable of sustaining the transportation of goods or passengers by watercraft. To qualify as "navigable waters", bodies of water must " form in their ordinary condition by themselves, or by uniting with other waters, a continued highway over which commerce is or may be carried on with other States or foreign countries in the customary modes in which such commerce is conducted by water. [②]

Man-made bodies of water, such as canals, may quality as navigable waters if they are capable of sustaining commerce and may be used in interstate or foreign commerce. [③]A body of water need not be navigable at all times, and some courts have recognized the doctrine of "**seasonal navigability**"[④].

二、船舶的法律性质

（一）船舶不同于一般动产的特殊性

船舶是可以移动的物，因此，在一般意义上船舶应属于动产。但由于船舶的价值巨大，在法律上往往当做不动产处理。在2007年我国《物权法》颁布以前，对于船舶属于动产还是不动产，法律没有明确的规定，理论界则存在争议。有观点认为，船舶、飞行器和汽车因价值超过一般动产，在法律上被视为不动产，其物权变动要以登记为公示方法。[⑤]《物权法》将船舶置于"动产交付"一节中，表明《物权法》已明确将船舶列入动产范畴。既然船舶是动产，则除非《物权法》《海商法》等法律有特别规定，《物权法》有关动产的规则应适用于船舶。2020年通过的《民法典》是在各民事单行法的基础上编纂而成的，其中物权编的编纂依据的是《物权法》，《民法典》物权编对《物权法》中有关不动产物权的规定进行了多方面的补充、修改和完善。关于船舶物权方面的规定，基本没有变化。

---

① *Jackson v. The Sreamboat Magnolia*, 61 U. S. (20 How.) 296(1857).

② *The Daniel Ball,* 77U. S. (10 Wall.) 557, 563(1870).

③ *In re* Boyer, 109 U. S. 629(1884).

④ *Wilder v. Placid Oil Co.*, 611 F. Supp. 841(W. D. La. 1985). *See also Missouri v. Craig*, 163 F. 3d 482(8th Cir. 1998)。For example, a body of water may be used for interstate and for foreign commerce during certain times of the year but may not support such activity during the winter when the water freezes.

⑤ 吴焕宁主编:《海商法学》, 法律出版社1996年版, 第25页; 梁慧星:《中国物权法草案建议稿》, 社会科学文献出版社2000年版, 第109页。

《民法典》物权编和《海商法》对船舶不同于动产的特别规定主要体现在物权和担保权上。在物权上，船舶采用登记公示主义。依《民法典》第225条规定："船舶、航空器和机动车等的物权的设立、变更、转让和消灭，未经登记，不得对抗善意第三人。"该条规定与《海商法》第9条的规定相一致，即均在船舶物权上采用了登记公示主义，未经登记的，不得对抗第三人。从而既区别于一般动产的交付转移所有权，又区别于不动产的登记生效主义。该规定意味着当事人有关船舶所有权的转移未经登记的，并不影响依法订立的船舶所有权转让合同的效力，尽管当事人之间的此种船舶所有权变动不得对抗第三人。在担保权上，依民法原理，一般对动产是设定转移占有的质权，对不动产则是设定抵押权。船舶作为担保物多用于船舶融资，如债权人为担保而转移船舶的占有，则影响船舶的营运，也使船舶融资失去意义。因此，在担保上，对船舶是设定不转移占有的抵押权，见表2-1。

表2-1 所有权转移的不同处理

动产	船舶	不动产
交付转移所有权	登记公示主义	登记生效主义
	不登记不能对抗第三人	不登记不发生法律效力

（二）船舶的人格化

船舶是产权的对象，但人们在法律上常常将船舶视同自然人或法人，学者称其为船舶的"人格化"[①]。船舶的人格化强调的是船舶的法律属性，人格化使船舶从客体的地位上升为船舶自然人的地位。船舶与自然人有许多相似的特征，诸如船舶有国籍、船名、船籍港、船龄和吨位等，船舶的生存期是从下水起到失去航行功能为止的一段期间。船舶的人格化使船舶的法律地位发生了与一般物不同的变化。在英美法中，船舶可以产生责任，因此，也就出现了以船舶作为当事人一方的"对物诉讼"，即将船舶作为诉讼的主体[②]。这种诉讼的传票不必送达船舶所有人，只需贴在船舶的桅杆上，就视为适当地送达了当事人。

① 吴焕宁主编:《海商法学》，法律出版社1996年版，第26页。

② 司玉琢主编:《新编海商法学》，人民交通出版社1991年版，第70页。

The **"personification" of ship** makes ships having some peculiar characteristics other than normal things and enables ships having a status of defendants in lawsuits.① Due to the mobility of ships, the plaintiff may choose to file the suit in any places where the ship may call at,which makes it easier to bring forth conflicts of jurisdiction. Things can not be served, whereas ship can be served. The "personification" of the ship, as we shall see, were entirely reasonable on grounds of economic or public policy as a fair resolution of the multiple and conflicting interests which center around the shipping industry.② It was perhaps less common in the nineteenth century than it is in our own for judges to explain their decisions in nonconceptual terms. Thus the fiction of the ship's personality, introduced as a literary flourish in the forfeiture cases. Served as a convenient "reason" to explain why, even though the ship owners are exempted from liability, ships should occasionally be liable to arrest and held responsible.

（三）船舶是合成物

船舶是合成物，船舶是由本体、设备与属具等独立物结合而成的合成物。船舶这一合成物主要分为三大部分：

第一，船体，即船舶本体，由龙骨、甲板、船壳和轮机构成。

第二，船舶设备，指船舶上的一切设施。船舶设备一般指下列设施：（1）救生设备。（2）救火设备。（3）灯光、信号及旗号设备。（4）航行仪器设备。（5）无线电信设备。（6）居住及康乐设备。（7）卫生及医药设备。（8）通风设备。（9）冷藏设备。（10）货物装卸设备。（11）排水设备。（12）操舵、起锚及系船设备。（13）帆装缆索设备。（14）危险品及大量散装货物之储藏设备。（15）海上运送之货柜及其固定设备。

第三，船舶属具，指航行上及营业上必需的附属于船舶的能移动的各种用具或机械，如锚、罗经、绞盘、探测仪、海图等。船舶设备与属具的区别是前者为船舶的一部分，而后者则有相对的独立性，但两者有时很难区分。

合成物有主物和从物之分。上述船舶本体是主物，船舶设备和船舶属具为从物，依民法中

---

① *The Bold Buccleugh, 7 Moore*, P. C. 267 (1852). It was held that a lien for collision damage could be enforced against the offending ship in the hands of an owner who had bought her after the collision and whose good faith and lack of notice the court was willing to assume.

② Ryan, *Admiralty Jurisdiction and the Maritime Lien: An Historical Perspective*, 7 Western Ontario L. Rev.173 (1968).

有关“主物的处分及于从物”的原则，船舶的处分也应及于船舶设备及属具，因此，船舶设备和属具应与船舶本体共命运。所以，有关船舶所有权、海事优先权、船舶保险、船舶委付、船舶抵押等的效力应及于船舶设备和船舶属具。但该原则也可以通过约定加以限制，如约定其处分不及于从物。这也体现了从物的可分性，见图2-4。

船舶尾部的舵和螺旋桨是船舶属具

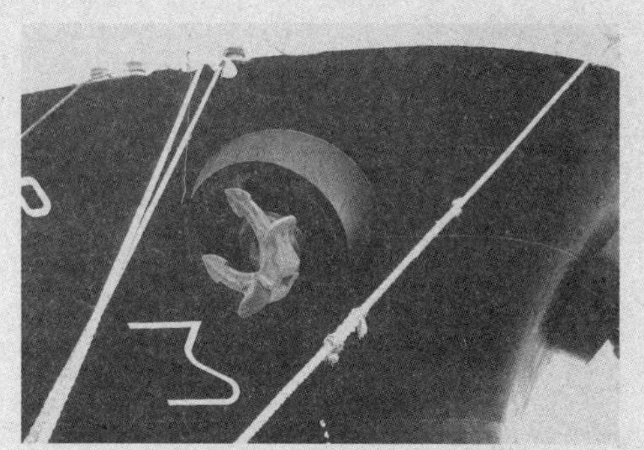
船上的锚是船舶属具

图2-4 船舶属具

【案例】“金海洋”轮买卖合同案涉及船舶合成物的特点①

“金海洋”轮案是关于船舶买卖合同的案例。1995年1月20日，货运公司与金洋公司签订了由金洋公司向货运公司转让“金海洋”轮的船舶买卖合同。双方认定的对船舶及其备件的交付范围以货运公司于1995年9月29日最后勘验船舶的时间确定，依该现状交船，属于该船的所有技术证书、设备、备件、物料和技术资料等（除船员私人物品及海关监管的用品、烟、酒和租用气瓶等需要由金洋公司依有关规定退下外），无论在船在岸均应随船交给货运公司。两公司于1996年1月25日在黄埔交船完毕。后双方因存放于广州远洋运输公司物资供应站仓库的主机备件及存放于林鸿光住所的辅机备件是否应属于“金海洋”轮的应交付的备件发生争议，货运公司认为存于远洋仓库的主机备件原是作为“金海洋”轮备件购买的，依合同该轮的备件不论在船在岸均应交付；而金洋公司则认为这些备件是“金海洋”轮的经营人购买的，且是于船舶被勘验明确了交付范围后才在香港交付运输的。后双方将有关争议诉诸广州海事法院。

关于这两处存放的备件是否应交付的问题，法院判决认为：存放于广州远洋公司物资供应站仓

① 参见黄伟青:《“金海洋”轮买卖合同纠纷案》，载《海事审判》1998年第1期。

库的主机备件是于1995年10月22日在香港交付运输的，依当时的《民法通则》第72条的规定，财产所有权从财产交付时起转移，因此，金洋公司取得主机备件所有权的时间应是在备件交付运输之时或之后，而不可能在交付运输之前，故认定金洋公司取得该批备件的时间不在确定交易范围之前，因此，金洋公司无需向货运公司交付主机备件。而扣押在林鸿光住所的辅机备件是在1995年9月29日之前交付运输的，故取得该备件所有权的时间应认定在1995年9月29日确定交易范围之前，所以，金洋公司应向货运公司交付该辅机备件。

三、船舶登记与船舶国籍

我国《海商法》第5条规定："船舶经依法登记取得中华人民共和国国籍，有权悬挂中华人民共和国国旗航行。"船舶登记是确定船舶所有权及船舶国籍的必经程序，只有取得某一国国籍并悬挂该国国旗的船舶才能取得在海上的航行权。

（一）船舶登记政策

对于通过船舶登记取得船舶国籍的条件，各国有宽严之分，一些国家采用限制登记的政策，这些限制包括船舶所有人须为本国人或在本国有住所等。另一些国家则采用开放登记政策，开放登记又称"方便旗登记"，开放登记国对于申请登记的船舶，只要在航行安全技术条件上满足相关国际公约的要求即可登记，船舶所有人不必与登记国有真正的联系。以这种方式取得国籍登记的船舶又称"方便旗船"。由于方便旗国与船舶之间并无真正的联系，在安全航行、环境安全、船员管理及权益的保护、航海贸易与管理等方面给方便旗船带来了难题。国际社会为解决方便旗问题进行了努力。《联合国海洋法公约》在船舶国籍上确立了"真正联系原则"和"有效管辖和控制原则"①，该原则在《联合国船舶登记条件公约》中得到了具体化，但后者至今没有生效。国际海运劳工联盟（ITF）曾提出了两项建议，以限制或消灭方便旗船。建议的第一项为：迫使方便旗船东与该会签订协议，按条件改善雇用船员的待遇；第二项为对未与该联合会签订协议的方便船予以抵制，使其不能装卸货物。联合国贸易发展会议航运委员

① 《联合国海洋法公约》第91条、第94条。

会也曾经提出建议“将开放登记转为正常登记”，并通过了一项决议，要求船旗国与船舶间在各个方面有“真正的联系”，每个国家应对悬挂该国旗帜的船舶有效地行使行政、技术及社会事项上的管辖和控制。该建议由于海洋大国及实行开放登记的国家的反对，有关“真正的联系”的具体内容的立法未能通过，这使得对方便旗船的管理和控制成了一个空洞的概念。方便旗船的问题未能得到解决。

Functionally, a “**flag of convenience**” can be defined as the flag of any contry allowing the registration of foreign-owned and foreign-controlled vessels under conditions which, for whatever the reasons, are convenient and opportune for the persons who are registering the vessels. In common usage, particularly in the daily press, the term is applied to the flags of Panama, Liberia, and Honduras. ①

方便旗船的存在主要有政治和经济两方面的原因：其一，在政治上，历史上敌对的国家之间的商船往来往往需要借助悬挂方便旗船来实现；其二，在经济上，在一些实行严格登记的国家和地区，船舶登记和检验时的费用远远地高于开放登记国，一些严格登记国的船员工资，所征收的税费也大大地高于开放登记国。基于上述船舶营运成本上的原因，虽然国际社会进行了努力，但依相关统计，主要航运国家的船舶悬挂方便旗的比例仍然非常高，约占世界商船总吨位的1/2②。这一高比例的客观事实，也使国际社会开始检讨传统船舶登记制度是否也存在弊端。

一些国家在严格登记和开放登记之外，又发展出了折中的第二船舶登记制度，目前已有挪威等24个国家设立了第二船舶登记制度。③该制度依注册地不同可分为两种形式：一是离岸登记制度（Offshore Ship Registration, OSR），即在本土之外开设的境外登记处；二是国际船舶登记制度（International Ship Registration, ISR），即在本土开设专门针对本国国际航行船舶的国际船舶登记处。该制度在保证本国登记基本条件的基础上，提供诸多优惠政策，如允许船公司雇用外籍船员或是在税收方面可享受类似方便旗船的优惠等，并与传统船舶登记制度并行。因

① *Labor Law: National Labor Relations Act Held Inapplicable to American Owned Flag of Convenience Vessels*, 12 Duke L. J. 578（1963）.

② ISL: *Shipping Statistics Yearbook*, 2008, p27; *Institute of Shipping Economics and Logistics*, 2009.

③ 李爽：《第二船舶登记制度比较研究及对我国之启示》，载《中国海事》2006年第11期，第31页。

此，又称第二船舶登记制度。

（二）我国的船舶登记

我国规定的船舶登记应具备的法定条件比较严格。依1995年1月1日起实施的《中华人民共和国船舶登记条例》（以下简称《船舶登记条例》），在中国登记的船舶须由中国人（包括法人和自然人）拥有，中国企业法人的注册资本中有外商出资的，中方投资人的出资额不得低于50%，且中国籍船舶上的船员应当由中国公民担任，确需雇用外国籍船员的，应当报国务院交通主管部门批准。

依《船舶登记条例》的规定，船舶所有人申请船舶国籍的，除应当交验船舶所有权登记证书外，还应当交验由法定船舶检验机构签发的有效船舶技术证书，包括国际吨位丈量证书、国际船舶载重线证书、货船构造安全证书、货船设备安全证书、乘客定额证书、客船安全证书、货船无线电报安全证书、国际防止油污证书、船舶航行安全证书及其他有关技术证书。从境外购买的具有外国籍的船舶，在申请船舶国籍时，还应提供原船籍港船舶登记机关出具的注销原国籍的证明书。船舶登记机关经核准后发给船舶国籍证书，船舶国籍证书的有效期为2年。

船舶所有人在下列情况下应办理临时船舶国籍证书：（1）向境外出售新造船舶的；（2）从境外购买新造的船舶的；（3）在境外建造船舶的。在境内异地建造船舶，需要办理临时船舶国籍证书的，船舶所有人也可提出申请。临时国籍证书的有效期为1年。

四、船舶检验

船舶检验依其性质可分为法定检验、入级检验和公证检验。

（一）法定检验

法定检验是由国家主管机关或经其授权的船舶检验机构依船旗国的法律及其参加的国际公约的规定对船舶实施的强制性技术监督检验。船舶法定检验依据的国际公约主要有：1966年《国际船舶载重线公约》、1969年《国际吨位丈量公约》、1974年《国际海上人命安全公约》及以后的修改议定书等。依《国际海上人命安全公约》和《国际船舶载重线公约》规定进行的检验有四种，即初次检验、定期检验、年度检验和期间检验。初次检验适用于船舶投入营运前的检验。定期检验依检验的内容及对象的不同而不同，载重线的定期检验期限最长不超过5年，客船安全证书定期检验期限最长不超过1年，货船安全构造检验最长不超过5年，货船安全设备检验最长不超过24个月，货船无线电报或无线电设备检验最长不超过1年。年度检验适用于每年均需要检验的项目，包括国际船舶载重线、货船安全构造及货船安全设备。期间检验适用于超过10年船龄的油船，其检验的主要内容包括：货船构造安全检验，货船救生设备及其他设备的检验，货船无线电报、无线电话的检验，客船安全检验，载重线项目检验，船舶防污设备检验，起货设备检验，吨位丈量和防止油污设备检验。

（二）入级检验

入级检验是船舶所有人为了使其所有的船舶获得船级而向船级社提出申请，并由船级社对船体、船机、设备等进行的检验。入级检验是非强制性的，但由于入级的船舶易于为保险公司所接受，融资上可以享受一些优惠，租船上也有一定的优势，并且在货运、客运等方面也有一定的好处，因此，世界上大部分船舶均自愿申请某个船级社的检验。船级社是为办理船舶技术状况检验业务而成立的行业组织。在西方国家，该类团体为政府承认的民间组织。历史最为悠久的船级社是英国劳埃德船级社。其他著名的船级社有法国船级社、意大利船级社、美国船舶局、挪威船级社、德意志联邦共和国劳埃德船级社、日本海事协会、希腊船级社等（国际著名船级社外文及中文名称见表2-2）。船舶所有人的入级是自愿的，同时，也有选择到哪个船级社入级的自由。实际上，船东们不得不选择威望较高的船级社入级。否则，在船舶保险、融资等方面可能会遇到麻烦。英国劳埃德船级社是目前吸收船舶入级吨位最多的船级社。英国籍船舶吨位的90%以上和世界船舶吨位的1/3以上均选择在劳埃德船级社入级。

表2-2 国际著名船级社外文及中文名称对照

外文名称	外文简称	中文名称
American Bureau of Shipping	ABS	美国船舶局
Bureau Veritas	BV	法国船级社
China Classification Society	CCS	中国船级社
Det Norske Veritas	DNV	挪威船级社
Germanischer Lloyd	GL	德国船级社
Register Italiano Navale	RI	意大利船级社
International Association of Classification Society	IACS	国际船级社协会
Hellenic Register of Shipping	HR	希腊船级社
Korean Register of Shipping	KR	韩国船级社
Lloyd's Register of Shipping	LR	英国劳埃德船级社

我国的入级检验与国际上的做法有些不同，我国所有从事国际航行的船舶均须由我国的船舶检验局依船舶入级检验规则进行入级检验。检验分为两大类：一类为入级检验，包括对新建船舶为获得船级而进行的入级检验和对现有船舶为获得船级而进行的检验；另一类是为保持船级而进行的检验，包括特别检验、循环检验、年度检验、锅炉检验、螺旋桨轴及尾管轴检验、临时检验等。

（三）公证检验

公证检验是证明船舶当时状况或在发生海损后的状况的检验。该检验通常由船舶所有人、租船人、保险公司等有关方提出申请。在中国办理公证检验业务的团体是1986年成立的“中国船级社”。公证检验的结果往往成为解决海事争议的证据之一。

第二节　船舶物权

一、船舶所有权

我国《海商法》第7条规定：“船舶所有权，是指船舶所有人依法对其船舶享有占有、使用、收益和处分的权利。”该规定与我国《民法典》中有关财产所有权的规定是一致的。这里的船舶所有人可以是法人，也可以是自然人。由于我国是社会主义的公有制国家，于是就涉及国有船舶的所有权问题。众所周知，依国际法原则，平等者之间无管辖权，因而国家和国家所有的财产均享有司法豁免权，对国家所有的船舶不能进行扣押和强制执行。国有航运企业如果教条地坚持该观点，则在国际航海贸易中就不能与他国的航运公司处于一个平等的地位上，这样就会丧失贸易伙伴，最终损及国家的经济利益。为此，我国海商法参照了1969年《国际油污损害民事责任公约》中有关国有企业的规定。该公约规定，如果船舶是国家所有的，则经营船舶的企业就是该船舶的船舶所有人，可以对其主张权利，并采取司法强制措施。我国《海商法》第8条规定：“国家所有的船舶由国家授予具有法人资格的全民所有制企业经营管理的，本法有关船舶所有人的规定适用于该法人。”该条规定说明我国国有企业实行的是所有权与经营权相分离的原则。

（一）船舶所有权与船舶登记

《海商法》第9条规定："船舶所有权的取得、转让和消灭，应当向船舶登记机关登记；未经登记，不得对抗第三人。船舶所有权的转让，应当签订书面合同。"船舶所有权的取得可以分为原始取得和继受取得。原始取得主要是通过建造船舶等原因而取得。继受取得可以因买卖、赠与、互易等原因而取得。无论是以上述哪种方式取得船舶，均应进行登记，否则，不得对抗第三人。该项规定改变了旧的"海船登记规则"中有关"未经登记不发生法律效力"的规定，"不发生法律效力"意为对诸如买卖合同中的相对人亦无效。而依海商法的规定，在船舶买卖合同成立后，如未经登记，则在不涉及第三者的情况下，合同对买卖双方具有约束力。如在登记前卖方将船舶另行卖给一善意第三方，并进行了登记，则原合同的买方就不能取得对该船舶的所有权，但该原买方对原合同的卖方的债权依然存在。该项新规定与目前国际上多数国家的规定是一致的。我国1995年实施后于2014年修订的《船舶登记条例》已将其改为"未经登记的，不得对抗第三人"，以便与《海商法》保持一致。

在进行船舶所有权登记时，船舶所有人应当向船籍港船舶登记机关交验足以证明其合法身份的文件及船舶所有权的证明文件。例如，购买取得的船舶的购船发票或船舶买卖合同、新造船舶的船舶建造合同和交接文件、建造中的船舶的船舶建造合同以及有关船舶技术资料文件等船舶所有权的第一次登记叫原始登记。在船舶所有权转移或其他事项发生改变时应进行船舶的变更登记。在船舶所有权消灭、船舶失踪、船舶沉没、船舶拆毁等情况下，应办理船舶的注销登记。对于因失踪而注销登记的船舶，如该船又被找回，则应进行再登记。在中国受理船舶登记的机关是各港口的港务监督机关。船舶所有人办理船舶所有权登记的港口为船籍港。

（二）船舶共有

由于经营船舶的投资较大，因而往往会产生多人投资的情况，形成对一船的共有关系。我国《海商法》有关船舶共有的规定并不完备。《海商法》第10条规定的船舶共有可以是两人以上的法人共有，也可以是两人以上的自然人共有。该条还规定，船舶共有的，应当向船舶登记机关登记，否则，不能对抗第三人。《船舶登记条例》第14条规定，船舶为数人共有的，还应当载明船舶共有人的共有情况。有关船舶共有的具体内容，我国海商法没有具体规定，应适用《民法典》的相关规定。在共有船舶抵押权的设定上，《海商法》第16条只涉及了按份共有的情况，即："船舶共有人就共有船舶设定抵押权，应当取得持有三分之二以上份额的共有人的同意，共有人之间另有约定的除外。船舶共有人设定的抵押权，不因船舶的共有权的分割而受影响。”上述规定未涉及船舶共同共有的规定。而船舶的共同共有可能存在于婚姻、家庭、继承、合伙等共有关系中。有关船舶的共同共有得适用《民法典》的相关规定。

二、船舶抵押权

我国《海商法》第11条规定：“船舶抵押权，是抵押权人对于抵押人提供的作为债务担保的船舶，在抵押人不履行债务时，可以依法拍卖，从卖得的价款中优先受偿的权利。”该条规定涉及船舶抵押权的性质、特征、当事人及实现方式。

（一）船舶抵押权的性质

从性质上讲，船舶抵押权是一种担保物权，具有从属性、优先性和物上代位性等特征。从属性指船舶抵押权具有依附于其担保的债权而存在的特征。优先性指船舶抵押权与一般债权相比，具有优先受偿的权利。物上代位性指船舶抵押权具有及于抵押船舶的替代物的特征，例如，船舶的保险金。设定抵押权的船舶与设定抵押权的不动产相同，不必转移对抵押物的占有。不转移占有的原因，一是为了使船舶能投入营运，以保证抵押人能赚取用于清偿债务的资金；二是为了让更具专业知识的抵押人对船舶进行维护，以保全船舶的价值。船舶抵押权是海上运输业者向金融机构融资以取得贷款，用以建造或购买船舶的有效方法。依民法原则，抵押权是抵押人以其不动产向抵押权人提供的债务担保。船舶是动产，按民法的一般原理，不能作为抵押标的，但如前所述，由于船舶价值较大，其所有权的转移并不频繁，且适用与不动产相仿的登记制度，因而在法律上常按不动产处理，这就使得将船舶作为抵押权的标的成为可能。

The **vessel mortgage right** or the right of mortgagee. It states that the vessel mortgage right or the right of mortgagee to receive compensation from auctioning the mortgaged vessel in compliance with the law in case of the mortgagor's default. Thus, the Maritime Law recognizes the right of mortgagee to sell the mortgaged vessel to recover the money.

（二）船舶抵押权的当事人

船舶抵押权的当事人为抵押人和抵押权人。依《海商法》第12条的规定，抵押人为船舶所有人及其授权的人。根据我国目前各种所有制并存的状况，全民所有制、集体所有制、私营企业及中外合资经营企业的船舶所有人均可作为船舶抵押权的抵押人。对国有船舶设定抵押的，其抵押人为对该船舶进行经营管理的具有法人资格的全民所有制企业。船舶共有人就共有船舶设定抵押权的，应当取得持有2/3以上份额的共有人的同意，但共有人之间另有约定的除外。

抵押人的主要义务及权利限制：（1）权利限制，依《海商法》第17条的规定，船舶抵押权设定后，未经抵押权人同意，抵押人不得将被抵押船舶转让给他人。（2）履行债务。（3）对被抵押船舶进行投保。依《海商法》第15条的规定，除合同另有约定外，抵押人应当对被抵押船舶进行保险；未保险的，抵押权人有权对该船进行保险，保险费由抵押人负担。（4）保全被抵押船舶的价值。

船舶抵押合同的另一方当事人为抵押权人或称受押人，具体讲就是提供资金的商业银行或其他金融机构。抵押权人的权利主要是回收权，即在抵押人未能依合同规定到期偿还贷款时，抵押权人可依其收回权，占有、扣押以至拍卖被抵押的船舶，并从卖得的价款中优先受偿。

（三）船舶抵押权的实现方式

在船舶抵押权的实现方式上，依《海商法》第11条，船舶抵押权的实现方式只有一种，即依法拍卖。而《民法典》第410条在规定一般抵押权的实现方式上则涉及了拍卖、变卖等多种方式。那么船舶抵押权是否可以依《民法典》的规定采用更多的方式实现呢？笔者认为，船舶抵押权作为意定担保物权，是抵押合同双方当事人意思表示一致的产物，法律不必干预过多，应尊重当事人的意思。因此，船舶抵押权的实现也可以采用一般抵押权的实现方式，除拍卖外，还可以采用变卖、折价等方式实现。

（四）船舶抵押权的标的及物上代位

船舶抵押权的标的是船舶抵押权的主体享有的权利和承担的义务所指向的对象。船舶抵押权的标的主要是船舶，至于是否任何船舶均可作为船舶抵押权的标的，各国的规定不同。英美法系国家规定得比较宽，某些非海商法意义上的船舶也可以成为船舶抵押权的标的。而另一些国家则规定，只有海商法意义上的船舶才能作为船舶抵押权的标的。关于这一点，我国海商法没有明文规定，一般认为，只有海商法意义上的船舶才能作为船舶抵押权的标的。因为船舶被视为不动产的处理也只限于海商法意义上的船舶，非海商法意义上的船舶在设定抵押权时可依民法有关动产抵押担保的规定办理。

关于对建造中的船舶是否能设定抵押权的问题，存在着不同的观点。一种观点认为，船舶的生命期是从下水开始，建造中的船舶在安置龙骨以前并不具有船舶的形态，只是一些造船的建造材料，而不是海商法意义上的船舶，因此，应按民法中设定担保物权的规定办理。我国《海船登记规则》也没有将建造中的船舶纳入船舶抵押权的标的范围。在实践中，船舶抵押常用于在造船时的筹资安排，对建造中的船舶设定抵押权以获取银行的贷款是世界上通行的做法。为此，我国《海商法》已经改变了《海船登记规则》的做法，以第14条明文规定，建造中的船舶可以设定抵押权。

关于船舶灭失后是否还有物上代位的问题，《海商法》第20条规定："被抵押船舶灭失，抵押权随之消灭。由于船舶灭失得到的保险赔偿，抵押权人有权优于其他债权人受偿。"这表明，船舶抵押权在船舶灭失后的代位物为保险赔偿。

（五）船舶抵押权的登记

我国《海商法》在船舶抵押权上采用了登记公示主义，其第13条规定："设定船舶抵押权，由抵押权人和抵押人共同向船舶登记机关办理抵押权登记；未经登记的，不得对抗第三人。"即船舶抵押权的生效不以登记为条件。登记只涉及船舶抵押人和抵押权人与第三人之间的效力。依《海商法》第13条的规定，船舶抵押权登记包括的主要项目有：（1）船舶抵押权人和抵押人的姓名或者名称、地址；（2）被抵押船舶的名称、国籍、船舶所有权证书的颁发机关和证书号码；（3）所担保的债权数额、利息率、受偿期限。建造中的船舶因为尚不具有海商法意义上的船舶的地位，不具备船舶所有权证书，因此，以建造中的船舶设定抵押的，应向船舶登记机关提交船舶建造合同。

船舶抵押权转移时，抵押权人和承转人应当持船舶抵押权转移合同到船籍港船舶登记机关申请办理抵押权转移登记。船舶抵押权登记的目的是为了公示，以便公开查询，使拟设定抵押权的抵押权人能明白自己的抵押权所处的受偿位置，从而决定应如何进行抵押安排。

（六）船舶抵押权的受偿顺序

船舶抵押权的受偿顺序涉及船舶抵押权与其他权利的受偿顺序和各船舶抵押权之间的受偿顺序。关于前者，依《海商法》第25条的规定，首先为船舶优先权，其次是船舶留置权，最后为船舶抵押权。

各船舶抵押权之间的受偿顺序的产生是由于法律并不禁止对同一船舶设定多个抵押权，但抵押权所担保的主债总额不能大于被抵押船舶的价值。依我国《海商法》第19条的规定，对同一个船舶，可以设定两个以上的抵押权，抵押权人的受偿顺序以登记先后为准。同日登记的抵押权，按照同一顺序受偿。又依其第13条的规定，设定船舶抵押权未登记的，不得对抗第三人。这里的第三人是否包括未设立任何担保物权的普通债权人并不明确，海商法界存在争议。对此，《民法典》第414条有更加明确的规定，即一般抵押权的清偿顺序为：（1）抵押权已登记的，按照登记的先后确定清偿顺序；（2）抵押权已登记的先于未登记的受偿；（3）抵押权未登记的，按照债权比例清偿。该条明确了如同一财产上有两个以上债权人抵押的，此抵押权又未办理登记，则按照债权比例受偿。按照物权优先于债权的原理，作为担保物权的船舶抵押权应优先于普通债权得到清偿。

三、船舶优先权

船舶优先权是海商法赋予某些特定的海事债权人所享有的一种特权。船舶优先权是海商法上一种特有的法律制度，其产生和发展与海上运输业的特殊性息息相关。船舶优先权最初是随着船货抵押贷款发展起来的。随着航线的不断增长，船长为了应付航次中无法预见的对资金的需要，保证船舶续航，而不得不在中途港筹措资金，与贷款人冒险签订贷款合同。在这种情况下，贷款人很难了解遥远的船舶所有人的真实情况，于是就渐渐地形成了以船舶作为具有真实利益的实体，以其本身价值来确保偿还贷款的商人习惯。这种习惯通过法律的形式固定下来就形成了现在的船舶优先权。

（一）船舶优先权的定义

依我国《海商法》第21条的规定，船舶优先权，是指海事请求人依照该法第22条的规定，向船舶所有人、光船承租人、船舶经营人提出海事请求，对产生该海事请求的船舶具有优先受偿的权利。此条是关于船舶优先权定义的规定，该规定明确了优先权的主体、客体以及优先权的特殊性。

A traditional maritime lien is a lien unique to the common law. It is a privileged claim, upon maritime property. It accrues from the moment the claim arises. It travels with the property unconditionally, even into the hands of *bona fide* purchasers for value whether with or without notice (This is its defining characteristic). It is enforced, as with other claims, by means of an action *in rem*.①

（二）船舶优先权的法律特点

1. 法定性。船舶优先权是法律赋予某些海事请求人的一种特权。船舶优先权的项目、标的及受偿的位次均须依法律的规定。船舶优先权是根据法律发生的，而不是由当事人约定的。船舶优先权的实施也必须经过法定的程序。

2. 追及性。船舶优先权的追及性表现为不论当事船舶航行于何地、船舶所有权有何变更，船舶优先权享有人均可追及并主张其权利。船舶优先权一经产生，即黏附于船舶之上。1926年《统一海事抵押权和优先权某些规定的公约》（以下简称《1926年公约》）第8条规定："不论船舶转入何人之手，受船舶优先权担保的请求权都跟随船舶。"1967年《统一关于海上优先权某些规定的国际公约》（以下简称《1967年公约》）第7条第2款规定："不论船舶所有权或登记是否变更，担保第四条所列请求权的船舶优先权都跟随船舶。"当然，船舶优先权的追及性也有一定的局限，主要表现在它可能因时效或权利主体的"懈怠"而消灭。为了促使优先权人及时行使其权利，也为了适当保障善意第三方的利益，法律规定了船舶优先权的有效期，《1926年公约》和《1967年公约》规定的有效期为1年，我国《海商法》规定的有效期亦为1年。依英美法中的"懈怠"原则，如债权人不及时行使其优先权，则船舶优先权即告丧失或消灭。

3. 秘密性。船舶优先权不必登记即可对抗第三者，因而是秘密的。正如英国学者托马斯（Thomas）指出的：船舶优先权是一种特权性的权利主张或质押性权利。它在导致诉因产生的事件发生之时就秘密地、无条件地附于海上财产之上。

4. 优先性。船舶优先权的优先性主要表现在：受船舶优先权担保的债权先于一般债权受偿；受船舶优先权担保的债权在清偿时先于受普通担保物权担保的债权受偿。

---

① *Traditional Maritime Lien*, available at http: //www. admiraltylaw. com/commentaries/maritime-liens-mortgages-and-priorities/.

Thus, today, the courts define a maritime lien as a special property right in a vessel, arising in favor of a creditor by operation of law as security for a debt or claim. The lien arises when the debt arises, and grants the creditor the right to appropriate the vessel, have it sold, and be repaid the debt from the proceeds of the sale.①

（三）船舶优先权的标的

关于船舶优先权的标的，有些国家仅规定为“船舶”，例如，我国《海商法》第21条规定的船舶优先权的标的为“产生该海事请求的船舶”；依我国《海商法》第3条的规定，“产生海事请求的船舶”亦应包括船舶属具。另一些国家除了船舶以外，还规定了船舶属具、运费及从属权利或利益。作为船舶优先权标的的运费应以本航次内所取得的运费为限。运费应除去必要的开支，即航行费用。所以更确切地说，运费仅指本航次所应挣得的运费。“从属权利或利益”指船舶所有人因本航次中船舶受损害或运费损失而获得的赔偿，船舶所有人在本航次应得的共同海损摊款，船舶所有人在完成航次前对第三者实施救助而应得的报酬。关于上述从属利益中的赔偿金，如船舶及应得运费由于第三者的侵权行为而丧失，则船舶优先权即存在于这些替代的赔偿金上。共同海损的分摊额作为船舶优先权的标的，是由于在海难中因保全船货的利益而使船舶牺牲方取得的分摊额作为该船舶或受损部分的替代。作为船舶优先权标的的救助报酬应扣除船长和船员应得的部分。

（四）船舶优先权的项目

船舶优先权的项目指能导致产生船舶优先权产生的海事请求。由于各国的情况不同，在有关船舶优先权的项目上的规定也千差万别。因为船舶优先权是无需登记的，而且是随船而行的，一个不知情的船舶买者，有可能买回一条满身附有船舶优先权的船舶，甚至优先权索赔的数额有可能超过船价。在这里，法律规定的优先权项目越少，可能附于船上的海事请求就越少，船舶的新买者也就越安全。英国规定的海事请求项目较少，美国规定的享有船舶优先权的

① See Delos E. Flint, Jr., *Current Developments in United States Maritime Lien Law*, U.S. F. Mar. L. J. 274（1995—1996）.

海事请求则较多，[①]将其他国家一般不列入的抵押权也列入了船舶优先权的范围。[②]国际上普遍认为，应尽量减少船舶优先权担保的债权项目，以保护船舶抵押权人的利益。

依我国《海商法》第22条的规定，具有船舶优先权的海事请求包括：（1）船长、船员和在船上工作的其他在编人员根据劳动法律、行政法规或者劳动合同所产生的工资、其他劳动报酬、船员遣返费用和社会保险费用的给付请求；（2）在船舶营运中发生的人身伤亡的赔偿请求；（3）船舶吨税、引航费、港务费和其他港口规费的缴付请求；（4）海难救助的救助款项的给付请求；（5）船舶在营运中因侵权行为产生的财产赔偿请求。

上述第（1）项的“在编人员”指船舶在编人员，排除随船押运人员、随船修船人员、验船师等非在编人员。第（2）项中的“人身伤亡”既包括合同内的旅客人身伤亡，也包括因船舶碰撞等侵权行为引起的人身伤亡。第（3）项在港口发生的费用包括船舶吨税、船舶港务费、引航费等，但不包括诸如装卸费一类的服务费。第（4）项的“救助款项”，依《海商法》第172条第（3）项的规定，应包括救助报酬、酬金和特别补偿。第（5）项的财产赔偿请求应是由于船舶营运中的侵权行为所产生的，而不是由于侵犯合同权利所产生的。

According to the article 22 of the Maritime Code of the People's Republic of China, the following maritime claims shall be entitled to **maritime liens:**

(1) Payment claims for wages, other remuneration, crew repatriation and social insurance costs made by the Master, crew members and other members of the complement in accordance with the relevant labor laws, administrative rules and regulations or labor contracts;

(2) Claims in respect of loss of life or personal injury occurred in the operation of the ship;

(3) Payment claims for ship's tonnage dues, pilotage dues, harbor dues and other port charges;

(4) Payment claims for salvage payment;

(5) Compensation claims for loss of or damage to property resulting from tortious act in the course of the operation of the ship.

① 英国规定的海事请求项目主要有：（1）海员工资、船长工资和垫款；（2）海难救助；（3）碰撞损害；（4）船舶抵押贷款。美国规定的船舶优先权项目较多：（1）海员工资；（2）海难救助；（3）碰撞损害或人命伤亡等侵权行为；（4）船舶优先抵押权；（5）修理供需品和其他必需品的索赔；（6）违反运输合同的索赔；（7）违反租船合同的索赔；（8）油污索赔；（9）港口费用等。

② 例如，优先船舶抵押权是美国特有的概念，依美国1920年《船舶抵押法》的规定，优先抵押权先于部分船舶优先权受偿。诸如供应品合同、运输合同及租船合同和油污损害均有保险或担保的保障，因而其他国家一般不将其列入有优先权的海事请求之列。美国规定的享有优先权的海事请求如此之宽是美国有关优先权诉讼案较多的主要原因。

（五）船舶优先权的顺序

船舶优先权的受偿顺序（见图2-5）涉及三方面：一是受船舶优先权担保的债权与其他债权的受偿顺序；二是受船舶优先权担保的各债权之间的受偿顺序；三是受船舶优先权担保的数个同类债权之间的受偿顺序。

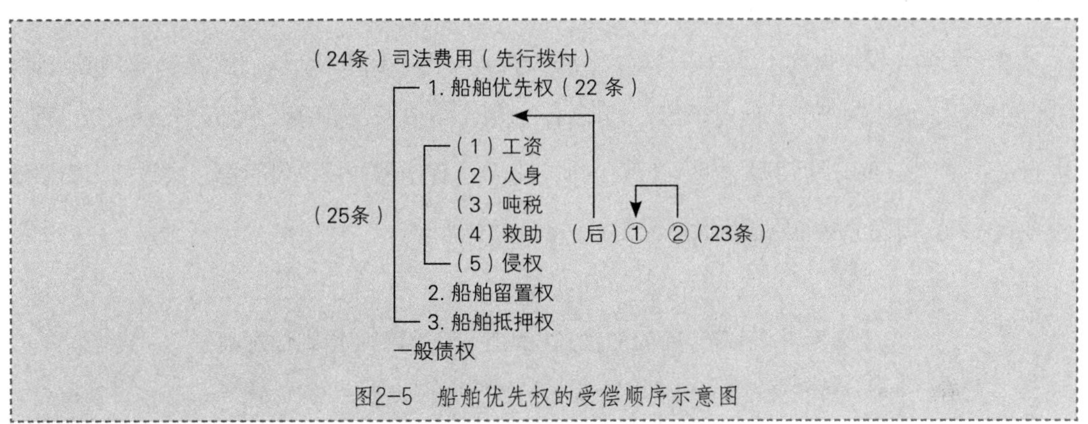

图2-5　船舶优先权的受偿顺序示意图

在上述债权受偿之前，依《海商法》第24条的规定，应当先从船舶拍卖所得的价款中先行拨付下列费用：（1）因行使船舶优先权产生的诉讼费用；（2）保存、拍卖船舶和分配船舶价款产生的费用；（3）为海事请求人的共同利益而支付的其他费用。

上述第（2）项和第（3）项所称的费用和开支为自扣押船舶之日起发生的船舶维修保养费用、船员生活费用、看守费、保存费等。这些费用在有些国家中将其规定为船舶优先权担保的债权，并排在优先受偿的首位。英国和美国即采用此种做法。另一些国家则规定上述费用不受优先权的担保，但在受偿时，可排在优先权之前受偿，我国《海商法》即采用了此等做法。两者的规定虽有不同，结果却是一样的。

关于受优先权担保的债权与其他债权之间的受偿顺序，依我国《海商法》第25条的规定，首先为船舶优先权，其次是船舶留置权，最后是船舶抵押权。这里的船舶留置权指造船人、修船人在合同另一方未履行合同时，为保证造船费用或修船费用得以偿还而留置所占有的船舶的权利。这种留置权以占有为条件，当造船人或修船人不再占有所造或所修的船舶时，该留置权即消灭。该项留置权又被称为占有留置权。

我国《海商法》第22条规定的排列顺序所反映的确定受船舶优先权担保的各类债权之间的受偿顺序的基本原则为：因船员雇用合同产生的债权优于其他债权受偿；因侵权产生的债权优先于因合同产生的债权受偿；人身伤亡的债权优先于财产损害的债权受偿；为其他债权的受偿

创造条件的债权优先于其他债权受偿。同时，在第23条但书又规定：《海商法》第22条第1款第（4）项海事请求后于第（1）项至第（3）项发生的，应先于第（1）至第（3）项受偿。之所以有这样的规定，是因为如果没有后发生的第（4）项救助款项，船舶就会因未得到救助而灭失，第（1）至第（3）项船舶优先权也得不到受偿，因此，它属于为其他债权的受偿创造条件的债权，应优先受偿。

对于受优先权担保的同类海事请求之间的受偿原则为：同类债权，不分先后，同时受偿；不足受偿的，按比例受偿。但对于第（4）项有关救助的债权，则采用"时间倒序原则"，后发生的先受偿，其理由是后一次救助对已存的债权起到了保全的作用，没有第二次救助，船舶就有可能灭失，则先产生的债权也无从受偿。

【案例】"伊娜"轮船舶优先权顺序及时间倒序原则适用案①

伊娜（Inna）轮案是关于船舶优先权受偿顺序的案例。伊娜轮船上发生爆炸后沉没，并碰撞了附近的物体造成损失，后该轮被救起，于是产生了受损物体的船舶优先权与救助人的船舶优先权的受偿顺序问题。1938年，英国高等法院在审理此案时认为，后发生的救助人的船舶优先权更具优先性，应先于碰撞损害的船舶优先权受偿。因为保护了其他债权的债权应享有优先受偿的权利。

（六）船舶优先权的行使与消灭

船舶优先权在英美法系国家是以对物诉讼的方式来行使的，由法院通过船舶扣押进行对物诉讼，直至对船舶进行拍卖，债权人从卖得的价款中实现其优先受偿的权利。我国《海商法》第28条规定："船舶优先权应当通过法院扣押产生优先权的船舶行使。"在1999年《海事诉讼特别程序法》(以下简称《海诉法》）颁布以前，我国行使船舶优先权的程序主要是依据1994年《最高人民法院关于海事法院诉讼前扣押船舶的规定》(以下简称《诉前扣押船舶的规定》）和1994年《最高人民法院关于海事法院拍卖被扣押船舶清偿债务的规定》。《海诉法》吸收了上述两个规定的主要内容，并在总结多年实践的基础上，对相关问题进行了规定。为了使海事诉讼

① *The* "*Inna*" (1938) 19 Asp. M. L. C. 203, 1938. P.148. See Wiliam Tertly, *Maritime Liens and Claims*, Second Edition, International Shipping Publications, 1998, p.887; Jackson, David C, *Enforcement of Maritime Claims*, Second Edition, Lloyd's London, 1996, p.502.

程序更具可操作性，2020年又通过了《最高人民法院关于适用〈中华人民共和国海事诉讼特别程序法〉若干问题的解释》(以下简称《海诉法解释》)，并自2003年2月1日起实施。我国《海诉法》及《海诉法解释》对实现船舶优先权涉及的船舶扣押、船舶拍卖、权利登记、价款分配四个主要环节进行了明确的规定。

船舶优先权具有随船而行的特点，它不因船舶所有权的转移而消灭。这一特点使无法知道船舶是否附有优先权的旧船购买人处于一种很不稳定的地位。为了保护旧船购买人的利益，以利于商船队的发展，各国一般都规定了船舶优先权消灭的情形。概括地讲，船舶优先权可能因下列原因而消灭：

1. 因担保的债权的消灭而消灭。作为担保物权的船舶优先权具有从属性的特征，它随主债权的产生而产生，随主债权的消灭而消灭。

2. 因法律规定的时效届满而消灭。各国规定船舶优先权的时效一般为1年，英国和美国的法律没有规定固定的时限，而是采用“怠慢原则”。船舶优先权人在行使其优先权时，应有“合理的谨慎”，否则该优先权便会消灭。何为“合理的谨慎”则取决于每个案件的特定事实。美国除了采用“怠慢原则”外，还对某些海事请求规定了具体的时效。例如，海难救助索赔应自产生之日起两年内行使；货物索赔应在1年内提出；有关海上人身死亡的诉讼应在3年内提起。我国规定的船舶优先权时效亦为1年。

3. 因拍卖而消灭。拍卖指经法院强制出售。拍卖具有公开性，这使得优先权人有主张其权利的机会，如优先权人怠于行使其权利，则法律不应给予过分的保护，因此规定船舶优先权可以通过法院的拍卖而消灭。但如有下列情况之一，优先权人在拍卖后仍可提出异议：拍卖者无管辖权的；拍卖不合程序的；拍卖中有恶意串通情形的；拍卖的标的错误的。

4. 船舶灭失。船舶灭失指船舶在物质上的消灭。在认定何为船舶灭失的问题上，各国有不同的做法，学者也有不同的认识。有的认为，即使船舶在损失后尚有残余部分，优先权仍存在于该残余部分，如船舶拆散的，则船舶优先权人对拆散的材料有优先权。有的则认为，既然《海商法》明确规定了船舶的概念，则在船舶被拆散时，就不再构成海商法意义上的船舶了，也就不应将其作为船舶优先权的标的了。依我国《海商法》有关船舶的定义以及实践中的做法，后一种主张似乎更站得住脚。

5. 公告消灭船舶优先权。依《海诉法》第124条及第125条的规定，船舶优先权的催告期间为60日；船舶优先权催告期间，船舶优先权人主张权利的，应当在海事法院办理登记；不主张权利的，视为放弃船舶优先权。

【案例】"远胜"轮船舶优先权催告案[①]

浙江省粮油食品进出口股份有限公司舟山洛达轮船公司申请船舶优先权催告案是以消灭船舶优先权为目的而进行催告的案例。2001年9月3日，申请人（浙江省粮油食品进出口股份有限公司舟山洛达轮船公司，以下简称"申请人"）为购买伯利兹籍"远胜"（YANG XING）轮，与船舶所有人舟山远洋渔业集团公司（以下简称"船舶所有人"）及抵押权人中国农业银行定海区支行（以下简称"抵押人"）签订了一份《协议备忘录》，约定船舶所有人经船舶抵押权人同意，将"远胜"轮作价人民币1350万元转让给申请人，并约定了付款方式、交船的时间、地点及违约责任等。为了避免该轮转让后发生《海商法》第22条规定的船舶优先权纠纷，申请人特于2001年9月24日向宁波海事法院申请船舶优先权催告，催促船舶优先权人及时主张权利，消灭该船舶附有的船舶优先权。

宁波海事法院经审查认为，申请人的申请符合《海事诉讼特别程序法》第120条、第121条、第122条的规定，应予支持。遂依照该法第123条的规定，于同年9月25日裁定：准予申请人浙江省粮油食品进出口股份有限公司舟山洛达轮船公司的申请，对伯利兹籍"远胜"（YANG XING）轮的船舶优先权予以催告。裁定生效后，宁波海事法院分别在同年10月9日的《人民日报（海外版）》和10月10日的《人民法院报》上刊登公告，催促船舶优先权人在催告期间主张船舶优先权。

四、船舶留置权

（一）船舶留置权与一般海上留置权

《民法典》第447条第1款对一般留置权进行了规定："债务人不履行到期债务，债权人可以留置已经合法占有的债务人的动产，并有权就该动产优先受偿。"我国《海商法》涉及的留置权实际上包括狭义的船舶留置权与广义的一般海上留置权。《海商法》第25条规定的只是狭义的船舶留置权，依该条第2款规定，船舶留置权是指造船人、修船人在合同另一方未履行合同时，可以留置所占有的船舶，以保证造船费用或者修船费用得以偿还的权利。船舶留置权在造船人、修船人不再占有所造或者所修的船舶时消灭。该船舶留置权的狭义表现在下列限制

① 浙江省粮油食品进出口股份有限公司舟山洛达轮船公司申请船舶优先权催告案，载中国海事审判网站，https://cmt.court.gov.cn。

上：其一，行使留置权主体的限制，第25条规定的留置权行使主体限于造船人和修船人，并不包括其他也有可能占有船舶的救助人等。其二，留置权针对客体的限制，第25条规定的留置权针对的客体只限于造船合同或修船合同项下的船舶。

《海商法》涉及的一般海上留置权散见于有关拖航合同、海难救助等相关规定中。关于海上拖航，《海商法》第161条规定："被拖方未按照约定支付拖航费和其他合理费用的，承拖方对被拖物有留置权。"关于海难救助，《海商法》第188条规定："被救助方在救助作业结束后，应当根据救助方的要求，对救助款项提供满意的担保。在不影响前款规定的情况下，获救船舶的船舶所有人应当在获救的货物交还前，尽力使货物的所有人对其应当承担的救助款项提供满意的担保。在未根据救助人的要求对获救的船舶或者其他财产提供满意的担保以前，未经救助方同意，不得将获救的船舶和其他财产从救助作业完成后最初到达的港口或者地点移走。"对后一种涉及救助人的权利，虽然没有称其为"留置权"，结合第190条有关通过拍卖处理获救财产的规定，实则属于一种留置权。此类留置权的客体不限于船舶，可以是被拖船或被救助的船舶，也可以是被拖物或被救助的财物。

（二）船舶留置权的实现

《海商法》并无关于船舶留置权实现的规定，有关船舶留置权的实现可以适用《民法典》的相关规定。《民法典》第453条规定："留置权人与债务人应当约定留置财产后的债务履行期限；没有约定或者约定不明确的，留置权人应当给债务人六十日以上履行债务的期限，但是鲜活易腐等不易保管的动产除外。债务人逾期未履行的，留置权人可以与债务人协议以留置财产折价，也可以就拍卖、变卖留置财产所得的价款优先受偿。留置财产折价或者变卖的，应当参照市场价格。"可见，留置权人在债务人逾期未履行时可以与债务人协议以留置物折价，或拍卖、变卖留置物，并从所得的价款中优先受偿。

（三）船舶留置权的受偿顺序

依《海商法》第25条的规定，船舶优先权先于船舶留置权受偿，船舶抵押权后于船舶留置权受偿。这里的船舶留置权并不包括广义的一般海上留置权。对于因拖航费产生的对被拖物的一般海上留置权，《海商法》没有规定其法律地位以及实现方式，从1993年《船舶优先权和抵押权国际公约》的相关规定看，公约以为船舶融资提供更好的法律条件为原则，规定此类一般海上留置权应后于船舶抵押权，但先于一般债权受偿。对于因救助款项产生的留置权，同样也属于船舶优先权保障的债权项目，可依船舶优先权先于船舶留置权的顺序受偿。

五、有关船舶抵押权和船舶优先权的公约

有关船舶抵押权和船舶优先权的国际公约主要有：1926年《统一船舶抵押权和优先权某些规定的公约》（简称《1926年公约》）和1967年《统一关于船舶优先权和抵押权某些规定的国际公约》（简称《1967年公约》），此外，还有尚未生效的1993年《船舶优先权和抵押权国际公约》（简称《1993年公约》）。尽管船舶优先权和船舶抵押权制度早已为各海运国家所承认，但由于各国政治、经济背景及所属法系不同，各国有关船舶抵押权和优先权的具体规定也各有不同。而在海上运输中发生的船舶优先请求权和抵押权多为涉外的法律关系，当船舶作为担保物时，在法律适用方面就会遇到困难。因此，国际法协会和国际海事委员会多年来一直在努力制定国际统一规则。1924年8月25日，一些国家签订了《关于船舶优先权和抵押权的公约》，并在布鲁塞尔开放签字，另一些国家则对该公约提出了反对意见，这些反对意见被提交到1926年海洋法国际会议上，《1926年公约》即包括了对1924年公约的修改和补充。

（一）1926年《统一船舶抵押权和优先权某些规定的公约》

在国际海事委员会的多次努力下，在1926年4月召开的第四届海商法国际会议上通过了《统一船舶抵押权和优先权某些规定的公约》，由于该公约是在布鲁塞尔签订的，所以又被称为《1926年布鲁塞尔公约》。批准和加入该公约的国家有26个，但主要海运国家均未加入，中国也未加入该公约。公约的主要内容有：

1. 缔约国之间相互确认抵押权及质权等的登记。公约第1条规定："根据船舶所属缔约国的法律正式设定的，并且在船籍港或中央机关的公共登记处登记的船舶抵押权、质权或该船承担的其他类似义务，应在所有其他缔约国视为有效，并且受到尊重。"

2. 对船舶、运费以及航次开始以来船舶和运费的附属权利可实行优先请求权的各种项目。公约第2条规定的项目包括：（1）诉讼费用，为债权人的共同利益保存船舶或将船舶出售并分配价款而支付的费用、船舶吨税、灯塔费、港务费及其他公共税收和费用、引航费等；（2）船长、船员及其他人员因雇用契约引起的债权；（3）救助报酬及该船在共同海损中的分摊额；（4）碰撞及其他航行事故造成损害的赔偿，旅客和船上人员伤害赔偿，货物或行李灭失或损害赔偿；（5）船舶驶离本国港后，船长在其本职范围内，为保存船舶或继续航行所需而签订的契

约或所进行的行为引起的债权（又称“船长合同”债权）。上述船舶和运费的附属权利指：就船舶所受未经修复的物质损失，应付予船舶所有人的赔偿金，或运费损失的赔偿金；就船舶所受未经修复的物质损失或运费损失，应付予船舶所有人的共同海损分担额；在航次终了前的任何时期提供救助的报酬中，应付予船舶所有人的部分，但分配给船长或船上其他工作人员的部分不包括在内。

3. 船舶优先权的受偿顺序。首先，船舶优先权的受偿在船舶抵押权之前。关于各船舶优先权所担保的各债权项目之间的受偿顺序，公约第5条规定，船舶优先权所担保的同一航次的债权按第2条列举的债权项目顺序受偿；如款项不足以支付同一顺序的债权时，按比例支付；救助报酬、共同海损分摊及船舶在中途为保存船舶或继续航行签订契约所引起的债权，应以后发生者优先受偿。

4. 船舶优先权的时效。公约第9条规定，除各国国内法另有规定外，优先权的时效为1年，船舶在途中为提供船上供应品而引起的优先请求权，应在不超过6个月内继续有效。各类优先请求权时效的起算如下：担保船舶救助方面债权的优先请求权，自该项服务结束之日开始；对于碰撞或其他事故，以及关于人身伤亡的债权，自损害发生之日开始；对于货物或行李所受灭失或损害的请求权，自货物或行李交付之日或应当交付之日开始；对于修理、供应和船长为完成航行而引起的其他债权，自债权发生时开始。在其他情况下，时效自该项债权付诸实现之时开始。

（二）1967年《统一关于船舶优先权和抵押权某些规定的国际公约》

《1926年公约》得到了26个国家的批准或加入，但主要海运国家却未参加，因而也未取得实际效果。特别是到了20世纪60年代，随着通信技术的发展，船舶在途中遇紧急情况时，为继续航行而需订立的合同可以由船舶所有人及世界各地的代理以船舶所有人的名义签订，因而减弱了“船长合同”的重要性。为船舶所有人提供抵押贷款的银行也纷纷要求取消“船长合同”的优先请求权，提高船舶抵押权的地位。美国为了鼓励银行发放船舶抵押贷款，已通过法律创设了一种优先于部分船舶优先权的优先船舶抵押权。1963年国际海事委员会成立了专门小组，开始起草和制订新的船舶优先权和船舶抵押权公约。新公约于1967年5月27日在布鲁塞尔召开的第十二届海商法国际会议上通过，于1987年5月12日因第5个国家的批准加入而生效。公约的缔约国为：丹麦、挪威、瑞典、叙利亚和芬兰。中国没有加入该公约。《1967年公约》减少了对船舶优先权请求的项目，取消了《1926年公约》中第2条第5款中列明的请求项目和对货物、行李灭失和损坏的赔偿，改变了《1926年公约》中有关优先权的清偿顺序，明确了强制售船的程序。该公约共25条，其主要内容为：

1. 可以通过对船舶行使优先请求权而得到保证的债权。这些债权主要包括船长、高级船员及其他船员的工资及其他款项；港口、运河及其他水道费用以及引航费用；直接涉及船舶营运而发生的财物灭失或损害而向船舶所有人提出的请求；与船舶营运有关的财产灭失或损害，根据侵权行为而不可能根据契约向船舶所有人提出的请求；救助报酬、清除船舶残骸的费用以及共同海损的分摊。在上述优先请求权担保的债权项目中，取消了《1926年公约》列明的“船长合同”债权。

2. 船舶优先权和船舶抵押权的受偿顺序。船舶优先权在船舶抵押权之前，船舶抵押权在一般债权之前。船舶优先权各债权项目之间的受偿顺序依公约第4条列举的各债权项目顺序，有关救助、清除船舶残骸和共同海损的债权，应以后发生者优先受偿，造船厂、修船厂的占有留置权或滞留船舶权应列在所有船舶优先权之后，但可列在登记的抵押权之前。

3. 船舶优先权的时效。公约第8条规定，优先请求权自其所担保的债权发生1年后即告消失，该1年期限不得中断或中止，但行使优先权的人依法被阻止扣押该船的期间，不计算在内。

4. 船舶强制出售程序。公约第10条规定，在一缔约国内强制出售船舶之前，该国主管当局应就出售时间及出售地点向下列各方发出为期至少30天的通知：抵押权及质权的拥有人；船舶优先权拥有人；船舶登记所在登记机关的登记人员。强制出售船舶的价款，首先应支付为出售船舶而发生的司法费用，其余部分依次在各船舶优先权请求拥有人、留置权拥有人及已登记抵押权及质权拥有人之间进行分配。船舶在强制出售时，法庭或具有管辖权的其他主管当局应在购船人请求下开具证明书，表明该船已是不附任何债务的船舶。在出示证明书的同时，登记处应注销所有登记的抵押权及债权，并以购船者的名义登记该船，或为注销该船而开具注销证明书。

（三）1993年《船舶优先权和抵押权国际公约》

《1926年公约》和《1967年公约》虽然均已生效，但批准和加入的国家并不多，世界主要航运国及我国均未加入这两个公约。这表明国际社会对上述公约的不满态度。为此，联合国贸发会议航运立法工作组和国际海事组织联合成立政府间专家组，从1986年起举行多次会议，对现行的各项船舶优先权和船舶抵押权公约进行了审查，提出了一套新的公约草案。1993年4月19日，联合国贸发会议和国际海事组织在日内瓦召开的外交大会上，审议通过了1993年《船舶优先权和抵押权国际公约》。65个国家的代表团和15个国际组织的观察员参加了大会。我国代表亦出席了大会，并签署了会议通过的最后文件。该公约共22条，其对前述公约的修改表现在：

1. 关于船舶优先权的项目和顺序。《1993年公约》遵循减少优先权项目、为船舶融资提供更好的法律条件的原则，减少了船舶优先权的项目，取消了《1926年公约》第2条第5款中列明的请求项目和对货物、行李灭失和损坏的赔偿。将“就救助费提出的索赔”改为“就船舶的救助报酬提出的索赔”，明确了不包括“特别补偿”。对于油污损害索赔，不论按公约或国家法律，只要规定了强制保险与严格责任制的，均排除在优先权之外。由于有些国家（如美国、法国、加拿大、希腊等国）除一般的优先权外还规定了其他项目的船舶优先权，作为折中，公约第6条允许各国另行规定其他的优先权，但其顺序应排在公约第4条规定的优先权和符合第1条规定的已登记的抵押权、质权或担保物权之后，以免影响船舶的融资。

2. 关于船舶优先权的时效。公约规定船舶优先权的时效为1年，对于船员工资、遣返费及其社会保险费等的索赔，自其从船上离职之日起算；对于人身伤亡，船舶的救助报酬，港口、运河及其他水路规费和引航费以及根据侵权行为提出的索赔，自所担保的索赔产生之时起算。这一期限不得中止或中断，应连续计算。其他船舶优先权的时限为6个月，如善意出售的，自出售登记之日起60天消灭。

3. 关于转让和代位。公约增加一项内容，规定保险赔偿金不得由优先权索赔人代位求偿，即抵押权人可据此优先受偿，以保护其利益。

4. 关于强制出售的通知。公约规定的被通知方增加了船舶所有人。在强制出售前至少30天发出有关出售时间和地点及强制出售程序的通知，在无法确切决定强制出售时间和地点的情况下，可先发出预期通知，但在其确切的出售时间和地点确定后，还应在出售前7天再发通知。除书面通知外，应在强制出售的国家报刊上公告，如该当局认为适当，也可在其他出版物上公告。

5. 关于出售所得的价款的支付。公约第12条规定，从船舶强制出售所得款中，首先支付的费用应包括船舶被扣押时引起的维护保养费和船员生活费。对公共当局为航行安全和保护海洋环境而清除搁浅或沉没船只的费用，各国可在本国法律中规定在支付船舶优先权之前首先支付上述费用。

《1993年公约》涉及了船舶所有人、保险人、抵押权人、救助人以及港口、运河等各方面的权益，它是经过各方的激烈争论后通过的妥协性案文，因而使与会各方均比较满意。公约的目的是统一船舶优先权和抵押权方面的法规，减少船舶优先权项目，以便为船舶融资提供更好的条件。公约的内容与我国海商法有关船舶优先权和抵押权的规定基本吻合。公约将在第10个国家表示同意接受公约之日起6个月后生效。

（四）2014年《关于外国船舶司法出售及其承认的国际公约草案》

鉴于各国司法出售上的不同规定会导致在一国司法出售的船舶在另一国仍存在不确定性，有必要制订有关船舶司法出售国际承认的公约，为此，在国际海事委员会（CMI）中国执委李海教授的力主下，CMI于2007年将该问题纳入了其工作计划，并成立了船舶司法出售国际承认问题的国际工作组，经历了向各国海商法协会发放问题单、起草公约、反复讨论等过程。在2012年的CMI北京会议上，各国海商法协会对草案讨论和修改后形成了《北京草案》，《北京草案》于2014年6月17日正式通过。

《北京草案》分为十个部分，即序言、定义、适用范围、司法出售的通知、司法出售的基本要求及效力、司法出售证书的签发、船舶登记、司法出售承认与拒绝承认的情况、保留条款、该条约与其他条约的关系。其主要内容如下：

1. 序言和适用范围。序言中表明《北京草案》的原则是在司法出售中为买船人提供充分的保护，保证其获得清洁物权；促进船运业以及船舶融资的发展，减少司法出售的不确定性，促进船舶司法出售国际承认的规则统一性。《北京草案》适用于在一缔约国完成而在另一个缔约国寻求承认的船舶司法出售。在签署、批准、加入本公约时，缔约国可以在互惠的基础上作出如下保留声明：仅将公约适用于在某一缔约国完成的司法出售，且被出售的船舶必须悬挂某一缔约国的国旗。

2. 定义。在定义部分，《北京草案》对22个用语作出了定义，其中包括船舶司法出售、法院、船舶、船东、买船人、买船人的下家、利害关系人等。关于“司法出售”，《北京草案》定义为：在有权机关（competent authority）控制下的船舶出售，这种出售是通过公开拍卖、私人协议或者按照出售国法律明确规定的其他适当方式，将船舶的清洁物权给予买方，且债权人可以通过该种出售获得自己的利益。

3. 司法出售的通知。关于司法出售的通知，起草时的争议点主要集中于通知是否需要书面形式作出及通知的对象。对此，第3条明确规定，通知必须以书面的形式作出，且具体规定了通知的送达方式。在通知对象上，规定船舶登记机关、已登记的船舶抵押权人、已知的船舶优先权人、船舶的所有人为通知对象。通知必须在司法出售之前提前30天发出，并须包括以下内容：船舶的名称、国际海事组织的编号、注册船东；船舶司法出售的时间、地点及其相关程序事项。

4. 司法出售的基本要求及效力。此部分在起草时的争议主要为司法出售后船舶的原所有权是否完全消灭，以及船舶抵押权、优先权等权利及负担是否消灭，买船人是否可以获得船舶的清洁物权。对此，《北京草案》第4.1条规定了船舶司法出售成立的条件：一是船舶实际处于出售国管辖权之下；二是司法出售须根据该国的法律及本公约的规定完成。

关于船舶司法出售的效力，《北京草案》第4.1条从两方面进行了规定：在实体方面，船舶司法出售会导致出售前船上的所有权利及利益消灭，出售前附着于该船上的抵押权（买船人认可的除外）、优先权等也随之消灭，买船人获得清洁物权；在程序方面，司法出售并不当然使原船舶登记自动失效，但向有关船舶登记机关出示船舶已被司法出售的文件或证据后，船舶登记机关会注销原船舶登记。

5. 司法出售的承认。关于承认的条件，依《北京草案》第7条有以下两个条件：其一，不属于第8条拒绝承认的情形；其二，依公约第5条已取得司法出售证书。第8条规定的可以拒绝承认的情形包括：（1）不符合司法出售的基本要求：司法出售时船舶未在签发司法出售证书的有权机关所在国的实际管辖范围内；司法出售被出售国的有权法院宣布无效；承认将违反承认国的公共政策。（2）当出售国有权法院正在处理有关司法出售的异议程序并暂停了该司法出售的效力时，缔约国的法院可以暂停承认该司法出售的法律效力。

6. 船舶司法出售异议。《北京草案》第7.3条对管辖的法院和异议主体进行了规定：（1）对司法出售提出异议的管辖法院为司法出售国法院；（2）提出异议的主体为利害关系人。并规定，无论针对被司法出售的船舶还是善意买船人，都不能行使任何救济，以进一步加强对买船人利益的保护。

7. 出售证书的签发。《北京草案》第4条规定了司法出售证书的签发。规定司法出售船舶之后，实施出售的法院应当依买船人的要求向其签发具有下述效力的证书：（1）船舶已被司法出售，该出售根据出售地国法律及本公约的规定，该船舶不附带任何经登记的船舶抵押权或类似权利（买船人认可的除外）、船舶优先权或任何性质的负担；（2）司法出售前的船东所有权已被消灭。

8. 登记。《北京草案》第6条规定了船舶的注销登记和重新登记。关于此问题的主要争议为在外国被司法出售的外国船舶是否需要注销先前的域外登记（the previous foreign registration）并提供有关的注销证明（deletion certificate）作为重新登记的前提条件。《北京草案》规定由买船人出示司法出售证书，船舶登记机关注销所有权登记及抵押权等权利的登记，并进行重新登记或签发注销登记的证明。登记机关可以要求买船人提供司法出售证书的翻译文本和副本。对于光船租赁期间被司法出售的船舶，登记官应该注销该船舶的登记并取消对该船舶临时悬挂该国国旗的许可。

【重要术语提示与中英文对照】

编号	中文术语	英文对照
1	船名	name of vessel
2	船级证书	certificates of classification
3	船旗	flag
4	船籍港	port of registry
5	船籍证书	certificate of ship's nationality
6	船队	fleet
7	船东（船舶所有人）	shipowner
8	船舶拟人化	ship's personification
9	船舶吨位	ship's tonnage
10	船舶抵押权	ship's mortgage
11	船舶所有权	ownership of ship
12	船舶优先权	maritime lien
13	船舶建造人留置权	ship builder's possessory lien
14	船舶适航	ship's seaworthiness
15	船舶留置权	possessory lien of vessel
16	船舶检验	ships surveys
17	船舶联检	joint inspection
18	船舶属具	ship's apparels
19	船舶属具目录	list of ship's appurtenance
20	船舶登记地	place of registration
21	船舶登记港	port of registry
22	船旗国	flag state

【思考与辨析】

1. 我国《物权法》对船舶物权有哪些影响?
2. 试述船舶的法律性质。
3. 在船舶所有权的登记上，“未经登记，不发生法律效力”的规定与“未经登记，不能对抗第三人”的规定有何区别?

4. 船舶优先权的受偿顺序是如何排列的？
5. 船舶优先权的项目有哪几项？
6. 应如何理解海商法中的船舶所有人的概念？
7. 船舶优先权的标的与船舶抵押权的标的有何主要区别？
8. 在海商法中，当船舶抵押权、船舶留置权、船舶优先权同时存在时，其受偿顺序应如何排列？ A. 船舶优先权、船舶抵押权、船舶留置权；B. 船舶抵押权、船舶优先权、船舶留置权；C. 船舶优先权、船舶留置权、船舶抵押权；D. 船舶抵押权、船舶留置权、船舶优先权。
9. 某船东在向银行贷款时办理了将该轮抵押的手续并进行了登记，后该船东又拖欠船员的工资，在进入某港时又拖欠了一笔船舶吨税，此后，为救该轮又发生了一笔救助费。依《海商法》的有关规定，上述各债权项目的受偿顺序是：A. 船员工资、船舶吨税、救助费、船舶抵押权；B. 船舶吨税、船员工资、救助费、船舶抵押权；C. 救助费、船员工资、船舶吨税、船舶抵押权；D. 船舶抵押权、船员工资、救助费、船舶吨税。
10. 依《海商法》第19条的规定，同一船舶可以设定两个以上抵押权，其受偿顺序为下列哪一项？ A. 以设定抵押权的先后为准；B. 以签订抵押合同的时间为准；C. 以抵押权担保的数额为准；D. 以登记的先后为准。

【扩展阅读文献提示】

1. 余凌云. 船舶所有权登记的行政法分析. 中国海商法研究，2021（2）.
2. 张一祯，蒋正雄. 第三人海商留置权新探. 中国海商法研究，2021（2）.
3. 宋淑华，赵劲松：船舶优先权的消灭. 中国海商法研究，2021（3）.
4. 郝志鹏，周江. 破产程序中扣押船舶费用的优先清偿问题研究. 中国海商法研究，2021（4）.
5. 范晓波，陈怡洁. 船舶无人化趋势下AI航行系统的责任探析. 中国海商法研究，2021（4）.
6. 董学立. 论物权法定：宏观叙事与微观求证. 中国海商法研究，2020（2）.
7. 李运杨. 担保的移转从属性及其例外——以中德比较为视角. 中国海商法研究，2020（2）.

8. 张梦奇. 概括性抵押条款的认定——基于裁判分歧的分析. 中国海商法研究, 2020 (2).
9. 李歆蔚, 初北平. 船舶司法出售公约起草中的核心问题. 中国海商法研究, 2020 (1).
10. 聂书恒, 傅廷中. “干净船”制度的思考——以中国海商法体系进行探讨. 中国海商法研究, 2019 (1).
11. 王国华, 孙誉清. 21世纪海盗: 无人船海上航行安全的法律滞碍. 中国海商法研究, 2018 (4).
12. 王欣, 初北平. 研发试验阶段的无人船舶所面临的法律障碍及应对. 中国海商法研究, 2017 (3).
13. 王淑敏, 杨欣, 李瑞康. 上海自由贸易区实施“国际船舶登记制度”的法律问题研究. 中国海商法研究, 2015 (2).
14. 郑雷. 自贸区中国船舶融资租赁的法制建构. 中国海商法研究, 2015 (1).
15. 李海. 国际海事委员会的最新成果:《北京草案》. 中国海商法研究, 2014 (3).
16. 王恒斯, 单红军. 从“物上负担”到“担保物权”的范式转换——以船员工资优先权之产生为视角的解释论. 中国海商法研究, 2014 (2).
17. 杨薇薇, 李志文. 船舶扣押的正当性探讨. 中国海商法研究, 2013 (3).
18. 於世成, 郏丙贵. 我国船舶国籍登记制度改革探讨. 海大法律评论 (2008). 上海: 上海社会科学院出版社, 2009.
19. 李天生, 韩立新.《中华人民共和国物权法》背景下在建船舶抵押权的实现. 中国海商法年刊, 2009 (4).
20. 张丽英. 淡化船舶拟人处理对减少扣船管辖冲突的作用. 中国海商法年刊, 2009 (Z1).
21. 杨良宜. 造船合约. 大连: 大连海事大学出版社, 2008.
22. 李志文. 船舶所有权法律制度研究. 北京: 法律出版社, 2008.
23. 傅廷忠, 王文军. 论海事优先权的物上代位性. 中国海商法年刊, 2006.
24. 杨良宜. 船舶买卖法律与实务. 大连: 大连海事大学出版社, 2004.
25. 张丽英. 船舶优先权法律性质若干学说析. 比较法研究, 2004 (4).
26. 杨良宜. 船舶融资与抵押. 大连: 大连海事大学出版社, 2003.

27. 李海. 船舶物权之研究. 北京：法律出版社，2002.

28. Willan Tetley & Brain G.Mcdonough. Maritime Liens and Claims. 2nd ed. London: Business Law Communications Ltd., 1985.

【拓展阅读】

研究导引

★ 关于船舶优先权的法律性质的争论

扩展英文阅读资料

★ Maritime Liens

精选案例

★ 美国JP摩根大通银行与利比里亚海流航运公司船舶抵押权纠纷案

【自测习题】

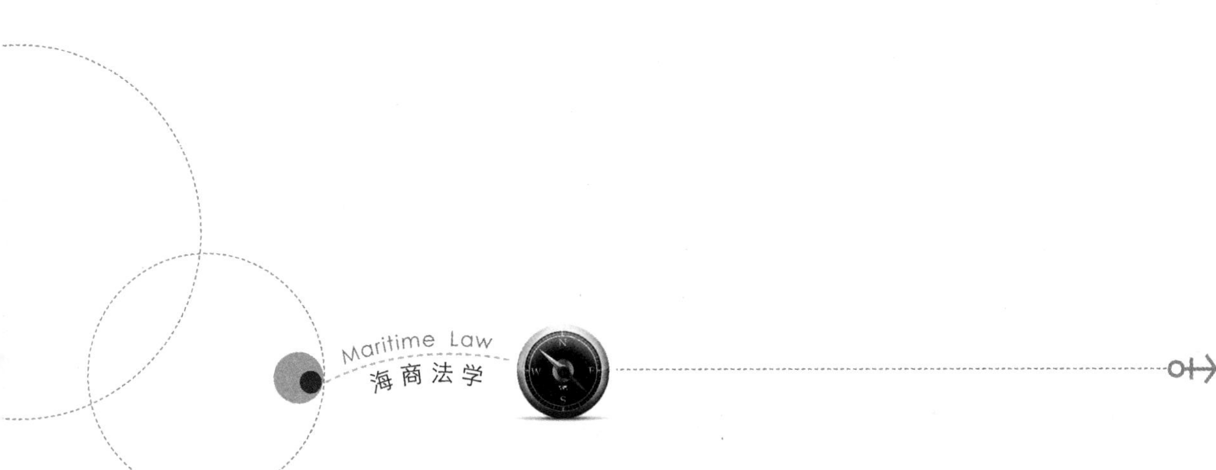
Maritime Law
海商法学

第三章　船　员

本章教学目的与要求

了解船员的定义、船员的资格、船员任用的方式、船员及船长的职责等内容。要求重点掌握船长在船上的特殊地位，以及引航员的过失责任承担。特别了解我国参加的有关船员的国际公约的相关规定，以及我国涉及船员相关立法的规定。

我国《海商法》第三章是关于船员的规定，《船员条例》(2007年公布、2013年7月第一次修订、2013年12月第二次修订、2014年第三次修订、2017年第四次修订、2019年第五次修订、2020年第六次修订)及配套规章对船员进行了比较具体的规定。在国际公约方面，我国参加了1978年《海员培训、发证和值班标准国际公约》(以下简称STCW公约)，并参加了经1995年修正的STCW公约。依公约的要求，我国制定了若干有关船员培训、考试和发证方面的规章，现行的规章是2004年施行的《海船船员适任考试、评估和发证规则》(以下简称《发证规则》)。此外，我国还批准了包括《1926年海员协议条款公约》等20多个条约。

第一节　船员

一、船员的概念

船员这一概念在各国法中的含义不尽相同。一种理解为船员是指在船上任职的一切员工，包括船长和海员。海员指除船长外的其他服务于船舶上的人员，包括驾驶员、轮机员和其他服务于船舶上的人员。依1926年《海员协议条款公约》和1920年《海员雇用公约》，海员指船上高级职员以外的人员，船长、引航员、见习海员、学生等都不在内。而依1949年《海员休假公约》，海员包括了船长、职员、水手、无线电报务员等。见图3-1。

图3-1　中远公司船员的英姿（中远公司提供）

依我国《海商法》第31条的规定，船员是指包括船长在内的船上一切任职人员。该定义中的“船员”采用了比较宽的概念，包括了船长及其他一般船员。“在船上”指船员必须是在船上工作的人员，船舶修理人、船舶代理人、验船师等虽然也为船舶服务，但不是在船上工作，因而不是船员。有些国家船员的定义要宽一些，例如，依美国法，在岸上任搬运劳务的工人也被视为船员。旅客虽然在船上，但不工作，因而也不是船员。“任职人员”指这些人员必须首先具有船员证书，其次还应是与船舶所有人签订船员雇用合同的人，因为具有船员证书只是任职的资格，受人雇用才能称为任职。

A **seaman** is one (1) who has an employment-related connection to a vessel (or identifiable fleet of vessels) in navigation that is substantial in both duration and nature; and (2) whose duties contribute to the function of the vessel or to the accomplishment of its mission.①

《船员条例》则从就业资格的角度对船员进行了定义，其中第4条规定：“本条例所称船员，是指依照本条例的规定取得适任证书的人员，包括船长、高级船员、普通船员。”条例所称船员指依该条例取得船员适任证书的人员，包括船长、高级船员、普通船员。船长是依该条例取得船长任职资格，负责管理和指挥船舶的人员。高级船员是指依该条例取得相应任职资格的大副、二副、三副、轮机长、大管轮、二管轮、三管轮、通信人员以及其他在船舶上任职的高级

① *Chandris, Inc. v. Latsis*, 515 U. S. 347 (1995).

技术或者管理人员。普通船员指除船长、高级船员外的其他船员。

二、船员的资格

（一）船员适任证书

为了保证船舶的航行安全，各国一般均对船员的资格进行严格的限定和管理。主要的办法就是实行船员考试发证制度，经考试合格者，发给相应的职务证书，才能在船上担任相应的职务。国际海事组织制定的STCW公约是针对船员考试和发证的，我国在加入该公约后于2004年制定了《发证规则》以规范船员资格的取得。《船员条例》也对适任证书的取得进行了规定，依《船员条例》第6条的规定，申请船员适任证书，可以向任何有相应船员适任证书签发权限的海事管理机构提出书面申请，并附送申请人符合本条例第5条规定条件的证明材料。对符合规定条件并通过国家海事管理机构组织的船员任职考试的，海事管理机构应当发给相应的船员适任证书及船员服务簿。

（二）船员服务簿

关于船员服务簿，2020年修订的《船员条例》有比较大的改变，即不再将船员服务簿作为适任证书核发的前提条件，对通过船员适任证书核发审查的船员直接发放船员服务簿，将船员服务簿功能由许可证件调整为船员档案并记录船员履职情况，规定在初次核发适任证书的同时配发船员服务簿。①

依《船舶条例》第7条规定，“船员服务簿应当载明船员的姓名、住所、联系人、联系方式、履职情况以及其他有关事项”，“船员服务簿记载的事项发生变更的，船员应当向海事管理机构办理变更手续。”第18条规定，船长管理和指挥船舶时，应当在本船船员的船员服务簿内如实记载船员的履职情况。第50条、第53条规定，船员服务簿记载的事项发生变更，船员未办理变更手续的，未在船员服务簿内如实记载船员的履职情况的，会受到相应的行政处罚。

---

① 参见《船舶条例》第6条的规定。

（三）海员证

除高级船员必须取得适任证书外，所有船员还必须具有证明自己身份的证件，即海员证。依《海商法》第33条规定，从事国际航行船舶的中国籍船员，必须持有中国港务监督机关颁发的海员证。《船舶条例》第11条具体规定了海员证的申请和条件，规定以海员身份出入国境和在国外船舶上从事工作的中国籍船员，应当向国家海事管理机构指定的海事管理机构申请中华人民共和国海员证。申请中国海员证的条件：（1）是中华人民共和国公民；（2）持有国际航行船舶船员适任证书或者有确定的船员出境任务；（3）无法律、行政法规规定禁止出境的情形。海事管理机构应当自受理申请之日起7日内作出批准或者不予批准的决定。中国海员证遗失、被盗或者损毁的，应当向海事管理机构申请补发。船员在境外的，应当向中国驻外使馆、领馆申请补发。中国海员证的有效期不超过5年。海员证是证明船员国籍和身份的重要证件，依各国法律，船员持海员证在进出国境时可免办签证。

三、船员的任用方式

（一）聘任制与雇用制

在船员的任用上，各国的方式不同，主要有聘任制和雇用制两种形式。在聘任制下，对普通船员采取直接聘任，对高级船员须先通过考试取得适任证书，再决定是否聘任并委任相应的职务。凡决定聘任的，即由船员与船公司签订长期的劳动合同，船员成为该公司的长期职工，从事船上服务。

在雇用制下，船员不是某一特定公司的长期员工，而是自由职业者，船员通过与船东或其他雇主签订非长期的船员雇用合同从事船上服务。我国的船员在计划经济时代主要以隶属于某一公司为任用方式。中国加入世贸组织后，随着服务业的开放和船员劳务市场的迅速形成，船员的就业方式发生了很大的变化，船员越来越多地通过雇用合同就业。在具体操作上，一般是由船员向劳动服务机构提出申请，再由劳动服务机构与船舶所有人或经营人直接签订船员劳务合同。

在国际上，通常船东是通过船员劳务市场雇用船员的，而船员一方则往往通过海员公会或船员劳务公司与船东订立雇用合同。依英美法，船员雇用合同为一种集体签名的文书，但在法律上仍为分别的契约。这种合同的一方当事人为船舶所有人，另一方当事人为特定的船员，在船长于合同上签字以前，已签字的海员仍能自由退出合同，只有在合同双方均签字后，合同才能生效。如果船员是在航行中或中途港被雇用的，其待遇及雇用条件与在出发港雇用的船员相同。由海员公会或船员劳务公司和船东订立的船员雇用合同一般会约定，公会或劳务公司一方有义务提供包括船长、驾驶员、轮机员及其他船员在内的全套合格船员或合同约定的部分船员。

（二）《海员协议条款公约》

为了保障船员的合法权益，国际劳工组织在1926年通过了《海员协议条款公约》，该公约于1928年生效，我国也加入了该公约。该公约涉及海员协议的内容主要包括：

1. 协议的签订。海员协议应由船舶所有人或其代表人与海员双方签订。在签字之前应给予海员及其顾问审查协议条款的便利，为使海员了解其权利和义务范围，国家法律应规定采取措施，将协议所列条款张贴在海员易见的场所，或采用其他适当方法使海员能了解雇用条件；海员应依国家法律规定的条件签订协议，以保证主管机关的监管。

2. 协议的内容。协议可以是定期的，也可以是订明一个航程的航程合同。如国内法许可，也可订立不定期的协议。不定期协议可由任何一方当事人在任何一个装卸港口声明终止合同，但事先必须发出协议中所规定的预告，此项预告期不得少于24小时。协议中应载明双方的权利与义务，此外还必须载明下列各项：海员姓名、出生日期或年龄及其出生地；订立协议的地点及日期；海员从事服务的船舶的名称；如为国家法律所规定时，还应注明船员的人数；如能在订约时决定，应载明承担的航程；海员所担任的职务；如属可能，海员须报告上船服务的地点及日期；如国家法律未另有规定时，应载明海员给养的标准；工资数额；合同的终止及其条件；带薪休假；国家法律规定的其他项目。

3. 协议的终止。无论是上述哪种协议，在下列情况下均应自然终止：（1）双方同意；（2）海员死亡；（3）船舶灭失或完全不适于航海；（4）国家法律或该公约规定的其他原因。协议无论因何种原因终止，均应在有关文件及船员名单上登记。此种登记如经任何一方提出请求，应由主管机关核准。

由于各国的经济发展水平、政治文化背景等方面的不同，公约不可能在海员协议条款的方方面面达成一致，因此，公约在多处提到应由国内法来解决的内容。例如，海员应依国家法律规定的条件签订协议，国内法应规定适当的措施，以使海员了解协议的内容，只有在国内法许可的情况下才能签订不定期的协议，终止协议的预告方式由国内法确定，海员雇用文件的格式、内容和登记方式等均应由国内法规定。这里所称的国内法并没有指明是船员所属国法，还是雇主所属国法，但鉴于船员雇用合同有相当一部分强制性的内容，以及上述指向国内法的内容多从保护船员权利的角度考虑，应当是指船员所属国法律。船员雇用合同中的强制性内容主要涉及劳动法、社会保障、环境保护法等方面的内容，如果雇用合同违反有关国家的强制性规定将会导致合同无效。可见，仅加入有关船员协议条款的公约还不足以保护船员的权利，还应有一套完备的国内立法。

（三）我国船员外派的方式

中国入世以后，我国船员也越来越多地进入了国际海员劳务市场。船员外派的方式从不同的角度有不同的分法，从向外国雇主派出全套船员还是部分船员的角度，可分为全套船员外派和部分船员外派。

1. 全套船员外派。全套船员外派即由我国外派船员主体向外国雇主的船舶配备整船的船员。其中外派船员主体通常为我国的航运公司或其专门成立的船员公司，此种模式通常涉及下列协议：其一，我国外派船员公司与外派船员签订的“外聘船员劳动协议”，涉及船员外派期间的工作时间和内容、履约方式、劳动报酬、休假、社会保险等内容。其二，我国外派船员公司与外国雇主之间的“船舶配员协议”，内容涉及外派船员公司与外国雇主有关下列问题的责任划分：船员的选任、船员的资质、船员雇用期限、船员工资及加班费的支付、船员的替换、保险的损害赔偿等。为保证该协议的顺利履行，该协议既要符合我国的法律规定，又要符合外国雇主本国法的规定。其三，外派船员与外国雇主之间的“海外雇主与外派船员协议”，主要涉及船员在船上的服务期限、上下船时间及船员保证遵守船上纪律及管理规定等。该协议实际上并非合同，因为外派船员与外国雇主之间并不存在劳动合同关系。船员的工资仍然由外派机构支付，船员违约也是由外派机构依“船舶配员协议”对外国雇主承担违约责任。

2. 部分船员外派。部分船员外派指由中国外派机构向外国雇主外派一位或几位船员上船服务。外派的船员既可以是本公司的船员，又可以是其他公司的船员，也可以是自由船员。部分船员外派的主体主要是劳务中介机构，其方式是：首先由船员与中介机构签订“聘用合同”，再由中介机构与外国雇主签订“船员供应合同”，内容涉及中介机构为外国雇主提供一定数量、一定条件的船员，以及与此相关的权利义务等。船员与外国雇主之间并不存在直接的雇用合同关系，尽管司法实践中常认定其有事实上的合同关系。外国雇主与船员之间是否有合同关系是一个两难的问题，如果有合同关系，在出现外国雇主已依协议向中介支付了工资，而中介却拖欠船员工资的情况时，则外国雇主仍有义务向船员支付工资，支付两份工资显然是站不住脚的。如无合同关系，则当中介机构拖欠工资时，船员又不能通过行使船舶优先权来保护自己的权利，因为是中介机构在拖欠工资，而不是外国雇主在拖欠工资。

相关争议可以借鉴菲律宾的立法，菲律宾在国际船员劳务市场上所占份额位居前列，其有关外派船员的立法也相对完备，对于船员通过中介在外派中产生的争议，依菲律宾《POEA海员招募雇佣规则》第2章第2条及第8章第1条的规定，因履行合同而产生的有关工资、死亡、人身伤害的争议诉讼，外国雇主和劳务中介机构应承担连带责任。也就是说，外派船员可以向外国雇主或中介机构任何一方追讨。

船员中介机构在外派船员业务中的法律地位是一个值得关注的问题。实践中，船员中介机构常常通过分别与船员和外国雇主的两份合同获取价格差。这种行为是与相关国际立法及许多国家的立法相违背的。国际劳工组织于1920年制定的《设立海员职业介绍所公约》明文规定，不得以营利的商业性企业经营海员职业介绍业务。菲律宾、英国等国立法也规定，船员职业介绍机构不能以营利为目的，船员中介机构是以提供信息或充当媒介获得回报的。船员中介机构不应成为船员劳动合同关系的主体，从两个合同中赚取差价。为了保护船员的利益，我国应当与相应的国际立法接轨，完善相关的立法，规范船员中介机构的行为。

四、船员的职责和权利

（一）船员的职责

我国《船员条例》分别规定了船员和船长的职责。在船员的职责方面，《船员条例》第16条规定，船员在工作期间应符合下列要求：（1）携带本条例规定的有效证件；（2）掌握船舶的适航状况和航线的通航保障情况，以及有关航区气象、海况等必要的信息；（3）遵守船舶的管理制度和值班规定，按照水上交通安全和防治船舶污染的操作规则操纵、控制和管理船舶，如实填写有关船舶法定文书，不得隐匿、篡改或者销毁有关船舶法定证书、文书；（4）参加船舶应急训练、演习，按照船舶应急部署的要求，落实各项应急预防措施；（5）遵守船舶报告制度，发现或者发生险情、事故、保安等事件或影响航行安全的情况，应当及时报告；（6）在不严重危及自身安全的情况下，尽力救助遇险人员；（7）不得利用船舶私载旅客、货物，不得携带违禁物品等。

（二）船员的权利

我国《海商法》并没有对船员的权利进行具体的规定，仅规定相关问题适用有关法律、行政法规的规定。我国《船员条例》涉及了船员的工资、工作时间、休假、职业保障、遣返等方面的权利。国际劳工组织通过的《2006年海事劳工公约》(以下简称《劳工公约》)多处涉及船员的权利，该公约是在对有关海员安置公约、船舶配员公约、海员带薪休假公约、海员遣返公约、海员工资及工作时间公约等相关内容编纂的基础上形成的，虽然该公约尚未生效，但公约草案通过时300多的赞成票表达了各国政府对公约的支持。关于船员权利的立法主要涉及下列几项：

1. 取得工资报酬权。依我国《船员条例》第25条的规定，船员用人单位应依船员职业的风险性、艰苦性、流动性等因素，向船员支付合理的工资，并按时足额发放给船员。任何单位和个人不得克扣船员的工资。船员用人单位应向在劳动合同有效期内的待派船员，支付不低于船员用人单位所在地人民政府公布的最低工资。为了对船员的权利加以保护，依我国《海商法》第208条的规定，船员工资的债权不在船舶所有人的责任限制之列，又依第22条的规定，船员的工资属于船舶优先权担保的债权。又依《海诉法解释》的规定，因船员劳务合同纠纷可直接向海事法院提起诉讼，不适用劳动仲裁前置程序的规定。依《劳工公约》的规定，成员国应保证按不超过一个月的间隔向本国船上工作的船员支付应得的报酬。依公约的定义，“基本报酬或工资”指正常工作时间的报酬，不包括加班费、奖金、津贴、带薪休假或任何其他额外费用；“合并工资”包括基本工资及与工资有关的其他津贴在内的工资或薪酬，也包括所有对加班工作给予的补偿和所有其他与工资相关联的津贴；“工作时间”指要求船员为船舶工作的时间，即每天8小时，每周48小时；“加班”指在超出正常工作时间之外的工作时间，加班补偿率不应低于每小时基本报酬或工资的1.25倍，该补偿率应由国家法律规定或由集体协议约定。

Wages

In addition to providing maintenance and cure, an employer must also pay to the seaman wages that would have been earned during the remainder of the voyage.[①] Where a contract of employment fixes a specific term of employment, the employer must pay wages for that specific term.[②]

By statute, a penalty of “double wages” applies where an employer, without sufficient cause, fails to pay

① *Farrell*, 336 U. S. 511; Cox, 517 F. 2d 620.

② *Archer v. Trans/Am. Servs., Ltd.*, 834 F. 2d 1570 (11th Cir. 1988).

a seaman's wages that are due, [1] and imposition of the penalty is mandatory for each day payment is withheld in violation of the statute. [2] The wage penalty statute is applicable to all wages due a seaman, not merely those triggered by a claim for maintenance and cure.

【案例】王继良诉“东区一号”船东请求船员劳务报酬案[3]

王继良诉“东区一号”船东一案是关于船员劳务报酬及船舶优先权的案例。本案原、被告之间订有《珠海市全员劳动合同制职工劳动合同书》。原告王继良是“东区一号”轮船员，每月工资及固定福利具体项目包括基础工资、养老保险、福利房租、雇主两全险、伙食补助和值班补助。2000年3月16日，中国工商银行珠海分行营业部申请广州海事法院依法扣押了“东区一号”轮，该银行委托被告及原告和其他船员共同守船。该轮扣押至7月5日，期间共计112天。上述期间原告应得的工资福利20 122.67元无人发放，故原告依《海商法》第22条及《海事诉讼特别程序法》第116条的规定，诉请广州海事法院确认原告在上述守船期间应得的工资福利共计20 122.67元具有优先权。“东区一号”轮后被广州海事法院公告拍卖，原告就上述工资福利债权向法院申请债权登记。

法院认为：本案是一宗船员劳动工资确权诉讼。原被告之间的劳动合同合法有效，双方当事人均应履行。原告受被告指派，在“东区一号”轮上工作，完成了被告安排的工作任务，依照上述劳动合同，被告有义务按其工资分配制度和标准，向原告发放工资和有关福利补贴。因此，原告要求被告支付欠发的工资福利有理，应予支持。但是，由于社会保险费是由用人单位即本案被告向社会保险部门缴纳的费用，原告没有提供社会保险手册以证明被告已经停止为其缴纳社会保险费用，因此，关于原告对雇主两全险每月的请求，由于被告于1999年12月28日已经为原告投保，该部分福利原告已经享受，因此，对原告的该项请求不应予以支持。最后，法院判决原告胜诉，由被告向原告支付除两项保险费以外的工资福利10 844.70元。该笔款项对“东区一号”轮具有船舶优先权。

---

① 46 U. S. C. § 10504(c) (2000); *see also Lipscomb v. Foss Mar.* Co., 83 F. 3d1106 (9th Cir. 1996).

② *Griffin v. Oceanic Contractors, Inc.*, 458 U. S. 564 (1982).

③ 王继良诉珠海经济特区海通船务有限公司船员劳务报酬纠纷案，载中国海事审判网站，https://cmt.court.gov.cn。

2. 工作时间、休息时间和休假的权利。依我国《船员条例》第26条的规定，船员在船工作时间应符合国务院交通主管部门规定的标准，不得疲劳值班。船员除享有国家法定节假日的假期外，还享有在船舶上每工作2个月不少于5日的年休假。船员用人单位应在船员年休假期间，向其支付不低于该船员在船工作期间平均工资的报酬。依《劳工公约》，最长的工作时间在任何24小时时段内不得超过14小时，在任何7天时间内不得超过72小时。最短休息时间在任何24小时内不得少于10小时；在任何7天内不得少于77小时。带薪休假以每服务两个月最低享受2.5日历日为基础加以计算。

3. 医疗、伤病和福利。我国《船员条例》第22条是有关医疗和福利的内容，规定船员用人单位应为船员提供必要的生活用品、防护用品、医疗用品，建立船员健康档案，并为船员定期进行健康检查，防治职业疾病。船员在船工作期间患病或者受伤的，船员用人单位应当及时给予救治；船员失踪或者死亡的，船员用人单位应当及时做好相应的善后工作。《劳工公约》通过编纂海员健康保护和医疗公约、船东对伤病海员责任公约、海员福利公约、海员社会保障公约、防止海员事故公约等，对海员的医疗和福利等进行了规定。在医疗权利方面，公约规定沿岸国有义务向船员免费提供健康保护和医疗。船东有责任为船员支付医疗费用，包括诊疗费、药品费及治疗期间的食宿费。国家法律可将船东支付医疗和食宿费的责任限定在自受伤或患病之日起不少于16周。在伤病方面，公约规定船东对船员伤病承担无过错赔偿责任，除非伤病发生在船舶服务之外，或因船员故意行为所致，或受雇时隐瞒病情。公约要求成员国通过立法，要求船东为船员提供财务保险，以保证对因工致病、致伤、致残、致亡者提供赔偿。在福利方面，公约规定，成员国有义务开展合作，并在国家安全允许的限度内，向船员提供上岸活动以解除疲劳的机会。

4. 职业保障。我国《船员条例》第21条专门规定了船员的职业保障。规定船员用人单位和船员应依国家有关规定参加工伤保险、医疗保险、养老保险、失业保险以及其他社会保险，并依法按时足额缴纳各项保险费用。船员用人单位应为在驶往或者驶经战区、疫区或者运输有毒、有害物质的船舶上工作的船员，办理专门的人身、健康保险，并提供相应的防护措施。船舶上船员生活和工作的场所，应符合国家船舶检验规范中有关船员生活环境、作业安全和防护的要求。船员用人单位应依有关劳动合同的法律、法规和中国缔结或者加入的有关船员劳动与社会保障国际条约的规定，与船员订立劳动合同。《劳工公约》规定在船员社会保障方面原则上由船旗国负责。对于方便旗船的外国船员，只有在船东向该国缴纳保障费用后才提供保障。此点需要船旗国与船员所在国的合作。

5. 遣返。依《劳工公约》，船员有权得到遣返而不向其收取费用。如船东未能为有权获得遣返的船员安排遣返，则船旗国主管当局应安排遣返。我国《船员条例》有多条规定涉及遣返。依条例第27条规定，船员在船工作期间有下列情形之一的，可以要求遣返：（1）船员的劳动合同终止或依法解除的；（2）船员不具备履行船上岗位职责能力的；（3）船舶灭失的；（4）未经船员同意，船舶驶往战区、疫区的；（5）由于破产、变卖船舶、改变船舶登记或者其他原因，船员用人单位、船舶所有人不能继续履行对船员的法定或者约定义务的。第28条规定了船员可以选择的遣返地点：（1）船员接受招用的地点或者上船任职的地点；（2）船员的居住地、户籍所在地或者船籍登记国；（3）船员与船员用人单位或者船舶所有人约定的地点。第29条涉及了遣返费用的承担，规定船员的遣返费用由船员用人单位支付。遣返费用包括船员乘坐交通工具的费用、旅途中合理的食宿及医疗费用和30千克行李的运输费用。第30条涉及船员遣返权利受到侵害时的处理，规定船员的遣返权利受到侵害的，船员当时所在地的民政部门或者中国驻境外领事机构，应当向船员提供援助；必要时，可以直接安排船员遣返。民政部门或者中国驻境外领事机构为船员遣返所垫付的费用，船员用人单位应当及时返还。

6. 船舶损失或沉没时对船员的补偿。依《劳工公约》，因船舶损失或沉没导致船员失业时，船东应向船上船员支付补偿费，补偿额可限于2个月的工资。

此外，船员的权利还涉及船员上船工作的最低要求、船员的居住标准、食品和给养、娱乐设施等内容。

第二节 船长

船长在船舶中的位置至关重要，关系到全船的生命及财产的安全，因此，各国法律均规定船长须具备一定的资格，经过严格的考试，领取适任证书，才能被任用。我国《船员条例》第4条对船长进行了定义，依该条第2款的规定，本条例所称船长是指依照本条例的规定取得船长任职资格，负责管理和指挥船舶的人员。又依第8条规定，中国籍船舶的船长应当由中国籍船员担任；确需外国籍船员担任的，应当报国家海事管理机构批准。我国《海商法》第40条规定了船长出现意外时的处理，规定船长在航行中死亡或因故不能执行职务时，应当由驾驶员中职务最高的人代理船长职务。在下一个港口开航前，船舶所有人应当指派新船长接任。船长虽与其他船员一样受雇于船舶所有人，但其地位却有别于其他船员。我国《海商法》第三章第二节对船长的职责进行了专门的规定。

一、船长的职能与权利

（一）船长指挥驾驶和管理船舶的职责

依我国《海商法》第35条的规定，船长负责船舶的管理和驾驶。船长在其职权范围内发布的命令，船员、旅客和其他在船人员都必须执行。此项职能是船长的基本职责。船上的航行命令由船长发布，船员必须执行。《船员条例》第18条第1至6项规定了船长履行管理和指挥船舶职责的要求：（1）保证船舶和船员携带符合法定要求的证书、文书以及有关航行资料；（2）制订船舶应急计划并保证其有效实施；（3）保证船舶和船员在开航时处于适航、适任状态，按照规定保障船舶的最低安全配员，保证船舶的正常值班；（4）执行海事管理机构有关水上交通安全和防治船舶污染的指令，船舶发生水上交通事故或者污染事故的，向海事管理机构提交事故报告；（5）对本船船员进行日常训练和考核，在本船船员的船员服务簿内如实记载船员的履职情况；（6）船舶进港、出港、靠泊、离泊，通过交通密集区、危险航区等区域，或者遇有恶劣天气和海况，或者发生水上交通事故、船舶污染事故、船舶保安事件以及其他紧急情况时，应当在驾驶台值班，必要时应当直接指挥船舶。

（二）负责全船人员及财产的安全

《海商法》第38条涉及船长负责全船人员及财产安全的职责，规定当船舶发生海上事故，危及在船人员和财产的安全时，船长应当组织船员和其他在船人员尽力施救。在船舶的沉没、毁灭不可避免的情况下，船长可作出弃船的决定，但除紧急情况外，应当报经船舶所有人同意。在弃船时，船长应采取一切措施首先组织旅客安全离船，然后安排船员离船，船长应当最后离船。在离船前，船长应当指挥船员尽力抢救航海日志、机舱日志、油类记录簿、无线电台日志、本航次使用过的海图和文件，以及贵重物品、邮件和现金。《船员条例》第18条第7至9项同样涉及上述内容。

（三）船长的准司法权

船舶是一个相对封闭的小社会，法律赋予船长一定的准司法权。这种权利表现在：在民事方面，依《海商法》第37条的规定，船长应对在船上发生的人员出生或死亡事件进行证明。出生和死亡事件应记入航海日志，并在两名证人的参加下制作证明书。死亡证明书应附有死者遗物清单。死者有遗嘱的，船长亦应予以证明。在刑事方面，船长有责任维持船上的治安，依

《海商法》第36条的规定，为了保障在船人员和船舶的安全，船长有权对在船上进行违法、犯罪活动的人采取禁闭或其他必要措施，并防止其隐匿、毁灭、伪造证据。船长在采取上述措施时，应制作案情报告书，由船长和两名以上在船人员签字，连同人犯交有关当局处理。

（四）船长的代理权

在航行途中及没有船舶所有人的港口，船长得作为船方和货方的代理，处理船舶及货物在航行途中发生的有关事宜。在船舶所有人方面，船长得在船舶航行中作为船舶所有人的代理人管理航行事务，签发提单，订立船舶拖带合同等。在航行中，为了航海的需要，船长得出售船上多余的船舶用品。当船舶遭遇海难时，船长可以代表船货双方与救助人签订救助合同等。

Article 35 of the Maritime Law provides that the **shipmaster** is responsible for the administration and navigation of the vessel. To enable the shipmaster to enforce his duties effciently, Article 35 expressly requires the crewmembers, passengers and other persons on board the vessel to obey the order of shipmaster, as long as the order is within the shipmaster's authority.

二、船长与引航员的关系

（一）非强制引航与强制引航

为了保证在港区、狭窄水道、法律规定的其他区域的安全航行，在上述区域内的船舶航行有时需要有引航员证书的人员的引领。引航包括非强制引航和强制引航两种，非强制引航是船长在认为必要时，自愿招请引航员引领的引航，而强制引航则是依法律规定对于进入强制引航区的船舶，不论其船长是否提出引航的申请，均予以强制引领的引航。强制引航主要有两方面的原因：其一，是从安全上考虑，世界上的港口很多，每个港口的航道情况、水文、气象、航行规则均有差异，而且还可能不断发生变化，要使船长熟悉每个港口的情况是很难办到的；其二，是从主权出发，例如从国防和国家权益考虑，中国的多数强制引航区是对外国籍船舶的，只有少数强制引航区也适用于本国船舶。中国的强制引航由港务监督负责管理。

（二）船长与引航员的分工

当引航员上船引航时，就会出现船长与引航员的分工问题。依《海商法》第39条的规定，船长管理船舶和驾驶船舶的责任，不因引航员引领船舶而解除。船舶在进入引航区时，需要引航员的引领。船长应服从引航员的决定，但引航员不享有独立的指挥权，在特殊情况下，例如，当引航员违反避碰规则时，船长可以推翻引航员的决定。对此各国一般都规定，在引航过程中，不解除被引船船长驾驶和管理船舶的责任。

（三）因引航员的过失造成海损事故的责任

对于因引航员的过失造成海损事故的责任，国际上的惯例是引航员不负经济责任，但应承担行政或刑事责任。其原因正如上述规定的，引航员上船工作并不解除船长驾驶和管理船舶的责任，更不是代替船长，他只是作为一名熟悉引航区情况的熟练船员帮助船舶的安全航行。因此，由于引航员的过失引起海损事故的责任，根据“替代责任”原则，应由替代船长负责的船舶所有人负责；船舶所有人对引航员的过失负责，这一原则已被国际普遍接受，即使是在强制引航的情况下也是如此。上海海事法院审理的“阿加米能”轮案即采用了该原则。该案中的损失与引航员有关，但依上述的原则，一方面引航员不负经济责任，另一方面引航员上船并不解除船长驾驶船舶的责任，因此，依“替代责任”原则，该轮的船东承担了损失的赔偿责任。

【案例】“阿加米能”轮关于船长与引航员的责任纠纷案[①]

“阿加米能”轮案是关于船长与引航员的责任案例，被告巴拿马波罗的斯船务公司（Proteus Shipping CO. S. A., PANAMA）所有的“阿加米能”轮（M. V. Agamemnon）于1984年11月22日在引航员的引领下拖锚航行，其左锚将水底过江电缆钩断，致使上海供电局所属供电所、高压工区以及南市发电厂7号发电机组与电网解裂，造成附近部分地区停电，14家工厂停产。

11月23日，原告上海供电局向上海海事法院申请诉前保全，诉称巴拿马波罗的斯船务公司所属“阿加米能”轮因钩断过江电缆，造成申请人设备损失、供电损失、用户因停电造成的损失共计人民币30万元，要求被告提供银行担保，否则扣押“阿加米能”轮。同日，上海海事法院接受上海供电局的诉前保全申请。11月27日，中国人民保险公司上海市分公司受托，代表被申请人的船东提供了担保。同日，上海供电局向上海海事法院提起诉讼，要求波罗的斯船务公司赔偿经济损失共计人民币330 023.46元。

① 上海供电局与波罗的斯船务公司海事损害赔偿案，载《最高人民法院公报》1986年第1号。

被告答辩称，原告对“阿加米能”轮拖锚移泊、钩断电缆的事实，“对船方是推定存在过失，未能提供过失的确凿证据”。

上海海事法院受理该案后调查到的53份证据均证明“阿加米能”轮左锚钩断电缆的侵权责任。被告答辩称，原告起诉“推定存在过失”是不能成立的。1985年5月29日，上海海事法院对该案进行公开审理。通过审理认为，被告所有的“阿加米能”轮在黄浦江中拖锚航行，损坏原告铺设的“南浦383”号过江电缆，其行为违反我国《海上交通安全法》第10条和《上海港港章》第37条在水线附近上下100米禁止抛锚的规定，对此引航员是有过失的，“阿加米能”轮应对造成的经济损失全部赔偿。关于赔偿金额，经核查后认为，原告提出的索赔要求不尽合理。据此，1985年6月19日，上海海事法院依照《民事诉讼法（试行）》第111条的规定，判决被告巴拿马波罗的斯船务公司应赔付原告经济损失人民币230 264.88元。

【重要术语提示与中英文对照】

编号	中文术语	英文对照
1	船员	seamen or crew
2	海员证	seafarer’s identity certificate
3	海员法	Seamen’s Act or Crew’s Law
4	船员工资、伙食	crew’s wages and maintenance
5	船员名单	crew list
6	船舶加班限制	seamen’s overtime limitation
7	船员休息日	seamen’s leave days
8	船员私人物品清单	list of crew’s baggages
9	船员雇用合同	crew’s employment contract
10	船员遣返	repatriate of crew
11	船员遣返费用	repatriatation expenses
12	船员惩戒	punishment for the crew
13	船员就业规则	rule of employment of seamen
14	船员服务簿	seamen’s record book
15	船员特殊培训	special training for seafarers
16	船员疾病伤亡补偿	compensation for illness injury and loss of life of seamen

【思考与辨析】

1. 各国法律对船员的概念有几种不同的理解？

2. 外国人是否能参加中国的船员考试，并在中国籍船上任职？
3. 船长的主要职责有哪些？
4. 船长和引航员的关系如何？
5. 依我国《海商法》的规定，下列关于船员的表述哪些是正确的？ A. 在引航员引领船舶期间，由于引航员的过失而造成的损失应由引航员来承担；B. 引航员对因其疏忽造成的损失不负任何责任；C. 引航员对因其疏忽造成的损失不负经济责任；D. 船东应对因引航员的疏忽造成的损失承担责任。
6. 依《船员条例》，下列哪些是船员不应当做的？ A. 在发生险情时及时报告；B. 在不严重危及自身安全的情况下，尽力救助遇险人员；C. 为朋友捎带货物；D. 允许朋友住在自己的舱室同船出航。

【扩展阅读文献提示】

1. 王肖卿. 从船货利益平衡视角看国际货物运输公约. 中国海商法研究，2020（3）.
2. 余妙宏，徐润. 船员人损责任纠纷适用法律之司法考察. 中国海商法研究，2020（4）.
3. 王彦斌. 论美国海商法下船方对装卸工人及港口工人的责任. 中国海商法研究，2020（4）.
4. 曹艳春，唐树源. 中国船员投诉机制研究. 中国海商法研究，2017（2）.
5. 陈梁，夏亮. 船源海洋污染事故中海员责任刑事化法律问题初探——以欧盟及其部分成员国法、美国法和相关国际公约为视角. 中国海商法研究，2016（3）.
6. 王国华，孙誉清.《2006年海事劳工公约》国内适用问题研究. 中国海商法研究，2013（3）.
7. 张丽英. 从船员雇用方式的变化谈《中华人民共和国海商法》有关船员规定的修改. 中国海商法年刊，2011（3）.
8. 胡正良，叶红军. 船员立法的最新发展. 海大法律评论2007. 上海：上海社会科学院出版社，2008.
9. F.Nash Bilisoly. The Relationship of Status and Damages in Maritime Personal Injury Cases. HeinOnline. Tul. L. Rev., 1997−1998(72): 493.
10. S.G.Kolius and Edward D. Vickery. Maritime Employees' Remedies Against Employers. HeinOnline. Ark. L. Rev., 1969−1970(23): 192.

11. 张永坚，侯志亭译. 船长在取证中的作用. 大连：大连海运学院出版社，1992.

12. David G. Davies. A Survey of Maritime Tort Exposure for Personal Injuries After the 1984 Longshore and Harbor Workers' Compensation Act Amendments. HeinOnline. Ins. Counsel J., 1985(52): 433.

13. Frank L. Maraist, Thomas C.Galligan, Jr. Catherine M. Maraist. Cases and Materials on Maritime Law. Thomson West, 2003.

【拓展阅读】

研究导引

★ 船舶外派的新变化

★ 中国对外劳务合作企业外派船员的主要模式

★ 通过海员外派中介外派海员劳务合同的主要内容

★ 从事外派船员的主体

★ 外派船员劳务合同纠纷

★ 他国有关船员外派的法律调整

扩展英文阅读资料

★ Seafarer

精选案例

★ Efford v. Bundy

【自测习题】

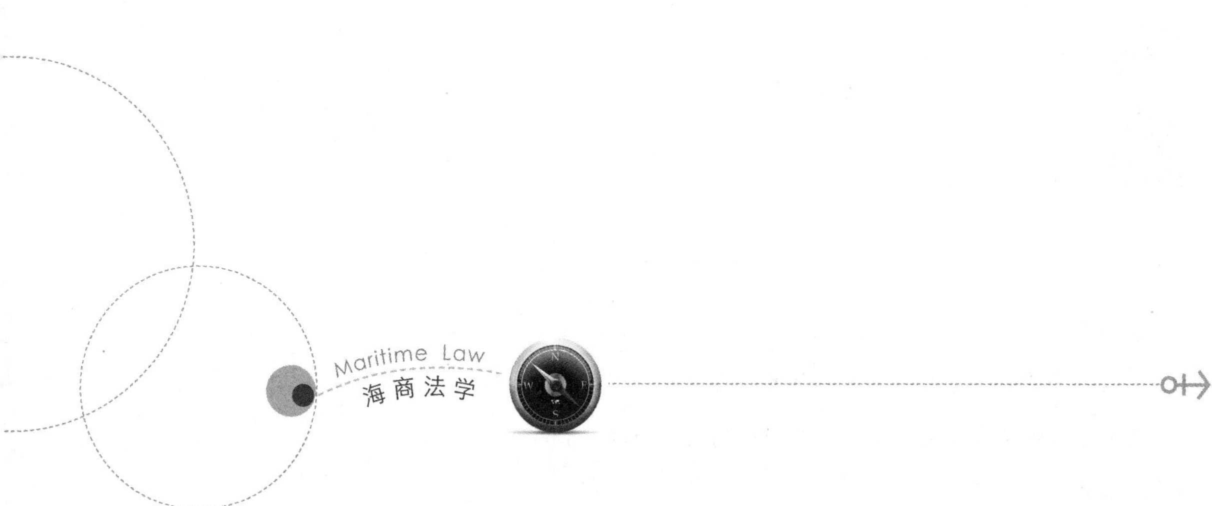
Maritime Law
海商法学

第四章 海上货物运输合同

本章教学目的与要求

本章是全书的重点内容。了解海上货物运输合同的基本内容、货物运输合同的种类、合同的订立、合同双方当事人的权利和义务。理解作为班轮运输合同书面证明的提单的法律性质、种类及其在跟单信用证机制中的作用，有关提单的三个国际公约的规定。此外，航次租船合同的基本内容，特别是与装卸期间有关的问题，及多式联运中多式联运经营人与实际承运人的责任也是本章要求掌握的内容。除了理解有关的理论问题外，学生应当学会分析有关的案例，并作出正确的判断。

海上运输是最主要的运输方式。海上运输具有运输量大、运输成本低等特点。其次是铁路运输和航空运输。近年来，随着集装箱运输的广泛运用，多式联运也迅速发展起来。海上货物运输包括沿海货物运输和国际海上货物运输。沿海货物运输指在一国的领水之内进行的两个港口之间的货物运输，各国一般均保留沿海运输权，不允许外国籍船舶从事本国的沿海货物运输。两国港口之间的海上货物运输被称为国际海上货物运输。目前调整海上货物运输合同的公约主要有《海牙规则》《维斯比规则》《汉堡规则》，2009年又通过了《鹿特丹规则》。我国《海商法》第四章有关海上货物运输的内容基本是在参照上述公约有关规定的基础上结合我国的实际情况制订的。鉴于我国的沿海运输目前在一些方面仍实行的是计划管理，《海商法》第2条明文规定，该法第四章的内容不适用于中国港口之间的海上货物运输。

第一节　海上货物运输合同概述

一、海上货物运输合同的定义及种类

（一）海上货物运输合同的定义

海上货物运输合同是指承运人与托运人订立的由承运人负责将托运人交运的货物经海路由一港运至另一港，并收取运费的合同。合同的当事人为承运人和托运人，承运人包括与托运人订立运输合同的船舶所有人或承租人。此外，随着近年航运业的变化，承运人的范围也有所扩大，如无船承运人也常以承运人的身份出现。托运人指将货物交给承运人运送，并按约定付给运费的人。

（二）海上货物运输合同运送的对象

海上货物运输合同运送的对象是货物。关于货物的适用范围，我国《海商法》的规定与《汉堡规则》的规定基本相同，与《海牙规则》相比，扩大了对货物的适用范围，依《海商法》第42条有关“货物”的定义，“货物”包括活动物和由托运人提供的用于集装货物的集装箱、货盘或者类似的装运器具。因该条规定没有排除舱面货，且在《海商法》第53条专门对舱面货进行了规定，因此，货物也应包括舱面货，规定承运人只有在符合协议或习惯或法律的情况下才有权往舱面装货，并承担相应的责任。

（三）海上货物运输合同的种类

海上货物运输合同按照是否定期，可以分为班轮运输合同和航次租船合同；按照运输过程和方式的变化，可分为直达运输合同、转船运输合同、多式联运合同。班轮运输是由承运人以固定的航线、固定的航期、固定的运费率组织的将托运人的件杂货运往目的地的运输。由于这种运输的合同多以提单的形式表现出来，所以，又被称为提单运输；从班轮运输的货物特征来考虑，班轮运输又被称为件杂货运输或零担运输。航次租船合同是船舶出租人依合同约定的一个航次或几个航次为承租人运输货物，而由承租人支付约定运费的海上货物运输合同。我国《海商法》中规定的海上货物运输合同包括班轮运输、航次租船和多式联运。我国《海商法》是依性质对海上货物运输合同进行分类的，这三类合同均由承运人或出租人负责船舶的营运组织，完成运输任务。

The meaning of the contract for the carriage of goods by sea is defined in Article 41 of the Maritime Law. The provision states that a contract for the carriage of goods by sea refers to a contract under which the carrier is responsible for carrying cargoes entrusted to it by the shippe from one sea port to another for an agreed freight.

二、海上货物运输合同的订立

海上货物运输合同可以是书面的，也可以是口头的。但航次租船合同应当采用书面的形式。提单运输以口头订立的，承运人或托运人可以要求书面确认合同的成立。电报、电传和传真均具有书面的效力。海上货物运输合同的内容必须合法，尽管法律对合同关系的规定多为任意性的，以当事人的约定为主，但由于班轮运输中承运人实力强大，往往在提单中加入许多免责条款。为了保护货方的合法利益，法律规定了一些有关承运人最低限度义务的条款，这类条款是强制性的，当事人不得以协议变更，违反强制性条款的约定无效。我国《海商法》第41～49条即为强制性的规定。承运人不能以合同条款减轻其责任，但依第45条的规定，可以在合同中增加承运人的责任。

班轮运输合同一般以订舱的方式成立。在订舱时，通常由托运人填写订舱单，写明货物的品类、数量、装船期限、装卸港等内容。如承运人接受即在托运单上指定船名并签字，运输合同即告成立。

三、海上货物运输合同的当事人

（一）班轮运输的当事人

班轮运输的当事人是承运人和托运人。承运人即承担运输工作的航运公司，托运人即与承运人订立海上货物运输合同的当事人。此外，海上运输合同还会涉及实际承运人和收货人。当订约承运人将部分的或全部的运输交由另一航运公司来完成的情况下，另一航运公司即为实际承运人，尽管实际承运人不是运输合同的当事人，但也须对其承运的那一段期间货物的损坏承担责任，也有运费的请求权。又由于班轮运输的书面凭证提单会转移给第三人，如收货人，收货人不是运输合同的当事人，但如货物在运输中受损，收货人也有索赔的权利；在运输合同约定运费到付的情况下，收货人有支付运费的义务。可见，合同的效力往往及于合同当事人以外的第三人，这是运输合同的特点之一。[①]

除了承运人和托运人外，合同的效力会及于实际承运人和收货人等，甚至有学者认为，合同的履行会使收货人成为当事一方。[②]我国《海商法》对当事人定义进行了规定。

1. 承运人（carrier）与实际承运人（actual carrier）。依《海商法》第42条第1项规定，“承运人”是指本人或委托他人以本人名义与托运人订立海上货物运输合同的人。即承运人是与托运人订立运输合同，并负责履行运输义务的一方当事人，承运人可以是船舶所有人，也可以是船舶经营人，或是租船人。承运人可以自己签订运输合同，也可以由其代理签订运输合同。在班轮运输的情况下，承运人的识别并不困难，承运人一般就是船舶所有人。但在租船运输的情况下，情况就比较复杂，这里的租船人没有限定，应当包括航次租船人、定期租船人和光船租船人，但除了光船租船外，在航次租船和定期租船下，船员和运输均是在船舶所有人的控制下，提单也往往是由船舶所有人雇用的船长签发，在此种情况下，船舶所有人是否要对货主承担责任，常引起争议。实践中，有时提单上会加入“承运人识别条款”（也称“光船租船条款”），规定船舶所有人是承运人，但多数国家的司法实践仍会判定租船人为承运人，而非船舶所有人。[③]

《海商法》第42条第2项规定了实际承运人的概念，即“实际承运人”是指接受承运人委托，从事货物运输或者部分运输的人，包括接受转委托从事此项运输的其他人。依该规定，实际承运人并不是与托运人订立运输合同的当事人，但却实际上从事了合同要求的运输活动。实践中，在租船、转船、联运的情况下，会出现承运人在订约后不是自己去运输，而是将全程运输或部分运输转由他人进行，实际完成运输的人被称为“实际承运人”，也有人称其为“履约承运人”。实际承运人的确定依情况的不同而不同：当船舶所有人以自己的船舶进行运输时，实际承运人为注册的船舶所有人；当船舶由船舶经营人进行营运时，实际承运人为船舶经营

① 司玉琢主编：《新编海商法学》，大连海事大学出版社1999年版，第129页。该书认为：托运人通常不是收货人。承运人应当向第三者即收货人交付货物。收货人虽不参加合同的签订，但可直接取得合同规定的某些权益，并受合同的一定约束。

② 於世成等：《海商法》，法律出版社1997年版，第84页。

③［加拿大］威廉·台特雷：《海上货物索赔》，张永坚等译，大连海事大学出版社1993年版，第200~205页。

人。从表面看，实际承运人并不是海上货物运输合同的当事人，因此，实际承运人常常以此为由推卸其运输责任。《海商法》对实际承运人进行了规定，规定承运人和实际承运人对海上运输的货物都负有赔偿责任的，应当在此项责任范围内负连带责任。

2. 托运人（shipper）与实际托运人（actual shipper）。《海商法》第42条第3项对托运人和实际托运人进行了界定，依该规定，托运人有两种情况：一是指本人或者委托他人以本人的名义或者委托他人为本人与承运人订立海上货物运输合同的人；二是指本人或者委托他人以本人名义或者委托他人为本人将货物交给与海上货物运输合同有关的承运人的人。前者又称为“订约托运人”，后者又称为“实际托运人”。“订约托运人”是与承运人订立运输合同的当事人，“实际托运人”没有与承运人订立运输合同，而是在装运港实际将货物交付给承运人的人。通常在采用CIF和CFR价格条件的情况下，从事“缔结合同”及“向承运人实际交付货物”行为的，应当是国际货物买卖中的卖方，而在采用FOB价格条件的情况下，与承运人订立运输合同的应当为买卖合同的买方，即收货人，而将货物在装运港交给承运人则是买卖合同的卖方，此时，称之为实际托运人。《海商法》将实际托运人也纳入法律调整的范围，实际托运人也应遵守托运人应当承担的相关义务，并享受托运人的权利。同时，也可以与订约承运人和实际承运人的概念相呼应。北欧国家的海商法已直接采用了“订约托运人”和“实际托运人”的称谓。[①]

3. 收货人（consignee）。《海商法》第42条第4项对收货人进行了界定，即收货人是指有权提取货物的人。《海商法》没有关于收货人定义的规定。关于谁是有权提取货物的人，应视海上货物运输合同的规定及提单的转让情况而定：在航次租船的情况下，如果提单没有发生转让，则货物应向海上运输合同中规定的收货人交付；在签发提单的情况下，如果签发的是记名提单，记名的收货人有权提取货物；在签发不记名提单的情况下，提单的持有人有权提取货物；在签发指示提单的情况下，提单的被背书人有权提取货物。当然，以非正当手段取得提单的提单持有人不能成为真正的收货人，因而无权提货。

---

① 郭春风：《论对中国〈海商法〉托运人定义及其相关条款的修改》，载《中国海商法年刊》（1997），第17页。

(二)航次租船的当事人

航次租船运输合同的当事人是出租人和承租人。出租人即船舶所有人，船舶所有人从租的关系角度讲是出租人，而从运输的关系角度讲是承运人，即由船舶所有人运送承租人交来运输的大宗货。因此，航次租船的出租人也应遵守有关承运人的法律规定。航次租船的承租人一般为大宗货的货主，在采用FOB的情况下，承租人为国际货物买卖合同中的买方，在采用CIF和CFR贸易术语的情况下，承租人应为卖方。具体请见图4-1、图4-2。

Owner and Charterer[①]

The parties to a contract of carriage are designated as the "carrier" and the "shipper". The carrier generally is the owner of the vessel, the charterer of the vessel, or the vessel itself (invoking in rem liability).[②] If the owner enters into a contract of carriage and issues its bill of lading, it is the "COGSA carrier." Likewise, where the charterer of the vessel (such as a time charterer) enters into a contract to carry a shipper's goods, it is the COGSA carrier. It is possible for both the vessel owner and the charterer of the vessel to be held liable as COGSA carriers with respect to the same transaction.

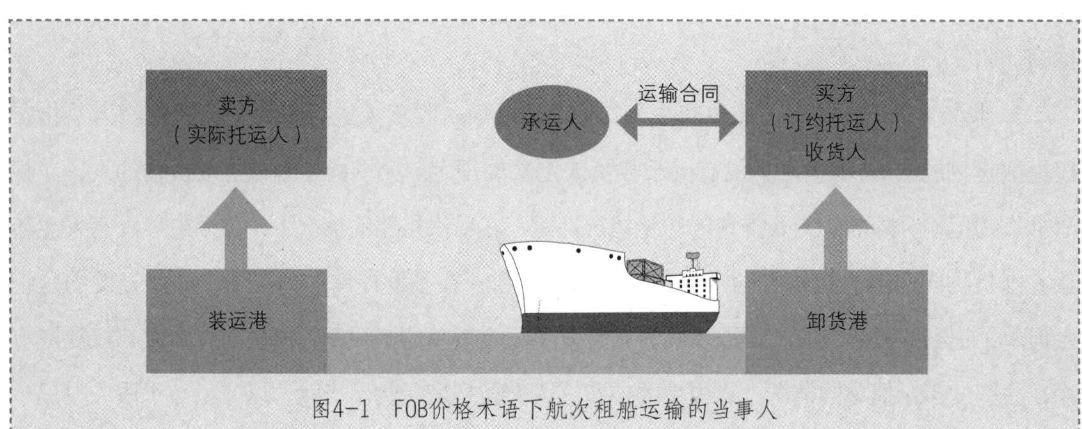

图4-1 FOB价格术语下航次租船运输的当事人

① Robert Force, *Admiralty and Maritime Law,* US Federal Judicial Center 2004, p.62.

② *Mente & Co. v. Isthmian S. S. Co.*, 36 F. Supp. 278 (S. D. N. Y. 1940), aff'd, 122 F.2d 266 (2d Cir. 1941); *Gans S. S. Line v. Wilhelmsen*, 275 F. 254 (2d Cir.), cert. denied, 257 U. S. 655 (1921); *Joo Seng Hong Kong Co. v. S. S. Unibulkfir*, 483 F. Supp. 43 (S. D. N. Y. 1979).

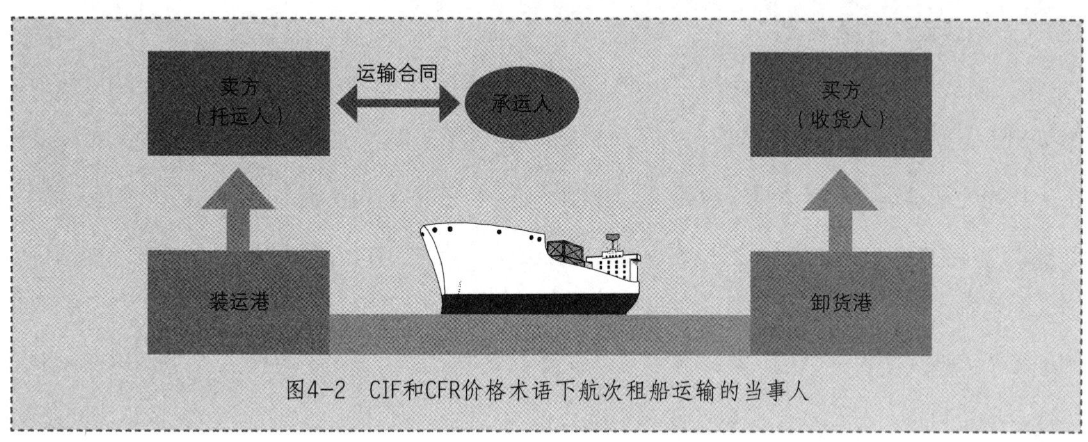

图4-2　CIF和CFR价格术语下航次租船运输的当事人

四、海上货物运输合同的解除

依《海商法》第四章第六节的规定，海上运输合同得在下列情况下解除：

1. 在开航前由于托运人的原因而解除。托运人在开航前可以要求解除合同，但除合同另有规定外，托运人应向承运人支付约定运费的一半及装货、卸货和与此有关的费用。

2. 在开航前由于不可抗力而解除。由于不可抗力，双方均可解除合同，并互相不负赔偿责任。运费已支付的，承运人应将运费退还给托运人；货物已装船的，托运人应负担装卸费用；已签发提单的，托运人应将提单退回给承运人。

3. 在开航后解除。在开航后，由于不可抗力或其他不能归责于承运人和托运人的原因使船舶不能在约定卸货港卸货的，除合同另有约定外，船长可在邻近的安全港口卸货，视为合同已履行。

第二节　海上货物运输合同当事人的责任

一、海上货物运输合同承运人的责任

我国《海商法》有关承运人责任的内容主要是以海牙—维斯比体系为责任基础，同时，结合我国的实际情况，适当引入了《汉堡规则》的部分内容。

（一）承运人的责任期间

《海商法》第46条区别两种情况规定了承运人的责任期间。对于非集装箱装运的货物，该条采用了《海牙规则》规定的责任期间，即承运人的责任期间为从货物装上船时起至卸下船时止，货物处于承运人掌管下的全部期间，也就是通常所说的“钩至钩”原则。由于承运人收货的地点常常为陆地的仓库，而按上述规定，从承运人在仓库收货到装上船这段时间，货物在承运人的控制之下，但却不属于其责任期间，这样对货方有欠公平，因此《汉堡规则》已将该期间纳入了承运人的责任范围。我国《海商法》没有采用《汉堡规则》的规定，只是规定，当事人通过协议可以对装船前和卸船后所承担的责任进行约定。“中远提单”的约定是将这两段期间排除在承运人责任期间之外。如当事人没有约定，则应依《民法通则》的有关规定办理。对于集装箱装运的货物，《海商法》采用了与《汉堡规则》基本相似的规定，即承运人的责任期间从装货港接收货物时起至卸货港交付货物时止，货物处于承运人掌管下的全部期间。分别见图4-3至图4-6。

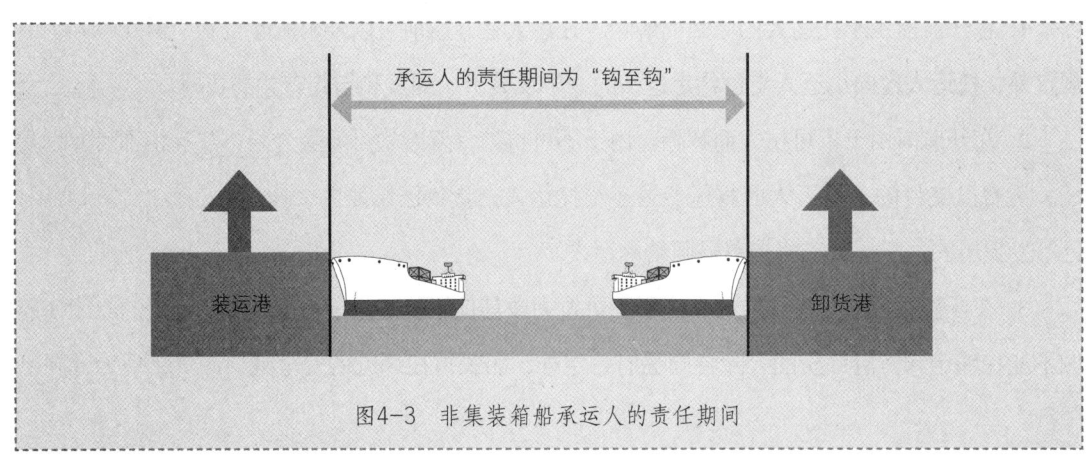

图4-3　非集装箱船承运人的责任期间

图4-4　散货船的船上吊钩（作者摄）

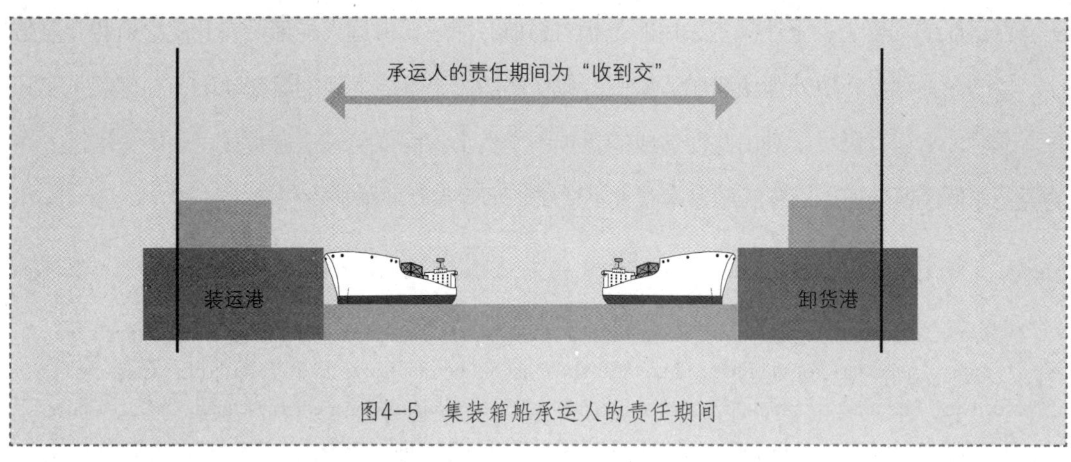

图4-5　集装箱船承运人的责任期间

香港葵涌码头集装箱堆场

堆放于集装箱堆场中的集装箱

图4-6　在集装箱运输中，承运人通常是在集装箱堆场“收货”和“交货”的，上图为集装箱堆场及放于堆场的集装箱

（二）承运人的责任

1. 适航义务（见图4-7）。我国《海商法》第47条对适航作出了规定，即：“承运人在船舶开航前和开航当时，应当谨慎处理，使船舶处于适航状态，妥善配备船员、装备船舶和配备供应品，并使货舱、冷藏舱、冷气舱和其他载货处所适于并能安全收受、载运和保管货物。”依上述规定，承运人的适航责任可概括为下列几点：

适航
- 时间上：开航前和开航时（非整个航程）
- 内容上：适航、适员、适货
- 程度上：谨慎处理（非绝对适航）

图4-7　承运人的适航责任

在适航的程度上，上述规定采用的是相对适航，即只要承运人能证明在开航之前和开航当时，其已在主观上谨慎处理使船舶适航了，即使船舶由于不能发现的潜在缺陷而在客观上实际并不适航，承运人仍可以对由此而造成的货损不予负责。而依绝对适航责任，则不论承运人在主观上如何谨慎处理，只要船舶在客观上不适航，承运人就要承担责任。

Fitness to encounter perils: the vessel must be tight, staunch and strong and fitted with all tackle and apparel necessary for the intended voyage: she must not be in a leaky state① . Her boilers must not be defective:② She must be supplied with a sufficiency of fuel, provisions or medicines for the voyage under ordinary conditions.③ Her boilers must not be filled with muddy water which will ultimately, by depositing the mud and clogging the steam pipes, render the boilers.④

在适航的时间上，我国《海商法》只要求承运人在开航前和开航时使船舶适航，而不是整个运输期间。开航以后当船舶发生不适航的情况而造成货损的，承运人可以免除赔偿责任。这主要是考虑到海上的特殊风险。

在适航的内容上，可以概括为适航、适员和适货。适航指船舶的适航，即船舶各个部分处于正常的运行状态，并能够抵御预定航线的一般风险。适员指妥善配备船员，即船员在数量上应满足船舶正常航行的需要，在质量上则应能胜任工作。此外，还要装备船舶和配备船上供应品。适货指货舱适于装载货物。

Fitness to carry cargo: seaworthiness involves fitness to carry cargo of any description which the shipper has a right to offer.⑤ Where there is an obligation to provide a ship equipped with refrigerating machinery for a cargo of frozen meat, the machinery must be fit at the time of shipment to carry the frozen cargo on the voyage under ordinary conditions.⑥

---

① *Lyon v. Mells* (1804) 4 East 428.

② *Quebec Marine Insurance Co v. Commercial Bank of Canada* (1870) LR 3 PC 234.

③ *Woolf v. Claggett* (1800) 3 Esp 257.

④ *Seville, Sulphur and Coopper Co v. Colvils*, Lowden & Co (1888) 15 R (Ct of Sess) 616.

⑤ *Stanton v. Richarson* (1875) 3 Asp MIC 23, HL.

⑥ *Maori King v. Hughes* [1895] 2 QB 550, CA.

在适航的主体范围上，谨慎处理使船舶适航不仅是对承运人本人的要求，承运人的受雇人、代理人也应做到谨慎处理。如因为承运人的受雇人、代理人未能做到谨慎处理使船舶适航而使货物受损，承运人仍应承担赔偿责任。

Fitness of crew and provision of documents: the ship is unseaworthy if she has an incompetent or sufficient crew. The master must be in a fit state of health to command the ship when the voyage starts.[①]A vessel is unseaworthy if she does not take a pilot on board where the law of usage of the place requires one.[②]The ship must have on board all papers and documents necessary for the protection of the ship and cargo and for the due performance of the voyage e.g. her bill of health [③]and manifest.

2. 管货义务。依《海牙规则》和我国《海商法》第48条有关管理货物义务的规定，承运人应当妥善地、谨慎地装载、搬移、积载、运输、保管、照料和卸载所运货物。承运人管理货物的义务贯穿于装载、搬移、积载、运输、保管、照料和卸载七个环节。这七个环节包括了货物从装船到卸船的整个过程。“妥善地、谨慎地”是对承运人管货义务主观上的要求，“妥善”具有技术的意义，指承运人及其受雇人在履行管货的义务时应发挥其通常管理货物的技能，在货方对所运货物有特别要求的情况下，应依其要求采取相应的管货技能。“谨慎”通常指在履行管货义务时主观的认真程度。在实践中，货物的装载、搬移、积载和卸载等工作大多数是由承运人雇用的码头装卸工人完成的，对于码头装卸工人的过失造成的货物的损失，承运人也应承担责任。例外的情况是，如果依承运人与货方的协议，由货方负责装卸，装卸工人也由货方雇用，则承运人对装卸工作进行合理的监督即履行了义务，但积载、运输、保管和照料则须由承运人承担完全的责任。积载也可由装卸工人完成，但由于积载不当而使货物受损，承运人不能因装卸工人是由货方雇用的而免除自己的责任。

3. 不得进行不合理绕航。货物运输是通过运载工具使货物产生地理上的位移，所运货物本身并没有发生变化，运输合同从本质上说属于提供服务的合同，运输路线的选择一方面会涉及运费的多少，另一方面会涉及风险的大小。因此，不得绕航即成了承运人的一项义务。我国

① *Rio Tinto Co Ltd v. Seed Shipping Co* (1926) 24 LI.L Rep 316 at 320.

② *Phillips v. Headlam* (1831) 2 B & Ad 380.

③ *Levy v. Costerton* (1816) 4 Camp 389.

《海商法》第49条规定："承运人应当按照约定的或者习惯的或者地理上的航线将货物运往卸货港。"依该条规定，承运人首先应依双方约定的航线航行；在没有约定的情况下，依两港之间习惯的航线；在没有习惯航线的情况下，则采用地理上最近的安全航线。

法律规定了承运人不得绕航的义务，但合理绕航是允许的。合理绕航一般包括下列情况：第一，救助或企图救助海上人命或财产；第二，为了船舶的安全而绕航；第三，因合同中约定的事由而发生绕航。

A common carrier is **liable** for misdelivery if it delivers the goods to a person not entitled to possession. A common carrier may also be liable for issuing a bill of lading for goods it has not received or for misdescriptions contained in the bill of lading. However, a carrier is not liable under this provision when the goods are loaded by the shipper and the bill describes the goods in terms of marks or labels, or in a statement about kind, quantity, or condition, or the bill is qualified by words "said to contain" or "shipper's weight, load, and count", or other words that indicate that the carrier is relying on the shipper's representations to the extent that the carrier has no independent knowledge of the goods.①

（三）承运人的迟延交货责任

关于迟延交货的责任，《海牙规则》没有规定，而货方在实践中常常会遇到迟延交货的问题，因而迫切希望在法规中加入有关迟延交货责任的规定。我国《海商法》在部分引入《汉堡规则》有关规定的基础上对此作了规定。依《海商法》第50条的规定，货物未能在明确约定的时间内，在约定的卸货港交付的，为迟延交付。承运人除可以免责的情形外，应对因迟延交货引起的损失负赔偿责任。这种损失包括货物的灭失或损坏和因迟延造成的经济损失，如价格下跌的损失、利息损失、工厂停工待料的损失等。承运人对迟延交货的损失赔偿也可以限制责任，《汉堡规则》将该责任限制在运费的2.5倍以内，而我国《海商法》第57条规定迟延交货的赔偿责任以运费为限。

（四）承运人的免责

在承运人的免责上，《海牙规则》和《汉堡规则》最大的区别是，《汉堡规则》取消了航

① Robert Force, *Admiralty and Maritime Law*, US Federal Judicial Center 2004, p.55.

行过失免责。对于我国的海商立法是否应保留航行过失免责的问题，在立法中曾引起过激烈的讨论。代表货方利益的部门和单位主张，在科技如此发达的当今社会，海运风险已远不是1924年《海牙规则》时的情况，运用现代化的通信手段，船长可随时与船舶所有人联系，以便作出适当的决定，如依然保留该项免责对货方就欠公平。而代表船方利益的部门则强烈要求保留该项免责，认为取消该免责将加重我国航运企业的负担和责任，起不到保护国际航运业的作用，也是我国航运企业难以承受的，因而取消上述免责为时尚早。立法者在查询了有关资料后，发现近三十年来，真正以航行过失免责的案件非常少。原因是当法院在分不清案中的“过失”属于可以免责的“管船过失”还是属于不能免责的“管货过失”时，一般均将其认定为“管货过失”而判承运人不能免责。因此，该项免责保留与否基本不构成争论的焦点。另一方面，世界主要航运国家均为《海牙规则》的参加国，如我国取消了该免责，将使我国的航运业承担的责任过大。因此，我国《海商法》保留了航行过失的免责，采用了《海牙规则》的规定。

《海牙规则》规定的承运人的免责共有17项，我国《海商法》对此合并和归纳后规定了12项，其内容并无根本的区别。依《海商法》第51条的规定，在责任期间货物发生的灭失或者损坏是由于下列原因之一造成的，承运人不负赔偿责任：（1）船长、船员、引航员或者承运人的其他受雇人在驾驶船舶或者管理船舶中的过失；（2）火灾，但是由于承运人本人的过失所造成的除外；（3）天灾，海上或者其他可航水域的危险或者意外事故；（4）战争或者武装冲突；（5）政府或者主管部门的行为、检疫限制或者司法扣押；（6）罢工、停工或者劳动受到限制；（7）在海上救助或者企图救助人命或者财产；（8）托运人、货物所有人或者他们的代理人的行为；（9）货物的自然特性或者固有缺陷；（10）货物包装不良或者标志欠缺、不清；（11）经谨慎处理仍未发现的船舶潜在缺陷；（12）非由于承运人或者承运人的受雇人、代理人的过失造成的其他原因。

承运人享受上述免责的前提是承运人已尽了其“适航”和“管理货物”的责任。如果发现造成意外的原因是由于承运人未尽到适航的责任，则承运人就不能依海商法享有免责的权利。在免责的举证上，《海牙规则》未作明确规定，我国《海商法》采用了《汉堡规则》的规定，即承运人在主张免除由上列原因造成的赔偿责任时，应负举证责任，只有火灾一项的举证责任在索赔人。

Carrier's immunities

Chung Hwa Steel Products & Trading Co. v. Glen Lines[①] Cases containing wool gabardine did not arrive. The consignees claimed damages, and alleged that: they had been pilfered from the ship. Held: Action dismissed as they had not discharged the burden of proof. The goods had passed over railways and through a warehouse, and according to the evidence the chances were about that they were stolen at any of those places or in the ship. In order to succeed the plaintiffs should have affirmatively proved that the loss occurred on board.[②]

（五）承运人对活动物和舱面货的责任

《海牙规则》规定的货物不包括活动物和舱面货，我国《海商法》中的货物采用了《汉堡规则》的概念，包括了这两种货物。依我国《海商法》第52条的规定，在运输活动物时，只要承运人能证明其已履行了托运人有关运输活动物的特别要求，且活动物的损害或灭失是由于特殊风险造成的，则承运人即可免除其损失赔偿责任。根据《海商法》第53条的规定，承运人依协议、航运惯例和有关法律、行政法规可以在舱面上装载货物，且对因此种装载造成的损害或灭失不负赔偿责任。但如承运人擅自决定在舱面上装载货物的，承运人应对此造成的损失负赔偿责任。

（六）承运人的责任限额

在承运人的责任限额上，我国《海商法》采用了1979年《海牙—维斯比规则》议定书的规定，即承运人对货物的灭失或者损坏的赔偿限额，按照货物件数或者其他货运单位数计算，每件或者每个其他货运单位为666.67计算单位，或者按照货物毛重计算，每千克为2计算单位，以二者中赔偿限额较高的为准。计算单位为国际货币基金组织的记账单位——特别提款权，采用特别提款权可以免除因采用某国货币而引起的贬值风险，使索赔人获得的赔偿具有相对的稳定性。对于集装箱货物或类似器具集装的货物，如提单中载明内装件数的，则依该件数计算赔偿限额。如未载明内装件数的，则视该装运器具为一件或一单位。

---

① *Chung Hwa Steel Products & Trading Co. v. Glen Line* (1935) 51 LI. L.Rep. 248.

② N.J.J Gaskell, C. Debattista and R. J. Swatton, *Chorley & Giles' Shipping Law*, 8th ed,.Pitman Publishing, 1987, p.202.

依我国《海商法》第58条的规定，有关货物损失的诉讼无论是依合同还是依侵权行为提起的，均可以适用限制赔偿责任的规定。承运人的雇用人或代理人经证明其行为是在受雇或受委托范围之内的，也有限制赔偿责任的权利。

（七）实际承运人的责任

《海牙规则》中没有实际承运人的概念，以致在订约承运人委托他人运输的情况下，常常出现订约承运人以自由转船条款对转船后发生的货损不负责任，而受委托的承运人又以非订约承运人为理由而不受理货方的索赔的情况。其结果是货主的损失无从得到赔偿。我国海商法参照《汉堡规则》的规定，引入了实际承运人的概念。依我国《海商法》第42条第2款的规定，实际承运人指接受承运人委托，从事货物运输或者部分运输的人，包括接受转委托从事此项运输的其他人。实际承运人主要出现在下述情况中：（1）在直达运输下，由于意外而安排转船时，转船运输人为实际承运人；（2）在租船运输中，如承租人与托运人订立海上运输合同，则出租人即为实际承运人，承租人为订约承运人；（3）在联运的情况下，二程船的承运人为实际承运人。

依我国《海商法》第60 条的规定，在订约承运人将运输的全部或部分委托给实际承运人时，订约承运人仍应对运输的全程负责。第63条规定，如承运人和实际承运人均有责任的，二者负连带责任。

【案例】订约承运人及实际承运人承担连带赔偿责任案[①]

2002年7月，原告秦皇岛金海粮油工业有限公司与第一被告秦皇岛市裕东行船务有限公司签订运输协议，第一被告由巴西运输一套精炼棕榈油设备至秦皇岛港，包干运费29 500美元。货物运至上海港后，第一被告安排第二被告临海市涌泉航运公司所属“涌泉2号”轮进行转船运输。同年9月6日，“涌泉2号”轮在驶往秦皇岛途中因货舱进水，船体倾斜，被救助于山东石岛港。经秦皇岛出入境检验检疫局检验，货物残损金额22 270美元。经青岛双诚船舶技术咨询有限公司对船舶进行检验，“涌泉2号”轮船体开裂进水是由于船舶结构缺陷或船舶材质问题所致。

天津海事法院经过审理认为，承运人在开航前和开航时，应当谨慎处理，使船舶处于适航状

① 《船舶不适航导致货物损坏，契约承运人和实际承运人承担连带赔偿责任》，载中国海事审判网站，https://cmt.court.gov.cn。

态，使货舱适于并能安全收受、载运和保管货物。“涌泉2号”轮虽然于2001年12月12日进行了年检，取得适航证书，但青岛双诚船舶技术咨询有限公司验船师在验船时拍摄的照片显示，该轮货舱锈蚀特别严重，船底K列板上有一条长度约为400 mm纵向裂口，痕迹较旧并用木塞塞住。另外，被核定抗风能力8级的该轮，在遭遇6级风浪时即造成船体损坏、货舱进水，均证明该轮在开航时，实际上已不适航。被告临海市涌泉航运公司作为上海港至秦皇岛港的区段承运人，没有提供适航的船舶，对由此给原告造成的损失应承担赔偿责任。第一被告秦皇岛市裕东行船务有限公司作为全程承运人，应对全程运输负责，对于原告的损失应与第二被告承担连带赔偿责任。

天津海事法院依据我国《海商法》和《合同法》的有关规定，判决两被告连带赔偿原告货物损失、残损检验费，货物在石岛港产生的堆存费、装卸费，外国专家来秦皇岛检查设备费用，原告重新定购被损坏设备的运输费用及其保险费，共计人民币261 795.43元。天津海事法院作出一审判决后，原告、被告均未上诉。

二、海上货物运输合同托运人的责任

1. 托运人应保证其提供的货物资料的正确性。依《海商法》第66条的规定，托运人对由于包装不良或所提供的货物资料不正确而造成的承运人的损失应负赔偿责任。

2. 托运人应及时办理货物运输所需的各种手续，包括港口、海关、检疫、检验等方面的手续。如因办理上述手续不及时、不完备或不正确而使承运人的利益受到损害的，托运人应负赔偿责任。

3. 关于危险品的运输。依《海商法》第68条的规定，托运人托运危险货物，应当依照有关海上危险货物运输的规定，妥善包装，作出危险品标志和标签，并将其正式名称和性质以及应当采取的预防危害措施书面通知承运人；托运人未通知或者通知有误的，承运人可以在任何时间、任何地点根据情况需要将货物卸下、销毁或者使之不能为害，而不负赔偿责任。托运人对承运人因运输此类货物所受到的损害，应当负赔偿责任。承运人知道危险货物的性质并已同意装运的，仍然可以在该项货物对于船舶、人员或者其他货物构成实际危险时，将货物卸下、销毁或者使之不能为害，而不负赔偿责任。但是，本款规定不影响共同海损的分摊。

4. 关于托运人支付运费的义务。《海商法》第69条规定，托运人应当按照约定向承运人支付运费。托运人与承运人可以约定运费由收货人支付；但是，此项约定应在运输单证中载明。

在运费到付的情况下，运费由收货人支付，此项支付应在提单中载明，否则就是运费不由收货人支付的初步证据。

三、货物的交付

（一）货物的交付及货损索赔通知

货物到达目的港，承运人应依运输单证的记载，将货物交付给提单的持有人。对于承运人是否有交付货物的义务，理论界是有争议的。一种主张认为，我国《海商法》规定的承运人的管货义务只列举了运载、照料和卸载等7个环节，并未包括交付。此观点也被承运人在无单放货的案件中引用，认为承运人不负交货义务，且合同责任期间届满。法院则认为，承运人援引《海商法》第46条规定来否定其交付货物的义务，是对法律的片面理解。此外，《海商法》有关提单的定义直接规定了承运人向正本提单持有人交付货物是承运人承担的一项保证。①

如货物有损坏或灭失或迟延的情况，依《海商法》第81条和第82条的规定，收货人应在下列期间内提交索赔通知：

1. 如在交付时发现有货损，应在交付当时向承运人提出索赔通知。如收货人未将货损的情况书面通知承运人，则此项交付就视为承运人依运输单证将表面状况良好的货物交付给收货人的初步证据。所谓初步的证据，是指即使收货人在收货当时未发出索赔通知，收货人仍有权在日后以相反的证据提出索赔，相反的证据如货物残损单上的注明、货物检验人的报告等。

2. 当货物的灭失或损坏非显而易见时，自货物交付的次日起连续7日内提出。

3. 集装箱货物自货物交付的次日起连续15日内提出。

4. 迟延交付的，自货物交付次日起连续60日内提出。

货物由实际承运人交付的，收货人向实际承运人提交的书面通知与向承运人提交的书面通知具有同等效力。

（二）迟延提货或无人提货

实践中，船舶到达目的港，常常有收货人迟延提货或无人提货的现象，目的港无人提货的情

① 司玉琢主编:《海商法专题研究》，大连海事大学出版社2002年版，第160页。

况主要出现在集装箱运输中，租船运输很少出现这种情况。无人提货的情况主要发生在“运费到付”及使用冷藏集装箱运输的情况，此类运输有时会导致运费超过货物的价值。此外，买卖合同中的交货迟延、品质问题、行情下跌等也常常是目的港无人提货的主要原因。目的港无人提货会造成堵港和承运人的船期损失。为此《海商法》第86条规定，在卸货港无人提货或收货人迟延提货或拒绝提货的，船长可将货物卸在仓库或其他适当场所，由此产生的费用和风险由收货人承担。

但在无人提货的情况下，收货人已无踪影，有学者主张在此种情况下，订约托运人是运输合同的当事方，应当承担目的港无人提货的民事责任。对此，托运人一方往往以风险转移、托运人已无权支配及处置所托运的货物为抗辩，而有学者则认为，该观点是将买卖合同与运输合同混为一谈了，运输合同是独立于买卖合同的①。该问题尚处于争论中，有关问题的解决涉及民法、海商法、海关法等法律规定的进一步明确。

（三）对货物的留置权

留置权是承运人依合同或法律的规定所具有的对其在运输中合法占有的货物，在货方未支付应付费用时，不交付货物并加以处置，从处置所得价款中优先受偿的权利。《海商法》第87条规定，应当向承运人支付的运费、共同海损分摊、滞期费和承运人为货物垫付的必要费用以及应当向承运人支付的其他费用没有付清，又没有提供适当担保的，承运人可以在合理的限度内留置其货物。“合理的限度”指所留置的货物数量应当合理，其价值应包括未支付的费用加上可能因诉讼产生的各项费用。这里的“运费”的具体含义，该法没有指明。运费分为预付运费和到付运费，对于未付的到付运费，船东可以主张留置货物的权利，而对于预付的运费，船东是否还有此项权利呢？依英国普通法，只有提单或并入提单的租约中明确写明船东对预付的运费有留置货物的权利，船东才具有该项权利。我国《海商法》及有关的学理解释也采用了与此相同的观点。

关于船东对留置货物的处置，《海商法》第88条进一步规定，当被留置的货物自船舶抵达卸货港的次日起60日内无人提取的，承运人可以申请法院裁定拍卖；货物易腐烂变质或者货物的保管费用可能超过其价值的，可以申请提前拍卖。拍卖所得价款不足清偿的，承运人有权向托运人追偿。上述规定的60日为留置期限，该期限各国有不同的规定，如英国法规定的留置期限为90天。如果是易腐货物，该期限为一个合理的时间，何为合理的时间往往是一个事实问题。

---

① 司玉琢主编:《海商法专题研究》，大连海事大学出版社2002年版，第168~174页。

第三节 提单

一、提单的概念及法律特征

依我国《海商法》第71 条的规定，提单是指用以证明海上运输合同的订立和货物已经由承运人接收或者装船，以及承运人保证据以交付货物的单证。提单中载明的向记名人交付货物，或者按照指示人的指示交付货物，或者向提单持有人交付货物的条款，构成承运人据以交付货物的保证。

A **"bill of lading"** is a multi-functional document: It embodies a contract of carriage and also serves as a receipt by the carrier that it has received the goods. The bill of lading is a document of delivery as well as a document of title.①

从上述定义中可以看出，提单具有下列法律特征。

（一）提单是海上运输合同的证明

关于提单是海上运输合同本身还是海上运输合同的证明是有争议的。多数的意见认为，提单只是运输合同的证明。首先，从理论上说，合同是以当事人双方意思表示一致为生效的主要条件，而提单只是由一方当事人签发的。其次，从时间上说，运输合同是在提单签发之前成立的。运输合同在托运人依班轮公司的船期、费率等规定与班轮公司洽订舱位时即成立，而提单通常是在货物装船后才签发的，这时，运输合同实际上已在履行了。已经生效的《汉堡规则》和我国《海商法》均采用了提单是运输合同的证明的观点。英国的Ardennes一案亦采用了此观点。②

【案例】提单是运输合同的证明案③

在Ardennes v. Ardennes案中，该案的被告与原告约定承运原告的柑橘。依双方的口头约定，被告的货船应直驶伦敦，而提单中载明的条款却规定承运人可任意地经过任何航线将货物直接或间接地运往目的地。被告未依口头约定直驶伦敦，而是先驶向了安特卫普。结果，当原告的柑橘到达

① Robert Force, *Admiralty and Maritime Law*, US Federal Judicial Center 2004, p.52.

② ③ *Ardennes v. Ardennes* (1950) 84 Ll. L Rep. 304.

伦敦时，柑橘的进口关税提高了，且由于其他国家的柑橘也大量到货，使柑橘的价格下降了。原告认为，如货船是依口头约定直驶伦敦的，关税的提高和柑橘价格的下跌都应在该船到达之后发生。原告向法院请求赔偿其受到的损失。被告则以提单未写明应直驶伦敦为由而否认其赔偿责任。英国高等法院判决：被告应依在提单签发前的口头约定运输该批货物，因此，被告应赔偿原告所受到的损失。其依据的理由为：提单并不是合同本身，合同在提单签发之前就已存在了，后者只是由一方签署的，而且是在货物装上船时才将其提交托运人的。该案第一次明确了提单是海上运输合同的证明，而不是运输合同本身。

所谓提单是运输合同的证明，只是就承运人与托运人之间的关系而言的。在一般情况下，货物的托运人是货物买卖合同的卖方，卖方在收到船方签发的提单后，会将其转让给买方，买方又有可能将其再背书转让给其他受让人。提单的受让人并非原托运人与承运人运输合同的当事方，他对托运人与承运人之间在订舱时有什么约定并不知情，因此，提单在承运人与提单的受让人之间就不仅是运输合同的证明，而且是运输合同本身。见图4-8。

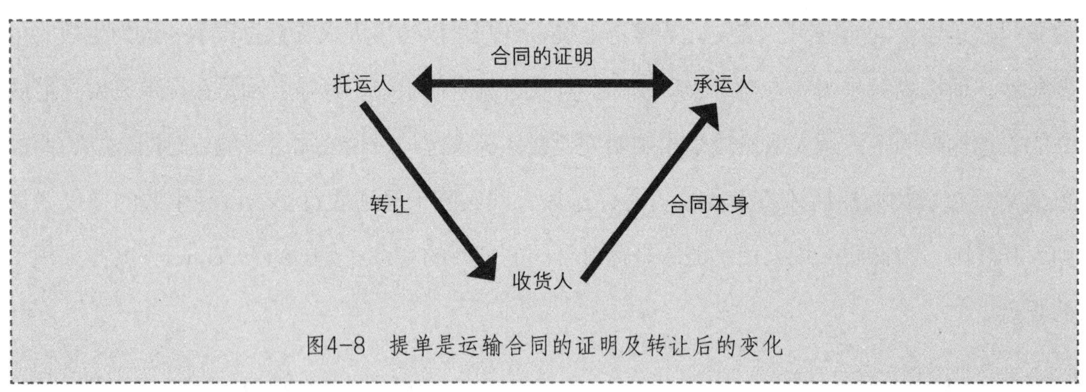

图4-8　提单是运输合同的证明及转让后的变化

（二）提单是承运人出具的接收货物的收据

提单是在承运人收到所交运的货物后向托运人签发的单据。提单的正面记载了许多收据性的文字，如货物的标志、货物的包装、数量或重量及货物的表面状况等。如运输合同在开航前解除或于中途终止合同，托运人可依提单的记载领回货物。

关于在承运人对提单上的记载有疑义时应如何处理的问题。《海商法》第75条规定："承运人或者代其签发提单的人，知道或者有合理的根据怀疑提单记载的货物的品名、标志、包数或者件数、重量或者体积与实际接收的货物不符，在签发已装船提单的情况下怀疑与已装船的货物不符，或者没有适当的方法核对提单记载的，可以在提单上批注，说明不符之处、怀疑的根据或者说明无法核对。”第77条进一步规定，如提单上不进行批注，则承运人签发的提单就是承运人已经按照提单所载状况收到货物或者货物已经装船的初步证据。[①]

提单的证明作用在托运人手中和托运人以外的第三方持有人手中的效力是不同的。如上所述，提单在托运人手中时只是初步证据，但在托运人将提单背书转让给第三人的情况下，对于提单受让人来说，提单就成了终结性的证据。因为提单的受让人是根据提单上的记载事项受让提单的，他对货物的实际情况并不知情，如提单中的记载不实是由于托运人的误述引起的，承运人可以向托运人提出抗辩。但承运人不得以此对抗提单的受让人，这样可以保证提单的流通性。见图4-9。

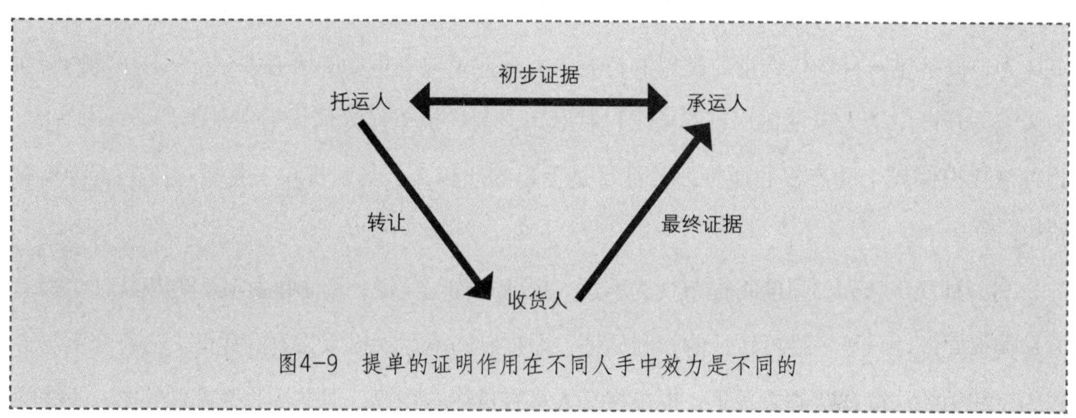

图4-9　提单的证明作用在不同人手中效力是不同的

（三）提单是承运人凭以交付货物的凭证

提单是承运人凭以交付货物的凭证是没有争论的，问题是除了交货凭证外，提单是否具有物权性，是否转让提单就等于转让货物，占有提单就取得了货物的所有权。在实践中，占有提单而未取得货物的情况是时常发生的，在提单的物权性上有肯定与否定的争论。

① 初步证据指如承运人有确实的证据证明其收到的货物与提单上的记载不符，承运人可以向托运人提出异议。因为提单中有关货物的记载事项一般是依托运人提供的资料填写的，例如，在收货人根据提单记载发现货物有短少而向承运人请求赔偿时，如承运人能提出足够的证据证明短少的货物并未装上船，则承运人就可以不对短少的货物负责。

一种观点认为，提单的流通性决定了提单所具有的物权凭证的特性。[①]英国普通法接受提单是物权凭证的观点已有两百多年的历史了，当然也有人认为这是一个翻译的错误，因为“物权凭证”翻译自“document of tiltle”，或译“所有权凭证”，而实际含义更广，其基本特征是权利随着单据走。[②]英国最早的认为提单是“物权凭证”的先例发生于1787年，[③]以后又不断有判例持同样的观点。[④]提单物权凭证的效力并不是与生俱来的，它是随着国际贸易和远洋运输的发展而产生的，并得到了多数国家的立法支持。远途海上货物运输的时间长，提单持有人为了资金的需要，往往会在货物的运输途中将提单项下的货物出卖，这时提单原持有人不可能向受让人交付运输途中的货物。依商业惯例，提单的转让一般即表明了货物所有权的转移。如承运人向非提单持有人交付货物，则须承担因此而产生的赔偿责任。我国也有案例采用提单是一种物权凭证的观点，最高人民法院在兴利公司等诉印度国贸公司等无单放货案中认为，提单是一种物权凭证，提单的持有人就是提单项下货物的所有人。[⑤]在国际货物买卖的买方即开证申请人未依信用证的要求付款赎单之前，提单作为债权担保是由开证行占有的，此种债权担保属于动产权利质押，开证行是提单的质权人，其对提单及提单项下的货物享有质权。[⑥]

另一种观点认为，只能将提单视为承运人提取货物的凭证，而不能称其为物权凭证。提单不是物权凭证，只是一种可转让的权利凭证，即据以向承运人提取货物的凭证。在符合贸易合同约定和相关法律规定的情况下，提单持有人享有货物的物权，但并不是毫无例外的，不排除持有提单而不具有货物物权的情况。[⑦]因为提单持有人并不是因为持有了提单才成为提单项下货物的所有人，例如，在通过欺诈等方法非法持有提单的情况下。相反，因为他是提单项下货

---

① 粤海电子有限公司诉招商局仓码运输有限公司等无正本提单交货提货纠纷案，载中国海事审判网站，https://cmt.court.gov.cn。

② 余劲松、吴志攀：《国际经济法》，北京大学出版社、高等教育出版社2000年版，第92页。

③ *Lickbarrow v. Mason* (1787) 2 T. R. 63. 此案是英国早期关于提单是物权凭证的案例。

④ *Sanders v. MaClean* (1883) 11 QBD 327; *Barclays Bank Ltd. v. Commissioners of Custom and Excis* [1963] 1 Lloyd's Rep. 81. 此两案均是关于提单为物权凭证的重要或权威先例。近期的案例还有The “*Houda*” [1994] 2 Lloyd's Rep. 550。

⑤ 兴利公司等诉印度国贸公司等无单放货案，载《最高人民法院公报》1991年第1期。

⑥ 中国工商银行汕头市韩江支行诉中国汕头外轮代理公司案，广州海事法院（2000）广海法汕字第15号民事判决书。

⑦ 金正佳主编：《中国典型海事案例》，法律出版社1998年版，第307页。

物的所有人，他才有合法的依据或机会持有提单。

Delivery Without Bill of Lading [①]

In this matter the Plaintiff had paid for goods that were shipped from China and was the named consignee on a non-negotiable bill of lading. The vendor however refused to give the Plaintiff the original bill of lading by which to obtain delivery of the goods from the carrier. When the container arrived the Plaintiff commenced suit against the vendor and ocean carrier and arrested the container. The Plaintiff obtained the release of the container by posting a bank guarantee as security. The Plaintiff later brought the present motion to have the security returned. The only party that appeared on the motion was the ocean carrier who requested that the Plaintiff be required to execute a hold harmless agreement as a condition of the order. The Prothonotary declined this request but did provide in the order that any claim by the vendor against the ocean carrier was barred.

提单交付货物凭证的特性决定了承运人应凭正本提单交付货物，然而，由于船速越来越快，特别是在近海运输中，常常造成船舶已到港，而需要通过银行办理结汇手续的提单还未到达收货人手中。如等待提单到达，就会造成货物堵港，也会给当事人带来经济损失。为了解决堵港问题，我国有关部门在肯定应以正本提单提货的前提下，曾有过允许以副本提单提货的变通规定。[②]在实践中，长期以来，无正本提单交付货物已成为承运人变通交付货物的习惯做法。据统计，无正本提单交付货物在散杂货运输中约占30%，在集装箱运输中约占50%，在油类运输中约占70%。[③]由于《海商法》仅涉及提单货物交付中的一般环节，没有涉及无正本提单交付的问题，造成法院在处理相关案件时适用法律的困难。

---

① *Asian Exports International v. Zim Israel Navigation Co. Ltd. et al.*, 2004 FC 225.

② 国务院港口口岸工作领导小组、交通部、对外经贸部于1983年4月以通知的形式下发了（83）国港06号文件。该文件在肯定了应凭正本提单交货的前提下，允许以副本提单按船出具保函或其他有效单证等形式提货。该文件确实为解决疏港问题起到了一定的作用，但也使无正本提单提货的现象日趋严重，以致常常出现承运人凭副本提单加保函交货后，又出现了正本提单的持有人要求承运人交货，使承运人无所适从，常常发生纠纷，导致当事人的经济损失。为此，中国海商法协会专门于1992年召开研讨会，讨论解决该问题的办法。一些学者认为，虽然以副本提单提货有国务院的文件为依据，但此类文件在办案中仅能起参照的作用，不能要求以此作为以副本提单加保函提货为合法的依据，任何据此要求免除责任的请求也不应认可。

③ 刘寿杰：《解读〈最高人民法院关于审理无正本提单交付货物案件适用法律若干问题的规定〉》，载《中国海商法年刊》2009年第3期，第22页。

在该背景下，2009年通过的《最高人民法院关于审理无正本提单交付货物案件适用法律若干问题的规定》（以下简称《规定》），规定以弱化提单在运输环节中的物权功能为原则，即在提货环节，持有提单的收货人在向承运人提货时并不涉及提单的物权问题，因为向收货人交货是承运人应当履行的运输合同的义务。《规定》对一直有争议的承运人在无单放货情况下的责任属性等问题进行了明确的解释。其主要内容如下：（1）关于适用范围，依第1条，《规定》适用于记名提单、不记名提单和指示提单。对于记名提单下是否也必须以正本提单交付以前是有争议的，《规定》将记名提单纳入适用范围，表明无论是记名提单，还是不记名提单或指示提单，只要正本提单持有人作为收货人在目的港要求承运人交货，此时提单所体现的就是交付货物的凭证。（2）关于构成要件，第2条规定无正本提单交付货物的构成要件有两项：其一，承运人无正本提单交付货物行为违反了法律规定；其二，承运人无正本提单交付货物损害了正本提单持有人的权利。（3）关于责任性质，《规定》采用了“竞合责任”的观点，依第3条的规定，正本提单持有人可以要求承运人承担违约责任，或者要求承担侵权责任。这里的侵权责任不同于一般的侵权责任，属于运输合同框架内的侵权，因此，应当首先适用《海商法》，《海商法》没有规定的，才适用民法的规定。第11条规定，正本提单持有人可要求承运人与无正本提单提货人承担连带赔偿责任。（4）在责任限制上，由于承运人无正本提单交付货物属于故意行为，不存在过失的情形，因此，依第4条，承运人因无正本提单交付货物承担民事责任的，不得享受责任限制。（5）关于赔偿范围，依第6条的规定，承运人因无正本提单交付货物造成正本提单持有人损失的赔偿额，依货物装船时的价值加运费和保险费计算。又依2006年《最高人民法院关于审理海上保险纠纷案件若干问题的规定》第11条的规定，承运人因无正本提单交付货物造成的损失不属于保险人的保险责任范围。保险合同当事人另有约定的，依约定。（6）责任的免除，对于有些国家强制要求承运到该国港口的货物必须交付给当地海关或港口当局的，不视为无正本提单交付货物，承运人不承担赔偿责任。（7）关于实际托运人的诉权，在FOB贸易术语下，通常由买方租船订舱，依第12条，虽然在正本提单上没有载明其托运人的身份，如承运人将货物交给非正本提单持有人，实际托运人具有凭正本提单向承运人主张货物的权利。（8）协议不影响诉权，依第13条，在承运人未凭正本提单交付货物后，正本提单持有人与提货人就货款支付达成协议的，在协议款项得不到赔付时，不影响正本提单持有人要求承运人承担无正本提单交货的民事责任。（9）关于时效，依第14条的规定，无论提单持有人是以违约之诉还是以侵权之诉要求承运人承担民事责任，时效期间均为1年，时效中断均适用《海商法》第267条的规定，即时效因提起诉讼、提交仲裁或者被请求人同意履行义务而中断。

1990年国际海事委员会第34届大会通过的《海运单统一规则》及《电子提单规则》试图确立一种不可转让的非物权凭证的海运单。海运单是20世纪70年代以来，随着集装箱运输的发展，特别是在航程较短的运输中产生出来的一种运输单证。海运单（sea waybill，简称SWB）是证明海上运输货物由承运人接管或装船，且承运人保证将货物交给指定的收货人的一种不可流通的书面运输单证。海运单具有提单所具有的货物的收据和海上货物运输合同的书面证明的作用，但海运单不是货物的物权凭证，收货人提货时无需凭海运单，而只需证明其身份。因而，海运单具有实现快速提货的优点。海运单不具有流通性，不能转让，因此非法取得海运单的运单持有人是无法凭以提货的。货物的交付不取决于递交海运单，承运人只要将货物交给海运单上所列明的收货人或其授权的代理人就视为已做到小心谨慎地履行其义务了。对于收货人来说，则可以免除因等待提单而导致的延误损失。海运单的不可转让性使得此种单证具有较提单更安全的特点，从而可以减少欺诈，使第三者在非法得到海运单时不能提取货物。为了适应近年来对海运单越来越多的运用，国际商会《1990年国际贸易术语解释通则》已赋予了海运单与提单相同的法律地位，《2000年国际贸易术语解释通则》保留了有关海运单地位的内容,使其同样可以作为卖方向买方履行交单义务的一种方式。国际商会第500号出版物《跟单信用证统一惯例》第24条也将不可转让的海运单接纳为在信用证项下可接受的单据之列。

二、提单的签发

我国《海商法》第72条规定："货物由承运人接收或者装船后，应托运人的要求，承运人应当签发提单。提单可以由承运人授权的人签发。提单由载货船舶的船长签发的，视为代表承运人签发。"提单签发人在签发前，应检查一下提单的内容，以免日后因制单错误而引起争议。提单签发的时间通常是在货物装船后，这种提单叫"已装船提单"。提单签发的日期应为装船的日期，如装船日期晚于买卖合同及信用证中规定的装船期限，买方可以卖方违约为由提出索赔。提单有正本与副本之分，正本提单一般为一式二份或三份。提单签发人应在各份正本提单上签署，副本提单不必签署。提单正本的份数应载于提单的正面，同时还应规定，凭其中一份提单提货后，其他各份提单失效，提单副本是不可转让的，在副本的显著位置上通常加注"副本——不可转让”（Copy Non-Negotiable）的字样。①

Negotiable and Nonnegotiable Bills of Lading ②

A negotiable bill of lading must state “that the goods are to be delivered to the order of a consignee, and must not contain on its face an agreement with the shipper that the bill is not negotiable.”③ One of the important characteristics of a negotiable bill is that a person to whom the bill is negotiated acquires title to the goods, and the carrier who issued the bill becomes obligated to the person to whom the bill has been negotiated to hold the goods under the terms of the bill as if the carrier had issued the bill directly to that person. ④ A bill of lading is nonnegotiable if it “states that the goods are to be delivered to a consignee.” ⑤

三、提单的种类

从不同的角度可以对提单进行不同的分类，应该说明的是，不同种类的提单是依提单栏目填写的不同而进行的分类，而且各种提单名称是可以重叠的，例如，可以是已装船的、清洁的、直达指示提单，可以是已装船的、清洁的、转船的、不记名的、运费到付提单等。

（一）依货物是否已装船可将提单分为已装船提单和备运提单

已装船提单（Shipped B/L or on Board B/L），指由船长或承运人的代理人在货物装上指定的船舶后签发的提单。已装船提单的正面载有装货船舶的名称和装船日期，表明货物确已装船。这种提单能够在一定程度上保证收货人按时收货，因此，买方在信用证中也要求卖方提供

① 广州海事法院审理的“德运”轮无正本提单提货案、“银标”轮无正本提单提货案、“科达 · 玛珠”轮无正本提单提货案均采用了这一主张，判凭保函加副本提单放货，违反了凭正本提单放货的国际惯例，其接受的保函不能对抗正本提单持有人的物权主张。参见中国海事审判网站，https://cmt.court.gov.cn。

② Robert Force, *Admiralty and Maritime Law*, US Federal Judicial Center 2004, p.54.

③ 49 U. S. C. §§ 80101–80116 (2000), § 80103(a)(1).

④ *Id.* § 80105(a).

⑤ *Id.* § 80103(b)(1).

已装船提单，银行一般也只接受已装船提单。①

收货待运提单（Received for Shipment B/L），又称备运提单，指船方在收到货物后，在货物装船以前签发的提单。有时由于船期的原因，船方会在船方指定的仓库预收货物，然后由船方依仓库收据签发备运提单。收货待运提单表明货物已由船方保管，并准备装到即将到港的某船上，而未确认货物已装船。由于收货待运提单无装船日期和船名，不能为买方准时收货提供充分的保障，所以，买方一般不愿接受收货待运提单。银行通常也不愿意接受收货待运提单作为议付的担保而为托运人提供资金融通。②

（二）依收货人的抬头可将提单分为记名提单、不记名提单和指示提单

记名提单，指提单正面载明收货人名称的提单。在这种情况下，承运人只能向该收货人或向经收货人背书转让的提单持有人交付货物。提单上的收货人是由托运人指定的。依《海商法》第79条的规定，记名提单不能转让。在国际贸易中，除了某些金、银、珠、宝等贵重物品的运输外，一般不使用记名提单。

不记名提单，指提单正面未载明收货人名称的提单。不记名提单的收货人一栏中空白不填或填写“持有人”的字样。在签发不记名提单的情况下，承运人应向提单的持有人交付货物。这种提单由于未写明收货人的名称，因此转让十分简便，依《海商法》第79条的规定，不记名提单无需背书，只要将提单交给受让人即可转让。这种提单风险较大，因此在实践中也很少使用。

指示提单，指提单正面载明凭指示交付货物的提单。在收货人一栏中填写“凭指示”（To Order）字样的提单叫不记名指示提单；在收货人一栏中填写“凭某某指示”（To Order of ××）的提单为记名指示提单。记名指示依指示的发出人不同又可分为托运人指示、收货人指示和银行指示三种。在签发凭托运人指示交货的提单的情况下，如托运人作出了指示背书，承

① 国际商会1974年修订的《跟单信用证统一惯例》规定：除非信用证有不同规定，提单必须表明货物已装上或已装运于指明船只。在实践中，除集装箱运输是在装卸区或货运站接收货物，不便签发已装船提单外，其他海上货物运输一般均采用已装船提单。

② 当船舶在某港停泊时间较短，而货物又需要用驳船运到装货港时，如在装船后再签发提单，就限制了托运人尽快取得提单，及时收回货款。由于上述及其他一些原因，在商业上就形成了在船方收货后即签发收货待运提单的习惯。待货物装船后再换取已装船提单，或在原提单上加注“已装船”的字样，并载明装船日期和船舶名称。这时的收货待运提单就变成了已装船提单。目前，收货待运提单多用于集装箱运输。如信用证规定应提供“已装船提单”，就应在集装箱装船以后，换取已装船提单。

运人应向被背书人交货。在签发凭收货人指示的提单时，收货人可以背书换取提货单后提货，也可以经背书转让他人。凭银行指示的提单只有在买方向银行付款后，银行才会将提单背书转让给买方，使买方能够提货。依《海商法》第79条的规定，指示提单的转让必须经过背书，其背书方式有两种：（1）记名背书，又称为专门背书，这种背书应记载被背书人的姓名，同时还应由背书人签字。指示提单经记名背书后就变成了记名提单。该提单的进一步转让须依记名提单的转让规则。（2）不记名指示，这种背书只需背书人签名，而不填写被背书人的姓名，指示提单经空白背书后就成为不记名提单，其进一步的转让只要依不记名提单的转让规则提交提单即可。指示提单的背书，只需将提单正本一份背书即可，在有多份正本的情况下，应在其余正本上注明“正本已转让”（original endorsed）的字样。

In **order-notify bill of lading** the shipper is both the consignor and the consignee of the goods. There is a direction to the carrier to notify a party at the destination point. Typically this party (the notify party) is the buyer of the goods, and upon presentation of the bill of lading to the carrier is entitled to possession. The practice is for the seller to tender the bill of lading together with a sight draft through banding channels, upon acceptance of the draft the bank releases the bill of lading to the buyer, who then obtains the goods from the carrier. ①

（三）依提单有无批注可将提单分为清洁提单和不清洁提单

清洁提单（Clean B/L），指提单上未附加表明货物表面状况有缺陷的批注的提单。承运人如签发了清洁提单，就表明所接受的货物表面或包装完好，承运人不得事后以货物包装不良等为由推卸其运送责任。在签发清洁提单的情况下，如交货时货物受损，就说明货物是在承运人接管后受损的，承运人必须承担赔偿责任。银行在结汇时一般只接受清洁提单。清洁提单并不是不能加任何批注，有的批注并不会使提单成为不清洁提单。②

---

① Carrier's duty of Notification on an Order-Notify Bill of Lading, 21*U. Chi. Rev*. 730 (1953—1954).

② 依国际航运协会在1957年通过的一个决议，认为在提单中加注下列批注的情况下，不能视其为不清洁提单而拒绝接受：（1）批注未明显说明货物或包装不令人满意；（2）批注所强调的是承运人对由于货物的性质或包装所引起的风险不负责任的内容；（3）批注是关于否认承运人知道货物的内容、重量、尺码、质量或技术规格的内容。依上述标准，如提单中加注有“旧桶”“不负锈损责任”“重量不知”等批注时，仍应视其为清洁提单。

不清洁提单（Unclean B/L），指在提单上批注有表明货物表面状况有缺陷的提单。船方在货物装船时，如发现货物的表面状况不良，可以在提单上进行批注，以表明上述不良是在装船以前就存在的，从而减轻船方的货损责任。买方一般不愿接受这种提单，因为包装不良的货物在运输中很容易受损。除非在信用证规定可以接受该类提单的情况下，银行一般会拒绝接受不清洁提单办理结汇。卖方为了获得清洁提单以便及时收汇，往往在货物表面状况有缺陷的情况下，通过向承运人提供保函来换取清洁提单。

对于海运保函的效力问题应依具体情况区别对待。为取得清洁提单而出具保函的情况实际上有两种：一种是在装船时，已发现货物表面状况有问题，仍以保函来换取清洁提单。这种保函具有欺诈因素，应当归于无效。此时，如发货人希望承运人签发不加批注的清洁提单，正确的方法是由发货人修补或更换包装。另一种为取得清洁提单而出具保函的情况是承运人与托运人在货物数量等方面有分歧，又无从查验，这时由托运人出具保函，承运人签发清洁提单，这是一种商业上的变通做法。只要托运人与承运人双方不是恶意串通的，承运人又不能肯定货物确有瑕疵存在，这时出具保函会减少流通中的一些麻烦，这种保函的效力是应该得到承认的。《汉堡规则》已作出了有关上述第二种非欺诈性的保函在当事人之间有效的规定。

（四）根据运输方式可将提单分为直达提单、转船提单和联运提单

直达提单（Direct B/L），指表明中途不经转船直接将货物运往目的地的提单。

转船提单（Transhipment B/L or Through B/L），指当货物的运输不是由一条船直接运到目的港，而是在中途需转换另一船舶运往目的港时，船方签发的包括全程的提单。转船提单往往由第一程船的承运人签发。转船提单在填制时，只记载第一程船的船名，第二程船名不记载，只写上“在某地装上替代船转运”的字样。所不同的是，中途港和目的港的填写，转船提单的中途港名称应填写在卸货港一栏中，目的港则应载于最后目的港一栏中。银行只有在信用证中规定可接受转船提单时，才接受这种提单。

联运提单（Combined Transport B/L），指依联运合同签发的提单。分为海上联运提单和多式联运提单。前者指在由一条以上船舶进行海上运输的情况下签发的提单，实际上就是转船提单。后者为以两种以上的运输工具运输时签发的提单。多式联运提单的签发人是多式联运经营人，签发的地点在货物的接收点，而不论该接收点是在装货港还是在发货人仓库。

（五）依是否已付运费可将提单分为运费预付提单和运费到付提单

运费预付提单（Freight Prepaid B/L），指载明托运人在装货港已向承运人支付运费的提单。如运费是预付的，则应在提单的运费一栏中填写“运费预付”（Freight Prepaid）的字样。

运费到付提单（Freight Payable at Destination B/L），运费到付提单是指载明收货人在目的港提货时向承运人支付运费的提单。如运费是到付的，则应在此栏中填写“运费到付”（Freight Collect 或 Freight Payable at Destination）的字样。

（六）依提单背面是否有条款可将提单分为全式提单和简式提单

全式提单，指提单正面记载了一般事项及有关条款，背面记载了关于当事人权利和义务条款的提单。

简式提单，又称“短式提单”（Short Form B/L），这种提单只包括提单正面内容，在提单背面不列任何条款，简式提单一般记载“该货物的收受、运费、费用等各项均按某某公司全式提单条款办理”的字样。

（七）依提单与货物批次的关系可将提单分为并提单和分提单

并提单，指同一批交运的货物，由于存仓地点不同，托运人分单托运，而承运人在签发提单时将同批分单货物合并填制的提单。这种提单项下的货物的装货港、卸货港和收货人必须相同。

分提单，指承运人将同一装货单项下的同一批货物分别签发两套或两套以上提单的运输单证。分提单主要用于国际货物买卖合同的卖方将货物卖给数个买主的情况。在这种情况下，如果签发一个提单，卖方在向数个买主中的一名买主提交提单时就会出现困难，因为提单项下的货物比一名买主所要受领的货物要多。在实践中，也有以船舶提货单代替提单的情况。卖方可以向每名买主签发提货单，由于提货单与提单的法律性质不同，因此，在以船舶提货单代替提单提货时，合同中通常规定：如要求，则船舶提货单须由银行、船舶经纪人、船长或大副联署，以便提货单持有人处于与提单持有人相同的地位。

四、租船合同项下的提单

在租船运输的情况下，由船长或承运人的代理人在收到货物后签发的提单。这种提单多为简式提单。因为在班轮运输中，承运人与货方之间唯一的书面凭证是提单，所以班轮的提单条款订得很详尽，而且班轮提单中所订的承运条件也很少改变。而不定期的租船运输营运方式非常灵活，千变万化，不宜使用固定条款的做法。因此，租船运输采用简式提单，有关运输事项应依租船合同的规定。在提单条款与租船合同相冲突的情况下，应以哪个规定为准呢？实践中，通过区别不同的关系人来确定提单与租船合同的效力：

1. 当租船人为货物的托运人时，运输关系中只有租船人与船东两方当事人。提单对租船人来说仅是货物的物权凭证和货物的收据。租船合同才是船东与租船人之间的运输合同，提单条款如与租船合同相冲突则应归于无效。

2. 当租船人将提单转让给第三方时，则提单对于受让人来说，就不仅是物权凭证和货物的收据，而且也是运输合同的证明。如货物发生灭失，提单持有人得以提单为依据要求赔偿。此时，租船合同对提单的效力如何，应看提单中是否有将租船合同条款并入提单中的加注。如果提单中注有“一切条款、条件、免责和豁免以租船合同为准”的字样，则提单应受租船合同的约束，否则，不能认为提单并入了租船条款。然而，对于提单受让人来说，让其接受不知情的租船合同条款有欠妥之处，因此，提单受让人一般会要求随单附上租船合同的副本，以便查阅。

3. 在定期租船的情况下，船东与租船人的关系受租船合同的约束，船东与托运人之间的关系受提单的约束。但如租船人指示船长签发的提单中所规定的船东义务超出了租船合同规定的范围，则船东可以依租船合同向租船人请求赔偿损失。

五、甲板货提单

甲板货提单指提单正面载明“货装甲板”（on deck）字样的提单。甲板上风险较大，除非与托运人订有明示协议或海上惯例许可，承运人不应将货物装在甲板上，否则承运人应对由于在甲板上装运货物而造成的货损负责。依海上惯例可以装载于甲板上的货物主要有超长货物、体积特大的货物等。提单背面通常载有甲板货条款，该条款针对甲板货的特殊风险规定：装于甲板上的货物的收受、装载、配载、运输、保管和卸载均由托运人或收货人承担风险，承运人对其灭失和损害不负责任。但仅有甲板货条款并不构成甲板货提单，只有在载明“货装甲板”的字样时，才被视为甲板货提单。除非信用证规定，银行一般不接受甲板货提单。

六、倒签提单和预借提单

提单中注明的装船日期早于实际装船日期的提单就称为倒签提单。倒签提单有下列几种情况：(1) 由于船舶未及时抵港或发货人未及时备好货物或其他延误的原因，致使装船日期晚于信用证规定的装船期限，提单虽在装船期限之后签发，却写的是与信用证规定的期限一致的日期。(2) 船舶装了部分货物后，因故入坞修理，出坞后续装，提单虽在装毕后签发，但日期却是入坞前的日期。(3) 船舶在同一航次，两次靠泊同一港口，提单虽是在第二次装船后签发的，而日期却是第一次装船的日期。为了保证收货人能及时收到货物，信用证中一般均规定有装船期限，托运人应在该装船日期之前或当日完成装船，否则，收货人有权拒收货物，并提出索赔。银行也不接受装船期晚于信用证规定期间的提单。基于这个原因，在装船晚于信用证规定的期限时，托运人往往向承运人出具保函，要求承运人按信用证规定的装船期签发提单，以便向银行办理结汇。在国际贸易买卖合同中，交货日期属于合同的要件，而装船日期是一个直接关系到交货日期的因素。承运人应托运人的要求倒签了提单，实际上就隐瞒迟延交货的责任，构成了对收货人的欺诈行为，日后须对因此而引起的损失负责。

【案例】"大丰"轮倒签提单与证据保全案①

1992年8月，申请人厦门特区锦江贸易公司与德国五矿贸易公司签订了一份进口2 000吨铝锭的合同。合同约定起运港为巴西伊塔基港，装船期为1992年8月。该批货物由被申请人天津远洋运输公司所属"大丰"轮承运。"大丰"轮在巴西伊塔基港共装载了万吨铝锭，分别属于我国三个港口的近20家货主。1992年11月27日，"大丰"轮驶抵厦门东渡码头。申请人经审查其所属的两票货物提单上的装船日期，均为8月30日至9月8日，认为"大丰"轮装船期过长，怀疑"大丰"轮在巴西装货港倒签了提单。申请人经上船了解，虽掌握了一些证据材料，但很难确认倒签提单的事实。由于货物迟到，给申请人如约履行国内贸易合同产生了极为不利的后果，并承担了巨大的经济损失。申请人为维护自己的合法权益，遂于1992年12月2日向厦门海事法院申请证据保全，要求对"大丰"轮倒签提单的行为予以确认；同时，申请人还向厦门海事法院提供了1万元人民币的担保，保证如因申请错误给被申请人造成损失时承担赔偿责任。

① "大丰"轮倒签提单与证据保全案，载中国海事审判网站，https://cmt.court.gov.cn。

厦门海事法院接到本案申请后，认为案情紧急，审查申请人提供的有关证据后，认为基本事实清楚，申请人怀疑“大丰”轮倒签提单有一定依据。据此，厦门海事法院于立案的当日，以申请人的证据保全申请合法为理由，根据我国《民事诉讼法》有关财产保全的规定，裁定如下：(1) 准许申请人关于诉前证据保全的申请；(2) 被申请人所属“大丰”轮应向本院提供该轮1992年8月27日至9月10日的航海日志及相关理货单据等；(3) 被申请人所属“大丰”轮船长、大副应如实回答本院的询问。裁定还要求申请人应在裁定书送达之日起15日内向法院起诉，逾期不起诉，该院则取消对上述有关证据的保全措施。该裁定书最后还注明：本裁定下达后立即执行，如不服该裁定，可以向该院申请复议一次。复议期间不停止裁定的执行。裁定书于同日送达给“大丰”轮船长。

预借提单是当信用证规定的有效期即将届满，而货物还未装船时，托运人为了使提单上的装船日期与信用证规定的日期相符，要求承运人在货物装船前签发的已装船提单。预借提单有下列四种情况：(1) 承运人已收到货物，但船舶还未到达装货物港，就提前签发了已装船提单；(2) 承运人已收到货物，船舶也已抵港，但尚未开始装船，就签发了已装船提单；(3) 船舶已抵港并已开始装船，但同一提单项下的货物未全部装船完毕，就签发了已装船提单；(4) 在集装箱运输中，船舶还未抵港或还未装船，或未装船完毕，承运人在集装箱集散站收货后签发的已装船提单。预借提单在议付时，货物实际还未装运，使信用证对装货这一环节的制衡力丧失，无法保证货物准时到达。预借提单与倒签提单一样，都是掩盖货物的实际装船日期，从而避开了迟延交货的责任。

由于倒签提单和预借提单均具有欺诈的因素，因此，在实践中，在信用证即将到期，而托运人又不能如期装船的情况下，正确的处理方法是要求修改信用证。

当买卖双方订立国际贸易合同并在合同中明确规定采用信用证方式付款时，提单在跟单信用证付款中发挥了重要作用（见图4-10）。具体流程如下：

(1) 买方向其所在地的银行提出开证申请，并交纳一定的开证押金或提供其他保证，要求银行向卖方开出信用证；(2) 开证行将信用证寄交卖方（受益人）所在地的通知银行；(3) 通知行通知卖方并将信用证交给卖方；(4) 卖方审核信用证与合同相符后，按信用证规定装运货物；(5) 承运人收货后签发提单；(6) 卖方在装运并备齐各项单据后，开出汇票，并在信用证规定的有效期内，送交指定行办理付款；(7) 指定行依信用证条款审核单据无误后，依汇票金额扣除利息，将货款垫付给卖方；(8) 指定行将汇票和货运单据寄给开证行索偿；(9) 开证行核对单据无误后，付款给指定行；(10) 开证行通知买方付款赎单；(11) 买方向开证行付款；

（12）买方在付款后取得货运单据；（13）买方凭货运单据在目的港向承运人提货。

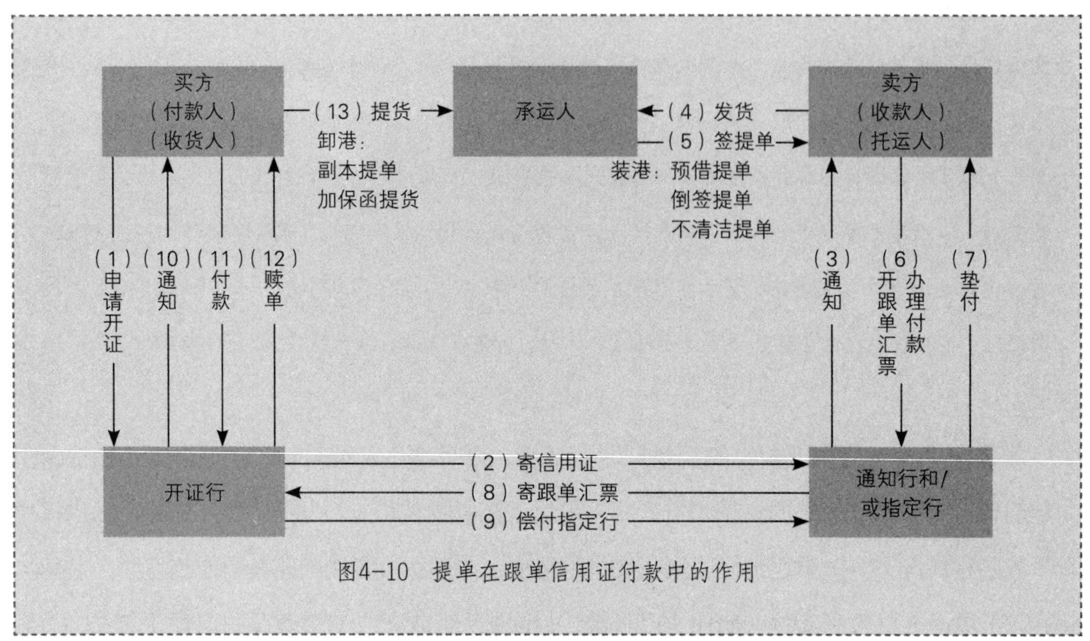

图4-10　提单在跟单信用证付款中的作用

七、提单的内容

提单分正反两面，提单正面是提单记载的事项及一些声明性的条款，提单的背面是关于双方当事人权利和义务的实质性条款。

（一）提单的记载事项

关于提单正面应记载的事项，我国《海商法》第73条作了规定，提单的内容包括下列各项：（1）货物的品名、标志、包数或者件数、重量或者体积，以及运输危险货物时对危险性质的说明；（2）承运人的名称和主营业所；（3）船舶名称；（4）托运人的名称；（5）收货人的名称；（6）装货港和在装货港接收货物的日期；（7）卸货港；（8）多式联运提单增列接收货物地点和交付货物地点；（9）提单的签发日期、地点和份数；（10）运费的支付；（11）承运人或者其代表的签字。同时该条还规定，提单缺少前款规定的一项或者几项的，不影响提单的性质。

例如，中国远洋运输公司的“中远提单”（“COSCO” B/L）格式是参考了有关国际惯例制成的。在内容上基本上符合国际航运习惯。在文字上，除了正面抬头有中文的“中国远洋运输公司”的字样外，提单各栏内容均用英文而无中文译文。中远提单正面记载的事项主要有：

1. 托运人（shipper）。托运人是委托承运人装运货物的货方，通常是国际货物买卖合同的卖方，也是信用证的受益人。因此，在填写托运人一栏时，托运人的名称应与信用证受益人的名称一致。

2. 收货人（consignee）。收货人是在目的港收受货物的人。收货人一栏的填写必须符合信用证的要求。如信用证规定在收货人一栏填写某人或某公司的名称，则在提单的收货人一栏应填写“交某某公司”（Deliver to ×× Co.，Ltd）的字样。这种提单称为记名提单，只有收货人一栏中指定的人或公司才能提货。如信用证要求的是不记名提单，则在提单的收货人一栏应空白不填或填写“持有人”（To Bearer）的字样。当货物到达目的港时，承运人应将货物交给提单的持有人。如信用证要求的是指示提单，则应填写“凭指示”（To Order）或“凭某某指示”（To Order of ××）的字样。前者被称为不记名指示，后者被称为记名指示。

3. 通知方（notify party）。通知方是指承运人在卸货港与之联系的人，一般为进口商的货运代理人。在签发指示提单的情况下，收货人一栏是空白不填的，因此，应在此栏填写通知方的名称，以便承运人到港时与之联系，及时办理报关提货手续。我国过去在计划体制下，中国对外贸易运输公司是我国唯一的外贸货运代理公司，因此，提单上的通知方通常为外运公司。而至今，有些进口商仍然习惯性地在通知方一栏填上外运公司的名字，事后又无委托，又不与通知方联系，造成货物到港后找不到真正的收货人。因此，在通知方一栏填写的必须是与进口商有代理关系的货运代理人。

4. 船舶名称（ocean vessel）。船舶名称是指装运货物的船舶的名称。如船长签发的是已装船提单，则须记载船名。如签发的是备运提单，则在货物装船后，也须加记船名。

5. 装货港（port of loading）、卸货港（port of discharge）与最后卸货港（final destination）。装货港、卸货港与最后卸货港的填制必须与信用证的规定相一致。在转船运输中，卸货港一栏应填写中途港的名称，最后卸货港一栏才填写目的港的名称。

6. 运费和（其他）费用（freight and charges）。如运费是预付的，则应在运费一栏中填写“运费预付”（Freight Prepaid）的字样。如运费是到付的，则应在此栏中填写“运费到付”（Freight Collect 或 Freight Payable at Destination）的字样。其他费用主要指装船费、卸船费、理舱费、港口拥挤费等。船方为了免除支付上述费用的责任，往往要求在提单中加注船方不负担某项费用的条款。这些内容如何填写均应严格依信用证的规定，只有在信用证允许的情况下才可以加注。

7. 提单签发的份数（number of original Bs/L）。提单的正本一般为一式三份。提单正本多套的原因主要有两个。第一，为了避免不适当的延迟，可通过不同的途径将提单分别发送收货人，使提单尽可能在货物到达目的港之前到达；第二，为了避免在提单丢失时出现无法提货的情况。各正本提单具有同等的效力，其中一份如遗失，仍可凭其他正本提单提货。为了避免重复提货，在“中远提单”中注有下列声明性的文字：承运人或其代理人已签署的一式各份提单中，如其中一份遗失，仍可凭其他正本提单提货。如其中一份完成提货手续后，其余各份失效。

8. 有关货物的事项。由托运人提供的有关货物状况的栏目，其内容包括：标志和件号（marks & nos）、包装的件数和种类（number and kind of parkages）、毛重（gross weight）和尺码（measurement）。标志的内容包括收货人的名称缩写、目的港、货件的编号等。标志的填写应与信用证的规定，以及发票和包装单上所记载的内容相一致。散装货因为没有包装，所以也没有标志，因此在填制提单的标志一栏时，可填写No Mark 或N/M（无标志）的字样。包装的件数是指包装单位的数额，如箱装时货箱的数目，袋装时货袋的数目，裸装时货物扎捆的件数。包装的种类指包装用具的性质，如木箱、铁桶等。如一张提单包括了包装种类不同的货物，应分别列明包装的种类和件数。

（二）提单正面条款

提单的正面一般印有一些声明性的条款。例如，“中远提单”正面右下方的第一段声明性文字中实际上有三项内容，通常被称为三项条款：

1. 装运条款。其内容为：“上列表面状况良好的货物（除另有说明外）已装在上述指名船上，并应在上述注明的卸货港或在该船所能安全到达并保持浮泊状态的附近地点卸货。”该条款的含义为：船长或承运人的代理人签发的是已装船提单；货物在装船时的表面状况良好，承运人在接收货物时不可能对货物的内容一一查验，而只能对货物的表面状况负责，表面状况主要指货物的外部包装状况，如卸货港或所载货物出现了阻碍承运人在提单中指明的卸货港卸货的情况、承运人可以在附近的安全港卸货，并视为承运人已履行完其合同义务。

2. 未知条款。其内容为：“由托运人提供的重量、尺码、标志、号数、品质、内容和价值，承运人在装船时未与核对。”该条款声明承运人未对托运人提供的有关货物的事项逐一加以核对。在西方国家中，船方也常常加注与上述未知条款类似的“数量和重量不知”（Quantity and Weight Unknown）条款，并说明提单记载的数量和重量只作为配舱和计算运费时使用。对于该条款的效力，英国普通法是区别情况加以认定的，在一般情况下，“未知条款”有效，但如船方依事实有一定理由怀疑托运人提供的货物事项的真实性，如依船的吃水，该船所载的货重约10 000吨，而提单却写明15 000吨，在这种情况下，船方就不得以“未知条款”来免除其责任。依《海牙规则》的规定，如承运人、船长或承运人的代理人有适当的根据怀疑货的标志、号码、数量或重量不能确切地代表实际收到的货物，或无适当的方法进行核对，便不必在提单上将其注明。我国海事仲裁庭在审理有关案件中，对此条款与英国法院采取基本相同的态度。在一案中，某轮从罗马尼亚某港装载尿素运往中国秦皇岛港，卸货时发现尿素短少，收货人依与提单合并的租船合同第19条的规定，向承运人索赔尿素短少损失。承运人以“未知条款”抗辩。仲裁庭认为：尽管提单上印有“重量……数量……不知”条款，但在提单上已标明装船件数而船长在签发提单时，未就发货人提供的货物件数在提单上作出任何批注的情况下，船舶所有人不能免除按清洁提单记载的货物件向提单持有人交付货物的责任，除非船舶所有人能够提出货物短少不应由其负责的充分理由和证据。

3. 接受条款。其内容为：“托运人、收货人和本提单持有人明示接受并同意本提单及其背面所载的一切印刷、书写和打印的规定及免责事项的条件。”由于提单是由一方当事人签署的，该条款表明托运人和其他经背书转让而取得提单的持有人均接受以提单中的规定来处理提单双方的权利义务关系。

（三）提单背面条款

海运提单的背面通常载有关于双方当事人权利和义务的条款。各种提单格式的条款虽不尽相同，但主要内容基本上是一致的。我国中远公司的“中远提单”背面共有27个条款，下面结合我国海商法的有关规定，介绍一下提单背面的主要条款：

1. 管辖权条款。该条款规定与提单有关的争议应由何国法院管辖。“中远提单”的管辖权条款规定：“凡根据本提单或其有关的一切争议均应按照中国法律在中华人民共和国的法院解决或在中华人民共和国仲裁。”该条款包括三项内容：第一，司法管辖的选择，表明如果通过司法途径解决争议，则应由中国法院管辖；第二，仲裁地的选择，即如当事人选择通过仲裁解决其争议，则应在中国仲裁；第三，法律适用的选择，即无论以上述哪个途径解决争议，均适用中国法。提单中的管辖权条款在诉讼法上属于一种协议管辖条款，因为提单虽然是由当事人一方签署的，但依提单正面声明性的接受条款可以推定托运人在选择班轮公司时即接受该项管辖权选择条款。对于提单中的管辖权条款，有些国家尊重，有些国家不尊重，在不尊重此条款的国家中通常以不承认此条款为协议管辖或以诉讼不方便为由否认该条款的效力，代之以本国的管辖权。我国法院在对待此条款的态度上采用的是对等原则。[①]

2. 法律适用条款。又称首要条款，该条款解决有关提单的争议应适用何国法解决的问题。法律适用条款实际上是海上货物运输合同的当事人在法律选择上的“意思自治”的表现，海上运输中的法律选择不仅仅是选择某一国家的法律，而在很多情况下是选择国际公约。《海牙规则》的法律适用条款专门规定了当事人可以通过选择适用《海牙规则》。与管辖权条款不同，法律适用条款在各国的司法实践中一般是受到尊重的。“中远提单”的法律适用规定见于管辖权条款，规定有关争议适用中国法。由于国际立法及国内立法对提单的强制性调整，使得当事人的选择余地有所缩小。[②]

3. 承运人责任和免责条款。考虑到承运人在提单运输中所处的较强的谈判地位，为了平衡提单运输双方当事人的关系，有关立法对承运人责任通常进行强制性规定。当事人通过协议减轻其责任的约定在法律上是无效的。因此，提单中关于承运人责任的规定通常是引用国际条约或国内立法的规定。我国《海商法》第47条和第48条规定了承运人的两项基本责任：第一，承运人在船舶开航前和开航当时，应当谨慎处理，使船舶处于适航状态，妥善配备船员、装备船舶和配备供应品，并使货舱、冷藏舱、冷气舱和其他载货处所适于并能安全收受、载运和保管货物。第二，承运人应当妥善地、谨慎地装载、搬移、积载、运输、保管、照料和卸载所运货物。上述两点是承运人在承运货物时必须承担的两项基本责任。在承运人的免责上，我国《海商法》第51条规定了12项免责。

4. 责任期间条款。责任期间是承运人承担货物灭失或货物损坏的责任期间。“中远提单”规定的承运人的责任期间是从货物装上船起至卸完船止的期间，同时还加注有装船之前和卸货之后承运人不负责任的“前后条款”。我国《海商法》亦承认此种安排。

5. 赔偿责任限额条款。赔偿责任限额是承运人在货物灭失或损坏时，承运人对其进行赔偿的最高限额。承运人的赔偿责任限额应依所适用的国内立法或国际公约的规定确定。我国《海商法》在承运人的赔偿限额上采用的是1979年修订的《海牙—维斯比规则》的规定，即承运人

---

① 赵阳、裘剑锋、王庆译：《欧洲法律下的提单管辖权条款》，载《中国海商法年刊》(2000)，第71~88页。

② Regina Asariotis, Contracts for the Carrige of Goods by Sea and Conflict of Laws, 26(2) *Journal of Maritimes Law and Commerce*, 207–290(1995).

对货物灭失或损坏的最高责任限额为每件或每个货运单位为666.67计算单位，或者按照货物毛重计算，每千克为2计算单位，二者以高者为准。如果货物的价值低于最高赔偿限额，则依实际价值赔偿，如果托运人在托运货物时申报的货物价值高于限额，并依该价值支付了运费，则依申报的价值计算赔偿限额。

6. 特殊货物条款。特殊货物的特征决定了这类货物具有某些一般货物不具有的特殊风险，为此，提单中一般均对特殊货物作出特别的规定。“中远提单”特殊货物条款主要包括：（1）危险品与违禁品。托运人在装船前如未申明货物的危险性或属于违禁品，承运人可随时随地将其卸下、抛弃、消灭或以其他任何方法消除危害，而承运人不负任何责任。（2）舱面货、植物和活牲畜。对于这类具有特殊风险的货物，提单中一般写明，该类货物的收受、装载、运输、保管和卸载均应由货方承担责任，承运人对其灭失或损坏不负赔偿责任。（3）集装箱货物。集装箱常常装在舱面，但仍应视同装在舱内，承运人对此种运输的赔偿责任，仍应按各提单条款处理。（4）冷藏货。承运人在装货前应取得该船冷藏舱和冷藏机器适于接受、载运和保管冷藏货物的证明书，收货人应在船舶备妥交货时立即接受冷藏货物，否则，承运人得将货物卸在岸上，其风险和费用由收货人或托运人负责。（5）木材。在木材的运输中，提单中有关“表面状况良好”的记载并不表明承运人承认该木材没有沾污、裂缝、洞孔或碎块，承运人对此不负责任。

7. 责任终止与留置权条款。该条款规定承运人得因未付运费、空舱费、滞期费和其他有关货物的款项对货物行使留置权。如出卖货物的收入不足以抵偿应收款项，承运人仍有权向货方收回其差额。见图4-11。

8. 熏蒸条款。该条款规定，对货物在船上熏蒸造成的损害，承运人不负责任，由此引起的费用由货方承担，除非证实事故的发生是由于承运人的疏忽所致。

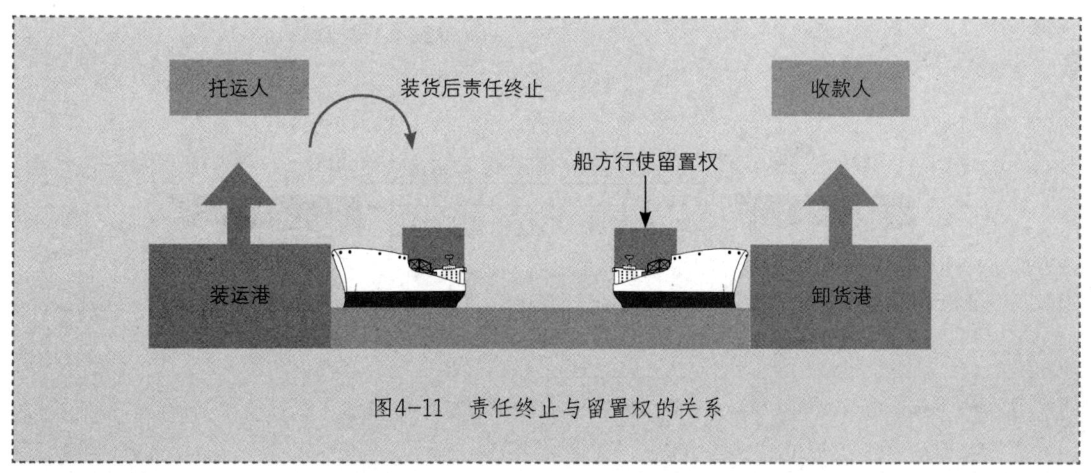

图4-11　责任终止与留置权的关系

9. 共同海损和新杰森条款。该条款包括三项内容:(1)关于共同海损理算的法律适用,"中远提单"的该条款规定有关共同海损的理算依北京理算规则。(2)关于"新杰森条款",新杰森条款源于美国的"杰森案",在该案中,美国法院确认,因航行过失引起的海损,货方不得拒绝分摊共同海损,即航行过失引起的海损不是由船方单方承担,因而形成"杰森条款"。之后,原"杰森条款"因1936年美国海上运输法的生效而作出相应修改而变为"新杰森条款"。[①](3)关于姊妹船条款,该条款针对同一航运公司两艘船舶之间发生救助时,救助费应如何分担的问题。该条款规定:救助费用应视为救助工作是由第三者的船舶所施救的一样,应由被救船全额支付,也就是由被救船方和货方共同分担共同海损。

10. 双方有责碰撞条款。双方有责碰撞条款源于美国碰撞法,与1910年公约有不同的规定。当两船相撞互有过失时,载货船的货主可以向本船索赔,也可以向对方船索赔。向本船索赔成功的可能性不大,因为本船船东依《海牙规则》的规定可以免除航行过失的责任。所以,货主一般向对方船提出索赔,这种索赔是以侵权行为为依据的。依美国法,无辜的货方也可以向对方船提出100%的索赔。[②]当货主向对方船依侵权行为的连带责任索赔100%的赔偿后,对方船又有权向本船索回其责任比例外的金额,这样,本船船东间接地把损失金额付给了本船货主。为了保障承运人依《海牙规则》取得的合法权益,在提单上加入"双方有责碰撞条款",规定货方应从取得的赔偿款项中将本船船东的赔偿金额,退还给本船船东,以符合运输合同的规定。见图4-12。

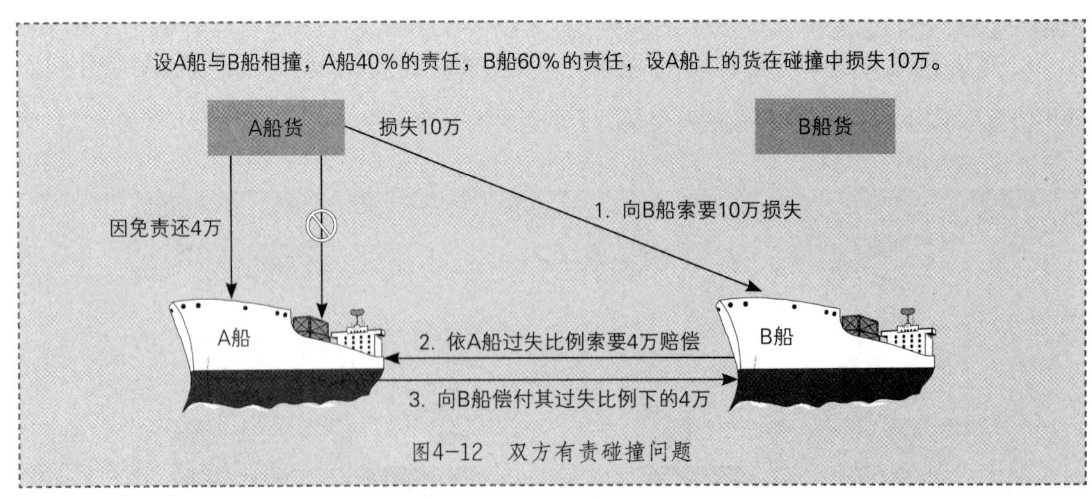

图4-12 双方有责碰撞问题

① *The* "*Irrawddy*" (1898) 171 U. S. 187; *The* "*Jason*" (1910)225 U. S. 32.

② *The* "*Atlas*" 93 U. S. 302, 315(1816).

New Jason clause is a clause usually inserted in bills of lading for vessels trading to and from the United States expressly declaring that the shipowner can recover in general average in the event of negligence. It states: In the event of accident, danger, damage or disaster before or after commencement of the voyage resulting from any cause whatsoever, whether due to negligence or not, for which or the consequence of which the carrier is not responsible by statute, contract or otherwise the cargo, shippers, consignees or owners of the cargo shall contribute with the carrier in general average to the payment of any sacrifices, losses of a general average nature that may be made or incurred, and shall pay salvage and special charges incurred in respect of the cargo.①

以上是提单中的主要条款，此外，提单中还有关于战争、检疫、冰冻、罢工、拥挤、转运等内容的条款。

The both-to-blame collision clause states: If the vessel comes into collision with another ship as a result of the negligence of the other ship and any act, neglect or default of the master, mariner, pilot or servants of the carrier in the navigation or in the management of the vessel, the owner of the goods carried hereunder will indemnify the carrier against loss or liability to the other or non-carrying ship or her owners in so far as such loss or liability represent loss of or damage to or any claim whatsoever of the owner of the said goods paid or payable by the other or non-carrying ship or her owners to the owner of the said goods and set off, recouped or recovered by the other or non-carrying ship or her owners as part of their claim against the non-carrying ship or her owners as part of their claim against the carrying vessel or carrier.②

第四节 海上货物运输国际公约

涉及海上货物运输的国际公约主要有《海牙规则》《维斯比规则》《汉堡规则》和《鹿特丹规则》。在《海牙规则》订立以前，最有影响的有关班轮运输的法律是美国的《哈特法》。《哈特法》

① E. R Hardy Ivamy, *Dictionary of Shipping Law*, Butterworths, 1984, p. 95.

② E. R Hardy Ivamy, *Dictionary of Shipping Law*, Butterworths, 1984, p. 12.

虽然只是国内立法，但它在航运业的影响很大，对以后《海牙规则》的制订起到了一定的推动作用。

在《哈特法》订立以前，英国的普通法对世界航运的影响很大，普通法中承运人须履行保证船舶绝对适航、禁止不合理绕航和尽责速遣的默示义务。承运人只有在下列几种情况下才可免除其责任：（1）天灾；（2）公敌行为；（3）货物的固有缺陷及包装不善；（4）共同海损的牺牲；（5）火灾。承运人如违反了上述三项义务，则不能免责。这三项义务中最重的一项是保证绝对适航的义务。因为适航涉及的范围很广，缺少一张海图也属于不适航的一方面。尽管绝对适航的义务很重，但这是在合同未明确规定时的默示义务。承运人可以利用“契约自由”原则，通过合同中明示的规定改变其默示的义务，以缩小自己的责任范围。19世纪的航运业已逐渐形成了垄断的局面，弱小的货方很难与承运人对抗，只能在接受承运人提出的各项免责的条件下订立运输合同。承运人谈判实力的强大，使其加入提单中的免责条款越来越多。这使提单的信用也有随之下降的趋势。这种局面影响了航运业的发展。针对这种情况，代表货主利益的美国于1893年通过了《哈特法》（Harter Act 1893）。《哈特法》的目的是防止承运人随意免除自己的责任，该法明确规定了承运人应尽的义务及可免责的范围，并明确提单中免除承运人应尽义务的条款应归于无效。《哈特法》的主要内容：（1）美国国内港口之间或美国与外国港口之间进行的商品运输，其提单如加注有免除承运人对装船、积载、保管、照料所负责任的均属非法，所列条款无效。（2）如提单中加注有使承运人谨慎处理使船舶适航的责任得以减少、减轻或免除的条款，均属非法，该类条款无效。（3）承运人只要谨慎处理使船舶适航，即可对因驾驶或管理船舶的过失、公敌行为、货物的固有缺陷、包装不固、政府扣押、海上救助等方面所造成的损失免责。《哈特法》的影响很大，其他国家相继效仿，随后制订的1904 年澳大利亚《海上运输法》，1908年新西兰《航运与海员法》，1910年加拿大《水上货运法》均与《哈特法》的基本精神相一致。这些当时的英属国家对《哈特法》的承认态度使英国处于被动地位，使英国也在考虑制订相应的国际法及国内法，以便航运业能遵守共同的准则。

A **"common carrier"** was analogized to an insurer of the goods in its custody. It was held liable for loss or damage to goods regardless of fault on its part and could avail itself only of a limited number of defenses,such as an act of God or public enemy.

一、《海牙规则》

《海牙规则》全称为《1924年统一提单的若干法律规则的国际公约》(International Convention for the Unification of Certain Rules of Law Relating to Bills of Lading，1924)。《海牙规则》是在承运人势力强大的历史背景下产生的。如上所述，为了维护美国货主的利益，美国于1893年通过了《哈特法》。《哈特法》订立以后，各海运国家纷纷追随，制订各自的国内立法。随着航运国国内立法的发展，货方、船方和保险人均感到了缔结国际航运协议以保证航运业公平竞争的必要。在这种力量的推动下，1921年在国际法协会所属海洋法委员会召开的会议上草拟了《海牙规则草案》。该草案经多方协商修改，于1924年8月25日在布鲁塞尔签订。由于该公约第一次是在海牙起草的，因此又被称为《海牙规则》。《海牙规则》于1931年6月2日生效。70多个国家参加了该公约。中国未加入该公约。《海牙规则》是目前在国际航运业影响最大的一个公约。该公约共16条，其主要内容如下。

(一)承运人最低限度的义务

1. 适航责任。《海牙规则》规定了承运人的两项最低限度的义务，这两项义务是强制性的，在提单中免除或降低承运人的这两项义务的条款均属无效。第一项义务是承运人应提供适航船舶。《海牙规则》第3条规定：承运人在开航前与开航时必须谨慎处理，以便：(1)使船舶具有适航性；(2)适当地配备船员、设备和船舶供应品；(3)使货舱、冷藏舱和该船其他运载货物的部位适宜并能安全地收受、运送和保管货物。

《海牙规则》并不要求船舶在任何时间都必须处于适航状态，仅要求在“开航前和开航时”适航。因为海上风险太大，船舶在航行中可能由于各种原因而变得不适航，如要求船舶在整个航程中均应适航，则承运人的责任过重。“开航前和开航时”指的不是两个点，而是一个时间，指从船舶装货时起到船舶开航时为止的一个时间。承运人在这一期间内如未谨慎处理使船舶适航致使货物受损，就必须承担赔偿责任。

何为“开航”，各案有不同的处理，是一个事实问题。有的判例认为，“开航时”是指船舶为了开航而移泊即为航程开始。有的判例认为，航程开始于船舶为了驶离而起锚之时。[①] 在船

① *The* “*Neptunus*” (1914) 4 Camp. 84.

舶挂靠多个港口的情况下，开航是指每个港口的“开航”时都要适航呢？还是指提单内所载的港口的“开航”呢？1962年Makedonis案判决确认，《海牙规则》中的“开航”仅指提单所载航次的“开航”。[①]

关于“谨慎处理”，《海牙规则》也没有一个确切的定义。一些判例将其解释为“合理的注意”，那么承运人做到什么程度才是“合理的注意”，又是一个事实问题，需由法官个案处理。另一方面，承运人本人是不能亲自使船舶适航的，他必须通过其代理人、受雇人等来做到这一点。那么承运人的“谨慎处理”是否也包括了其代理人和受雇人的“谨慎处理”呢？《海牙规则》没有规定。英美判例认为，承运人的“谨慎处理”包括其本人、代理人、受雇人和其他人员的“谨慎处理”。承运人本人仅仅雇用了信誉优良的受雇人是不足以说明其已做到了“谨慎处理”。著名的1961年牛舌罐头运输一案认为，承运人的“谨慎处理”包括其本人、代理人、受雇人和其他人员的“谨慎处理”。[②]在“谨慎处理”后仍不能发现的潜在缺点，只要成因在免责范围内，承运人即可免除货损责任，但须举证，证明其已做到“谨慎处理”了。

【案例】The“*Muncaster Castle*”牛舌罐头适航案[③]

一批牛舌罐头由悉尼运往伦敦，船在开航前曾入坞进行特检及例行载重线年检。检验时曾将全船31个防浪阀全部打开让劳氏检验人员进行检验。检验完毕将防浪阀盖好。但由于一名很有经验的工人没有把其中两个防浪阀的螺丝钉旋紧，后开航碰上了恶劣气候，使船舶颠簸，海水由未盖好的防浪阀涌入第五舱。到达伦敦时，发现第五舱积水已达15英尺，113箱罐头受损。货方认为，承运人在开航时未能“谨慎处理”使船舶适航。船方认为，“谨慎处理”仅限于其本人，而船方已选择了信誉良好的修船厂和经验丰富的工人来检修船舶，因此已做到了“谨慎处理”。上诉法院判货方胜诉，认为使船舶适航是承运人的责任，如承运人委托他人履行其责任，承运人对其委托的人的过失仍须负责。此案一出曾引起船东们的哗然，他们认为这样解释“谨慎处理”太苛刻了，岂不与普通法中的绝对适航同样了吗？而实际上，“谨慎处理”使船舶适航的责任比绝对适航责任要宽大得多。

① *The* “*Makedonis*” [1962] 1 Lloyd’s Rep. 316.

② *The* “*Muncaster Castle*” [1961] 1 Lloyd’s Rep. 57.

③ *The* “*Muncaster Castle*” [1961] 1 Lloyd’s Rep. 57.

《海牙规则》没有给适航下定义。一般认为，适航是指船舶的各个方面可经得起预定航线中可能遭遇的一般风险。适航在这里是一个相对的概念。船舶的适航性与预定航线有关，如船舶的预定航线是进行沿海运输，其适航性的要求就比进行远洋运输的船舶要低。要求一艘渡轮要具备航行于四大洋的能力才算适航是不合理的，也是不现实的。同时船舶所能抵御的应该是可以预料的一般风险。不同的地区，“一般风险”是不同的，冬季北大西洋的一般风浪在沿海可能就是不可预料的特大风浪了。因此，船舶的适航标准须依其航行的航线不同而不同。

在适当配备船员方面，要求配备具有相应证书的船员任职，以未持有职务证书的不合格人员充作合格人员[①]或以级别低的船员代替级别高的船员出航均属不适航。对于经过考试取得证书的船员，如其日常表现恶劣，足以影响正常的工作，承运人仍不能逃避其不适航的责任。对于船上供应品，也可以采用分段补充的做法，即只备足从起运港到中途港的供应品，待到达中途港后，再继续补充。只要航程中不发生供应品短缺就不构成不适航。[②]

2. 管货责任。承运人的第二项义务是应适当和谨慎地装载、操作、积载、运送、保管、照料和卸载所承运的货物。承运人在上述七个阶段均应做到“适当和谨慎”，“谨慎”就是要认真，“适当”则带有技术性及业务水平，例如，通过各种技术控制湿度，以保证货物的完好。

关于“装载”和“操作”，承运人在装船时，应按货物的种类，使用相应的装货工具，谨慎操作，不使货物受损。《海牙规则》没有规定承运人装货责任的开始时间，依惯例适用“钩至钩”原则。货物的装卸是通过码头装卸工人进行的，如果码头工人是由承运人雇用的，则承运人应对其过错造成的货物损失负责。如货物是由托运人自行装载的，承运人可不负责任。

关于“积载”，承运人应适当地配载货物，不适当的配载容易引起货损，这种货损可概括为两类：第一类为货物积载的部位不当，如将食品配置于邻近锅炉的舱间，引起食品的变质；将较重的货物置于较轻的货物之上等。第二类是将性质相抵触的货物装在一起，如将茶叶与樟脑放在一起，造成串味。由于积载不当造成的损失，承运人应负责。船长在编制积载图时，如能考虑下列因素就可以认为基本做到了适当与谨慎的积载：（1）根据货物的特点，选择适当的部位载货，例如将轻货置于重货之上；（2）避免将性质相抵触的货物混装；（3）考虑船舶的总体安全，避免因配载重心偏离使船舶丧失稳性；避免超载和不平衡装载对船体结构强度产生不

---

① *The* “*Roberta*” (1938) 60 LI. L Rep. 84.

② *The* “*Newbrough*” (1939) 64 LI. L Rep. 33.

利影响。

“运送”指承运人应尽速、直接、安全地将货物运至目的地，不得进行不合理的绕航。依案例，正常航线指运输合同当事人约定的航线，没约定的从习惯，没习惯的则为地理上装卸港之间最近的安全航线。[①]合理的绕航主要包括：救助或企图救助人命或财产；为了航程的需要；为了船货共同的利益；合同条款允许的绕航，如规定允许绕航加油条款等。

关于“保管”和“照料”，承运人在货物运输途中，应适当和谨慎地保管和照料货物，由于管货不周引起的货损，承运人需负赔偿责任。有些货物需要特殊的照料，对于这类货物，除托运人托运时已经申明者外，承运人应依常识进行照料。承运人不具备这类常识，不能成为免除其未适当和谨慎地保管和照料货物责任的理由。

关于“卸载”，承运人只要适当和谨慎地将货物卸在码头上，便是履行了卸货责任。如船舶抵达目的港后不能直接停靠码头卸货，而需将货物先卸往驳船上，再由驳船运往岸边卸货，则承运人的卸货责任至货物卸到驳船上且驳船准备离开时止。

（二）承运人的责任期间

依《海牙规则》第1条第5款的规定，承运人的货物运输责任期间为从货物装上船起至卸完船为止的期间。这里是否包括了装船和卸货的过程并不清楚，结合上述承运人“装载”和“卸货”的责任可以看出，该两个过程应该包括在内。至于装卸货从哪一点开始到哪一点为止，条文也未明确规定。在实践中，多将其理解为“钩至钩”责任。[②]在使用岸吊的情况下，以船舷为责任期间的起止点。在使用驳船装卸货时，一般的解释是承运人的责任期间是从货物挂上船上吊钩起，至货物卸至驳船上止的期间。

（三）承运人的免责

《海牙规则》规定的承运人的免责共有17项，依第4条第2款的规定，对由于下列原因引起或造成的货物的灭失或损害，承运人不负责任：

---

① *The "Indian City"* (1939) 64 Ll. L Rep. 229.

② 在有关的案例中，“钩至钩”并不应理解为在钩上有一个确切的分界线，判例一致认为，钩至钩责任指承运人要妥善处理整个装卸过程。参见 *Goodwin, Ferreira & Co. v. Lamport & Holt* (1929) 34 Ll. L Rep. 192; *Pyrene Company Ltd. v. Scindia Steam Navigation Company Ltd.* [1954] 1 Lloyd's Rep. 321.

1. 船长、船员、引水员或承运人的雇用人在驾驶或管理船舶中的行为、疏忽或不履行职责。上述“驾驶上的过失”指船舶开航后，船长、船员在船舶驾驶上的判断或操纵上的错误，如船舶碰撞、触礁、搁浅等责任事故，均属驾驶上的过失。“管理船舶的过失”指在航行中，船长、船员对船舶缺少应有的注意。例如，听任污水管闭塞，阀门开启，以致海水进舱等均属管理船舶的过失。值得注意的是，“管理船舶的过失”与“管理货物的过失”很容易混淆，其责任却完全不同。前者承运人可以免责，后者则不能。一般来说，以行为的对象和目的作为区分这两种过失的标准。如果某一行为针对货物，其目的是管理货物，则该行为属于管理货物的行为；反之，则为管理船舶的行为。当两者都混淆不清的情况下，法院的态度是不认定为“管理货物的过失”，而不予免责。

承运人享受该项免责的前提是已经尽到了“谨慎处理”使船舶适航的义务，如发现意外的原因是由于未尽适航义务引起的，则承运人不能享有免责的权利。例如，某轮在途中搁浅，本来在此可依“驾驶的过失”一项免责，但如发现所用的海图是过时的，就属于承运人在开航前和开航时未“谨慎处理”使船舶适航，承运人不能免责。

2. 火灾，但由于承运人实际过失或私谋所造成者除外。这里的承运人指承运人本人，承运人的雇用人有过失的，例如，船员不小心烟火引起的火灾，承运人仍可以免责，只有在承运人本人有过失或私谋的情况下才不能免责。承运人本人有“过失或私谋”即承运人本人有实际过失。关于该项过失的举证责任，《海牙规则》没有明确规定，各国的实践也不尽相同。有的是由承运人举证，有的是由货方举证。依美国的火灾法规，举证责任在货方索赔人；另一些国家则是双方均有举证责任：一方面，货方应证明损失是由于承运人实际过失所引起的；另一方面，承运人就尽力举反证。[①]承运人享受火灾的免责时，也必须首先尽到“谨慎处理”使船舶适航的义务。在“Maruienne”轮一案中，在船舶装货期间，船员依船长的命令，用吹管烤烘融化水管中的冻冰，结果引起火灾，不得不将船舶凿沉，货物严重受损。法院认为，在该案中，承运人没有“谨慎处理”在开航前和开航时使船舶适航，因此不能免责。[②]

3. 海上或其他可航水域的风险、危险或意外事故。该项免责即通常所称的海难或海上危

① 叶伟膺：《承运人对火灾造成的损失可否免责》，载《中国海商法协会通讯》1993年总第18期，第10页。

② *Marxine Footwear Co. Ltd. v. Canadian Government Merchant Marine, Ltd.* [1959] 2 Lloyd’s List L. R. 105; 1959. A. C. 589.

险免责。“海难”一般指一艘适航的船舶在途中遭遇的灾难或危险超出了该船所能抵御的限度即为海难，如暴风雨、浓雾等。以往的判例要求海难应当是不可预见的。[①]承运人引用海难免责的成功率并不高，因为是否为海难是要由法庭来进行判断，“海事声明”中有关海难的记载，也往往由于有夸大的因素而仅能作为参考。

4. 天灾。天灾指直接造成货损的通过合理预期的各种措施仍不能抵御或防止的自然现象。例如，地震、海啸、雷击等。

5. 战争行为。战争行为指两国或多国之间通过武力或武装冲突或敌对行为解决其争端的行为。国际法上的战争需要进行公开的宣战。

6. 公敌行为。公敌行为指以船旗国为敌的敌人所为的行为。公敌行为比战争行为的含义要窄一些，战争行为不管是否与该船旗国作战，均属于战争行为，而公敌行为则指与船旗国为敌的行为。例如，在两伊战争中，伊拉克的船舶被伊朗的船舶打沉，这既属于战争行为，也属于公敌行为。而如巴拿马的船舶被双方交战中的炮火击沉，则只是战争行为，而不是公敌行为，因为巴拿马并未与两伊交战。公敌不一定是交战的国家，海盗也是公敌的一种，船舶遭遇海盗的侵害而受损的，也可引用此条免责。

7. 君主、统治者或人民的扣留或拘禁或依法扣押。指因政府或人民由于各种原因而进行的扣留或扣押引起的损失。例如，在两伊战争中就有70多条船被封锁，引起有关君主扣押的争议。[②]这里不包括因商务纠纷引起的扣押和因违反港口的法规而引起的由港务当局采取的禁止行为。

8. 检疫限制。指港口国对来自疫埠的船舶或怀疑船上有疫情的船舶进行的禁止其进港或令其采取适当消毒措施的限制。由于上述限制而引起的货损承运人可以免责。例如，一船从发生霍乱的高雄港开往日本，日本政府对高雄的来船均要进行熏蒸。该船被熏蒸8天，致使船上所载的香蕉全部变坏，承运人对此项货损可以引用检疫限制免责。

9. 货物托运人或货主、其代理人或代表的行为或不行为。指除包装不当和标志不当或不清以外的其他货方的行为或不行为。例如，货物托运人在对货物的性质申报时有误致使货物受损等。

10. 不论由于何种原因引起的局部或全面的罢工、关厂、停工或劳动力受到限制。当碰到

① *The* “*Friso*” [1980] 1 Lloyd’s Rep. 469; *The* “*Tilia Gorthon*” [1985] 1 Lloyd’s Rep. 552; *The* “*Coral*” [1992] 2 Lloyd’s Rep. 158.

② *The* “*Evia*” [1982] 1 Lloyd’s Rep. 307; *The* “*Bamburi*” [1982] 1 Lloyd’s Rep. 312.

罢工等情形时，承运人对因此而使船舶无法及时装卸货物造成的货物损失不负责任。

11. 暴乱和民变。暴乱指公众骚乱。民变为聚众非法制造混乱的行为。

12. 救助或企图救助海上人命或财产。救助海上人命或财产是船员的法定义务，承运人对因此而造成的货损不负责任。为了救助海上人命或财产而进行的绕航不视为违反运输合同的行为。承运人对因此而造成的货损不负责任。允许承运人为救助人命而绕航是出于人道的考虑，而单为救助财产的绕航是否合理，英国普通法是持否定态度的。因为救助财产不涉及道德义务，而且，救助者可以从获救的财产中获得一部分利益，这对其他承运货物的货主和保险商是不公平的，因为他们在绕航中也承担了风险，而在救助成功时，他们却得不到任何报酬。与英国普通法不同，《海牙规则》中的合理绕航不仅包括救助人命，也包括单纯的救助财产。

13. 由于货物的固有瑕疵、性质或缺陷所造成的容积或重量的损失，或任何其他灭失或损害。例如，装载原油时会有部分贴附舱壁，部分结块不能泵出，造成重量的短少。运输谷物时会有水分的蒸发，只要损耗不超出正常耗量，承运人均可免责。货物的固有瑕疵，如湿咸鱼的咸度不够造成到港时变坏等。引用此项免责的举证很重要，承运人须证明其已依一般常识适当和谨慎地照料货物了，且货物的固有瑕疵、性质或缺陷对于不具专门知识的人来说是非显而易见的。

【案例】“Hoyanger”轮货物“固有缺陷”案[①]

“Hoyanger”轮将一批苹果从布宜诺斯艾利斯运往温哥华，承运人签发了清洁提单。到达目的港时发现货物有毁损。货方认为，货损是由于货箱堆装的间隔不充足也不统一，影响了冷藏舱内的冷气流通，因而导致货损，并向承运人提出索赔。船方认为，货物装船、堆存及冷藏均依适当程序和标准办理，舱内冷气流通也充足，到货情况不佳属于苹果在装船时过熟所致。货方则称，苹果在装船之前已经过数次检验，其结果显示苹果情况良好，并无过熟现象。本案法院认为，承运人已证明苹果到港时的不良状况是其装船前过熟无法承受为期45天的海上航程所致。而此项过熟状态，对鲜果生理情况缺乏专门知识的一般检验人员并不显著。承运人已证明其损坏的发生不是由于堆存的不当或冷藏的不足。最后判苹果过熟构成《海牙规则》所称的货物的固有缺陷，承运人可以免责。

① *Westcoast Food Brokers Ltd. and Others v. “Hoyanger” and Westfal-Larsen & Co. A/S,* [1979]2 Lloyd’s Rep. 79.

14. 包装不当。货物的包装分为运输包装和销售包装，这里所指的是运输包装，如托运人对货物的包装不适于长途海运，承运人对因此而引起的损失不负责任。但如果包装不当是可以从外观上觉察到的，而承运人又签发了清洁提单证明收货时货物的外表状况是完好的，就不能事后轻易依该项来免责了。因为如货物包装不当是可以从外表觉察出来，则承运人就有责任在提单上加注“包装不固”的字样。

15. 标志不清或不当。标志是由托运人依货物销售合同的规定在货物的包装上刷写的收货人的代号、件数、箱号、目的港等。标志不清可能造成交错货物或找不到收货人。标志不当，如没有关于禁止货物上下倒置、防湿等的标志，均可能使货物受损，承运人对此可以免责。

16. 尽适当的谨慎所不能发现的潜在缺陷。依《海牙规则》第3条第1款的规定，承运人应提供适航的船舶，但依本项免责情形，如承运人已“谨慎处理”，船舶仍然存在不能发现的潜在缺陷，货物因而受损时，承运人不负责任。该条是对“谨慎处理”使船舶适航的补充。这里的“不能发现的潜在缺陷”是以“谨慎处理”为前提的。“潜在缺陷”指一个有充分技能的人以一般的注意不能发现的缺陷。这种缺陷往往是船舶结构上的缺陷，包括船壳、机器及船舶附属设备的缺陷。未尽适当的注意而不能发现的缺陷不能算是潜在的缺陷。例如，某轮由于喉管破裂造成货损，承运人辩称该喉管破裂属于“谨慎处理”仍不能发现的潜在缺陷，因为该段喉管被一个木箱所覆盖。但法院认为，只要移开木箱即可发现该缺陷，这是进行检查时适当而又合理的正常检查方法。因此，该喉管裂缝不属于“谨慎处理”仍不能发现的潜在缺陷。

17. 不是由于承运人的实际过失或私谋，或是承运人的代理人或受雇人员的过失或疏忽所引起的任何其他原因。但是，要求享有此项免责利益的人应当负责举证，表明有关的货物灭失或损害，既非由于承运人的实际过失或私谋，又非由于承运人的代理人或受雇人员的过失疏忽所造成。此条并不是上述16项的归纳，而是适用于非属于上述16项的任何原因所造成的货损。该项免责属于上述未列明的承运人的无过失免责。对此，承运人必须举证，证明有关货物的灭失或损坏既非由于承运人的实际过失或私谋，又非承运人的代理人或雇用人的过失或疏忽所致。这里的举证责任使承运人很少引用该项免责。上述16项免责，承运人只要证明货物的灭失或损害是由于免责原因所致即可，而不需证明承运人或其代理人和雇员没有过失。

（四）赔偿责任限额

《海牙规则》第4条第5款规定，承运人对货物的灭失或损失的赔偿责任，在任何情况下每件或每单位不得超过100英镑，但托运人于装货前已申明该货物的性质和价值，并在提单上注明者不在此限。为了鼓励船舶所有人投资于航运业，以法律形式给予船舶所有人责任限制是其手段之一。但《海牙规则》是1924年订立的，该项责任限额已远远不能适应当今社会的需要。首先，100英镑所代表的价值经过多年的变化及通货膨胀的影响，已远不及当年的币值。其次，各国在承认《海牙规则》时，是根据当时100英镑所代表的黄金价值转换成国内货币单位的，而如今各国货币的兑换价已不是当年所代表的数额了。这也是造成货主在寻求货损赔偿时择地行诉的原因之一。最后，《海牙规则》规定的"单位"已不能适应当今集装箱运输的需要。《海牙规则》的每件或每单位可概括为三种情况：其一为包件，如盒、箱、桶、包等；其二为单件，如机床、汽车、游艇等；其三为运费单位，散装货物按运费单位，如谷物、矿砂等。

随着单元化运输方式的到来，就出现了诸如集装箱这种包装应如何计算单位的问题。在此问题上有三种理论："船舱论"认为，集装箱是船舱的一部分，在遭受货损时，只按一个单件赔偿。"内装件数论"则认为，应依托运人所提供的记载在提单上的件数作为赔偿件数的依据，而不以集装箱作为一个包件，除非托运人未提供内装件数；反对者则认为，货物由托运人装箱，船方无法证明托运人所提供的件数是否正确。"功能论"认为，以货物的包装是否足以应付整个运输过程而致使货物受到损坏为准，如货物本身未好好包装，完全依靠集装箱来作为保护体，即应认为托运人的原意就是以整个集装箱作为一个包件；如货物的包装在离开集装箱保护的情况下，仍可应付整个运输过程的磨损的，即以该包装为赔偿根据；反对者则认为，集装箱的优点之一就是节省包装费用，如该理论成立岂不是鼓励托运人为取得高的赔偿而浪费包装费用？以后的《维斯比规则》采用了上述的内装件数论。

（五）运输合同无效条款

《海牙规则》第3条第8款规定："运输合同中的任何条款、约定或协议，凡是免除承运人或船舶对由于疏忽、过失或未履行本条规定的责任与义务而引起货物的或与货物有关的灭失或损害的赔偿责任，或以本规则规定以外的方式减轻这种责任的，均应作废并无效。"该条的目的是防止承运人利用自己的谈判地位，随意免除或减轻自己的责任。

（六）托运人的义务和责任

依《海牙规则》第3条第5款的规定，托运人应对其所提供的资料不正确所造成的损失负赔偿责任。例如，一台机器重12吨，托运人为了节省运费，申报的重量为6吨，结果造成在装货时用船上可吊8吨的吊机来吊该机器，致使船舶及其设备损失，对此，托运人应当负赔偿责任。对于危险品，如托运人隐瞒货物的危险性，承运人只要发现后可立即将货物抛弃而无需负责，且托运人还应赔偿船东及受害的第三方因载此货而引起的损失。如托运人已表明了货物的危险性，则承运人只有在面临危险的情况下，才可抛弃货物而不需负责。此时，托运人也无需对由运此货而引起的损失负责。

（七）索赔通知与诉讼时效

《海牙规则》第3条第6款规定，收货人在提货时应检查货物，如发现短卸或残损，应立即向承运人提出索赔。如残损不明显，则在3日内提出索赔通知。如在提货时或提货后3日内没有提出索赔通知，就是交货时货物的表面状况良好的初步证据。当然这并不意味着收货人即丧失了索赔权，只是日后再行索赔时，其举证责任将加重。在联合检验的情况下，不需出具索赔通知。《海牙规则》并没有规定必须进行联合检验，但一些国家的港口规定货物在船边交接，并由港方、船方及货方联合检验。联合检验后，由港方理货人和船方共同签署短卸或残损报告。如果有了短卸或残损通知，收货人即不需出具索赔通知了。关于诉讼时效，《海牙规则》第3条第6款规定，货方对承运人或船舶提起货物灭失或损害索赔的诉讼时效为1年，自货物交付之日起算，在货物灭失的情况下，自货物应交付之日起算。

（八）《海牙规则》的适用范围

《海牙规则》第10条规定："本公约各项规定，适用于在任何缔约国所签发的一切提单。"第5条规定，"本规则中的各项规定不适用于租船合同，但如果提单是在船舶出租情况下签发，便应符合本规则中的各项规定"。

China has not ratified the **Hague Rules,** the **Hague-Visby Rules** and the **Hamburg Rules.** However, it has incorporated a number of principles from them. In broad terms, China has adopted a wide concept of "carrier", including both the "carrier" and "actual carrier" in the Maritime Law. A similar concept has been incorporated into the Hamburg Rules. The limitation of liability in the Maritime Law is more closely related to the Hamburg Rules than the Hague-Visby Rules, although the exemptions of liability under the Maritime Law bear more resemblance to the Hague-Visby Rules than the Hamburg Rules.

二、《维斯比规则》

《维斯比规则》全称为《1968年修改统一提单的若干法律规则的国际公约的议定书》（Protocol to Amend the International Convention for the Unification of Certain Rules of Law Relating to Bills of Lading，1968）。《海牙规则》签订时，承运人的势力强大，使《海牙规则》带有偏袒承运人利益的倾向。20世纪70年代后，越来越多地参与国际事务的第三世界国家强烈要求修改《海牙规则》，以便使承运人与货方的利益达到平衡。就《海牙规则》本身而言，有一些规定比较粗糙，在适用时常常不能适应发展的要求。因此，海运发达国家也认为应对《海牙规则》进行修改。于是，1968年产生了《维斯比规则》，该规则于1977年生效，英国、美国、德国、加拿大等20多个国家和地区参加了公约，中国没有参加该议定书。《维斯比规则》的内容主要是对《海牙规则》的补充和修改。该规则的主要内容有：

（一）明确规定提单对于善意受让人是最终证据

依《海牙规则》的规定，提单记载的内容为该提单所载货物的初步证据。初步证据是相对于最终证据而言的，提单的记载事项如仅仅是初步证据，承运人就有提出反证否定提单记载真实性的余地。提单记载对托运人来说，是所载货物的初步证据这一点一般无争议，因为提单上的记载是托运人提供的。但提单对于受让人来说是否也是初步证据却存在着分歧。以往的一些案例多判提单对于提单受让人来说也是初步证据。受让人并不知道提单记载的货物的实情，如提单中记载的内容对他来说仅仅是初步证据，就会降低受让人对提单的信任程度，减弱提单的流通性。有鉴于此，《维斯比规则》第1条对《海牙规则》第3条第4款的内容进行了补充，规定提单对托运人来说是初步证据，而对善意的提单受让人来说则是最终的证据。

（二）责任限制

《维斯比规则》采用了双重责任限额制，即对货物的灭失或损害责任以每件或每单位10 000金法郎或每千克30金法郎为限，两者以高者计。双重责任限额给了货方选择的余地，使货方在货物单件较重的情况下能获得较高的赔偿。因为根据计算的结果，当单件货物的重量超过333.3千克时，以每千克30金法郎的标准计算，货方能得到高于10 000金法郎的赔偿。在采用货币币种的问题上，《维斯比规则》吸取了《海牙规则》因采用某国货币而引起种种贬值问题的教训，未使用某国的货币单位，而是采用了金法郎。金法郎为含纯度为900/1 000的黄金

65.5毫克的计算单位。关于成组运输工具的责任限制问题，《海牙规则》并未涉及，因为当时还没有这种方式的运输。为了适应使用集装箱等成组运输工具运输的发展，《维斯比规则》增加了关于在该类运输中件数的确定方法的规定。该规则规定，如果货物是以集装箱、托盘或类似的运输工具集装的，则提单中载明的内装件数就是计算赔偿限额的件数。如提单上未注明内装件数，则以成组运输工具的件数为计算赔偿限额的件数。

由于金法郎是以金作为定值标准的，使得承运人的责任限制金额可能随着黄金价格的涨落而无法保持稳定。鉴于此，1979年12月21日在布鲁塞尔的外交会议上通过了修订《海牙—维斯比规则》的议定书，该议定书于1984年4月生效。该议定书旨在将承运人的责任限制计算单位由金法郎改为特别提款权。按15金法郎等于1特别提款权计算。依议定书的规定，承运人的责任限制金额为每件或每单位666.67特别提款权，或按货物毛重每千克2特别提款权计算，两者之中以较高者为准。

（三）承运人的雇用人或代理人的责任限制

《海牙规则》未明确规定承运人的雇用人或代理人是否也能享受责任限制的保护。损害赔偿的请求可以通过两个途径进行，即有合同关系的违约之诉和无合同关系的侵权之诉。根据海上运输合同，承运人享有责任限制的保护，货方通过违约之诉往往无法满足其损害赔偿的请求。为了避开合同中关于责任限制的规定，在损失是由承运人的雇用人或代理人引起的时候，货方不是去诉承运人，而是通过侵权行为之诉告承运人的雇用人或承运人的代理人。

著名的“喜马拉雅”（Himalaya）案曾确立了一个原则，即承运人的雇用人不得享受以承运人为当事人的合同所规定的承运人的权利。[①]该案判决以后，承运人为了保护自己的利益，纷纷在班轮提单中加入“喜马拉雅”条款，该条款与该案的判决内容相反，其主旨是使承运人的雇用人和代理人均能享受责任限制的保护。[②]“喜马拉雅”条款的内容在《维斯比规则》中得到了肯定。《维斯比规则》第3条规定：（1）对承运人提起的货损索赔诉讼，无论是以合同为依据，还是以侵权行为为依据，均可以适用责任限制的规定；（2）承运人的雇用人或代理人也可以享受责任限制的保护。

---

① *Adler v. Dickson* (1955) 1 QB 158.

② *Midlands Silicones v. Scruttons* (1961) 2 Lloyd’s Rep. 365.; The “*Eurymedon*” [1974] 1 Lloyd’s Rep. 534; The “*Elbe Maru*” [1978] 1 Lloyd’s Rep. 206; *The* “*New York Star*” [1980] 2 Lloyd’s Rep. 317.

【案例】"喜马拉雅"案[①]

在该案中，"喜马拉雅"轮上的一名水手未能将船上的跳板搭好，使一名女乘客在上船时滑倒受伤。事后该女乘客向该轮所属公司提出索赔。但船公司认为，船票上已载明了船公司对乘客跌倒受伤不负责任的条款，因此，应当免责。该女乘客转而以侵权行为之诉告船上水手在搭跳板时的疏忽行为。英国法院判原告胜诉。理由是：船票上的免责条款仅适用于承运人，而不适用于其雇用人，水手是承运人的雇用人，而不是合同的签约人，因此，不能援引免责条款。

（四）诉讼时效

《维斯比规则》第1条第2款和第3款对《海牙规则》第6条作了两点修改：（1）诉讼时效为1年，双方协商，可以延长时效；（2）对第三者的追偿诉讼，在1年的诉讼时效期满后，仍有3个月的宽限期。依公约的规定，在对第三者的追偿诉讼中[②]，只要在受诉法院所在地法律允许的期间之内，即使1年的时效届满仍可起诉，但允许的时间自提起此种诉讼的人已解决索赔案件，可向其本人送达起诉状之日起算，不得少于3个月，自提出这种赔偿诉讼的人已经解决了对他本人的索赔或从起诉传票送达他本人之日起算。

2. In Article 3, paragraph 6, subparagraph 4 shall be replaced by: "Subject to paragraph 6 bis the carrier and the ship shall in any event be discharged from all liability whatsoever in respect of the goods, unless suit is brought within one year of their delivery or of the date when they should have been delivered. This period may, however, be extended if the Parties so agree after the cause of action has arisen".

3. In Article 3, after paragraph 6 shall be added the following paragraph 6 bis: "An action for indemnity against a third person may be brought even after the expiration of the year provided for in the preceding paragraph if brought within the time allowed by the law of the Court seized of the case. However, the time allowed shall be not less than three months, commencing from the day when the person bringing such action for indemnity has settled the claim or has been served with process in the action against himself."[③]

---

① *Adler v. Dickson* (1955) 1 QB 158.

② 对第三者的追偿诉讼，例如，在租船运输的情况下，承运人在向提单持有人赔偿后，还要依租船合同向责任方追讨。这里因为包含了两个诉讼，所以需要的时间较长。《维斯比规则》针对这一情况规定了一个宽限期。

③ Protocol to Amend the International Convention for The Unification of Certain Rules of Law Relating to Bills of Lading, 1968, Article 1.

（五）公约的适用范围

《海牙规则》仅适用于在缔约国签发的提单，《维斯比规则》第5条将其适用范围扩大了，规定有下列情况之一，即可适用该公约：（1）提单在缔约国签发；（2）从一个缔约国的港口起运；（3）提单中列有首要条款。首要条款就是法律选择条款，即合同双方当事人合意选择适用该公约。

《维斯比规则》对《海牙规则》进行了一些有益的修改，适应了航运业发展的某些要求，并使承运人与货方的利益达到了某种程度的平衡。但在航行过失免责等问题方面仍然保持着《海牙规则》的体系。因此，发展中国家仍要求对《海牙规则》进行实质性的修改。

三、《汉堡规则》

《汉堡规则》的全称为《1978年联合国海上货物运输国际公约》（United Nations Convention on the Carriage of Goods by Sea，1978）。第二次世界大战以后，发展中国家在国际事务中的作用逐步提高，《汉堡规则》正是发展中国家在国际航运领域争取建立新的国际经济秩序的斗争中产生的。对《海牙规则》的修改，海运发达国家与发展中国家的意见不一。在发展中国家的强烈要求下，联合国贸易和发展会议于1968年决定设立国际航运立法工作组。在上述机构的努力下，1976年在贸易法委员会召开的第九次会议上通过了《汉堡规则》最后草案的修正案。1978年3月，该公约在联合国海上货物运输公约外交会议上正式通过。该公约共34条，对《海牙规则》进行了实质性的修改。公约最主要的特点是扩大了承运人的责任，主要表现在以下方面。

（一）承运人的责任基础与免责

《汉堡规则》第5条第1款简明规定了承运人的责任，即承运人对由于货物的灭失、损坏以及延迟交付所造成的损失负赔偿责任，除非承运人能证明，他及他的受雇人和代理人已经为避免事故的发生采取了一切所能合理要求的措施。

在承运人的责任基础上，《汉堡规则》采用了完全的过失责任制。《海牙规则》和《汉堡规则》规定的承运人的责任均为过失责任，但由于《海牙规则》有关于承运人航行过失免责的规定，因此是一种不完全的过失责任制。《汉堡规则》取消了承运人对航行过失的免责，因而是完全的过失责任制。同时，《汉堡规则》还采用了推定过失责任制，即在货损发生后，先推定承运人有过失，如承运人主张自己无过失，则必须承担举证的责任。

（二）延迟交货的责任

《海牙规则》没有规定延迟交货的责任，货方因此也很少就延迟交货向承运人索赔，只有个别案例判货方可以向承运人索赔延迟引起的损失。[①]承运人为了避免货方向其索赔因延迟交货引起的损失，常常在提单中加入延迟交货的免责条款。货方因此也很少就延迟交货向承运人索赔。《汉堡规则》第5条第2款规定承运人应对延迟交货负责。延迟交货指未在约定的时间内交付，或在无约定的情况下，未在合理的时间内交付。第6条第1款b项规定承运人对延迟交货的赔偿责任限额为迟交货物应付运费的2.5倍，但不应超过应付运费的总额。

（三）承运人的责任期间

《海牙规则》规定的责任期间一般理解为“钩至钩”期间，而承运人常常是在陆上收受货物，并在陆上仓库向收货人交货的，在收受货物至装船及卸下货物至交付这两个期间中，货物是在承运人的掌管之下，而依《海牙规则》，承运人对装船前和卸货后的货损又不负责任。发展中国家认为这样做对货方很不公平，承运人的责任应适当延长。

为此，《汉堡规则》第4条第2款规定承运人的责任期间为货物在装货港、运送途中和卸货港在承运人掌管下的期间。与《海牙规则》相比，在《汉堡规则》下，承运人的责任期间由装港和卸港向两头延长了，即承运人“收货”到“交货”的全部期间。《汉堡规则》第4条第2款规定承运人的责任期间具体为货物在装货港、运送途中和卸货港在承运人掌管下的期间。在下述期间，货物应视为是在承运人的掌管之下：

其一，自承运人按下述方式接管货物时起：（1）从托运人或代表其办事的人（代理人）；或（2）从货物必须送交待运的当局或其他第三方。依有些装货港的规章，承运人必须从港务局或海关接受货物，此时，承运人的责任从该机关接受货物时开始。

其二，直到其按下列方式交付货物时止：（1）将货物交付给收货人；或（2）如收货人不提货，则按合同或卸货港法律或商业习惯将货物置于收货人支配之下；或（3）将货物交付给必须交付的当局或其他第三方。如依卸货港的规章，必须将货物交给港务局或海关等机关时，则承运人的责任至交给这些机关时为止。

---

① *The* “*Heron II*” [1967] 2 Lloyd’s Rep. 457.

（四）承运人的最高赔偿责任限额

《汉堡规则》第6条第1款a项提高了承运人的最高赔偿限额，规定承运人对货物灭失或损坏的赔偿责任限额为每件或每单位835特别提款权（SDR），或每千克2.5特别提款权，以高者为准。《汉堡规则》也采用了对货主有利的双重责任限额。[①]此外，公约还规定，如货损是由于承运人、其雇用人或代理人故意造成的，则将丧失责任限制的权利。

（五）关于保函的效力

保函是托运人为了换取清洁提单而向承运人出具保证赔偿承运人因此而造成的损失的书面文书。由于保函常常带有欺诈的意图，以往的惯例通常判保函无效。《汉堡规则》第17条第2款至第4款第一次在一定范围内承认了保函的效力，这主要是考虑到在托运人与承运人对货物的数量等有分歧而又无从查验时，出具保函可以免去许多麻烦，也是商业上的一种习惯的变通做法，但为了抑制保函的作用，公约规定：托运人为了换取清洁提单可向承运人出具保函，保函只在托运人与承运人之间有效。如保函有欺诈意图，则保函无效，承运人应赔偿第三者的损失，且不能享受责任限制。[②]

（六）货物的适用范围

《海牙规则》不适用于舱面货和活牲畜。关于舱面货，《汉堡规则》规定，承运人依协议、惯例、法律的要求，有权在舱面装货，否则承运人应对将货物装在舱面上造成的损失负赔偿责任。关于活牲畜，《汉堡规则》规定，活牲畜的受损如是因其固有的特殊风险造成的，承运人

---

① 为了解决货币贬值问题，《汉堡规则》采用特别提款权为计算责任限额的单位。特别提款权是国际货币基金组织创设的一种储备资产和记账单位。创设时1特别提款权等于0.888 671克纯金。

②《汉堡规则》第17条第2款至第4款规定：

2. 任何保函或协议，据此托运人保证赔偿承运人由于承运人或其代表未就托运人提供列入提单的项目或货物的外表状况批注保留而签发提单所引起的损失，对包括收货人在内的受让提单的任何第三方，均属无效。

3. 这种保函或协议对托运人有效，除非承运人或其代表不批注本条第2款所指的保函是有意诈骗，相信提单上对货物的描述而行事的包括收货人在内的第三方，在后面这种情况下，如未批注的保留与由托运人提供列入提单的项目有关，承运人就无权按照本条第1款规定，要求托运人给予赔偿。

4. 如属本条第3款所指的有意诈骗，承运人不得享受本公约所规定的责任限额的利益，并且对由于相信提单上所载货物的描述而行事的包括收货人在内的第三方所遭受的损失负赔偿责任。

可以免责，但承运人须证明已按托运人的特别指示办理了与货物有关的事宜。

（七）关于承运人与实际承运人的关系

《海牙规则》只有承运人的概念，没有关于实际承运人的规定，也没有对在转船、联运和租船进行班轮运输的情况下承运人的责任作出规定，以致订约承运人常常以自由转船等条款逃避在部分航程中或全部航程中的货损责任。受委托的实际承运人也可以非订约承运人为由拒绝货方的索赔。《汉堡规则》第10条规定：即使订约承运人将全程运输或部分运输委托给实际承运人，订约承运人仍应对运输全程负责。如承运人和实际承运人都有责任，则两者负连带责任。

（八）索赔通知和诉讼时效

依《汉堡规则》的规定，索赔通知应在收货后的第一个工作日内提交。在损害不明显时，在收货后15日内提交。延迟交付的索赔通知应在收到货后连续60日内提交。公约规定的诉讼时效为2年。自承运人或实际承运人交付货物或交付部分货物，或者自应交付货物的最后一日起算。此外，承运人向收货人赔付后在向第三方追偿时，即使上述时效已届满，仍可在诉讼所在国法律许可的时间内提起诉讼，但所许可的时间，自起诉人已解决对其索赔的案件，或已接到向其本人送达的起诉状之日起算，不小于90日。

（九）管辖权

《海牙规则》没有管辖权的规定，一般是依各航运公司在提单中订明有关的条款。这实际上将管辖法院的选择权单方授予了承运人，因而对货方是不公平的。《汉堡规则》第21条对管辖作了规定，依规定原告得在下列地点之一提出诉讼：（1）被告主要营业所，或无主要营业所时，其通常居所；（2）合同订立地，而合同是通过被告在该地的营业所、分支或代理机构订立的；（3）装货港或卸货港；（4）海上运输合同中规定的其他地点。

（十）公约的适用范围

依《汉堡规则》第2条的规定，公约适用于两个不同国家之间的海上运输合同，并且：（1）提单或作为海上运输合同证明的其他单证在某一缔约国签发；（2）提单或作为海上运输合同证明的其他单证中载有适用《汉堡规则》或采纳该规则的任何国内法的首要条款；（3）装货港或卸货港或备选卸货港位于缔约国；（4）公约不适用于租船合同，但适用于租船合同项下的提单。

《汉堡规则》于20个国家无保留地签署、批准或加入为缔约国12个月后生效。该规则已于1992年11月生效。中国未加入该公约。

关于调整班轮运输的三个国际公约与中国海商法的对比，请见表4-1。

表4-1 《海牙规则》《维斯比规则》《汉堡规则》及中国《海商法》主要内容对比表

简称	《海牙规则》	《维斯比规则》	《汉堡规则》	中国《海商法》
通过时间	1924年	1968年	1978年	1992年
生效时间	1931年	1977年	1992年	1993年7月1日
承运人的基本义务	适航义务； 管货义务； 不得不合理绕航		承运人对灭失、损坏以及延迟交付所造成的损失负赔偿责任	适航义务； 管货义务； 不得不合理绕航
承运人的责任期间	钩至钩		收到交	非集装箱：钩至钩； 集装箱：收到交
承运人的免责	"航行过失"免责在内的17项免责		取消了"航行过失"免责	包括"航行过失"等12项免责
迟延交付责任	无		未在约定时间交付，无；未在合理时间内交付，赔偿运费的2.5倍，但不超过运费总额	未在约定时间内交付，赔偿，相当于运费
承运人的赔偿责任限制	每件或每单位100英镑	每件或每单位10 000金法郎，或每千克30金法郎，以高者为准	每件或每单位835SDR或每千克2.5SDR，以高者为准	每件或每单位666.67 SDR或每千克2SDR，以高者为准
货物	无舱面货、活牲畜		有舱面货、活牲畜	有舱面货、活牲畜
索赔时效	提货时发现：当时； 损坏不明显：3日内； 联合检查：无需提交		提货时发现：次日； 损坏不明显：15日内； 迟延交货：60日； 联合检查：无需提交	提货时发现：当时； 损坏不明显：非集装箱7日，集装箱15日； 迟延交货：60日； 联合检查：无需提交
诉讼时效	1年	1年； 双方协商可以延长，对第三者的追偿诉讼还有3个月的宽限期	2年； 双方协商可以延长，对第三者的追偿诉讼还有90日的宽限期	1年； 对第三者的追偿诉讼还有90日的宽限期

四、《鹿特丹规则》

尽管在国际海上货物运输领域已出现了《海牙规则》《维斯比规则》和《汉堡规则》，但并没有解决该领域的统一问题，法律的不同导致处理国际运输纠纷中的法律冲突。且随着经济全球化，"门到门"的运输方式迅猛发展，为了解决不同运输方式的衔接问题，最大限度地实现国际货物运输的法律统一。联合国国际贸易法律委员会工作组历时6年，制订了《联合国全程或部分海上国际货物运输合同公约》（UN Convention on the Contracts of International Carriage of

Goods Wholly or Partly by Sea)，并于2008年12月11日经第63届联合国大会审议通过。公约于2009年9月在荷兰鹿特丹正式签署发布，故又称《鹿特丹规则》。公约的主要内容如下：

（一）公约的适用范围

1. 一般适用范围。依公约第5条的规定，除第6条的规定外，公约适用于收货地和交货地位于不同国家且海上运输装货港和同一海上运输卸货港位于不同国家的运输合同，条件是运输合同约定以下地点之一位于一缔约国：（1）收货地；（2）装货地；（3）交货地；或（4）卸货港。该条规定采用了"双国际标准"：其一，全程运输要具有国际性，即收货地与交货地位于不同国家；其二，海运区段具有国际性，即装运港与卸货港位于不同国家，且相关地点之一应当位于缔约国。

2. 特定除外情形。公约第6条第1款排除了对租船合同、使用船舶或其中任何舱位的其他合同的适用。不适用的原因是上述运输合同并没有必要适用公约的强制性法律规制。对于非班轮运输中的一些新型合同，如包运合同、批量合同、箱位租船合同、拖船等协议，公约采用以"运输方式""单证做法"和"合同做法"并用的方式界定除外适用。"批量合同"是一种新的班轮运输模式，是由承托双方先订立一个长期的总合同，再进行每一次的运输，此种协议下承托双方的谈判实力是相当的，因此，原则上不适用公约，但有例外，条件是当事人之间不存在使用船舶或其中任何航位的租船合同，且运输单证已签发。

3. 货物的适用。依公约第1条第24款规定，货物是指承运人依运输合同承运的任何种类的制品、商品和物件，包括不是由承运人或不是以承运人名义提供的包装以及任何设备和集装箱。公约在货物的界定上采用了广义的概念，还扩大适用于非由承运人提供的包装、集装箱等。此外，公约也适用于危险品和舱面货。

4. 合同与单证的适用。公约适用的"运输合同"指承运人收取运费，承诺将货物从一地运至另一地的合同。此种合同应对海上运输作出规定，且可以对海上运输以外的其他运输方式作出规定。可见，是一种"海运加其他的合同"，即不要求是单纯的海上运输合同，还可能是包括海运在内的多式联运合同。运输方式是从《汉堡规则》的"港到港"扩大到了"门到门"。公约适用的单证包括运输单证及电子运输记录。

（二）承运人的义务

1. 一般性义务。承运人的一般性义务包括：（1）货物的运输和交付。依第11条，承运人应依公约，按运输合同的条款将货物运至目的地并交给收货人。（2）承运人的责任期间。公约规定承运人的责任期间为自承运人或者履约方接收货物时开始，至货物交付时止，体现了“门到门”运输的特点。

2. 特定义务。承运人的特定义务有两项：（1）管货义务。依第13条规定，承运人应妥善而谨慎地接收、装载、操作、堆放、运输、保管、照料、卸载并交付货物。该条第2款又规定，当事方可约定将某些管货的职能交由货方履行或代表其履行。实际上是为实践中常采用的FIO和FIOS条款提供法律上的依据。（2）适航义务。依第14条规定，承运人必须在开航前、开航当时和海上航程中谨慎处理：使船舶处于且保持适航状态；妥善配备船员、装备船舶和补给供应品，且在整个航程中保持此种配备、装备和补给；并使货舱、船舶所有其他载货处所和由承运人提供的载货集装箱能够并保持适于且能安全接收、载运和保管货物。与《海牙规则》不同的是，承运人保证适航的义务延长至海上整个航程中，而不仅是在开航前、开航时。

（三）承运人的责任

1. 责任基础。依第17条，承运人对货物在其责任期间内发生的灭失、损坏或迟延交付承担完全过错责任。但需由索赔人举证货物的灭失、损坏或迟延交付是在其责任期间发生的。

2. 赔偿责任限额。依第59条，承运人对违反公约规定的义务而承担的赔偿责任限额，按每件或每个其他货运单位875个计算单位，或按货物的毛重每千克3个计算单位，以两者中较高者为准。除非托运人已申报货物价格并在合同事项中已载明的，或承运人与托运人已另行约定高于上述赔偿责任限额的。对于集装箱及其他成组运输工具，公约采用了“内装件数论”。第61条规定了责任限制权的丧失，规定如索赔人能证明承运人或履约方、船长、船员等存在“故意”造成损失或“明知”可能产生损失而“轻率”地作为或不作为的，承运人丧失责任限制权。

3. 免责。第17条第3款规定了承运人的免责事项，包括：（1）天灾；（2）海上或其他可航水域的风险、危险和意外事故；（3）战争、敌对行动、武装冲突、海盗、恐怖活动、暴乱和民变；（4）检疫限制，政府、主管当局、统治者或民众的干预或妨碍，包括非由承运人或第18条述及的任何人所造成的滞留、扣留或扣押；（5）罢工、关厂、停工或劳动力受限制；（6）船上发生的火灾；（7）虽谨慎处理仍无法发现的船舶潜在缺陷；（8）托运人、单证托运人、控制方或根据第33条或第34条托运人或单证托运人对其作为承担责任的其他任何人的行为或不为；（9）按照第13条第2款所述及的约定进行的货物装载、操作、积载或卸载，除非承运人或履约方代表托运人、单证托运人或收货人实施该作业；（10）由于货物固有缺陷、品质或瑕疵而造成的数量或重量损耗或其他任何灭失或损坏；（11）包装不固或标志欠缺、不清，且包装和标志非由承运人或代其行事的人所为；（12）救助或企图救助海上人命；（13）救助或企图救助海上财产的合理措施；（14）避免或企图避免对环境造成的危害的合理措施；或者（15）承运人行使第15条（危险的货物）和第16条（为共同海损而牺牲）规定权利之下的行为。免责事项实行承运人无过错推定，实质性举证责任由索赔方承担，而“适航义务”由索赔方完成初步举证，承运人负责“谨慎处理”和不适航与货损无因果关系的举证。

4. 承运人的转承责任。依第18条，如果下列人的作为或不作为违反公约对承运人规定的义务，承运人应负赔偿责任：（1）任何履约方；（2）船长或船员；（3）承运人的受雇人或履约方的受雇人；或（4）履行或承诺履行运输合同规定的承运人义务的其他人，以该人按照承运人的要求，或在承运人的监督或控制下直接或间接作为为限。

5. 海运履约方的赔偿责任。第18条第1款规定，海运履约方在满足下列条件下，应承担公约对承运人规定的义务和赔偿责任：（1）海运履约方在一缔约国接收了货物或交付了货物或履行了与货物有关的活动；（2）造成损害的事件发生在装港到卸港期间，或货物在海运履约方掌管期间，或海运履约方参与履行运输合同所载任何活动的其他时间内。

6. 连带赔偿责任。第20条规定，承运人和一个或数个海运履约方对于货物灭失、损坏或迟延交付，均负有赔偿责任的，其赔偿责任为连带责任。但其赔偿责任总额不得超过公约规定的承运人的责任限额。

7. 迟延交付的责任。依第21条的规定，未在约定时间内在运输合同规定的目的地交付货物，为迟延交付。这里没有涉及《汉堡规则》规定的未约定的、未在合理时间交付的情况。第60条规定了迟延造成损失的赔偿责任限额，是相当于迟交货物应付运费的2.5倍的数额。依第61条第2款，如索赔人能证明承运人一方存在“故意”造成迟延损失或“明知”可能产生损失而“轻率”地作为或不作为的，则丧失责任限制权。

（四）其他区段的运输

由于公约的适用范围是“海运加其他”，对于海运以外的其他运输方式下的法律适用问题，公约采取了“网状责任”原则。依第26条的规定，如货物的灭失、损坏或造成迟延的事件发生在承运人的责任期间内，但不是海运区段的，则调整该区段的公约优先适用。

（五）托运人的义务和责任

1. 交付运输。第27条规定了托运人交付备妥待运的货物的义务，规定除非合同另有约定，托运人交付的货物应处于能够承受预定运输的状态，包括货物的装载、操作、积载、绑扎、加固和卸载，且不会对人身或财产造成伤害。托运人应妥善而谨慎地履行这项义务。

2. 提供信息。第29条规定了托运人提供信息、指示和文件的义务。包括照管货物的措施和注意事项等。如果有关当局的法律对货物运输有特殊要求，经承运人请求，托运人应向承运人提供所需的信息，使承运人能履行其法定的义务。第31条要求托运人应及时向承运人提供拟定合同事项及签发单证或电子运输记录所需要的准确信息。

3. 托运人对承运人的赔偿责任。关于托运人的责任：（1）过错责任为原则。第30条规定托运人违反公约的义务造成承运人一方的灭失或损坏的，托运人应负赔偿责任。（2）严格责任为例外。对于危险货物的运输公约采取了严格责任。规定托运人违反有关义务，造成承运人一方的灭失或损害的，应承担严格责任。（3）单证托运人。第33条规定单证托运人享有托运人的权利并承担其义务。单证托运人实践中通常为FOB的卖方。（4）托运人为其他人负赔偿责任。依第34条，托运人应对其受雇人、代理人等在受委托范围内的作为或不作为负责。但如托运人委托承运人一方代为履行公约规定的义务的，对承运人一方的作为或不行为引起的损害，托运人不负赔偿责任。

（六）运输单证和电子运输记录

1. 签发。第35条规定了承运人签发运输单证或电子运输记录的基本义务。规定有权取得单证的主体是托运人，除非托运人同意向单证托运人签发。这就解决了实践中，在FOB术语有争议的单证应向谁签发的问题，有权取得单证的主体为与承运人订立运输合同的托运人，即买方，而不是向承运人交付货物的发货人，即卖方，除非作为托运人的买方同意承运人向卖方签发单证，且卖方必须是将自己的名字反映在单证“托运人”一栏中的单证托运人。

2. 合同事项。第36条规定了运输单证及电子运输记录中应记载事项的范围，包括货物的信息、承运人或履约方的信息、收货人及收货地的信息、货物表面状况等。同时，第39条对于合同事项的欠缺又规定，运输单证的有效性不依赖于必要记载事项记载与否或准确与否。一份单证是否为公约规定的单证应依公约在定义部分的概念来考查。第40条规定了承运人在何情况下可对托运人提供的信息进行保留批注。关于合同事项的证据效力，依第41条概括为：原则上运输单证或电子运输记录是承运人收到合同事项中所载货物的初步证据；如承运人作出保留批注，则保留涉及的事项不具有证据效力；已转让的运输单证或电子运输记录中记载的事项具有最终证据的效力。

（七）货物交付

1. 收货人接受货物的义务。公约第43条第一次确立了收货人接受交货的义务，规定收货人有义务在约定时间和地点，或无此约定时，在合理预期的时间、地点接受交付的货物。合理预期的时间和地点的确定须考虑合同条款和行业习惯。

2. 承运人交付货物。公约分几种情况规定了承运人交付货物的义务：（1）未签发可转让单证时的交付，第45条规定承运人应在第43条所述的时间和地点将货物交付给收货人。在交货时，承运人有权要求声称其为收货人的人适当表明其确实为收货人。（2）签发必须提交的不可转让运输单证时的交付，第46条规定，声称是收货人的人按承运人的要求适当表明其为收货人并提交不可转让单证的，承运人应向其交付；如该人不能适当表明其为收货人，承运人有权拒绝交货；如该人未提交不可转让单证的，承运人应拒绝交付。（3）签发可转让单证的，第47条规定了两种情况：其一，正常情况下，即在可转让单证持有人提交可转让单证，同时适当表明其身份主张提货的情况下，承运人应向持有人交付货物。其二，可不凭单证交货，第2款承运人可合法不凭可转让单证交付的条件是，“单证本身明确载明无须提交单证便可交付货物”，规定承运人对“合法无单交付货物”产生的赔偿责任应由指示其无单交货的人补偿并有权要求提供担保。（4）货物无法交付。第48条规定，承运人在货物无法交付的情况下，对货物有留置权，并从出售货物中扣除承运人承担的任何费用等。

（八）控制方的权利

货物控制权（the right of control of the goods）是指在运输合同下的承运人责任期间内，在不影响承运人正常营运的前提下，控制方享有的向承运人发出在运输途中提取货物、变更收货人等有关货物的指示的权利。控制权原本是国际贸易法中的内容，公约第一次在海上货物运输法中引入控制权的概念，目的在于保护卖方的利益。依公约第56条的规定，公约有关控制权的规定是非强制性的，允许当事人通过协议加以背离或限制。控制权主要涉及下列问题：

1. 控制权的行使主体。依第51条的规定，主要有以下四种情形：（1）在未签发任何单证的情况下，托运人为控制方。（2）在签发不可转让运输单证且载明必须交单提货的情况下，托运人为控制方。（3）当签发可转让运输单证时，单证的持有人为控制方，持有人可以转让控制权。同样，行使控制权时也应当提交所有正本单证。(4)当签发可转让的电子运输记录时，该电子单证的持有人即控制方。

2. 控制权的内容。依第50条，控制权限于下列项目：(1)发出与货物有关的但不构成对合同变更的指示的权利，及修改此指示的权利；(2)在货物抵达原定目的地之前，在运输途中的挂靠港或途经地点要求交付货物的权利。(3)变更收货人的权利。后两项权利对未获支付货款的卖方十分重要，卖方在收货人丧失支付能力的情况下，可以指示承运人将货物交付原定收货人以外的人。

3. 承运人执行指示。(1)下达指示的条件：其一，发出指示的人有权行使控制权；其二，此种指示到达承运人时，承运人能按其内容合理地执行；其三，此种指示不会妨碍承运人的正常营运，包括其交付货物的惯常做法。(2)赔偿责任，控制方承担对承运人执行指示而产生的额外费用和损失的偿还义务及赔偿责任。(3)担保，承运人合理预计执行指示将产生额外费用、灭失或损坏的，有权从控制方获得担保，未提供担保的，承运人可以拒绝执行指示。(4)迟延，控制方承担的赔偿或补偿责任，并不包括因执行指示而给承运人造成的迟延责任。

(九)索赔通知与诉讼时效

1. 索赔通知。第23条规定了发生灭失、损坏或迟延时的通知：(1)货物灭失或损坏明显的，应当在交货前或交货当时提交索赔通知；(2)灭失或损坏不明显的，在交货后交货地的7个工作日内提交索赔通知；(3)联合检验的，无需提交通知；(4)迟延交付的，交货后21个连续日内向承运人提交迟延造成损失的通知。索赔人在前两项未在规定时间内提交索赔通知的，不影响其将来的实质性索赔权。但有关迟延的索赔，索赔人未在规定时间提交索赔通知的，则丧失向承运人主张该损失的权利。

2. 诉讼时效。主要涉及下列几点：(1)诉讼时效期间。公约第62条规定的诉讼时效期间为2年，自承运人交付货物之日起算。在未实际交付的情况下，自应当交付货物的最后一日起算。(2)时效的延长。依第63条，2年的时效不得中止或中断，但可以延长，延长的方式是由被索赔人声明，声明可以在时效期间内的任何时候进行，时效可通过多次声明延长。(3)追偿诉讼。向第三人进行追偿时，有两个选择：其一，提起程序的管辖地准据法允许的时效期间；其二，自提起追偿诉讼的人解决原索赔之日起或自收到向其本人送达的起诉文书之日起90日内，以时效期间较晚者为准。

（十）管辖权和仲裁

1. 诉讼管辖权。（1）对承运人的诉讼。依第66条的规定，除非有管辖协议，原告可选择在下列地点的法院提起司法程序：承运人的住所；运输合同约定的收货地；运输合同约定的交货地；或货物的最初装船港或货物的最终卸船港；或托运人与承运人就运输合同项下可能产生的争议协议指定的一个或数个管辖法院。第67条允许当事人协议选择管辖法院。（2）对海运履约方的诉讼。对海运履约方的诉讼，可向海运履约方的住所地、海运履约方接收货物的港口或海运履约方交付货物的港口或海运履约方从事与货物有关的各种活动的港口地的法院起诉。

2. 仲裁。第75条规定，当事人对运输合同可能产生的任何争议具有自由协议仲裁的权利。又分下列情况：（1）班轮运输合同，索赔方既可依运输合同中的仲裁协议仲裁，也可在承运人住所地、合同约定的收货地、交货地或最初装船港、卸船港仲裁。（2）批量合同，实行完全的仲裁自由，当事人约定的仲裁地点对当事人有约束力。（3）批量合同的仲裁协议对第三方的效力，只有满足下列条件才对第三方有效：仲裁地为第2款提及的地点（承运人住所地等），载于运输单证或电子运输记录中，通知及时且适当发给第三人，准据法准许第三方受该协议的约束。（4）非班轮运输中的仲裁协议，租船合同中的仲裁条款将在任何情况下不受公约有关班轮运输合同中仲裁条款效力规定的影响。

此外，公约对合同条款的有效性进行了规定，为了防止承运人或海运履约方利用其优势地位，减轻公约规定的义务和责任，规定排除或限制承运人或海运履约方在公约下责任的条款、排除或限制赔偿责任的条款、将货物的保险利益转让给承运人的条款无效。公约对货方义务与责任的规定，除公约另有规定外，不能通过合同约定的方式增加或减少。

第五节 国际多式联运

一、国际多式联运

国际多式联运（international multimodal transport），是联运经营人以一张联运单据，通过两种以上的运输方式将货物从一个国家运至另一个国家的运输。国际多式联运是在集装箱运输的基础上发展起来的新型运输方式，它以集装箱为媒介，将海上运输、铁路运输、公路运输、航空运输和内河运输等传统的运输方式结合在一起，形成了一体化的门到门运输。这种运输方式速度快、运费低、货物不易受损。正因如此，集装箱运输在世界范围内得到了飞速发展。随着集装箱运输技术的日益成熟，集装箱运输已逐步成为国际货物运输的主流。

由于海运在我国的多式联运中占有很大的比重，因而我国《海商法》第4章第8节对多式联运进行了特别规定。但我国海商法调整的多式联运必须包含海运的方式，即海陆、海陆空或陆海联运方式。此种多式联运具有如下特点：(1) 由运输双方签订一份多式联运合同，并使用一份全程多式联运单证。该单证应满足不同运输方式的需要，并按单一运费率计收全程运费。(2) 包括至少两种不同运输方式的连续运输，而且其中必须有一种是海上运输方式。(3) 运输的起运地和目的地位于不同国家，即必须是不同国家或不同地域之间的运输。(4) 多式联运经营人需对货物运输的全程负责。当然依我国《海商法》的规定，区段承运人也有责任的，则多式联运经营人需与其一起承担连带责任。

多式联运见图4-13所示。

图4-13　多式联运（一个提单，多种运输方式）（照片由MAERSK提供）

（一）多式联运合同

依我国《海商法》第102条的规定，多式联运合同是指多式联运经营人以两种以上的不同运输方式，其中一种是海上运输方式，负责将货物从接收地运至目的地交付收货人，并收取全程运费的合同。这里的多式联运经营人，是指本人或委托他人以本人名义与托运人订立多式联运合同的人。包括海运的多式联运，其经营人多为海运承运人，此类多式联运经营人又包括由船舶运输公司担当的多式联运经营人和由无船承运人担当的多式联运经营人两类。无船承运人本身没有船舶，也不直接从事运输活动，但与托运人签订多式联运合同，再与各区段承运人签订各段运输合同，组织全程的运输。无船承运人的业务范围主要是购买海运承运人的运输服务并以转卖的形式将这些服务提供给其他人；支付港到港或多式联运的运输费用；签发自己的提单或与之相应的运输单据；在直达运输的情况下，安排内陆运输并支付内陆运输费用；向远洋货运代理人支付合法的佣金；租赁集装箱；与起始地或目的地代理建立业务联系等。多式联运经营人收取的是全程的运费，也应对全程运输负责。

此外，我国《海商法》规定的多式联运合同必须包括两种以上的运输方式，且其中一种是海上运输方式，此点与多式联运公约的规定不同，公约没有关于必须包含海运的要求。原因是，我国尚无有关多式联运的专门规定，我国《海商法》所调整的是海上运输关系，其所针对的也只能是有海运的多式联运。

（二）多式联运经营人的责任期间

多式联运经营人接收或交付货物的地点可能在发货人或收货人的门、内陆货运站或集装箱码头，其责任期间也相应地长于海运承运人的责任期间。依我国《海商法》第103条的规定，多式联运经营人对多式联运货物的责任期间，自接收货物时起至交付货物时止。如果收货人不向多式联运经营人提取货物，按照多式联运合同或交货地点适用的法律或特定行业惯例，将货物置于收货人支配之下，或将货物交给根据交货地点适用的法律或规章必须向其交付的当局或其他第三方时，多式联运经营人的交货责任完成。

（三）多式联运经营人的责任

传统的各种运输方式有各自不同的运输责任制度，例如，陆上运输适用有关公路运输和铁路运输的法律，在责任上采用的是无过免责；海上运输适用《海牙规则》的规定，采用的是包括过失免责。那么，多式联运的承运人应采用什么责任制度呢？有人主张可先由经营人包下

来，再由其与各承运人按各自的责任制度分别处理。也有人提出采用区段责任制，即由各段承运人分别对其承运区段的货损负赔偿责任，问题是当无法判明责任所在的区段时应如何承担责任呢？

为了解决上述问题，国际商会于1963年制定了《联运单证统一规则》，该规则采用了区段责任制和统一责任制相结合的制度，即在确知货物损失或灭失的运输区段时，适用区段责任制，由参加联运的各区段实行分段负责，各区段所依据的法律为：公路运输依国际公路货运公约或国内法；铁路运输依国际铁路货运公约或国内法；海上运输依海牙规则或国内法；航空运输依华沙公约或国内法。在未能确知货物损失或灭失发生的运输区段时，采用统一责任制，由联运经营人对联运期间任何地方发生的货损向托运人负赔偿责任。

我国《海商法》对多式联运经营人的责任作了类似《联运单证统一规则》的规定，即采用的是区段责任制与统一责任制相结合的制度。依第105条的规定，当可以确定货物的灭失或损坏发生于多式联运的某一运输区段时，多式联运经营人的赔偿责任和责任限额适用调整该区段运输方式的有关法律规定。第106条规定，当货物的灭失或损坏发生的运输区段不能确定时，多式联运经营人应当依本章有关承运人赔偿责任和责任限额的规定负赔偿责任，也就是统一依我国《海商法》有关海运承运人责任的规定来确定多式联运经营人的责任。该条没有关于多式联运经营人在赔偿了货主以后，如何向其他区段承运人追偿的问题，在货物受损的区段不能确定的情况下，承运人是无法向其他承运人追偿的。为此，《海商法》第104条规定允许多式联运经营人与各区段承运人另以合同约定相互之间的责任。但此项合同不得影响多式联运经营人对全程运输所承担的责任。

二、《联合国国际货物多式联运公约》

国际商会于1963年制定了《联运单证统一规则》，但并没有根本解决在多式联运中存在的问题，因为该规则不是强制性的法规，且该规则的规定也很不完善。为了促进国际多式联运的发展，在联合国贸发会的主持下，于1980年通过了《联合国国际货物多式联运公约》，公约目前尚未生效。

（一）公约的适用范围

公约适用于两国境内各地之间的所有多式联运合同，条件是：（1）多式联运合同规定的多式联运经营人接管货物的地点是在一个缔约国境内；（2）多式联运合同规定的多式联运经营人交付货物的地点是在一个缔约国境内。

依公约的定义，“国际多式联运”指由多式联运经营人以至少两种以上运输方式，将货物从一国境内接管货物的地点运至另一国指定交付货物的地点的运输。“多式联运经营人”指其本人或通过其代表订立多式联运合同的人，他是合同的当事人，而不是发货人的代理人或代表或参加多式联运的承运人的代理人或代表，并负有履行合同义务的责任。“多式联运合同”指多式联运经营人凭以收取运费、负责完成或组织完成国际多式联运的合同。

（二）多式联运单据

多式联运单据是多式联运合同的证明，是多式联运经营人收到货物的收据及凭其交货的凭证。多式联运单据应记载多式联运经营人的名称和地址、发货人及收货人的名称、多式联运经营人接管货物的地点和日期、交付货物的时间和地点、单据签发的时间和地点、货物的表面状况等事项。发货人应保证其在多式联运单据中提供的有关货物资料的准确性。

多式联运单据应是该单据所载货物由多式联运经营人接管的初步证据。但当多式联运单据以可转让方式签发，而且转给正当地信赖该单据所载明的货物状况的包括收货人在内的第三方时，该单据就成了最终证据。

（三）多式联运经营人的责任期间

公约规定的多式联运经营人的责任期间为从其接管货物之时起至交付货物时止的期间。具体来说，是自多式联运经营人从下列各方接管货物之时起：发货人或其代表；或根据接管货物地点适用的法律或规章，货物必须交其运输的当局或其他第三方。直到多式联运经营人以下列方式交付货物时为止：将货物交给收货人；或如果收货人不提取货物，则按多式联运合同或交货地适用的法律或特定行业惯例，将货物置于收货人支配之下；或将货物交给根据交货地点适用的法律或规章规定必须向其交付的当局或其他第三方。货物在上述期间被视为在多式联运经营人的掌管之下。

（四）多式联运经营人的赔偿责任原则

公约在赔偿责任上采用完全推定责任原则，即除非经营人证明其一方为避免事故的发生已采取了一切合理的措施，否则，即推定损坏是由经营人一方的过错所致，并由其承担赔偿责任。

（五）多式联运经营人的赔偿责任限额

公约规定的两种赔偿限额分别适用于下列两种情况：其一，如在国际多式联运中包括了海运或内河运输，多式联运经营人的赔偿责任限额为每件920特别提款权，或货物毛重每千克2.75特别提款权，以较高者为准。其二，如在国际多式联运中未包括海运或内河运输，多式联运经营人的赔偿责任限额为毛重每千克8.33特别提款权。

此外，因延迟交付造成损失的赔偿限额为延迟交付货物的应付运费的2.5倍，但不得超过多式联运合同规定的应付运费的总额。在确知发生货损的区段时，如该区段适用的公约或国家法律规定的赔偿责任限额高于本公约的规定，则适用该公约或国家法律的规定。

（六）索赔与诉讼时效

对于货物一般性的灭失或损坏通知，收货人应在货物交给他的次一工作日提出，否则此种货物的交付即为多式联运经营人交付多式联运单据所载货物的初步证据。当货物的损坏不明显时，收货人应在货物交付后连续6日内提出索赔通知。对于延迟交付的货物，收货人应在货物交付后连续60日内提出索赔通知。公约规定的诉讼时效为2年，但如果在货物交付之日或应交付之日起6个月内，没有提出书面索赔通知，则在此期限届满后即失去诉讼时效。

（七）管辖

公约规定，原告可选择在下列之一法院进行诉讼：被告主要营业所，如无主要营业所，则为被告的经常居所；订立多式联运合同的地点，且合同是通过被告在该地的营业所、分支或代理机构订立；接管国际多式联运货物的地点或交付货物的地点；多式联运合同中为此目的所指定并在多式联运单据中载明的任何其他地点。

【重要术语提示与中英文对照】

编号	中文术语	英文对照
1	海上货物运输合同	contract for the carriage of goods
2	承运人	carrier
3	实际承运人	actual carrier
4	托运人	shipper
5	收货人	consignee
6	提单	Bill of Lading，B/L

续表

编号	中文术语	英文对照
7	正本提单	Original B/L
8	副本提单	Copy B/L
9	已装船提单	Shipped B/L or on Board B/L
10	收货待运提单或备运提单	Received for Shipment B/L
11	记名提单	Straight B/L
12	不记名提单	Blank B/L; Barer B/L
13	提示提单	Order B/L
14	清洁提单	Clean B/L
15	不清洁提单	Unclean B/L
16	直达提单	Direct B/L
17	转船提单	Transhipment B/L or Through B/L
18	联运提单	Combined Transport B/L
19	运费预付提单	Freight Prepaid B/L
20	运费到付提单	Freight Payable at Destination B/L
21	甲板货提单	On deck B/L
22	分提单	Separate B/L
23	保函	Letter of Indemnity
24	件杂货	general cargo; break bulk
25	承运人对货物的责任期间	period of carrier's responsibility
26	承运人责任限制	carrier's limitation of liability
27	承运人的责任	carrier's responsibilities
28	承运人的免责	carrier's exemption
29	大副收据	Mate's Receipt, M/R
30	大副批注	Mate's remark
31	倒签提单	Anti-dated B/L
32	预借提单	Advanced B/L
33	班轮运输	liner shipping
34	班轮条款	liner term
35	班轮订舱	booking
36	班轮公会	line conference
37	班轮公司费率本	tarrif of liner company
38	积载	stowage
39	新杰森条款	New Jason Clause
40	双方有责碰撞条款	both-to-blame collision clause
41	简式提单	Short Form B/L
42	最终证据	conclusive evidence
43	初步证据	*prima facie* evidence
44	联合检查	joint inspection
45	散装货	bulk cargo
46	集装箱	container
47	集装箱提单	Container B/L
48	无船承运人	Non-vessel Operation Carrier, NVOCC

续表

编号	中文术语	英文对照
49	多式联运经营人	Multimodal Transport Operator, MTO
50	场到站交接	CY to CFS service
51	场到门运输	CY to door service
52	场到场运输	CY to CY service
53	场站收据	Dock Receipt, D/R
54	多式联运	combined transport; multimodal transport

【思考与辨析】

1. 我国《海商法》是如何规定承运人的责任期间的？
2. 为什么说提单在承运人和托运人之间是运输合同的书面证明而不是运输合同本身？
3. 提单是承运人已按提单所载状况收到货物或者货物已经装船的“初步证据”，这里“初步证据”的含义是什么？
4. 银行为什么不愿意接受备运提单？
5. 加注任何批注是不是都会使提单成为不清洁提单？
6. 海运单是在什么条件下产生的？
7. 试比较《海牙规则》《维斯比规则》和《汉堡规则》在承运人的责任基础、责任期间、责任限额、免责等方面的不同规定。
8. 《鹿特丹规则》与《海牙规则》相比，在承运人责任上有何不同的规定？
9. 《鹿特丹规则》在控制权上有哪些规定？
10. 下列哪些选项属于《鹿特丹规则》的规定？ A. 承运人的责任期间为自承运人或者履约方接收货物时开始，至货物交付时止；B. 承运人对航行过失可以免责；C. 托运人对承运人在危险品上采用严格责任；D. 承运人必须在开航前、开航当时谨慎处理，使船舶处于适航状态。
11. 甲国A公司与乙国B公司签订一进口水果合同，价格条件为CFR，装运港的检验证书作为议付货款的依据，但约定买方在目的港有复验权。货物在装运港检验合格后交由C公司运输。由于乙国当时发生疫情，船舶到达甲国目的港外时，甲国有关当局对船舶进行了熏蒸消毒，该工作进行了数天。之后，A公司在目的港复验时发现该批水果已全部腐烂。依据《海牙规则》及有关国际公约，下列哪一选项是正确的？ A. C公司可以免责；B. A公司应向B公司提出索赔，因为其提供的货物与合同不符；C. A公司应向C公司提出索赔，因为其没有尽到保管货物的责任；D. A公司应向B公司提出索赔，因为其没有履行适当安排保险的义务。

12. 依《海牙规则》规定，下列哪些货损承运人可以免责？ A. 未谨慎积载引起的货损；B. 包装不当引起的货损；C. 船舶在开航前和开航时不具有适航性引起的续表货损；D. 船长和船员在驾驶或管理船舶中的疏忽引起的货损。

13. 依据《海商法》的规定，下列关于承运人对非集装箱装运的货物的责任期间的表述，哪个是正确的？ A. 承运人的责任期间是指从装货港接收货物时起至卸货港交付货物时止，货物处于承运人掌管下的全部期间；B. 承运人的责任期间自接收货物时起至交付货物时止；C. 承运人的责任期间自货物进入装货港的仓库起至货物进入卸货港的仓库时止；D. 承运人的责任期间，是指从货物装上船时起至卸下船时止，货物处于承运人掌管下的全部期间。

14. 在国际海上货物运输中，如承运人签发的是指示提单，下列关于该提单的表述中哪些是正确的？ A. 提单正面载明了收货人的名称；B. 提单在转让时不需要背书，只要将提单交给受让人即可；C. 提单的转让必须经过背书；D. 提单中的收货人一栏没有具体的收货人名称，而是载明“凭指示”的字样。

【扩展阅读文献提示】

1. 袁发强，卢柏宜.《海商法》第四章“强制适用”之合理性探究. 中国海商法研究，2021（1）.

2. 朱文菁，孟国碧.《海商法》修改应设立的电子运输记录规则之研究. 中国海商法研究，2021（1）.

3. 王肖卿. 班轮货物运输中无船承运人的法律地位. 中国海商法研究，2021（1）.

4. 林源民. 海上货物运输合同再议——兼评《海商法》的修改. 中国海商法研究，2020（2）.

5. 夏敏. 货运代理转委托中委托人和第三人之间的请求权——以《民法典》第925条、第926条作为请求权基础之反思. 中国海商法研究，2020（4）.

6. 王宁. 舱位互换下实际承运人的识别. 中国海商法研究，2020（4）.

7. 林源民. 海上货物运输合同再议——兼评《海商法》的修改. 中国海商法研究，2020（2）.

8. 余妙宏. 国际海上货物运输中“火灾”事故适用法律研究. 中国海商法研究, 2019（1）.

9. 吴煦.《海商法》修改背景下的国内水路货物运输之立法模式选择. 中国海商法研究, 2019（1）.

10. 张念宏. 海上运输索赔与取证实务研究. 北京：法律出版社, 2019.

11. 张永坚. 仍不应被忽视的《国际货物多式联运公约》. 中国海商法研究, 2018（4）.

12. 余妙宏. 论海上货运代理人交付提单的义务——兼论《最高人民法院关于审理海上货运代理纠纷案件若干问题的规定》第8条的完善. 中国海商法研究, 2018（3）.

13. 周燡. “21世纪海上丝绸之路”框架下我国海商法与民商法的碰撞与融合——以海上运输记名提单货物控制权为视域. 海大法律评论2016—2017. 上海：上海社会科学出版社, 2017–2018.

14. 周燡. 中国海上货物运输承运人留置权的实务与创新——兼论《海商法》第87条释义. 中国海商法研究, 2015（1）.

15. 傅廷中. 提单的货物收据功能之辨证. 中国海商法研究, 2014（3）.

16. 郭萍, 吕方园. FOB条件下卖方优先获得提单权问题研究. 中国海商法研究, 2014（3）.

17. 方懿. 无单放货审判实务中货物交付的认定标准. 中国海商法研究, 2014（3）.

18. [美] 威尔逊（Wilson, J.）. 海上货物运输法. 袁发强, 译. 北京：法律出版社, 2014.

19. 徐仲建. 鹿特丹规则“法定仲裁地”规定研究. 中国海商法研究, 2014（1）.

20. 张丽英等.《鹿特丹规则》对进出口的影响. 北京：中国政法大学出版社, 2013.

21. Liying Zhang. The Rotterdam Rules Effect on Chinese Cargo Owners. Asia Pacific Law Review, 2013, 21(1).

22. John Wilson. Carriage of Goods by Sea. Longman, 2010.

23. 刘寿杰. 解读《最高人民法院关于审理无正本提单交付货物案件适用法律若干问题的规定》. 中国海商法年刊, 2009（3）.

24. 司玉琢, 韩立新主编.《鹿特丹规则》研究. 大连：大连海事大学出版社, 2009.

25. 吴焕宁主编. 国际海上运输三公约释义. 北京：中国商务出版社, 2007.

26. 蒋正雄. 论船舶适航的认定及其法律规定. 海大法律评论（2008）. 上海：上海社

会科学院出版社，2008.

27. 傅廷中．对货物控制权制度若干法律问题的解读．中国海商法年刊，2008.
28. 胡正良．《鹿特丹规则》对我国国际海上货物运输业的影响．海大法律评论2008．上海：上海社会科学院出版社，2009.
29. 陈波．控制权的概念及其法律性质．中国海商法年刊，2005.
30. 司玉琢．承运人责任基础的新构建——评《鹿特丹规则》下承运人责任基础条款．中国海商法年刊，2009（3）.
31. 谢振衔．国际海上货物退运合同纠纷研究．海商法论丛2008．北京：中国商务出版社，2008.
32. 邹盈颖．海运货物交付的认定标准及在中国海运实践中的运用．中国海商法年刊，2007.
33. 郭萍．国际货运代理法律制度研究．北京：法律出版社，2007.
34. 姚洪秀，王小芳．我国《海商法》承运人及实际承运人若干问题研究．中国海商法年刊，2004.
35. 倪学伟．海运危货法律关系论纲．中国海商法年刊，2004.
36. 杨良宜．提单及其付运单证．北京：中国政法大学出版社，2001.

【拓展阅读】

研究导引

★ 关于倒签提单和预借提单的责任属性的争议
★ 2009年最高人民法院《关于审理无正本提单交付货物案件适用法律若干问题的规定》
★ 有关提单法律特性的争论
★ 海上货物运输主要流转单证的功能
★ 海上货物运输单证的流转程序

扩展英文阅读资料

★ Shipping Restrictions, Requirements and Practices of the People's Republic of China

精选案例

★ "银标"轮无正本提单提货案

★ 提单管辖权条款争议案

★ "Mormaclynx"轮以集装箱内装件数责任限制案

【自测习题】

第五章　租船运输

本章教学目的与要求

本章所述租船运输包括航次租船、定期租船和光船租船。航次租船在海商法中仍然属于海上货物运输中的内容，但鉴于其与上一章的班轮运输在法律调整上有较大的区别，因此单列一章。学生通过学习，应能区分班轮运输与航次租船的不同特性，掌握航次租船合同的基本条款及相关法律问题。从性质上讲，本章所述定期租船和光船租船属于船舶租用合同。定期租船部分要求学生明确定期租船合同与航次租船合同的区别，了解定期租船合同格式及定期租船合同的主要条款，重点掌握航区条款、停租条款、合法货物条款、租船人提示条款等内容。在光船租赁方面要求掌握光船租赁合同的性质及光船租赁合同的主要条款。扩展研究引导学生研究有关在起算装卸期间时容易出现的“到达船”问题，及在实践中常遇到的租船合同条款并入提单的效力问题。

第一节　航次租船合同

一、航次租船合同定义

航次租船合同又称为程租（voyage charter），是指船舶出租人向承租人提供船舶或船舶的部分舱位，装运约定的货物，从一港运至另一港，由承租人支付约定运费的合同。它是与班轮运输相对应的不定期运输方式，在航次租船运输的情况下，运输航线、装运港和目的港、运费率以及货物的装卸安排等均由租船双方在合同中约定，航次租船运输适合于大宗货物的运输。在航次租船合同下，出租人保留船舶的所有权和占有权，并由其雇用船长和船员，船舶由出租人负责经营管理，由出租人承担船员工资、港口使费、船用燃料、港口代理费等费用。承租人除依合同规定负担装卸费等费用外，不直接参与船舶的经营。《海商法》以“航次租船合同的特别规定”为一节，将其置于第四章“海上货物运输合同”中，强调了航次租船运输属于货运合同的特性。

Contracts to transport cargo from one place to another are called “**contracts of carriage**” or “**contracts of affreightment**”. The two terms are used interchangeably. The “players” in water-borne transport include the following: owners, the persons who own commercial vessels; charterers, persons who contract to use the carrying capacity of a vessel owned by another; shippers, persons who want their goods transported from one place to another; consignees, persons who are entitled to receive the goods after they have been discharged from the carrying vessel.①

二、航次租船合同的性质及其与班轮运输合同的比较

（一）航次租船合同的性质

关于航次租船合同的性质问题，历来存在着争议。一种观点认为，航次租船合同属于租船合同的范畴；另一种观点则认为，航次租船合同属于货物运输合同，理由是租赁合同重在使用，而运输合同重在服务。航次租船运输与提单运输一样，均由承运人或出租人负责船舶的营运组织，负责完成运输任务。承租人仅仅要求船舶所有人或出租人把货物运至目的港，船舶所有人通过其所雇用的船长和船员来占有和控制船舶，他并没有把这种权利转移给承租人，承租人取得的并不是使用收益权，他取得的是出租人提供的一种运输劳务服务，因此，航次租船合同不是财产租赁合同。另外，在航

Under a **voyage charter**, the owner of the vessel agrees to carry cargo from one port to another on a particular voyage or voyages. The vessel is manned and navigated by the owner's crew. A voyage charter may be used as a contract of affreightment—that is, for the shipper's purpose of sending its goods from the port of origin to a port of destination.②

① Robert Force, *Admiralty and Maritime Law*, US Federal Judicial Center 2004, p.41.

② Robert Force, *Admiralty and Maritime Law*, US Federal Judicial Center 2004, p.42.

次租船下，承租人支付的是运费，而不是租金。因此，从性质上说，航次租船还是属于货物运输合同。前一种观点将运输分为提单运输和租船运输：租船运输又包括了航次租船、定期租船和光船租船。后一种观点则将航次租船运输纳入货物运输的范畴。我国《海商法》即采用了后一种主张，将航次租船合同在第四章“海上货物运输合同”单列一节。但是出租人不是班轮运输的承运人，也不是公共承运人，因此，该章以特别规定的形式对航次租船合同进行了规定。与有关提单运输的规定不同，该节的规定除有关适航和不得不合理绕航的规定外，均为非强制性的，只有在航次租船合同没有约定时或没有不同约定时才适用。

如上所述，航次租船合同虽然名称上采用了租船，但它实际上是货运合同的一种，航次租船合同符合海上货运合同的本质特征，即以船方提供运输服务为主。通常情况下，航次租船合同承租人除负责约定的运费和约定的装卸费用外，包括营运成本、航次成本在内的其他费用均由出租人负责，出租人仍然承担运输货物的合同义务，并负责船舶的管理和航行，因此，具有租船之名的航次租船合同实际上是货运合同的一种。航次租船多用于大宗货物的国际海上运输，从运输的角度上讲，出租人实际上处于货物合同承运人的地位，航次租船的承租人多是货运合同中的货方。

（二）航次租船运输和提单运输的比较

航次租船运输和提单运输既有相同点，又有不同点。其相同点主要表现在：首先，两者都属于海上货物运输合同；其次，两者都由船方（承运人或出租人）负责船舶的营运组织，完成运输任务；再次，两者都由货方（托运人或承租人）支付约定的运费。两者的不同点主要为：

1. 在主体方面，班轮运输中的承运人是公共承运人，而在航次租船下承担运输的是私人承运人。作为班轮运输合同的承运人的班轮公司，如无特殊原因，不能拒绝运送托运人的货物，此种运输以固定航线、固定船期、固定运费率向所有托运人提供运输服务，对所有托运人一视同仁。而程租合同的出租人可以拒绝他人的租船请求，只承运与其签订租船合同的承租人的货载。

2. 在决定货载的权利方面，在班轮运输下，船舱在有剩余空间的情况下，承运人仍可接受其他人的订舱单装货。而在程租中，出租人对于出租的整船或部分舱位在未经承租人同意的情况下，不能将空舱位提供给他人装货，因承租人已约定租整船或船舶的部分舱位，当然，承租人对于空出的舱位需要支付亏舱费。

3. 对船舶的要求上，班轮运输注重货物的性质和数量，而对船舶，只要是适航的，在其他方面一般没有特殊的要求，所以一般都允许使用代替船舶，提单上往往载有代替船舶条款和转运条款。而程租合同则注重船舶的特性，合同中往往都订有船舶说明条款，出租人应按约定提供船舶。

4. 在运费上，班轮运输一般依固定的费率收取运费，订有运价表，按所运货物吨数或体积乘以运价计算运费；而程租合同的运费由双方协议确定。即在程租的情况下是竞争价，在班轮的情况下是垄断价。程租合同的运费按市场供求协商决定，运费计算办法按约定吨位计算或包干运费，前者按约定吨位及每吨约定运价计算，后者只规定一个总金额。

5. 在航线及期间上，班轮运输是定期船，航次租船运输是不定期船；班轮运输托运人没有任意选择航线的权利，而程租则没有定期及固定航线的约束，完全由双方协商决定。

6. 在货物的装卸上，班轮运输一般由班轮公司安排泊位进行装卸，合同一般不对装卸时间及滞期费进行约定；而在程租合同中，由于时间损失在船方，因此有装卸时间和滞期费、速遣费的规定。

7. 在法律关系的调整上，班轮运输是法律调整，而航次租船运输是合同调整。由于班轮运输中托运人往往处于不利的谈判地位，合同条件一般都由承运人拟定，所以，许多国家都通过立法来制约提单条款，规定承运人应承担的最低限度的责任和义务；而租船运输双方的谈判地位则至少在理论上是平等的。因此，我国《海商法》有关航次租船的规定除了两条强制性规定外，均为任意性条款的规定。

三、航次租船与买卖合同的关系

承租人可以是国际贸易的买方，也可以是国际贸易的卖方。依国际货物买卖合同约定采用的贸易术语的不同，安排运输的当事人也不同：在采用FOB贸易术语的情况下，由买方负责运输；在采用CFR和CIF的情况下，由卖方负责运输。不论是卖方还是买方负责运输，在租船时均应注意与买卖合同的协调，并符合下列要求：

1. 所承租的船要与装货港和卸货港相适应。装卸港在船长、船高、吃水等方面会有某种限制，例如，在“新波罗斯波”一案[①]中，买方所租的船因吃水太深，不能进出可供卖方选择与

① *The* “*New Prosper*” [1991] 2 Lloyd’s Rep. 93.

指定的装货港口。在“尼泽提”一案[①]中，租船人租了一条被装港当局列入黑名单的船，无法承运约定的货物。

2. 所租船舶要与买卖合同规定的付运期一致。在某案中，由于买方承租的船舶没能准时抵达装货港，使卖方不能在付运期内合理地将货物装上船舶，卖方因此而中断了合同。[②]

3. 所租的船应适合买卖合同规定的货物。例如，买卖合同涉及的货物对通风设备有要求，负责租船的一方当事人即应承租具备适当通风设备的船舶，否则即属违约。[③]

四、航次租船合同的格式

为了简化租船合同的谈判过程，国际上的航运民间组织制定了一系列的租船合同标准格式。目前，国际上常用的航次租船合同格式有：

1. 统一杂货租船合同（Uniform General Charter），简称“金康合同”（GENCON），由波罗的海国际航运公会于1922年公布，并经1976年及1994年两次修订。程租与期租不同，期租有95%使用的是纽约土产标准合同（NYPE），程租标准合同的使用则没有这么高的集中率，但金康合同的使用仍是最多的，特别是在亚洲。

2. 北美谷物租船合同（North American Grain Charter Party），简称“NORGRAIN”，是由美国船舶经纪人与代理人协会、波罗的海国际航运公会、北美谷物出口协会等组织于1973年公布，1989年修订的。

3. 油轮航次租船合同（Tanker Voyage Charter Party），简称“ASBATANKVOY”，由美国船舶经纪人与代理人协会制定，其前身是油轮航次租船合同（EXXONVOY1969）。

4. 澳大利亚航运公会谷物租船合同（Chamber of Shipping Australian Grain Charter1928），简称“AUSTRAL”。

5. 波罗的海木材租船合同（Chamber of Shipping Baltic Wood Charter Party1973），简称“NUBALWOOD”。

---

① *The* “*Nizeti*” [1960] 1 Lloyd’s Rep. 132.

② *Bunge v. Tradax* [1981] 2 Lloyd’s Rep. 1.

③ *The* “*Ross Isle*” [1982] 2 Lloyd’s Rep. 589.

五、航次租船合同的主要内容

依我国《海商法》第93条的规定，航次租船合同的内容主要包括出租人和承租人的名称、船名、船籍、载货重量、容积、货名、装货港和目的港、受载期限、装卸期限、运费、滞期费、速遣费以及其他有关事项。下面结合采用较多的金康合同的内容阐述航次租船合同的主要内容。

（一）船舶说明（description of vessel）

船舶说明是出租人对船舶的情况在合同中所作的陈述。该陈述使船舶特定化，它是承租人决定是否租用该船的重要依据，因此，它是航次租船合同的重要内容。出租人必须保证其陈述的正确性。出租人提供的内容不正确在英美法国家中被称为“误述”，指出租人对船舶的陈述与事实不符。关于“误述”的后果，英国法区分三种情况有不同的处理：第一，在欺诈性误述的情况下，承租人可以解除合同，并可以提出损害赔偿。第二，在疏忽性误述的情况下，承租人可以提出损害赔偿，但对于是否可以解除合同，则由仲裁庭或法院依公平原则来确定。第三，在无过错误述的情况下，其处理与第二种基本相同，只是误述方如能证明在订立合同时，他有合理的理由相信其所作的陈述是真实的，就可以不负赔偿责任。依美国法，如出租人有误述，承租人可请求损害赔偿，但不能解除合同。但如果误述促使承租人订约，且误述破坏或严重妨碍了承租人租用船舶所要达到的目的，则承租人既可解除合同，又可提出损害赔偿。我国《海商法》对误述没有专门的规定，有关问题应依民法的一般原则。船舶说明的事项主要包括下列内容：船名（vessel's name）、船舶国籍（vessel's nationality）或船旗（vessel's flag）、船级（vessel's class）、船舶吨位（vessel's tonnage）和船舶动态（vessel's position）等项。

在船舶说明方面，金康合同只对船名、总吨位与净吨位、货物载重量三个方面进行了规定，由于总吨位与净吨位主要是针对港口使费，而这两笔费用在程租下是由船东自己负责的，所以，这两项说明对租船人的意义不大。租船人为了保障自己的利益，应在标准金康合同的基础上，通过附加条款针对合同的具体情况对船舶说明进行补充：

1. 针对装卸港口与地点。在租船合同中加入有关船长、船宽、船高、吃水等的内容，因为租方指定的装卸港口与地点如在这些方面有限制，在租船合同没有订明的情况下，船东不可能依这些限制提供适合的船舶。

2. 针对装卸作业。如果货物的装卸需要使用叉车，则需要船舶出租人保证船舱没有妨碍，并能使用叉车。如卸货需要使用抓斗，则需要船东保证船舱能够适于抓斗的使用。如在这些方面没有适当的安排，会带来装卸时间延误并产生滞期费、额外装卸费用等损失。

3. 针对船上的装卸设备。如果装卸港都有岸上的装卸设备，则租船人可以不必过多地考虑船上的装卸设备情况，但如果岸上没有装卸设备，货物的装卸就得依靠船上的装卸设备，租船人应注意在合同中加入有关船上吊杆的吊力、吊杆跨距、类型、速度等内容。否则会引起不必要的损失。如在某案中，由于船上吊杆吊不起货物，岸上又没有岸吊可租用，被迫转港，造成了延误，引起了费用的损失。

总之，租船人应针对买卖合同中涉及的货物情况、装卸港口的情况等要求在船舶说明中加入适当的内容。

（二）预备航次（preliminary voyage）

船舶在上一个卸货港时达成一项租船合同，则船舶驶往下一个租船合同的装货港的空放航次被称为预备航次。

预备航次是租船合同的一部分，船方在预备航次中应尽责速遣，否则，船方须对因延迟而造成的承租人的损失负赔偿责任。此外，预备航次还涉及下列两项内容：

1. 受载日（laydays date）。受载日是租船人可以接受船舶并进行装货的最早日期。如船舶在受载日以前到达并已做好了装货准备，租方依合同可以拒绝装货，一直等到最早受载日才开始装货，这就造成了船舶的脱期。租船人可以接受船舶的一段时间就是受载期。一般来说，船方希望受载期订得长些，以免船舶脱期。而租方则希望受载期订得短些，这样容易备货。如船舶未能在受载期到达，则承租人得向出租人索赔因延迟而造成的损失。

2. 解约日（canceling date）。解约日指合同中规定的船舶应到达装货港的最迟日期。船舶如迟于解约日到达装货港，租船人有解除合同的选择权。租船人的解约权是绝对的，不受租船合同中一般免责条款的影响。因不可抗力延期到港，船方可以免责，租方仍有权解除合同，但不能要求赔偿损失。船方因疏忽或过失迟延到达，租船人不但可以解除合同，而且可以要求赔偿损失。即使船方明知不能在解约日前到达，只要租方不提出解除合同，船舶仍应驶往装货港。例如，在某案中，某轮由于在香港修理而不能在解约日前赶到装货港，船舶所有人为了避免空跑一趟，到达装货港仍遭解约，于是询问租船人是否愿意接受该船，本来合同中无质询条款，租船人完全可以不作答复，等船舶到达装货港后再表明是否取消该船。当时租船人正好未备好货，因此就答复船舶所有人不用再来装货港了。该答复使船舶所有人不必空跑一趟，而船舶所有人却向法院起诉，称租船人的复电构成了事前毁约，要求赔偿。法庭结果确实判租船人事前毁约，因为，当时船舶所有人只是问租船人是否取消合同，并没有表示不再履行合同，是租船人首先用明确的语言表明不再履行合同的意图，因而在法理上构成了事前毁约。

鉴于实践中常常出现此种现象，金康合同中就加入了质询条款（interpellation clause），即规定在承租人接到出租人或船长询问船舶于解约日后抵达是否会取消租船合同时，租船人应在一期限内答复的条款。询问要严格按条款的要求，即船东向租方说明船舶无法赶上解约日，并说明新的估计可装货的日期，并请租船人宣告是否取消租约，或重新确定一个新的解约日。如果没有依条款要求行事，会被视为非条款下的询问，导致租船人没有回答的责任①。我国《海商法》第97条针对该实践也作出了一条任意性的规定，该规定只有在合同中没有约定时才适用。该条规定："出租人在约定的受载期限内未能提供船舶的，承租人有权解除合同。但是，出租人将船舶延误情况和船舶预期抵达装货港的日期通知承租人的，承租人应当自收到通知时起四十八小时内，将是否解除合同的决定通知出租人。因出租人过失延误提供船舶致使承租人遭受损失的，出租人应当负赔偿责任。"

此外，如船舶在解约日前到达，租船人却因未备好货等原因而造成船舶不合理的延误，此时，船方也可以解除合同。但此项权利必须小心行使，不合理的撤船会被认为是违约行为。

（三）有关货物的条款

1. 货物的类别。合同中应规定货物的货类、货名、包装等内容。如承租人提供的货物与合同不符，出租人有权拒装货物。因提供的货物与合同约定的货物不同引起的损失应由承租人承担。有些货物需要经过适当的处理才能符合合同的规定，如租船人提供的货物未经该适当处理，租船人应对由此引起的损失负责。在某案中，一批经过"抗氧化处理"的鱼粉从秘鲁运往中国，鱼粉在卸货时起火，为了扑灭火，船舶所有人支付了额外的费用，因而向承租人索赔55 000美元。仲裁庭认为，租船人违反了合同，鱼粉在国际海事组织颁发的《国际危险品运输规则》中列为第9级，鱼粉一旦发生氧化，将释放出大量热量，因而需要经过适当处理才能安

① *The* "*Helvetia-S*" [1960] 1 Lloyd's Rep. 540.

全存放。租船人在该案中提供的货物是“非适当处理的鱼粉”，因而不符合租船合同规定的货物品名，租船人负违约责任。租船人不服上诉至英国法院，法院基于同样的理由驳回了租船人的上诉[①]。

2. 货物的数量。在租船合同中，对于货物的数量通常只规定一个约量，例如，规定“10 000吨，±5%，船方选择”。在装货前，船长须根据将要履行的航次情况，确定燃油、淡水等的储备量，计算出本航次的净载重量，然后向承租人宣布本航次可以承载货物的数量，船长的这种做法被称为“宣载”。宣载的数量不能超出上述规定的范围。如承租人不能提供船方宣布的载货量，不足部分应由承租人向出租人支付空舱费。如载货量不能达到宣布的载货量而造成退装，则出租人应赔偿承租人因退装而引起的损失，包括仓储费、汽车运费、退关费等费用。如“曙光”轮船长宣载例[②]为：

DECLARTION
I hereby declare that the M.S ."SHUGUANG" has a DWTC of ____________ Metric tons Summer and /or a capacity of ____________ CU. FT. bale and ____________ M.T. grain. Yours truly Master M. S ."SHUGUANG"

① *The* "*Amphion*" [1991] 2 Lloy's Rep. 101.

② DWTC：Dead Weight Tonnage of Cargo，货物载重吨位；

CU.FT：cubic foot，立方英尺；

M.T.：measurement ton，丈量吨，尺码吨；

Dead Freight：空舱费或亏舱费；

M.S.：mail steamer，邮船，在船名前一般加M.S.。

中文意为：宣载书：兹有我轮“曙光”号按夏季载重线可受载 ________ 吨，货物拥有 ________ 立方英尺包装容积，________ 尺码吨散装容积。

“曙光”船长

宣载的效力如图5-1所示。

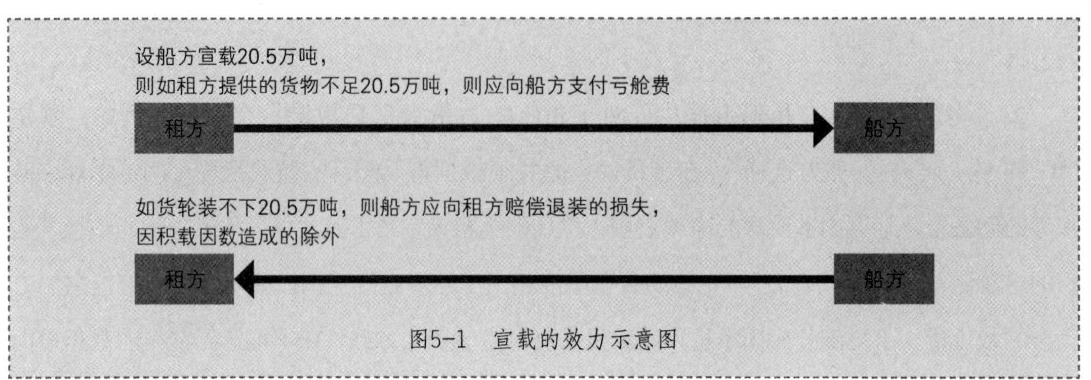

图5-1 宣载的效力示意图

3. 积载因数。积载因数是每公吨货物所占的立方英尺的空间。将上一条款规定的货物数量装载到适当的船上并不是一件容易的事，还会涉及积载因数的问题。由于货物是多种多样的，同样重量的货物，轻泡货（如棉花）所需的空间要大于重量货（如钢材）所需的空间。只有了解了积载因数，才能正确地判断船舶在载重吨或舱容上是否适合该货物。由于承租人了解其货物的性质，因而积载因数通常是由承租人提供的。一个谨慎的船东会要求保证货物具有一定的积载因数，以保证最低限度的运费收入。因为运费是依货物的重量来计算的，如货物很轻，则一票货物可能在占满舱容的情况下，重量却没有多少，计算出来的运费也会减少。上述提到的亏舱费或短装损失索赔常常是由于积载因数不正确造成的。

（四）装卸港口

1. 装卸港口的规定方法。装卸港口的规定方法有两类：一种是明确订明装卸港的数目和名称，在这种情况下，承租人必须事先能确定装卸港，否则，如果事后要求改港，船东可以索赔损失或拒绝改港。另一种是笼统地规定一个装卸区，例如，规定卸货港为“中国或上海/大连区”，由承租人选择其中的港口。对于租船人选择港口的时间，合同有约定的，应依约定。金康合同对指定装卸港期限没有规定，如租约没有规定，则租船人指定装卸港的期限是应在“合理时间内”。合理指时间足够，不会使船东因此受损。过了合理时间没有指定港口，使船方由于等待承租人指明卸货港而造成延迟，船方可以要求承租人赔偿因此而引起的损失。[①]对于港

① *The* “*Timna*” [1971] 2 Lloyd’s Rep. 91.

口应于何时是安全的，只要在指定当时，该港口或地点应是当时及可预见能安全使用的即可。[①]

2. 多个港口指定的顺序。如船方在租船合同中允许租船人使用一个以上的装卸港，应注意订明按地理上的顺序指定。否则会造成船方由于在不同的港口之间来回航行引起的损失。英国曾有案例判租船人有默示责任按地理上的顺序指定港口，但后来的一个伦敦仲裁否定了这个默示条件。[②]因此，船方为了避免争议，应订明依地理上的顺序指定港口。

3. 安全港口。在航次租船合同中，港口可以由租船人指定，也可以在合同列明，这两种情况对港口的安全责任是不同的。对于已列明的港口，安全的风险由船方承担；[③]而对于租船人指定的港口，其安全由租船人负责。[④]安全分为实质上的安全和政治上的安全：

（1）实质上的安全。指该港口可供船舶在空载和满载的情况下均能驶进和驶出。这方面的索赔会涉及船舶的损坏，额外费用，及因此带来的对第三者的责任等。多数不安全港口的案例涉及的是实质上的问题。例如，在某案中，船舶在卸载后无法穿过曼彻斯特河道上的桥梁，需要割掉部分桅杆才能穿过，引致船方索赔因指定不安全港口而引起的损失。[⑤]

（2）政治上的安全。指船舶可以安全驶进和驶出港口，不会遭受扣留、没收、拿捕等危险。有关政治上安全的案例较少，但由于当今世界上不稳定的因素较多，政治上的安全也应是考虑的因素。美国曾有一案例是关于一船曾去过以色列，后又去了阿拉伯国家港口，该案认为后者是不安全港口。[⑥]

（五）装卸期间（laytime）

装卸期间是合同当事人双方约定的货物装船或卸船而无需在运费之外支付附加费的期间。航次租船合同中有装卸期间的规定是因为航次租船下的时间损失在船东。如非由于船舶所有人的原因，租船人未能在装卸期间内装货或卸货完毕，则须按超过的时间向船方支付滞期费。如租船人在装卸期间届满前完成装货或卸货，则由船方向租船人支付速遣费。滞期费是一种违约

---

① *The* "*Evia*" (No.2) [1982] 2 Lloyd's Rep. 307.

② *The* "*Hadjitsakos*" [1975] 1 Lloyd's Rep. 536.

③ *The* "*Houston City*" [1954] 2 Lloyd's Rep. 148.

④ *The* "*A.P.J.Priti*" [1987] 2 Lloyd's Rep. 37.

⑤ *The* "*Innisboffin*" (1920) 5 LI. P Rep. 190.

⑥ Pan Cargo Steamship Co. v. U.S. 234F. Supp.623.

赔偿，滞期费只适用在装卸延误的违约，对其他租船人的违约带来延误并不适用。由于装卸期间易起争议，波罗的海国际航运公会（BIMCO）、国际海事委员会（CMI）、英国全国航船经纪人和代理人协会联合会（FONASBA）、伦敦英国航运总会（GCBS）于1980年12月联合发布了《租船合同装卸时间定义》（以下简称“1980年定义”）。后国际海事委员会及波罗的海国际航运公会等又联合草拟了该定义的新版本，新版本于1993年在国际海事委员会代表大会、英国全国船舶经纪人和代理人协会联合年会上分别被批准，名为《航次租船合同装卸时间解释规则》（以下简称“1993年规则”）。该两规则在性质上讲均属于惯例，对当事人具有任意的效力，主要在当事人没有约定时或没有不同约定时采用。如图5-2所示。

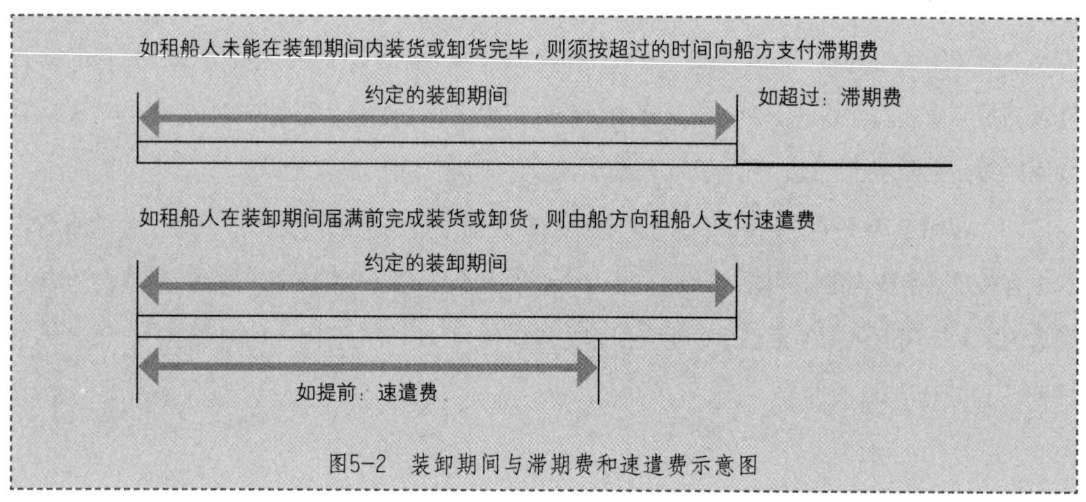

图5-2　装卸期间与滞期费和速遣费示意图

1. 装卸时间的确定方法。在合同没有规定装卸时间的情况下，租船人只要在合理时间内装完卸毕，即不构成违约，因此，装卸时间的延误风险多数由船方承担，从以往的案例可以看出，港口拥挤①、罢工②、港口当局干预③、天气等自然原因④等造成的延误的时间损失风险均由船方承担。在没有订明装卸时间的情况下，唯一可让租船人承担时间损失风险的是因其违约而导致延误。例如，由于租船人提供的货物有缺陷的延误，再如租船人未备妥货物待装造成的延误等⑤。

---

① *Postlethwaite v. Freeland* (1880) 5 App. Cas. 599.

② *Castlegate Steamship Co. Ltd. v. Dempsey and others* (1892) 1 QB 854.

③ *Good & Co. v. Isaacs* (1892) 2 QB 555.

④ *The* “*Otava*” (1922) 12 Ll. P Rep. 63.

⑤ *The* “*Dimitrios N. Rallias*” (1922) 13 Ll. P Rep. 196.

租船合同约定装卸时间的方法主要有：

第一，在合同中直接规定装卸时间的具体日数或若干时，或通过规定装卸率间接规定装卸期间。装卸期间的确定有下列几种方式：

每天 ________ 吨（英文：per day ________ ton），计算方式如下：

$$\text{装卸时间}=\frac{\text{货物数量}}{\text{装卸率}}$$

每舱口每天 ________ 吨（英文：per hatch per day ________ ton），计算方式如下：

$$\text{装卸时间}=\frac{\text{货物数量}}{\text{日装卸率}\times\text{舱口数}}$$

每工作舱口每天 ________ 吨（英文：per working hatch per day ________ ton），计算方式如下：

$$\text{装卸时间}=\frac{\text{最大货舱的货物数量}}{\text{每舱口日装卸率}\times\text{该货舱服务的舱口数}}$$

第二，按习惯尽快装卸（Customary Quick Despatch，CQD）。在此条款下，装卸作业应在合理时间内完成，何为合理时间依个案而论。“1980年定义”对此也没有固定的装卸时间，由于操作性较差，在“1993年规则”中已删除了此项规定。而实践中仍然会看到CQD的采用。该条件对船东不是很有利，主要是很难证明租方没有合理尽快装卸，该条款也主要用于与船东有长期关系的租方，实际上给予了租方在装卸期间的计算上以最大的宽容。

在合同中订明装卸时间时，装卸时间的损失风险在租船人。如果是由于船方违约造成时间损失，租船人可向船东索赔。如果由于自然灾害或第三方等外来原因引起时间损失，则应由承担时间损失风险一方自负。

2. 装卸时间的表达方法。在用装卸率的方法确定装卸时间时，通常采用下列方法进行描述，例如，“每工作日1 000公吨”，“每工作日”是条件，表明仅计算工作日，星期日及假日不计，“1 000公吨”是数量。条件的表示方法主要有：

日或连续日（day or running days），指从午夜至午夜，连续24小时的时间。依此种表述，从装卸开始至结束，整个天数包括节日和假日均在内，都计入装卸时间。这种计算方法对货方不利。

工作日或连续工作日（working days or running working days），指不包括星期日和法定节假日的港口可以进行工作的日数，影响工作的非晴天工作日也应计算在内。“假日”依“1980年定义”指本可以用来装卸工作，但依当地法律或习惯中止工作的时间。由于各国的节假日不完全相同，在处理争议时，仲裁员常依波罗的海国际航运公会每年编印的世界各地港口的节假日历表来对节假日进行判断。

晴天工作日（weather working days，简称WWD），指不包括星期日、法定节假日和影响工作的非晴天日的港口可以工作的日数。由于不同的货物对天气的要求不同，如装卸新闻纸与装煤对天气的要求是不同的，因此，“1980年定义”指晴天工作日是不受天气影响，可进行装卸作业的时间，也有人译为“良好天气工作日”。

24小时晴天工作日（weather working days of 24 hours），指以累计24小时为一个晴天工作日。例如，如港口的一个工作日为8小时，则3日为一个晴天工作日；如果港口工作时间是24小时，则同正常的“工作日”。

连续24小时晴天工作日（weather working days of 24 consecutive hours）。指不包括星期日、法定节假日及非晴天工作日的连续24小时为一日的日数。依这种表述方法，不论港口的正常工作日规定为几小时，均按24小时计算。这样可以避免“24小时晴天工作日”跨几个正常工作日的情况。工作时间或非工作时间下雨均扣除，扣除后累计24小时为一个连续24小时晴天工作日。与“晴天工作日”的区别是，如港口工作时间不是24小时，而是8小时，如在8小时内下雨3小时，则为5小时的晴天工作时间，而依“连续24小时晴天工作日”应为21小时的晴天工作时间。

3. 装卸期间的计算。装卸期间的计算应自接受准备就绪通知书若干小时后起至装/卸完毕止，但排除合同中订明不计算装卸时间的事件所用的时间。例如，金康合同规定，如准备就绪通知在中午之前递交，装卸期间从下午1时起算；如通知书在下午办公时间递交，装卸期间从下一个工作日上午6时起算。准备就绪通知（Notice of Readiness，NOR）是船方通知租船人船舶已准备就绪，可以开始装货或卸货的通知。

如曙光轮准备就绪通知书格式示意如下：

NOTICE OF READINESS

M. V. “SHUGUANG”

This is to advise you that the above named vessel arrived at ________ (place) at ________ (time) hrs. on ______ (day) and the formalities for entering the port were passed at ______ hrs. on ______ .

Now she is in all respects ready and fit to load/discharge her cargo.

Notice of Readiness tendered at ____ hrs. on __20__

The Master of M. S.“SHUGUANG”

Notice of Readiness accepted at ____ hrs. on __20__

As Agents

该通知书的递交须满足“抵达”和“准备就绪”两个条件：

（1）抵达。一般说来，在采用港口租船合同的情况下，船舶一般应到达港口的商业区才算抵达；在采用泊位合同的情况下，船舶应到达指定的泊位。关于什么是“抵达”的判断在实践中不是一件易事。因为一个港口通常会划分为几个区域，如检疫区、法律管辖区、商业区等。商业区一般指有装卸货物设施的区域。一般意义上的法律管辖区指该国法律管辖的区域；行政意义上的管辖区指港口当局管辖的区域；法律管辖区往往大于商业区。有关船舶是否抵达的争议往往出现在“等泊的地点”是否算做商业区的问题上。随着航运业的不断发展及港口的使用率的提高，加之船舶造得越来越大，使得港口越来越拥挤。船舶抵港有时要在很远的地方锚泊等候数日。如果“等泊的地点”属于商业区，则等泊造成的时间损失就应算在承租人的身上；如果“等泊的地点”不算商业区，则等泊的时间损失就由船舶所有人承担。

国际航运界在有关“港口”的理解上趋于放宽，依波罗的海国际航运公会、国际海事委员会、英国全国船舶经纪人和代理人协会联合会、国际干货船船东协会（INTERCARGO）联合颁布的1993年规则的规定，“港口”是指船舶装货或卸货的区域，而不论是在泊位、锚地、浮筒或类似地点装货或卸货。港口亦包括船舶等待依次进港的惯常地点，以及船舶按指示等待依次进港或必须等待依次进港的惯常地点，而不管该地点与上述区域距离远近。可见，抵达惯常的等待进港的地点即可认为船舶已抵达。

泊位合同是指在租船合同中列明了装卸货物的泊位或码头的租船合同。由于泊位和码头是相对明确的概念，因此问题较少。此类合同对船方是很不利的，因此，船方常常加入其他条款，以便将抵港后不能到达泊位的时间风险转移给租船人。

在泊位合同下，船方加入的条款主要有以下几种：

第一，订明“到达后即可抵靠”（reachable on her arrival），即租船人保证在船舶到达港口后即提供一个可以利用的装货或卸货泊位，而该装货或卸货泊位在没有偶发事件的情况下，能使船舶安全而不迟延地抵靠。依有关的判例，在订入此条款的情况下，只要船舶抵达而无码头可靠泊，即可认为租船人违约，并应承担因此造成的时间损失。在这里基本不问造成不能靠泊的原因，除非此原因已在合同中特别进行了规定，或是船方违约，或是整个航次受阻，除此之外造成的不能靠泊的时间损失均应由租船人承担。

第二，订明“不论靠泊与否”（whether in berth or not），规定非船方的原因不能靠泊的，仍可递交准备就绪通知。将该段等待的时间算入装卸时间。此条款的运用是要求原因的，如果船舶不能停靠码头是由于天气、罢工等非港口拥挤的原因造成的，则船舶即使到达了港内仍不能算作抵达，不能起算装卸时间。可以看出，规定“到达后即可抵靠”比规定“不论靠泊与否”更能保护船方的利益。

> “**Whether in berth or not**” (WIBON) or “berth or no berth” shall mean that if no loading or discharging berth is available on her arrival, the vessel on reaching any usual waiting place at or off the port, shall be entitled to tender notice of readiness from it and laytime shall commence in accordance with the charterparty. Laytime or time on demurrage shall cease to count once the berth becomes available and shall resume when the vessel is ready to load or discharge at the berth. ①

第三，订明“等泊损失的时间计为装货或卸货时间”（time lost waiting for berth to count as loading or discharging），指在无装货或卸货泊位而船舶无法在等候的地点递交准备就绪通知书时，船舶损失的时间如同装卸时间已经起算一样计为装卸时间，如果装卸时间已经届满，则计为滞期时间。这种时间一直计算到有了泊位之时止。此条款适用于船舶还未到达时或无法递交准备就绪通知书时的情况，该条款是一个独立的条款，无需满足“抵达”和“准备就绪”这两个条件，只要事实上符合等待泊位的条件，就可以起算装卸时间，将等待泊位的时间损失转移给租船人。

（2）准备就绪。准备就绪包括两方面的含义：

第一，船舶在物理上准备就绪，指货舱适合装载合同中指定的货物。该准备不是指开航的准备，而是装船的准备，例如，燃料不足是未做好开航的准备，但对装货没有影响。装货的准备，一方面是货舱的清洁，另一方面是起货机、吊杆的正常使用。如果船舶只做好了装卸租船合同下部分货物的装卸工作准备是不足够的，准备就绪是指对租船合同下全部货物的装卸准备就绪。

第二，船舶在法律上准备就绪，指已办完了各项法律上的手续。这里的手续指影响船舶进行装卸作业的手续，而并非一切法律手续。例如，检疫是一种法律上的手续，在中国海事仲裁委员会作出的裁决中认为，检疫是联检的一部分，而通过联检又是一切外籍船舶进入我国港口的必要条件，因此，检疫不是例行的手续，租方有理由在船舶通过联检后接受准备就绪通知书。而英国的判例曾判对于非来自疫埠的船舶的检疫是一种例行的手续②，并不影响装卸的准备

① BIMCO, CMI, FONASBA and INTERCARGO: *Voyage Charterparty Laytime Interpretation Rules 1993*.

② *The* “*Delian Spirit*” [1971] 1 Lloyd’s Rep. 506.

就绪。认为如果检疫在任何时间都可以容易地获得，并且不会延迟装货，在这种情况下，检疫是多余的，获得检疫只不过是一种例行手续，它不影响准备就绪通知书的递交。当然，这种检疫只有在租船合同没有约定的情况下才能成为例行的手续，如果在租船合同中订有船长在检疫之后递交准备就绪通知书的规定，则这时的检疫就不再是例行的手续，而成了递交准备就绪通知书的先决条件。

4. 装卸时间的扣除。如果在合同中没有关于装卸时间扣除的规定，则装卸时间的计算是连续的，不管是否有星期日或假日。租船人为了保护自己的利益，通常会在合同中加入有关装卸时间扣除的规定。装卸时间一般扣除星期日、假日及非晴天工作日。此外，依港口的具体情况，有时租船人还会加入其他的扣除，例如，扣除噪声污染管制的时间等。

5. 有关计算装卸时间的变通条款。主要有以下内容：

（1）“不论靠泊与否”（whether in berth or not）条款。在泊位租船合同下，船舶必须到达指定的泊位才算“抵达”，才可以递交准备就绪通知。有时由于港口拥挤等非船方的原因，使船舶很难靠泊。为此，船方常常订入此条款，规定在由于非船方的原因而不能靠泊时，船长仍可以递交准备就绪通知。这样，船方就可以将等待靠泊的时间计入装卸时间，避免船期的损失。

（2）“除非已使用”（unless used）条款。该条款规定在装卸时间的扣除时间内，仍然进行装卸，应将装卸的小时数计入装卸时间。但将扣除的时间计入装卸时间时，不是以全日计算，而是以实际用来进行装卸工作的时间计算。

（3）“一旦滞期、永远滞期”（once on demurrage always on demurrage）条款。该条款规定一旦发生或进入滞期，装卸时间的扣除条款即不予适用。装卸工作超过了合同规定的装卸时间就进入了滞期，依上述条款，一旦进入滞期，星期日、假日、非晴天工作日等应在装卸时间内扣除的时间均应计入滞期，而不能扣除。

（4）“滞期非连续计算”（demurrage runs uncontionsly）条款。该条款规定在进入滞期后，装卸时间的扣除条款仍予适用，即不将装卸时间扣除的星期日、假日和非晴天工作日计入滞期时间。

（5）“可调剂使用装卸时间”（reversible laytime）条款。该条款允许将装货时间和卸货时间加在一起计算装卸时间，即如租船人在装货港节省了时间，节省下的时间就可以计入可用的卸货时间，使租船人有调剂使用装货与卸货时间的权利。

【案例】The "kyzikos"轮"不论靠泊与否"条款案[1]

本案是关于在"不论靠泊与否"(WIBON)条款下如何起算装载时间的案件。本案租方于1984年10月26日以金康(GENCON)格式与船东签订航次租船合同,租用船东的"Kyzikos"轮在意大利装钢制品后开往休斯敦港口卸货。双方在租约中订明了"不论靠泊与否"(WIBON)条款,即无论靠泊与否,装卸日期即开始计算。

1984年12月17日,该轮抵达休斯敦港口,船长及时递交了准备就绪通知书(NOR)。此时,该轮预定靠泊的泊位一直是可用的(available),但由于大雾导致港口引航站关闭,致使该轮于12月20日才靠上泊位。船东主张按"WIBON"条款以12月17日其递交了NOR后即开始起算装卸时间,租方则坚持本合同中的"WIBON"条款并不保护船东,由于泊位是空置的,马上可用的,并且船舶是由于租船人无法控制的原因不能靠泊的,因此,租船人坚持认为船舶在12月20日靠上泊位后才成为到达船,此时才可以起算装卸时间。

双方首先依仲裁条款由独立仲裁员进行仲裁。仲裁员认为,"WIBON"条款具有将泊位租约转化为港口租约的功能,即泊位租约下的船舶一旦抵达港口即可递交NOR从而起算装卸时间,至于泊位是否可以自由利用或被其他船占用,船舶是否因为泊位拥挤或其他原因而不能进入某泊位,则无关紧要。因此,判定船东胜诉,即应从12月17日递交NOR起计算装卸时间,由租方承担12月17日至12月20日船舶靠上泊位的这三天的滞期费。租方不服,向英国王座法院的商事庭提起诉讼。法官认为,"WIBON"条款的确具有将泊位租约转化为港口租约的功能,但这并不是绝对和无条件的,只有在港口拥挤、无可用泊位不能靠泊时,才能实际上将泊位租约转化为港口租约。商事庭推翻了仲裁裁决,判定租方胜诉,无需承担12月17日至12月20日三天内的滞期费,装卸时间自12月20日开始起算。船东不服判决,向上诉法院上诉。上诉法院又推翻了商事庭的判决,维持仲裁裁决。

(六)装卸费用条款

如果租船合同没有规定,在装卸费用的划分上,一般租船人应将货物交到船舷,由船方将货物接过来装进船舱内,而在卸港则由船方在船舷将货物交给货方,让后者将货物提走。金康合同第5条对装卸费用进行了规定,1994年金康合同对旧条款进行了一些修改。1976年金康合同给双方两种选择,即船方负担货物的装卸费用(gross terms)和船方不负担装卸费用(free

① *The* "*Kyzikos*" [1989] 1 Lloyd's Rep. 1.

in and out)，但由于现 在已很少使用gross terms的做法了，所以在1994年金康合同中已将gross terms删除了。航次租船合同有关装卸费用的分担可以采用下列几种方法：(1) 船方负担货物的装卸费用(gross terms)。在这种条件下，在装货时，承租人负责将货物运到船边船上吊钩所能达到的地方，然后由船方将货物从船边吊装进舱并平舱。在卸货时，船方的责任是用船上吊具将货物从舱内吊起越过船舷卸到船边，然后由货方运走。这种条件的分界在船边。该方式比较适用于包装货，不适用于散装货。(2) 船方不负担装货费用(Free In，FI)。例如，从中国租船运货到美国，中国租船人为有效地安排装货，就愿意自己安排装货，但不愿意安排在美国的卸货。这时就可以主张采用FI条件。(3) 船方不负担卸货费用(Free Out，FO)。例如，从中国租船到美国装货时，就有可能采用此种方式，以减少自己的麻烦。(4) 船方不负担装卸费用(Free In and Out，FIO)。但装卸过程不光是装和卸的费用，在此条件下，船方仍要负责杂货的积载和散装货的平舱费用。此外，如船方不特别注明，吊机手的开支也是由船方负责的。因为传统上吊机都是由船员操作的，船方如希望将此项开支列入承租人的账下，就要特别注明。(5) 船方不负责装卸和积载费用(free in and out and stow，FIOS)。(6) 船方不负责装卸和平舱费用(free in and out and trim，FIOT)。

除了上述装卸费用以外，还有一些在装卸港发生的费用，通常在合同中并无约定，在发生了费用时，双方均主张不应由自己承担。法庭的意见有时是看该项费用是为谁的利益发生的，在涉及一方的过失时，则要看该费用是因谁的过失引起的。例如，在一例有关卸货检验费的争议案中，某轮在从墨西哥港口运货往中国港口卸货时，收货人申请卸货港的进出口商品检验局对货物数量进行检验。承租人认为，卸港的货物检验是为了确定经过海上运输后在卸货港所卸货物的数量，检验费是常见的港口费用，应由船舶所有人承担。船舶所有人则认为，该项检验是为了收货人自己的利益进行的，因此检验费应由收货人自负。仲裁庭认为，检验结果表明该轮所卸货物确实短少。同船舶所有人应赔偿承租货物短少损失一样，货物短少的检验费应由船舶所有人负担。该案是依费用的发生与货物短少责任的联系来确定费用的承担的。在另一案中，承租人认为其为船舶所有人垫付了在装港的水尺测量、初检、船舱检验、抽样、监装等港检验费，由于与运输有关，属于常见开支，应由船舶所有人支付。船舶所有人则认为，上述费用是为承租人及货方的利益支出的，不应由船舶所有人负担。仲裁庭认为，为确定船舶是否超过租船合同规定的吃水而进行的吃水检查，为确定船舶是否适货、是否已就绪而进行的初步检验和对货物的检验，均应由船舶所有人负担费用。货物的抽样检查是为了货方或租方的利益，检验费不应由船舶所有人负担。货物的监装是装货作业的一部分，不应由船舶所有人负担费用。可见，仲裁庭是从为履行谁的责任和为谁的利益两方面来确定应由哪方承担费用的。

（七）运费条款

运费是对出租人提供的服务所支付的报酬。运费的表现形式主要有两种：

1. 运费率（pro-rate freight）。指按所载货物的每单位容积所表现的金额。例如，每公吨35美元或每40立方英尺35美元。

2. 整船包价（lumpsum freight）。指按提供的船舶规定的一笔整船运费。例如，包价100万美元。在整船包价的情况下，不管实际装货多少，一律照付全部运费。其特点是只要船上有惯常可供装货的空间，或载重吨充分可让租船人使用，货物装多装少均与船方无关，运费均需支付，因此也没有亏舱费的问题。

在以运费率计算运费时，应确定依什么货量，因为货物在运输的不同阶段，其重量因装卸操作、途中挥发等原因通常是有出入的。货量可以采用装入量，也可以采用卸出量。装入量是指由发货人在装货港提供并记入提单，经船长核定后签字的提单货量。卸出量是由收货人在卸货港对货物进行称重后确定的重量。

运费的支付方式有两种，即运费预付和运费到付，运费预付一般是在签发提单时支付运费。运费到付一般在船舶到达目的港后支付。

（八）责任终止和留置权条款

该条款规定，在货物装船完毕后，租方对租船合同的责任即告终止。但在合同所规定的运费、空舱费和滞期费等费用未付清之前，船方对货物有留置权。产生该条款的原因是由于在交通及通信不发达的古代，联络和汇款均十分困难，承租人在装货后认为自己已经履行了买卖合同上的责任，不愿再牵涉到以后对船舶所有人所负的责任中去，因此与船舶所有人约定，有关费用与收货人结算。船舶所有人也认为既然货物在其控制之下，收取这些费用不会太困难，因此也愿意这样的安排。在实践中，有些船舶所有人忽视这一条款，到了目的港即放货给收货人，结果，当其向租船人索取滞期费时，租船人会以责任终止条款为由拒绝支付，而此时船舶所有人已将货放跑，无法对收货人行使其留置的权利。

值得注意的是，租方责任的终止与船方留置权的行使具有共存的特点，即当船方的留置权不能行使时，则租船人的责任也不能终止。例如，在某案中，在卸货港吉大港，由于巴基斯坦政府有紧急法令，不准对该批以政府为收货人的货物进行留置，结果租方的责任也不能终止。[①]

我国《海商法》第78条也规定了承运人的该项留置权："收货人、提单持有人不承担在装货港发生的滞期费、亏舱费和其他与装货有关的费用，但是提单中明确载明上述费用由收货人、提单持有人承担的除外。"即船方不能为了装货港的费用而留置收货人的货物。英国法在这一点上与我国法律的规定不同，依英国法，如果租约写明可为滞期费留置货物，则包括装卸港的滞期费。[②]

承运人可以行使留置权的债项主要有：

1. 未支付的运费。对于到付运费，有义务支付该笔费用的收货人，同时也是货物的所有人，因此，承运人可以因未支付的到付运费而留置货物。但对于预付运费，一般承运人不能留置货物，因为，有义务交付预付运费的人是托运人，而不是收货人，承运人只能留置债务人的财产，因而对于未付的预付运费，承运人无权留置属于收货人的货物。

2. 未支付的滞期费。我国《海商法》规定，承运人有权因未支付的滞期费而留置货物。而依英国法，承运人只能通过合同来赋予承运人因未支付的滞期费留置货物的权利，因而是一种"合同的留置权"。对于是否承运人因装港和卸港的滞期费均能留置货物，各国的做法略有不同。依英美法，只要合同有约定，承运人不论是因装港还是因卸港的滞期费均可留置货物。而依大陆法，只可因卸港的滞期费留置货物。因为装港的滞期费一般是由发货人支付的。但如果承运人在提单中明文规定，因装港的滞期费也可留置，并提醒提单的受让人，承运人有此项留置权，则承运人可以为获得该笔费用留置货物。

3. 共同海损的分摊。共同海损是为了航行中船货的共同安全而发生的，因此，货物的所有人有义务进行分摊，承运人自然也可以因未收取的共同海损的分摊额而留置货物。

此外，我国《海商法》还规定，承运人因其为货物垫付的必要费用以及应当向承运人支付的必要费用未付清，又没有提供适当担保的，也可以在合理的限度内留置货物。留置权的行使以占有为条件，其方式主要有两种，即船上留置和岸上留置。船上留置即不卸货，但有费用产生；岸上留置时，承运人会受到港口场地的限制，如承运人除将货物交收货人外，没有存放货物的场所，则承运人就将因失去对货物的占有而丧失留置权。

---

① *The* "*Sinoe*" [1972] 1 Lloyd's Rep. 201.

② *The* "*Anwar al Sabar*" [1980] 2 Lloyd's Rep. 261.

（九）出租人的责任条款

租船合同不受《海牙规则》的管辖，因此，航次租船合同中有关货物损害责任的条款，得由出租人和租船人双方协商确定，法律上无强制规定。例如，金康合同所规定的出租人的义务就大大低于《海牙规则》的有关规定。依该格式合同第2条的规定，“对货物的灭失、损害或延迟交付，只有当灭失、损害或延迟是由于货物积载不当或疏忽（托运人、承租人或其装卸工人或受雇人员自行积载的除外），或者由于船舶所有人或其经理人本人未尽适当谨慎使船舶在各方面适航，保证妥善配备船员，装备船舶和配备供应品，或者由于船舶所有人或其经理人本人的行为或不履行职责所致时，船舶所有人才予以负责”。在实践中，更多的做法是删除上述条款，用附加条款说明出租人对货物的责任与免责适用《海牙规则》。

（十）绕航条款

金康合同中有关于绕航的免责条款，又称“自由绕航条款”，其第3条规定：“船舶有权为任何目的以任何顺序挂靠任何港口”。该条款的措辞看似广泛，而以往的案例还是有一定限制的，如只允许沿着航线的港口挂靠，而不能严重偏离，次序也不应过于颠倒。另外，绕航也不是为了“任何事情”，应只限于为修理、加油、装卸其他货物等原因而绕航，即这些事情须与航次有关。租船运输与班轮运输不同，租船运输没有严格的航线和挂靠港口，该条款主要是从船舶所有人的利益出发，使船方在运输货物时有一定的自由度。但如上所述，司法上的解释并非如文字上所称的可任意航行，并以任何顺序挂靠。一般来说，船舶只能挂靠合同规定的或通常习惯的航线上通常挂靠的港口，并应依地理的顺序挂靠。因此，船方仍然有不得随意绕航的义务。

当然，也有的案例进行了比较宽松的解释，例如，在“龙宫饭店”运送案中，某轮于1991年10月16日从上海装载“龙宫饭店”运往瑞典哥德堡港，于12月16日抵达目的港。承租人认为，该轮大副于1991年10月9日与承租人签署的协议写明，“上海港至哥德堡的航行时间45日左右”。该轮为避免运河费用未走苏伊士运河，而是绕道好望角航行，结果使航行时间拖长至2个月，船舶所有人应赔偿因该轮晚到目的港使承租人遭受的损失，包括推迟开业的预期利润损失。船舶所有人认为，承运合同并入的金康合同第3条规定，“船舶有权为任何目的以任何顺序挂靠任何港口”，即除非承运合同明文规定该轮的航线，航线的选择权在船舶所有人。此外，由于承租人提供的“龙宫饭店”没有通过苏伊士运河的证书，为了船方和租方的共同利益，减少时间和费用损失，船舶选择走好望角航线是适宜的。仲裁庭认为，承运合同并未规定该轮从上海港至哥德堡的具体航线和到港的具体日期。并入承运合同的金康合同又有“船舶有权为任何目的以任何顺序挂靠任何港口”的规定。在这种情况下，船舶所有人有权选择航线。大副与承租人所签协议中称的45日只是个粗略的估计时间，且大副在该协议中并未注明是代表船舶所有人，因而不能被认为是承运合同的补充，从而不能构成承运合同的组成部分。因此，该轮在选择航线上未违反承运合同。

（十一）罢工条款

如果没有此条款的规定，当在装卸港碰上罢工时，罢工引起的时间损失就要由船方承担，为此，船方希望规定此条款来避免有关的时间损失。1994年金康合同第16条罢工条款对装卸时间的计算及解除合同的选择权问题进行规定。1994年金康合同规定：承租人和船舶所有人对由于罢工或停工而阻碍或延误履行本合同规定的义务所引起的后果，概不负责。

如果在装货港发生罢工，船长或船东可以要承租人确认：（1）将罢工时间算作装货时间；或（2）取消合同，当承租人在接到船方通知后24小时内不答复时，船方即可行使取消合同的选择权；或（3）如果部分货物已装船，则船舶所有人应运送该货物，但有权为自己的利益在中途揽运其他货物。

如在卸货港发生罢工，且在48小时内未能解决时，收货人可选择：（1）让船舶留在原卸货港等待罢工结束，并在规定的装卸时间届满后，支付半数滞期费；或（2）指令船舶驶往没有罢工的安全港口卸货，该指令应在船长或船舶所有人将罢工的情况通知承租人后48小时内作出。当替代港的距离超过100海里时，运费应按比例增加。

（十二）战争条款

1994年金康合同第17条是关于战争条款的规定，依该条规定，如在船舶开始装货前船舶所有人发现船舶将在航次中遭遇战争风险，则有权以信件或电报方式告知承租人解除合同。该条款规定允许船长在有战争风险的情况下有充分的裁量权拒绝装货或继续装货，或拒签有关航次的提单等。如全部或部分货物已装船，船长可以将货物卸下，或载货开航并按承租人的指示将货物卸于卸货港附近的安全港口。如船舶所有人在用电报向承租人发出指定港口的请求后48小时内未收到此种指示，船舶所有人有权将货物卸在任何安全港口，并视为合同已经履行。

（十三）冰冻条款

1994年金康合同第18条规定：（1）如在装货港发现冰冻，船舶可以不装货而离港，租船合同因此失效；（2）如在装货中船长担心船舶被冰封而认为离港更为有利时，可以载运已装船的货物离港，并可为船舶所有人的利益将船舶驶往任何其他港口揽运货物；（3）如卸货港发现冰冻，收货人可选择使船舶等候至恢复通航，并支付滞期费，或在船长或船舶所有人发出不能抵达目的港的通知后48小时内指令船舶驶往一安全港卸货，替代港口的距离如超过100海里，则开往替代港交付货物的运费应按比例增加。

六、租船合同项下的提单

（一）简式提单

在航次租船运输的条件下，船长或承运人的代理人仍须签发提单，这种提单被称为租船合同项下的提单。租船合同项下的提单与班轮运输中的提单相比要简单得多，只有提单正面的内容，没有背面的内容，又称为简式提单或短式提单。这是因为在班轮运输中，承运人与货方之间的唯一书面凭证就是提单，因而订得很详尽。又由于班轮运输有固定的航线、固定的挂靠港口、固定的费率，因而班轮提单的条款也很少改变。而租船运输则是相对灵活的，如在港口的选择、装卸率等方面都是千变万化的，不可能像班轮一样用统一的提单格式。因此租船合同项下的提单只有提单正面的内容，其余的一般是通过“租船合同条款并入此提单”的字样将租船合同的内容并入提单。

（二）提单与租船合同的关系

由于提单是船方印制的，而租船合同是出租人与承租人商定的，有时就会发生提单的内容与租船合同的规定不同的情况。当出现这种冲突时，应以哪个规定为准呢？实践中是区分不同的关系人来确定提单和租船合同的效力。当租船人为货物的托运人时，运输关系中只有承租人（托运人）与出租人两方当事人。提单在这种情况下不具有海上运输合同证明的性质，提单只具有货物的物权凭证和货物的收据的作用。出租人和承租人之间的运输合同是租船合同，与租船合同冲突的提单条款应归于无效。如图5-3所示。

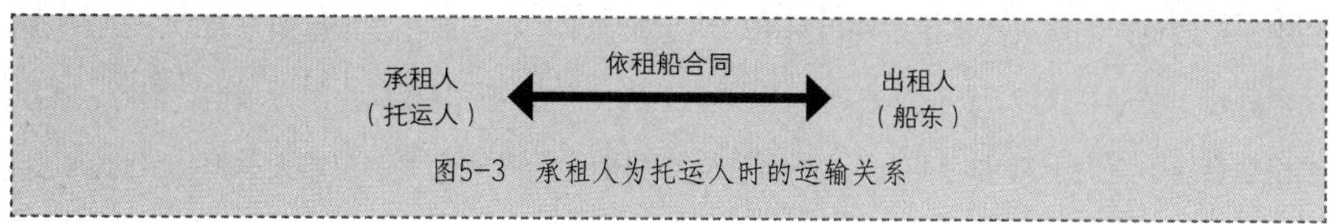

图5-3　承租人为托运人时的运输关系

当承租人将提单转让给第三方时，提单对第三方就不仅是货物的物权凭证和货物的收据，还是运输合同的证明。如图5-4所示。

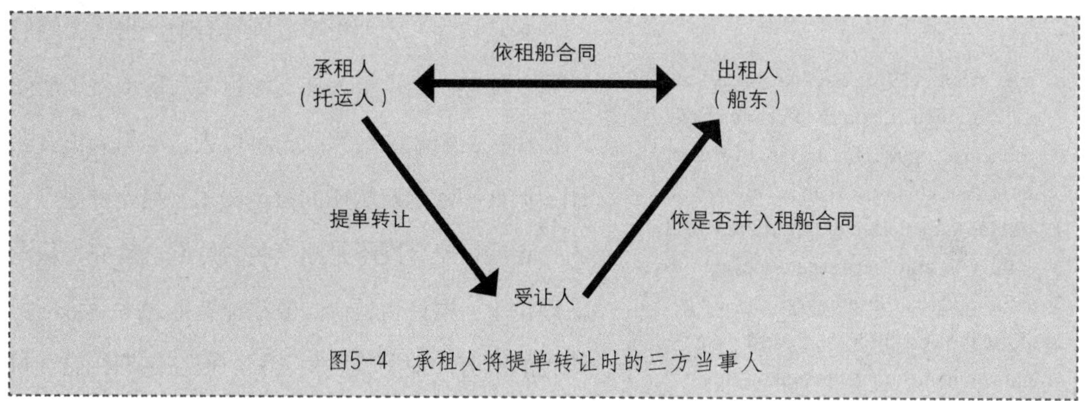

图5-4　承租人将提单转让时的三方当事人

租船合同对提单的效力，视提单中是否将租船合同并入提单而定。如提单中注有“一切条款、条件、免责和豁免以租船合同为准”的字样，则提单应受租船合同的约束，否则，不能认为提单中并入了租船合同条款。租船合同中的详细条款往往通过提单上的批注合并到提单中，所以租船合同项下的提单通常比班轮提单简短。然而对于提单受让人来说，让其接受不知情的租船合同条款是不公平的。因此，提单受让人一般会要求随单附上租船合同的副本，以备查阅。

第二节　定期租船合同

一、定期租船合同的性质和特点

依《海商法》第129条的规定，定期租船合同（time charter）是指船舶出租人向承租人提供约定的由出租人配备船员的船舶，由承租人在约定的期限内按约定用途使用，并支付租金的合同。定期租船合同与航次租船合同在许多方面有不同之处。首先，在营运成本上，在航次租船中由船方负担的航次成本在定期租船下转由租船人承担，因而在定期租船合同中，有关于燃油消耗量、航速的规定。其次，在时间损失上，航次租船的时间损失由船方承担，因此，在航次租船合同中有关于装卸时间的规定；而在定期租船中，时间损失由租船人承担，因此，定期租船合同中有关于停租的规定。再次，在经营权上，航次租船由船东负责经营，而在定期租船下，船舶的经营权转归租船人，船东为了保证其船舶的安全，就会在合同中加入有关航区、可装运货物范围等航次租船合同中没有的规定。

关于定期租船合同的性质，主要有两种观点。一种观点认为，定期租船合同具有财产租赁合同的性质，其理由是承租人在支付租金后即取得了船舶的使用权，船舶的经营权在承租人，承租人负责船舶的调度和营运及船舶的营运费用。另一种观点认为，定期租船合同不是财产租赁合同。首先，从民法理论上，财产租赁合同的法律特征之一是合同标的物的占有和使用权发生转移。但在定期租船合同情况下，船舶在租期内仍由出租人通过其雇用的船长、船员占有，因此不是财产租赁合同。其次，在大多数情况下，定期租船合同主要是关于货物运输的规定，如船舶载货能力、允许承租人装运货物的种类、船舶可以航行的区域等，可见，定期租船合同的权利义务对象是船舶运送货物的行为。因而，这种合同仍具有海上货物运输合同的性质。

Article 129 of the Maritime Law provides that a time-charter party refers to a contract for the hire of vessel, under which the lessor is obliged to provide to the lessee the specified vessel with crew and the lessee is obliged to pay the agreed hire charge for a right to use the vessel for the agreed purpose and within the agreed period of time.

二、定期租船合同格式

目前，国际上常用的定期租船合同格式主要有：

1. 统一定期租船合同（Uniform Time Charter），租约代号“BALTIME”，全称为Baltic and International Maritime Conference Uniform Time Charter，是由波罗的海国际航运公会（BIMCO）制定的，该租约当今很少被使用。BIMCO全称为The Baltic and International Maritime Conference，是国际性的商业航运组织，成立于1905年，由于是船东的组织，因此，也比较倾向于保护船东利益，其制定的标准合同也较偏向船东。自1973年后租船市场对船东不利，因此使用BALTIME标准合同的逐渐减少，即使使用也会进行较大的修改。

2. 定期租船合同（Time Charter），租约代号“Produce Form”（土产格式），由于该格式是由1946年由美国纽约土产交易所（New York Produce Exchange，NYPE）制定的，因此又被称为纽约土产格式（以下简称“纽约土产”）。纽约土产是目前使用最为广泛的定期租船标准合同，有90%的定期租船合同使用的是纽约土产合同。随着国际航运的发展，1946年NYPE已不能适应发展的需要了，1992年美国船舶经纪人与代理人协会（ASBA），连同波罗的海国际航运公会（BIMCO）及英国国家船舶经纪人与代理人协会组成了联合工作小组，着手对NYPE进行修改工作，并于1993年产生了修改后的NYPE（以下简称NYPE 93）。

3. 定期租船合同（Time Charter Party），租约代号“SINOTIME 1980”（中租1980），由中国租船公司制订。

如上所述，在上述定期租船合同格式中，“纽约土产”是采用最为广泛的一种，该标准合同最初是由美国纽约土产交易所于1913年制定的，并先后于1921年、1931年、1946年、1993年和2015年进行了修改。下面结合“纽约土产”的内容介绍定期租船合同的主要内容。

三、定期租船合同的主要内容

（一）船舶规范条款

定期租船合同中首先涉及的是船舶规范，有关船舶的详细记载称为船舶规范，其目的是使所租船舶特定化。在定期租船条件下，承租人负责船舶的经营和货运的安排，因此船舶是否适于货运的要求，船舶的性能是否良好等对承租人来说都是至关重要的。在定期租船合同中，船舶规范主要包括下列内容：

1. 船舶名称。如果出租人提供的船舶不是租船合同中规定的船舶，即使是姐妹船，承租人也有权拒绝接受。

2. 船籍。船籍是船舶的国籍，租船人在选定所租的船舶时，船籍是一项考虑的重要因素，提供与租船人要求的国籍不同的船舶可能影响租船人对船舶的使用。例如在战时，敌国的船舶可能会遭到拿捕，政治上对立的两国的船舶可能会受到某种歧视等。当然，在订立租船合同时，对船籍进行了错误描述的情况是很少见的，但在订约之后，有时船东为了某种目的，例如，船东为了避开原船籍所属国签署的公约中要求在船上设置防油污设备的规定，而转换成未签署该公约的国家的国籍，而船东在转换国籍时并没有事先征得租船人的同意。这种情况仍属于是对租船合同的违反，船东可能会面临租船人的索赔。

3. 船级。如果在签订租船合同时，船舶不能达到约定的船级，承租人有权拒绝接受船舶。船级也有可能在订约以后发生变化，例如，船级社要求老龄船退级，或转入其他的船级社等情况。转入次一点的船级社就有可能导致货主保险费的增加，因此租船人对订约后出现的船级的变化仍有可能提出索赔，因为在这种情况下，船舶出租人虽然不是在订立合同时误述，但仍可以构成对合同的违约行为。

4. 吨位和容积。承租人通常是结合准备承运的货物来选择船舶的吨位和容积。吨位主要包括净登记吨、总登记吨、总载重吨。租船合同规定的吨位常常是“大约”的数字。这个“大约”的含义是什么，没有公认的解释，所以最好删除“大约”二字，以免引起歧义。船舶的容积主要指船舶的总舱容。如船舶的吨位和容积达不到合同的约定，出租人就会面临承租人的索赔。这种索赔常常以减租金的形式出现。

5. 航速和燃油消耗。船名、船籍、船级等内容在航次租船合同中也有规定，而此项航速及燃油消耗的内容则是航次租船合同中所没有的，因为在定期租船合同下，营运所需的燃料是由租船人负责的，租方希望所租船舶的耗油量较低，因而很关心有关耗油量的规定。该条款的表达方式如下：“……该轮可容纳××吨燃料，及在满载、天气良好的情况下耗油量为××吨，并能达大约××节航速”。“良好天气”一般指蒲氏（Beaufort）4级以下的风力，浪不超过道格拉斯（Douglas）3级（浪高为3~5英尺）。但该标准不是绝对的，如对超大型船，超过4级仍是正常的，所以最好在合同中订明，“良好天气”指蒲氏4级，以免发生歧义。“大约”一词，在实践中一般解释为航速不超过±0.5节，[①]燃料消耗不超过每天±1吨。“能达”的一般理解为在订立合同时，能达到约定的航速，以后随着船龄的增长航速逐渐减慢是合理的，不构成违约。[②]如果合同的表述为“在整个租船合同期内均能达××节航速”，则只要是在该租船合同期内不能达到约定的航速时，承租人即可以航速减慢为由扣付租金作为航速索赔。

关于上述耗油量，如所耗燃油量超过了规定的耗量，租方可以向船方索赔。由于在船舶使用中加油是租方进行的，如油的质量不好，不但会增加燃油耗量，而且还会造成机器的损坏，船东为了保护自己，常常在租船合同中加入“燃油质量条款”，这样，如船舶机器因油的质量低劣而受损，船方可以向租方索赔。[③]航速如达不到合同的规定，即构成误述，租船人有权向

---

① *The* “*Al Bida*” [1986] 1 Lloyd’s Rep. 142.

② *The* “*Apollonius*” [1981] 1 Lloyd’s Rep. 53.

③ *The* “*Evje*” [1987] 1 Lloyd’s Rep.351.

船方提出索赔。

6. 有关船舶的其他描述。除上述事项以外，租船人要求的有关船舶的资料还包括船高、船舶的建造日期、船舶的船舱数、各舱的长宽高、舱内有无妨碍物、吊杆的外展程度等内容。各种特殊的要求主要是为了适应不同货物或运往不同地区的特定要求。例如，船舶要去五大湖区装粮，因而必须经过圣劳伦斯水道，水道上的大桥使经过此河的船舶在高度上受到了一定的限制。新奥尔良也有同样的问题，曾经有船在空载经过新奥尔良的一座大桥时，由于无法通过而雇用了直升机，将部分桅杆割去，在通过后又将其焊回。有些船舱的容积是足够的，但货舱的长宽高却可能无法满足超长货物的需要。有些船舱由于有某种设施或澳大利亚梯，而使载货的能力降低。澳大利亚梯是依澳大利亚的法律而建造的，这种梯子为了使船员能够安全地进出货舱，因此有一定的倾斜度（一般的梯子是垂直的）。这样也自然会影响到货舱的装载能力。

在有关的船舶规范与事实不符的争议中，船方与租方往往各持己见。一方面，租方认为，船方没有提供适当的船舶，属于误述的行为，应当对租方的损失进行赔偿；而另一方面，船方又认为，租方在订约时应该知道该船的结构，例如，在某案中，租船人租用的船舶有澳大利亚舱，租船人因要装钢材，必须将舱内的澳大利亚梯拆掉，双方对因此而引起的时间损失及费用的支付产生了争议。租方认为船方违约，因为在合同中已说明船东所提供的船舶的船舱是无障碍的；而船方则认为，租方明知船舱的长度，而且现在几乎所有的散装货船都有澳大利亚梯，这是一个基本的常识。仲裁员认为，澳大利亚梯是一种障碍，因此，船方应负责任。在有关所提供的船舶是否适当的争议中，对于船方与租方的责任，依英美的判例，一般认为，租船人所承担的寻找适当的船舶的责任要比船东的责任大一些。因为，对于租船人来说，有关船舶的规范资料在合同谈判时一般很容易得到，而船方却很难知道租船人将来要装什么货物。

（二）交船条款（delivery of vessel clause）

交船指出租人将处于适航状态的船舶交给租船人使用的行为。出租人应在租船合同规定的期间内将船舶交给租船人使用，否则租船人有解除合同的权利。交船的纠纷主要表现在交船的地点、交船时的船舶状态及交船的时间等几个方面。

1. 交船的地点。交船的地点主要依合同来确定。如合同规定了某港内的一个安全泊位，如承租人未提供上述泊位，等泊的时间由承租人来承担。合同规定的交船地点不明确或双方对交船的地点理解有不同，均可能导致双方的争议。例如，合同规定的交船地点是日本以南，这里“日本以南”指的是日本本岛南部还是日本所有领土以南。为了减少船方和租方在交船上的纠纷，波罗的海国际航运公会（BIMCO）曾就交还船地点进行了专门的解释，例如，将“斯堪的那维亚”解释为“位于挪威、丹麦、瑞典和芬兰，包括位于巴尔的摩海内的岛屿的港口”。波罗的海国际航运公会的解释并非法律，该解释只能在有关交船纠纷的解决上起有限的作用。

关于交船地点，通常有下述几种表述方法：

（1）在指定港口的港区交船。港区的概念在定期租船中并不像航次租船中对港区的解释那样严格，因为定期租船合同中规定“到达港区”是为了将船交给租船人供其使用，而航次租船“到达港区”是为了确定装卸时间的开始。例如，在某案中，船公司依定期租船合同将船驶往安特卫普交船，船舶抵达安特卫普港外，由于天气恶劣不能驶入港内靠泊码头，在港外等了两天，租船人认为该船不算抵达，并引用了港口当局的证明，称只有越过河道上某条界线才算抵达安特卫普港。船方则认为，这是定期租船合同，不能援引航次租船合同对抵达船的严格解释来要求，结果租方作了让步。①

（2）在安全泊位交船。这样规定对租方比较有利，因为船舶需到达指定泊位才能交船。有些港口比较拥挤，而租方又坚持要在该港口交船，在这类港口，船方有时可能需要在港外等待数天才能靠泊，船方为了避免因不能靠泊而造成自己的时间损失，应在泊位前加上“可靠泊的”的字样，以便将不能及时靠泊的时间损失转嫁给租船人。②在交船的泊位前加上“可靠泊的”的字样后，租方就有责任安排一个“可靠泊的”泊位交船。

（3）到达领航站交船（on arrival pilot station，APS）。到达领航站交船对船方比较有利，因为，领航站通常都在外港，外港一般离港区还有一段距离。有的港口没有领航站，在订明交船地点为领航站交船时，租方就要特别注意，有案例判在这种情况下，交船地点为港外最近的第一个领航站，这个领航站可能是另一个港口的领航站。

（4）领航员登船交船（on taking inward pilot，TIP）。该种交船与到达领航站交船的区别在于，只要领航员由于种种原因不能登船，船舶就不算交到租船人手中。领航员不能登船可能是由于天气原因或人为的原因或港口拥挤等原因。实际上以往的案例在判有关规定领航员登船交船的案子时，并不是机械地只看领航员是否登船这一简单的事实，由于一般认为港口是由租方指定的，所以租方应对港口拥挤承担责任。在某案中，船舶已到达交船港，但由于港口拥挤无

① *The* “*Angelos Lusis*” [1964] 2 Lloyd’s Rep. 28.

② *The* “*Sea Queen*” [1988] 1 Lloyd’s Rep. 500.

可靠泊的泊位，在等待了7日以后，领航员才登船。仲裁员认为，等待的7日是由于港口拥挤造成的，因此这7日的时间损失应由租船人承担。可见有关案例在判断是否交船时，是将领航员登船这一事实与造成领航员不能登船的原因结合在一起认定的。当然由于港口拥挤以外的原因（如天气原因）造成的领航员不能登船引起的时间损失，判例一般比较一致地判由船方承担损失。

2. 交船时的船舶状态。依租船合同，船方除了要按时将船舶交租方使用外，船舶的状态还应符合租船合同的规定，否则，租方可以不接受该船。由此而引起的时间损失由船方承担。交船时船舶的状态一般需满足下列条件：

（1）交船时的最初适航性（initial seaworthiness）。1946年纽约土产格式规定船舶应在各方面适于运输，这里的适航是广义的，既包括船舶本身的适航，也包括船舶证书、船员的配备等。船舶适航的义务即使在合同没有约定的情况下，依英美法，仍然是出租人的默示义务。依英国的判例，如交船时船舶存在一些主要缺陷，这些缺陷不能及时纠正或影响到了承租人的商业目标，船方即构成严重违约，租方可以解除合同。如船舶在交船时存在一些次要的缺陷，这些缺陷能及时得到修复，且从商业上考虑，不会影响到租船人对船舶的使用，则船方是轻度违约，租方无权解除合同，但可以提出损害赔偿。英国法院在判断船舶的主要缺陷和次要缺陷时，实际上首先考虑的往往是船舶是否适航，主要的缺陷会造成船舶因不适航而被取消。

（2）货舱已准备就绪。在对货舱的要求上，一般认为，除非合同另有特别的要求，货舱应该适于装载一般的货物和合法货物。[①]从所载货物对货舱清洁的程度的角度考虑，货舱是否备妥是有不同的标准的，当租船人准备装载清洁货物时，货舱的清洁标准一般是以粮食为准。对于一般的货物，货舱的清洁标准是在货舱中不得有超过25英尺见方的将要脱落的锈或油漆。对于矿砂、煤炭等不清洁货物，一般就没有对货舱的清洁要求了。在租方拟装载不清洁的货物时，船方为了防止租方因货舱不清洁而取消合同，就要在合同中注明货舱是适合装载矿砂、煤炭等不清洁货的。当合同订得不明确时往往导致双方的争议，例如，在某案中，船方所备妥的船舶是可以装载一般货物的，而租方却要装载清洁的货物，合同中又未说明不能装清洁的货物。仲裁员认为，在对船舱进行再次清洗的几天时间损失由租方承担，即租方仍需支付这几天的租金，而洗舱的费用则由船方承担。可见，仲裁员是力争平衡双方的利益来处理纠纷的。租

① *The* "*Tres Flores*" [1973] 2 Lloyd's Rep. 247.

方为了免除这一费用的损失，最好是在合同中订明要装什么货，以免日后双方发生纠纷。而当合同规定允许承运某一种特定货物时，出租人即有义务提供符合该货物运输所需的特别设备，否则出租人就违反了适航的义务。

如果出租人提供的船舶不适航，依英美法，承租人只可以要求损害赔偿，而不能解除合同，只有在出租人违约严重妨碍合同要达到的目的时，才可以解除合同。我国《海商法》第132条有关出租人违反适航义务的规定，则没有考虑到出租人违约的程度，规定当出租人违反适航义务时，承租人有权解除合同，并要求损害赔偿。

（3）船上所剩燃油的数量应符合合同的约定。由于船上所剩的燃油是由租船人按当时当地的价格购买的，船方不能为了赚钱而在船上剩下过多的燃油。“纽约土产”规定了交船和还船时，船上应剩燃油的数量的最高限和最低限，并规定由接受船舶一方依当地的市场价格予以补偿。

3. 交船的日期和时间。NYPE 93增加了预计交船日期的通知的规定。依该规定，出租人在约定日期之前应向承租人发出预计交船日期的通知，以便于承租人办理联系泊位及其他事宜。如出租人发出通知有误并影响了承租人对船舶的及时使用，有可能导致承租人提出损害索赔。依“纽约土产”的规定，如船舶未在应交付之日或之前交付并作好交船准备，承租人有解除合同的选择权。与航次租船合同一样，在实践中，定期租船合同也常常加入“质询条款”，规定当出租人赶不上解约日时，可以向承租人发出关于船舶不能如期到达的通知，并要求承租人在一定时间内宣布是否解除合同。NYPE 93针对该实践增加了有关延期解约的规定。

我国《海商法》第131条也对延迟交船进行了规定，依该条的规定，出租人应按合同约定的时间交船。出租人违反上述规定的，承租人有权解除合同。在出租人将延误情况和船舶预期抵达交船港的日期通知承租人后，承租人应自接到通知时起48小时内，将解除合同或继续租用船舶的决定通知出租人。因出租人过失延误提供船舶致使承租人遭受损失的，出租人应负赔偿责任。依该规定，船方不能在解约日前抵达实际上有两种情况：当出租人没有过失时，例如，出租人由于不可抗力而延误，租船人可以解除合同，但不能要求损害赔偿；当出租人有过失时，承租人既可以解除合同，又可以提出损害赔偿。

交船时间的争议主要表现在交船的时间是当地时间还是格林尼治时间。如果是依交船当地的时间，则当船舶航行至国际日期变更线时，就会产生一天的差异，往东航行与往西航行穿过国际日期变更线会有几个小时的差别，这就会造成在租金的计算上不是少算，就是多算。英国在1985年“阿瑞特克·斯库”（Arctic Skou）一案以后，确定了交还船时间应以格林尼治时间为准的原则。[①]美国的判例则很不稳定，一半判以当地时间为准，另一半判以格林尼治时间为准。NYPE 93为此增加了一条，规定交船时间应以格林尼治时间为准。这样可以减少有关交船时间的纠纷。

（三）双方承担的事项

1. 出租人承担事项。依纽约土产格式，在定期租船合同中，出租人应当负责船上的供应品、船员的工资、船舶保险费，并使船机、船壳及设备等处于充分有效状态，即出租人维持适航的义务，该义务并非绝对义务，只要出租人尽到合理谨慎提供并维持船舶使之处于适航状态即可。

2. 承租人承担事项。依纽约土产格式，在定期租船合同中，承租人应承担燃油费、港口费用、引航费、代理费、手续费、领事费及任何非因船舶驶入一港产生的其他费用。燃油包括重燃油及柴油，但不包括润滑油，润滑油不是燃油，是由船东承担的；如航速慢是因船问题所致，多耗的燃油从租金中扣除；停租时所耗燃油由船东承担；船上自用燃油也应由船东承担。港口费包括警卫费用、货物看守费用、强制垃圾处理费。与租方业务有关的通信费用、引航费、拖航费、代理费（除了为船员所花的代理费），由承租人承担。但如船舶进港是由于船的责任（而不是由于天气等原因），则因此引起的所有费用由船方承担。在定期租船合同中，装卸货、平舱、积载、加固等工作是由承租人来承担的。

熏蒸费用如果是由船员生病引起的，由船方负责；如果是由货引起的，或由于租约要求去的港口的原因引起的，则由租方承担费用。

（四）租期条款（charter period clause）

租期是租船人使用船舶的期限。租期可以用日、月或年来表示。由于租期届满很难与租船人安排的最后航次的结束相吻合，常常会出现“超期”还船和“早期”还船的现象。“早期”还船即提前还船，依英国法，出租人对于早期还船有两种选择：第一是拒绝接受还船，并要求承租人支付租金直至租期届满，司法实践在处理此类案例时对第一个选择采取的是严格的态度；第二是接受还船，并索赔因提前还船遭受的损失。

---

① *The* “*Arctic Skou*” [1985] 2 Lloyd’s Rep. 478.

1. 关于租期。主要包括以下内容：

（1）默示宽容期：合同只规定期间，如6个月，则法院的态度是默示一个宽容期（4~6个月附加5天[①]），默示宽容期的原因是船期不可能与飞机班期一样准确，通常会有几天的出入。

（2）明示宽容期：在明示宽容期的情况下，租约以严格的表述进行规定，如最少3个月，最长6个月，此种措辞对期限的表述是严格的，3~6个月之间实际上是合同约定的可以还船的期间，法律不会在此期间之外再给补充期。再如合同在租期外又加了补充期，如6个月租期，但可减少或延续10天，这也是租约规定的明示宽容期，在延续10天后，法律不再给补充期了。

（3）明确规定无宽容期：如“承租人保证在1年内还船”，在此种情况下，排除在1年之外的宽容期。

Grace Period

Where there is failure to make punctual and regular payment of hire due to oversight, negligence, errors or omissions on the part of the Charterers or their bankers, the Charterers shall be given by the Ovners···clear banking days (as recognized at the agreed place of payment) written notice to rectify the failure, and when so rectified within those···days following the Owners' notice, the payment shall stand as regular and punctual.[②]

2. 关于最后航次（last voyage）。如果最后航次是最后不合法航次，船方可以拒绝执行。

（1）最后合法航次（legitimate last voyage）及超期责任。最后合法航次指当承租人在安排租期将届满的最后一个航次时，如能合理地预计到该航次在租期届满时完成的，该航次就可称为“最后合法航次”。在这种情况下，在“皮奥尼亚”（The Peonia）一案以前，如在客观上到期不能还船，只要主观上的预计合理，就不能认为其违约[③]，对于多出的天数，租船人应按合同的规定支付租金，而不考虑超期期间市场的涨落因素。在“皮奥尼亚”一案后，情况有所变化，即不论最后航次合法与否，只要超过租期即属违约，当市场的租金高于合同规定的租金时，船东

① *The* “*Democritos*” [1976] 2 Lloyd's Rep. 149.

② NYPE 1993 FORM, *TIME CHARTER*, Issued by the Association of Ship Broders and Agents (U. S. A.), Inc.

③ *The* “*Democritos*” [1976] 2 Lloyd's Rep. 149.

可以向租船人索赔市场租金。[①]所不同的只是对于最后合法航次，船方不能拒绝，而对于最后不合法航次，船方则可以拒绝航行。

（2）最后不合法航次（illegitimate last voyage）：当承租人在安排租船合同将期满的最后一个航次时，如所安排的航次过多地超过租期届满的时间就会被认定为是“最后不合法航次”。在租方安排最后不合法航次的情况下，船方有权不执行该航次，租方如坚持该最后不合法航次，就可能导致船方以租方毁约为由而中止合同。[②]即使船方执行了该最后航次，特别是当在抗议下执行该航次时，船方仍可以向租方索赔超过租期部分的损失，即当时市场的租金与原租船合同所约定的租金之间的差额。

关于最后航次，我国《海商法》第143条规定，承租人经合理计算有权超期还船，以完成最后航次。这里的“合理计算”即要求最后航次为合法航次。对于超期期间的租金，该条规定，承租人应当按合同约定的租金率支付租金；市场的租金率高于合同约定的租金率的，承租人应当按市场租金率支付租金。

有时租期还未届满，所余下的租期又不长，租方很难找到一笔符合最后航次的货物运输时，租方就会提早还船。此时，船方应当接受还船。因为与租方相比，船方有更多的机会来减少损失，例如，可以找下一笔生意等。因此，减少这种损失的责任一般在船方，当然，船方可以向租方索赔由于提早还船而造成的损失。

（五）租船人指示条款（orders and directions of charterers clause）

租船人指示条款，又称“受雇及赔偿条款”（employment and indemnity clause），依该条款，船长在合同期间应听从租船人的指示。船长在定期租船合同中扮演着双重角色，一方面他是船舶所有人的雇员，另一方面他又是租船人的代理人。因此，船舶所有人和租船人均会对船长发出指示。租船人的指示只能是在合同规定的范围内发出的与船舶营运有关的指示。我国《海商法》第136条亦规定，承租人有权就船舶的营运向船长发出指示，但是不得违反定期租船合同的约定。

---

① *The* “*Peonia*” [1991] 1 Lloyd’s Rep. 100.

② *The* “*Gregos*” [1995] 1 Lloyd’s Rep. 1.

1. 租船人指示的局限性。一般来说，租船人不能发出下列指示：

（1）与合同无关的指示。例如，在某案中，租船人指示船长在交船前加满廉价的燃油以便还船时将其卖给船东图利，双方因此而发生争议，法院判船长无须依从该指示，因为该指示与合同无关。

（2）违反合同的指示。例如，合同规定的航行区域排除了战区，而租船人为了赚钱却指示开往战区。合同规定低质煤为除外的货物，而租船人却指示装运密西西比河地区产的低质煤，结果由于煤中含硫成分高及湿度大等原因，煤在离开美国之前因过热而自燃起来，船舶被迫驶往最近的港口，将所载低质煤卸下，由此而造成的损失应由租船人承担。

（3）有关航行及船舶安全方面的指示。租船人的指示只能是营运上的，不能扩及航行安全。即使租船人对此发出指示，船长也可以置之不理，且不构成违约。例如，租船人发出不计后果加速前进的指示，租船人发出以船首破冰前进的指示等。

（4）不合理的指示。例如，租船人命令船长进行不合理绕航等。

当租船人发出危及船舶安全等不应发出的指示时，船长不仅有权而且有责任拒绝执行。如船长因听从承租人的指示而使船舶受损，则出租人可以向承租人提出索赔，但出租人有义务采取合理的措施以减少损失。

2. 租方应对船长服从其指示的后果负责。船长须听从租船人依合同发出的指示，但当船长或船员因执行租船人的指示而造成船方的损失时，租船人应承担赔偿责任。例如，船舶因租船人指示在装卸港停留时间过长而造成严重污底，致使航速大减，对此项损失，租船人应当负责赔偿[①]。出租人不仅可以向租船人索赔因听从其指示而给出租人产生的责任、灭失或损害，还包括合理的诉讼费用。如租船人要求船长签发的提单使出租人针对提单持有人的责任超出了定期租船合同的责任，则出租人也可以就超出部分向租船人提出索赔。

3. 船长应在合理时间内依从租方的指示。船长不依从租方正当的命令和指示属于违约行为，船方应对此引起的后果承担赔偿责任。如船长没有正当的理由而延迟签发提单，船长没依租方的安排加足燃油而引起延误或绕航去再加油；在安全许可的情况下，船长竟拒绝靠泊附近的锚地等。

① *The* “*Rijn*” [1981] 2 Lloyd’s Rep. 267.

（六）租金支付条款（payment of hire clause）

依1946年纽约土产格式，租金是按月结算的，但NYPE 93第10条规定租金可按日或按月结算，故由双方选择一种计算方式。如果租约没作出选择的话，租金应按日历月计算。如最后一期租金不足1个月，则以每日结算租金。

1. 准时支付租金。租船人须准时支付租金，“纽约土产”要求租方应半个月（semi-monthly）“预付”一次，如果租方不能准时支付租金，则出租人有权撤回船舶。对于最后半个月或1个月的租金，依“纽约土产”，如承租人能够合理预计将提前还船，则可预付估计的租金额，而不是全额支付；如预计将延迟还船，则承租人应全额支付租金，并对超期部分依天支付（day by day payment）。在租船市场行情看涨的情况下，出租人随时都想寻找时机将船撤回，然后，以比原合同高的租金将船另行出租。法院在准时支付租金上也往往采用比较严格的解释，例如，在一美国租船案中，银行因疏忽而没有及时将租船人的租金汇出，错过了支付租金的日期，结果导致出租人将船舶撤回，租船人损失约200万美元。法院认为，尽管租船人及时将租金交给银行了，由于银行的过失而未能准时付租，船方仍可以撤船，所引起的损失由银行承担。近年的发展已不像以前那样绝对会使出租人获得撤船的权利，依公平原则，当延迟支付租金不是由于承租人而是由于银行造成的情况下，就要看是由出租人的银行造成的，还是由承租人的银行造成的，如果是前者的话，出租人不能撤船；如果是后者，出租人也不能立即撤船，而应给承租人机会来弥补，如超过宽限的期限，承租人仍未支付租金，则出租人有权立即撤船。[①]

当然，如船方在未准时支付租金的一段合理时间后，仍未行使撤船权，即可认为船方放弃了该权利。船方是否撤回船舶主要是看市场的行情。在行情看涨的情况下，船方就会收回该船，以更高的租金另选租船人。租船人为了避免出租人以未准时付租为由随便撤船，常在合同中附加“反技术条款”（anti-technicality clause），约定出租人在撤船前应向租船人发出在一定期间内（例如，96小时）予以弥补的通知，这一期间又被称为“警告期”，在该期间内租船人仍未付租，出租人才可以撤船。NYPE 93第11条（b）款将该实践纳入了条文，规定当由于租船人或其银行的过失或疏忽而未能准时支付租金时，船舶所有人应给租船人一个宽限期间。

① 郭萍：《租船实务与法律》（第二版），大连海事大学出版社2002年版，第142页。

2. 如数支付租金。租船人还应如数支付租金，在行情看涨的时候，租船人所付的租金有一点不足就有可能导致船舶所有人撤船，在“奇克马”（Chikuma）轮案[①]中，船方只因所付的租金由于提前支取需要支付五六十美元的费用而称租方未如数付租，结果撤回了该船。谨慎的租船人为了防止船舶所有人由于微小的差额就撤船，纷纷努力增加附加条款来保护自己，例如，规定租船人所付的租金达全数租金90%时就应认定为是全数付租，船舶所有人不能因此而撤船。当然这并不排除船舶所有人要求租船人补足不足部分。

【案例】“奇克马”（Chikuma）轮案

在该案中，依合同，租船人应于1976年2月22日支付租金，一家挪威银行依租船人的指示于2月21日请其代理行意大利信托银行办理该笔租金的支付事宜。次日上午11点41分，意大利银行向船舶所有人的业务银行圣保罗银行发出了下列电报：“请立即给SPA航运公司账上转入现金68 863.84美元，利息从26日起算。”这样，该笔租金就转到了船舶所有人在圣保罗的账户上。似乎租船人已按合同准时并如数地支付了租金，而船舶所有人却认为，依电报，利息从26日起算，也就是说如船舶所有人在26日以前支取该笔租金，就必须偿付一笔五六十美元的利息。一直在窥视机会准备撤船的船舶所有人找到了岔子，称租船人未如数付租，结果，船方于2月23日决定撤回船舶。租船人要求船舶所有人赔偿由于其撤船引起的损失。仲裁庭认为，船舶所有人无权撤回船舶。船舶所有人不服，将案子提交伦敦地方商业法庭。法院认为，船舶所有人在26日以前要付息取款，就表明船舶所有人此时还未享有无条件使用这笔款项的权利，所以租船人仍未尽到合同规定的义务，因此，船舶所有人有权撤回船舶。租船人不服提起上诉，上诉法院否决了地方法院的判决，认为船舶所有人无权撤回船舶。上诉法院认为，电报上所述“26日”一词仅仅是银行之间业务方面的指令，它对船舶所有人无条件使用这笔租金毫无影响。丹宁法官主张应阻止“那些利用吹毛求疵的做法进行投机的人的不良企图”。尽管该租船人最终胜诉，但也是几经周折，十分不易。

3. 租金的扣付。纽约土产格式有“现金方式支付，不得扣减”的规定。现钞、汇票、银行转账单等均可视为现金。“不得扣减”不是绝对不能扣减，是指除合同约定和法律规定的情况外不得扣减。租船人对租金的扣付必须慎重，除停租条款规定的事项和合同中规定的可以扣付

① *The* “*Chikuma*” [1981] 1 Lloyd’s Rep. 371.

租金的事项外，租金不应扣付，否则，出租人就会以未如数付租为由撤船。

纽约土产格式规定的可以扣减的情况主要有：（1）预先的停租（previous off-hire），指在约定支付租金日前已出现了停租事项，则可以在支付下一期租金时扣减。（2）预垫款（advances），指应船长的请求，由承租人为出租人预垫的应由出租人承担的营运费用。（3）影响船舶使用的情形，指因船体、船机、设备的缺陷、损坏而造成的航速索赔[①]、燃料消耗索赔、载重吨不足[②]等均影响到了船舶的使用，因而可以扣付租金。应当注意的是，这种扣减仅限于因上述原因造成的。

4. 撤船（withdrawal of vessel）。包括以下内容：

（1）撤船及其行使。撤船是租船中的用语，从法律角度看，“撤船”即是一种解约的行为，依纽约土产格式的规定，“未能按时、定期支付租金即可撤船”。撤船权行使的前提是承租人没有准时付租，或没有如数付租。如前所述，案例表明，司法实践在准时付租和如数付租上是严格的，为了防止出租人滥用撤船权，承运人往往在合同中加入“反技术条款”，规定在承租人未按时、定期支付租金时，出租人应书面通知承租人可在约定的银行工作日内支付。如承租人未在上述通知中的规定日期内支付租金，则出租人有权撤船。如未准时付租或如数付租是由于承租人明显的违约行为造成的，则承租人还应当赔偿出租人撤船后遭受的损失。

（2）撤船权的行使。撤船权是一种选择权，即出租人可以选择撤船，也可以选择不撤船。出租人如果错误撤船，例如过早发出撤船通知等，租船人可请求法院发出禁止令阻止出租人撤船，同时还可以就出租人的错误撤船向其提出损害赔偿请求。撤船的决定应在合理时间内作出，否则即被视为放弃撤船权。

下列情况一般被视为构成弃权：其一，未在合理的时间内发出撤船通知。出租人在未收到租金后一段合理的时间内，仍不行使其撤船权，即为放弃该项权利。超过合理的时间再发出撤船通知是无效的。至于什么是“合理的时间”，没有明确的定义，由法院依个案确定。其二，接受了过期支付的租金。如承租人过了支付租金的期限才支付，而出租人本人又接受了承租人晚付的租金，则视为出租人放弃了撤船权。如果只是出租人的银行将晚付的租金转至出租人的账号，而出租人已明确表示拒绝接受，则不能认为出租人已接受了晚付的租金。[③]当

① *The* “*Nanfri*” [1979] 1 Lloyd’s Rep. 201.

② *The* “*Teno*” [1977] 2 Lloyd’s Rep. 289.

③ *The* “*Laconia*” [1977] 1 Lloyd’s Rep. 315.

承租人连续几个月均未付租的情况下，出租人仍可以撤船，因为出租人的撤船权是针对每一次付租行为的。而租金是按月预付的，前一次的放弃撤船，不等于下一次的放弃。如迟付行为形成了对支付租金日期事实上的改变，则视为原合同在支付时间上的变更，撤船权的行使应以新的支付日为依据。其三，接受了未如数支付的租金。如承租人未如数付租，而出租人接受了不足额的租金，并不意味着放弃撤船的权利，只有在约定的合理时间内，承租人仍未补足租金，也未说明理由，而出租人却继续履行合同的话，即意味着其放弃了撤船的权利。其四，出租人的撤船是无效的。例如，出租人未正式发出撤船通知或撤船是暂时的，出租人只通知船长要撤回该船并不是正式的撤船通知，正式的通知应向租船人发出，否则对其无效。暂时的撤船并不等于撤船，有效的撤船必须是终局的，船舶所有人命令船舶停航或中止装卸货物均不能视为撤船。

依我国《海商法》第140条的规定，承租人未按合同约定支付租金的，出租人有权解除合同，并有权要求赔偿因此遭受的损失。这里的解除合同实际上就是撤船。

（七）停租条款（off-hire clause）

定期租船合同的时间损失在租船人，租船人是按时间交付租金的，而不是按航次交付租金的，如果租船人将船舶搁置不用，他仍需向船方支付租金。但有时船舶不能使用并非租船人的原因，租船人为了保障自己的利益，就要订入停租条款，规定在发生某些影响租船人使用船舶的情况时，租船人可以停付租金。停租具有不咎过失性，即使当事人一方有过失，租船人仍可以停租，租船人的过失亦然，但这并不意味着可以免除租船人的过失责任，在租船人停租后，船舶所有人可以向租船人提出损害赔偿请求，包括租金的损失赔偿。

1. 停租事项。可以停付租金的事项由双方协商决定，通常包括下列事项：

（1）船体、机器及设备的故障或损坏。保持船舶的适航性是船舶所有人的基本义务，当船舶机器出现故障时，船舶所有人有责任修复，使船舶保持适航性。由于船舶机器出现故障而引起的租船人的船期损失，租船人可以要求停租。但这里的机器故障必须与船舶正在进行的正常工作有直接关系，例如，船上的起货设备出现故障，在海上航行中并不需要起货设备，因此，航行期间不能停租，租船人只能对影响其起货的那段时间提出停租。

（2）因碰撞、搁浅等海损事故而引起的延滞。这里的延滞必须是海损事故的直接后果，例如，某轮在航行途中遇到了风暴，船舶剧烈摇晃造成舱内货物倒塌，货物倒塌影响到卸货速度，使卸货比原计划多用了4天。法院认为，船上卸货设备一切正常，并未影响到租船人的使用。船舶并没有因卸货设备的原因而遭受延滞，所以租船人不能请求停租。

（3）船员或物料不足，等待补充船长或船员或物料的期间。这里的船员必须是在船上工作的在编人员，非在编但在船上工作的人员不在此列。例如，某轮为了等待军事人员的护航而延迟开航多日，租船人对此提出停租。法院认为，军事人员不是船员的一部分，缺乏军事人员并不构成船员不足，租船人不能要求停租。物料不足必须是由意外的原因引起的，例如，某轮在北大西洋遭遇恶劣天气，使船舶耗油过多，造成船舶绕航加油引起时间损失，租船人要求停租。法院认为，那时候北大西洋的恶劣天气是可以预料的，租船人不能停付租金。

（4）船舶入坞修理。船舶入坞修理是为了保证船舶的适航性而进行的工作，因此，定期租船合同中一般均规定租船人对船舶定期入坞修理和因船舶所有人的要求而临时入坞修理的期间可以停租。但到达预定的船舶入坞日期，而由于船坞不能及时空出的等待时间，租船人不能停付租金。

（5）其他事项。其他事项包括哪些内容，没有明确的解释，在理论上有两种解释：一种认为，"其他事项"依"同类规则"指与约定原因相类似的原因；另一种则认为，应对"其他事项"作较大范围的解释，认为"其他事项"是指任何一个影响租船人完全使用船舶的原因。在一美国仲裁案中，收货人为了要求租船人和船舶对损害赔偿提供担保，采取了扣押船舶的程序，该船被扣17天7小时，因为租船人没有过失，于是以上述被扣期间不能使用船舶为理由，主张作为停租事项中的"其他事项"而对此期间停租，并特别指责船舶所有人没有为解除扣押船舶而采取迅速而适当的措施。仲裁庭认为，租船人不能使用船舶是确实的，但合同中并无有关租船人因第三者扣押船舶即可停租的明文规定，"其他事项"是指有关船舶和属具物理上的缺点或船员及货载方面的事由。因此，租船人必须支付上述期间的租金。在这里，仲裁庭采用了较窄的定义来界定"其他事项"。鉴于以往的租船合同格式列出的事项并不详细，法庭在"其他事项"的解释上又趋于严格，NYPE 93针对实践中经常发生争议的事项，新增了一些停租事项。例如，船舶被抵押而延误，但因租船人、其受雇人、其代理人或分合同人应负责的事件被扣押时除外；非由于货物的潜在瑕疵、质量的原因，船舶或货物发生海损事故而造成的延误；船舶在航行中，非由于货物发生事故等原因，船舶违反租船人的指示或命令，发生绕航或返航等。

Off Hire

In the event of loss of time from efficiency and/or default and/or strike of officers or crew, or deficiency of stores, fire, breakdown of, or damages to hull, machinery or equipment, grounding, detention by the arrest of the Vessel, (unless such arrest is caused by events for which the Charterers, their servants, agents or subcontractors are responsible), or detention by average accidents to the Vessel or cargo unless resulting from inherent vice, quality or defect of the cargo, drydocking for the purpose of examination or painting bottom, or by any other similar cause preventing the full working of the Vessel, the payment of hire and overtime, if any, shall cease for the time thereby lost. ①

2. 停租的起算。停租时间的起算必须具备两个条件，一是影响船舶完全使用的事项发生，二是该事项的发生与其不能有效使用船舶之间有因果关系。如果船舶在航行期间起货设备受损，而船员在航行途中即将其修好，并未影响船舶卸货，租船人就不能依停租事项的发生要求停租。当两者有因果关系时，停租时间的起算有两种情况：一种是即时起算，即只要影响船舶完全使用的事项发生，就可以起算停租时间；另一种是限期起算，即在影响船舶完全使用的事项发生一定时间之后若干小时（例如，24小时）后起算。具体采用什么方式起算由当事人双方商定。

3. 停租时间损失的计算。停租时间损失的计算也依租船合同规定的不同而有两种情况：

第一，当合同订有“净时间损失条款”时，租船人只能对停租事项所引起的实际时间损失提出停租。例如，在某案中，船上共有3台起货机，其中1台跌落码头损坏，停工3个月。法官认为：如果船上1台起货机损坏，就必须了解有无时间损失，如另外两台起货机都能工作，并且能做租船人所要求的工作，又没有时间损失，则租金不能停付；如两台起货机所花的装卸时间超过了3台起货机所花的时间，即有时间损失，则可依该损失的时间确定租金停付的总额。具体讲，如3台起货机卸货需要10天，而两台则需要15天，则多用的5天可以停租。

第二，当合同订有“期间停租条款”时，租船人对停租事项发生到该原因结束的期间均可以停租，而不考虑该段时间的实际时间损失有多少。例如，由于1台起货机损坏使卸货用了15天的整个期间均可以停租。

关于停租，我国《海商法》第133条规定，船舶在租期内不符合约定的适航状态或者其他

① NYPE 1993 FORM, *TIME CHARTER*, Issued by the Association of Ship Broders and Agents (U. S. A.), Inc.

状态，出租人应当采取可能采取的合理措施，使之尽快恢复。船舶不符合约定的适航状态或者其他状态而不能正常营运连续满24小时的，对因此而损失的营运时间，承租人不付租金，但是上述状态是由承租人造成的除外。该规定只在合同对停租没有约定时适用。出租人在租期内有义务使船舶处于适航状态，当出租人违反上述义务时，租船人无权解除合同，但可以停付租金的形式得到补偿。该条规定的停租期间的起算是在停租事项发生后24小时而不是在事项发生的当时。有一点需要注意的是，依该规定，当船舶的不适航或不能正常营运是由承租人造成的，承租人不能停租，即我国《海商法》规定的停租是咎过失的。而依惯例，无论不适航是否由承租人造成，承租人均可停租，但并不妨碍出租人向承租人索赔。这体现了停租的不咎过失性。

（八）转租条款（sublet clause）

转租条款是定期租船合同中规定租船人在合同期间可以将船舶转租他人的条款。在当今的租船业务中，转租的情况是很普遍的，例如，租船人完成了一个航次，为了避免浪费一个空放航次，就可能将船转租出去。租船人可将船舶按期租形式转租，也可按程租形式转租。租船人对于次租船人来说是“二船东”，次租船人在索赔时只能向二船东提出，二船东是否能向原船东提出同样的索赔与他无关。因此，租船人在将船舶转租出去时，应特别注意转租合同与原合同的一致性。尽管合同不能约束非合同当事人，即原出租人不能向次租船人主张权利，次租船人也不能依原租船合同或转租合同向出租人主张权利，但在转租的情况下，如原出租人签发了提单，而次租船人又为提单的当事方时，则次租船人可依提单向原出租人主张权利。因此，租船人应注意其转租行为不应使原出租人的权利与义务受到影响。

我国《海商法》第137条对转租进行了规定，依该规定，承租人可以将租用的船舶转租，但是应当将转租情况通知出租人，租用的船舶转租后，原租船合同约定的权利和义务不受影响。

转租关系如图5-5所示。

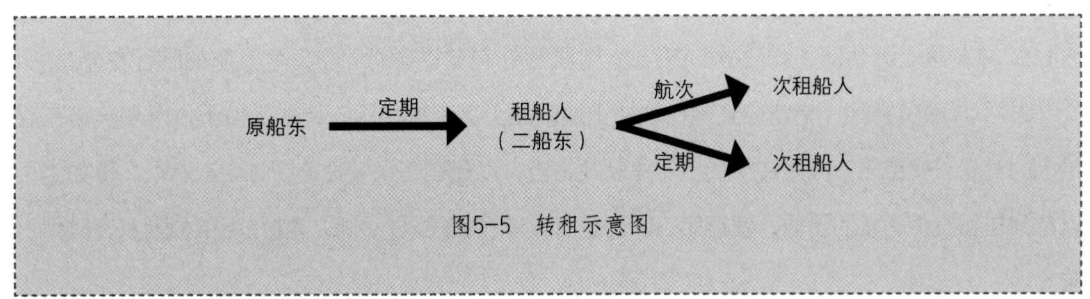

图5-5 转租示意图

（九）运送合法货物条款（lawful merchandise clause）

定期租船合同规定可以装运的货物被称为合法货物。不准装运的货物通常由双方在合同中列明除外。对于租船人要求装运除外货物的命令，船长可以拒绝。船方接受装运了除外的货物，并不等于弃权，日后船舶所有人仍然可以拒绝装运此类除外的货物。另一方面，因装运了除外货物而引起的船舶所有人的损失也可以向租船人提出赔偿请求。除外货物主要是指危险品，此外，一些新船会列明不准装运废铁、盐等货物，因为这些货物会对船舶造成较大的损坏。在租船市道不景气的情况下，船方往往会妥协，准许租方装运危险品，但同时又会加上一个附加条款，以便对危险品的装运加以限制。例如，在附加条款中规定，在4年后才能装运危险品，并须支付相应的费用；7年后才可装运盐，且一年中只能装运两次，同时，租船人应负责清理舱内的防腐衬油等。

关于运送合法货物，我国《海商法》第135条规定，承租人应当保证船舶用于运输约定的合法的货物。承租人将船舶用于运输活动物或者危险货物的，应当事先征得出租人的同意，否则承租人应对违反上述规定而使出租人遭受的损失负责。

（十）航区条款（trading limits clause）

定期租船合同的经营权在租船人，如合同中没有限制性的规定，租船人是可以环球航行的。这样一来，船舶所有人的船舶就要冒很大的风险。因此，合同中一般都规定租船人可以使用船舶的范围，如租方驶离约定的范围而造成船舶的损失，则须承担损害的赔偿责任。NYPE 93对此是这样规定的："全球航行，列明航行区除外"。船舶所有人除外的航行区一般有：

1. 战区、类似战区及双方有敌意行为的地区。船舶驶往战区会面临加保战争保险及向船员加付奖金的问题。这可能会给船方造成一笔可观的支出。船方有时会做出让步，允许租方前往战区，但同时会通过附加条款规定，租船人须负责开往战区需要加收的战争保险，并支付船员危险津贴。而且，过于危险的地区仍不能前往。

2. 冰封区。冰封区（如波罗的海及五大湖区），在冬季会有冰封，危及船舶航行安全。

3. 不合法贸易区。指驶往某国在法律上或政策上禁止的地区，例如，由于古巴和美国在政治上的对立，使得第三国船往往尽量避免驶往古巴，以免在将来驶往美国时会有麻烦。再如由于以色列与阿拉伯国家的矛盾，使得第三国船也有可能在驶往以色列后再驶往阿拉伯国家会受到刁难等。

4. ITF地区。ITF是“国际海运劳工联盟”的英文缩写。ITF地区指国际海运劳工联盟这一组织活动频繁的地区。例如，在北欧、澳大利亚等地，当方便旗船驶入时，常常由于该组织为了船员的待遇问题而“杯葛”该船，例如不给其卸货等，使船舶发生延滞。因此，租船人如拟驶往ITF活跃的地区，就不愿意租用方便旗船。作为方便旗船的船东则在出租船舶时会在航区中除去ITF地区。当然，只注明“排除ITF地区”是不妥当的，因为有ITF支会的地区是很多的，如果泛泛地排除ITF地区，就可能导致世界上的大部分地区都不能驶往的局面。所以，此条应列明不能去的具体地区，例如，排除澳大利亚、芬兰、英国等ITF活动频繁的地区。

如租船人命令船长开往合同除外的地区，船长可以拒绝此命令。船长也可以在“抗议下”接受此命令，但租船人对因此而引起的船舶的损失需负赔偿责任。

依我国《海商法》第134条的规定，承租人违反有关航区的规定的，出租人有权解除合同，并有权要求赔偿因此遭受的损失。

（十一）留置权条款（lien clause）

依NYPE 93第23条的规定，“船舶所有人为了得到本租船合同规定应付的任何款项，包括共同海损分摊，对所有货物和所有转租船舶的运费享有留置权”。这里的“货物”为所有的货物，也包括了非承租人的货物，因而常常受到批评。我国《海商法》第141条规定的可留置的货物仅限于属于承租人的货物。此外，我国海商法还允许留置属于承租人的财产和转租收入。“属于承租人的财产”在这里主要指属于承租人的燃油，因为，在定期租船下，燃油是由承租人负责的。此种留置只有在船舶所有人撤船时才会发生。转租收入是指当租船人将船转租时所取得的租金或运费收入。此种留置权是通过对二租船人、托运人、收货人发出通知来行使的。通知要求上述人将需留置的运费付给船舶所有人。一般来说这些人是会将运费付给船舶所有人的，否则，他可能面临再付一次运费的危险。

Liens

The Owners shall have a lien upon all cargoes and all sub-freights and/or sub-hire for any amounts due under this Charter Party, including general average contributions, and the Charterers shall have a lien on the Vessel for all monies paid in advance and not earned, and any overpaid hire or excess deposit to be returned at once.

The Charterers will not directly or indirectly suffer, nor permit to be continued, any lien or encumbrance, which might have priority over the title and interest of the Owners in the Vessel. The Charterers undertake that during the period of this Charter Party, they will not procure any supplies or necessaries or services, including any port expenses and bunkers, on the credit of the Owners or in the Owners' time.①

（十二）还船条款（redelivery of vessel clause）

租船人应到期将船舶以良好状态交还出租人。“良好状态”指除自然损耗以外的与交船时基本相同的良好状态。为了比较交船与还船时的船舶状况，双方会在交船时进行一次交船检验（on hire survey），到还船时再进行一次还船检验（off hire survey）。对于租船期间发生的自然损耗，租船人可以不负责任。“自然损耗”（ordinary wear and tear）通常是由双方同意的用途造成的，而非因疏忽引起的损坏。例如，允许用抓斗卸货的船舶在卸货过程中就不可避免地会造成舱壁的刻痕、凹损、刮花等损失。如还船时船舶的损坏超出了自然的损耗，出租人仍应接受还船，但有权请求损害赔偿。依我国《海商法》第142条的规定，船舶未能保持与交船时相同的良好状态的，承租人应当负责修复或者给予赔偿。

关于还船的地点，租船人一般愿意规定较广的还船地点，以便其能在卸货港当地还船，省去空载航次的费用。而船舶所有人则愿意将还船地点规定得窄一些，以便其在完成一个租约后就近安排船舶的入坞修理等。合同中订明的还船地点往往是双方妥协的产物。还船地点通常规定两个或几个港口，或一个区域，由租船人选择具体的还船地点。此外，租船合同中还规定，租方须在还船前的一定时间内向船方发出还船通知，以便船方能适当地安排下一个租约。通知的时间通常有两个，例如，14天给一个通知，7天再给一个通知。租船人在给通知时，通常会称该通知的还船时间是估计的，不加保留地明确通知可能会由于无法与最后实际的还船时间相统一而被认定为是错给了通知。租方错给通知、漏给通知或未给通知均会面临船方的索赔。

除了上述条款以外，定期租船合同中还有法律适用条款、仲裁条款、共同海损条款、新杰森条款、留置权条款、双方互碰责任条款、佣金条款、战争条款等。此外，双方当事人在谈判中还可以另行附加其他的条款。

① NYPE 1993 FORM, *TIME CHARTER*, Issued by the Association of Ship Broders and Agents (U.S.A.), Inc.

四、NYPE 2015的修订

2015年，波罗的海国际航运公会（简称BIMCO）宣布，该组织与NYPE版权人美国船舶经纪人与代理人协会（简称ASBA）、新加坡海事基金会（简称SMF），历经3年的研讨与商议后，于2015年10月16日共同发布了2015年纽约土产格式（以下简称NYPE 2015）。这是第一次由BIMCO、ASBA和SMF共同发布租船合同修订版。这三个组织在修订NYPE期间，与全球的航运业界共同商议，确保慎重考量船东和承租人自方的利益，以便制定比以前的版本在利益上更为平衡的标准合同。NYPE 2015主要修改的内容有：

（一）可选择一般期租或航次期租

与NYPE 93相比，NYPE 2015第1条（a）款明确了租约双方可以选择一般期租（period charter）或是航次期租（time charter trip，简称TCT）。之前的版本只为船东与承租人提供了一般期租。[①] 航次期租以完成一个航次运输为目的，但租金按完成航次所使用的日数和约定的日租金率计算。在装卸港的条件较差或航线的航行条件较差，难以掌握一个航次所需时间的情况下，这种租船方式对船东比较有利。因为采用这种租船方式可以使船东避免难以预测的情况而使航次时间延长所造成的船期损失。在航次期租中，承租人按合同定时向船东支付租金，除淡水和滑油及因船员所引起的费用由船东支付外，其他费用由承租人支付，如燃油费、拖轮费、强制引水区域的引水费（非强制区域的引水费由船东支付）、加班费、港口使费、代理费（船东委托的保护代理由船东支付）等。而一般期租是船东负责船员工资和船的基本维护成本，将船期租给承租人一段时间，由船东负责船的一切的运营成本、燃油、港使费等的租船方式。

（二）可选择适用“非始终漂浮但安全搁浅”条款

NYPE 2015第1条（d）款为新增内容，引入了“非始终漂浮但安全搁浅”（NAABSA，Not Always Afloat But Safely Aground）条款。作为一项可选条款，承租人在规定的条件下，有权命令船舶在装卸货期间安全搁浅。NAABSA条款已经包含在NYPE 46第6条中，但NYPE 93

---

① NYPE 2015—a major revision, 2016.6.1, available at https://www.wr.no/aktuelt/publications/shipping-offshore-update-june-2016/nype-2015--a-major-revision/.

将此条款删除。由于在谷物贸易运输中装货时安全搁浅的情况很常见，所以NYPE 2015重新引入该规定，并在第1条（d）款第二段单独增加了赔偿规定，[①]以符合现实谷物运输的需要。

（三）可选择在交船港或第一装货港作出货物装卸准备就绪通知

在以前的版本中，限制船东在船舶适航的条件下，在合同约定的港口或地点交船并接收货物，但实践中的常见做法是，在一个地方交船而在另一个地方装第一批货。NYPE 2015针对这一实际情况，将船东在适航条件下交付船舶的义务与货物装卸准备就绪的义务分开。[②] NYPE 2015第2条（c）款提供了两种可供选择的情况，即合同双方可选择同意在交船时作出装卸货物准备的通知，或如果交船港与第一装货港不同，船东可在第一装货港作出货物装卸准备就绪的通知。[③]

（四）优化还船（Redelivery）条款

英国法院在2009年的The Zenovia案中判决承租人并不受其还船通知的约束。为了回应此案例，NYPE 2015第4条明确要求承租人要向船东及时通知船舶的行程。承租人在发出还船通知之后，应确保其最后航次指示合法（legitimate final voyage order），从而使船东能够合理期待承租船舶在何时可以交还。此外，船东接受还船并不影响其之后向承租人索偿因其违约而造成损失的权利。[④]

（五）修改船东应提供或支付的项目（Owners to Provide）条款

在船东应提供或支付的项目中，NYPE 2015第6条规定，除NYPE 93所列的项目外，新加入润滑油（lubricating oil）应由船东所提供。此外，NYPE 2015明确规定在租赁期间开始时，要求船东提供油污的经济责任证明（Certificates of Financial Responsibility for oil pollution，

---

① NYPE 2015 Explanatory Notes, page 4, available at https://www.bimco.org/contracts-and-clauses/bimco-contracts/nype-2015.

② NYPE 2015 Explanatory Notes. page 5.

③ NYPE 2015—The New Charter Party Form, 2016.1.29, available at https://www.nepia.com/articles/nype-2015-the-new-charter-party-form/.

④ 刘洋：《新NYPE 2015版重点条款分析》，载航运界网，http://www.ship.sh.

COFR），并在整个租约期间内保持有效状态。①

（六）新增燃油（Bunkers）条款

NYPE 2015第9条燃油条款是一条全新的、详尽的条款，覆盖了一般期租或航次期租下与燃油相关的所有可能发生的问题，包括燃油数量和价格、加油操作和样品检验、燃料试验和低硫燃料。②这些规定是许多期租合同中没有明确的事项，NYPE 2015的修改考虑到了当今航运市场要求船舶使用不同等级的燃油，而采样和测试是其不可或缺的步骤的情况。③

（七）修改租金支付（Hire Payment）条款

NYPE 2015第11条租金支付条款对宽限期、中止以及撤船的规定进行了更新和阐明，与近期法律判决保持一致。④ NYPE 2015第11条（b）款中删除了NYPE 93中的“反技术条款”（Anti-technicality clause），宽限期不再是只因承租人或其银行一方的疏忽、过失或错误而未能准时支付租金才可以享有，而是规定承租人无论什么原因未能按时支付运费均应享有3个银行工作日的宽限期；并在（c）款中规定承租人未能在宽限期内支付租金，船东有权撤船并要求赔偿损失；（d）款还引入了船东中止租约项下船舶服务的权利（right to suspend performance），但是，该条款并未明确说明，在船东行使此项权利之前是否首先需要向承租人发出警告，还是一旦承租人未能及时支付租金船东就有权中止船舶服务。⑤

（八）新增航速和性能条款（Speed and Consumption）条款

NYPE 2015第12条新引入了关于航速和性能的责任和赔偿的条款。自交船之日起至整个租约期间，船东应始终保证船舶能够以附录A（vessel description）中规定的航速和油耗运行，而在之前版本中关于航速和油耗的保证仅适用于交付之日。⑥承租人雇用气象导航公司来提供

---

①②④ MAJOR REVISION OF NYPE TIME CHARTER PARTY, 15 October 2015, available at https://www.bimco.org/news/priority-news/20151015_nype_revision_press.

③ NYPE 2015 Explanatory Notes, page 8-9.

⑤ 刘洋：《新NYPE 2015版重点条款分析》，载航运界网，http://www.ship.sh.

⑥ NYPE 2015—a major revision, 2016.6.1, available at https: //www.wr.no/aktuelt/publications/shipping-offshore-update-june-2016/nype-2015--a-major-revision/.

航线服务也是通常做法，NYPE 2015已将此做法引入。如果出现船舶降速或者燃油消耗增加的情况，第12条（d）款明确将船东的赔偿责任限制在预计的时间损失和额外的燃油消耗上。此外，（e）款规定，根据该条款任何有关航速和性能的争议可以提交给“一个独立的专家或另外一个双方同意的气象导航公司”作出判定。①

（九）修改停租（Off-Hire）条款

相较于NYPE 93，NYPE 2015第17条“停租”最后一句还明确约定，如果在租约项下是由船东提供燃油而承租人支付燃油费，那么在停租期间所消耗的燃油应该由船东承担。因此，承租人在计算停租金额时应该同时考虑扣除相应的燃油费。

（十）新增固体散装货物/危险货物（Solid Bulk Cargoes/Dangerous Goods）条款

NYPE 2015第29条固体散装货物/危险货物条款替代了NYPE 93中的危险货物条款。根据该条款的约定，如果承租人有意装载容易液化的固体散装货物，那么其有责任向船东提供足够的事先提醒，从而使船长可以在装载过程中采取必要的安全措施。②同时，如果承租人没有履行《国际海运固体散装货物规则》（IMSBC Code）或《国际海运危险货物规则》（IMDG Code）下规定的义务，船长有权拒绝装货，或将已装货物卸下。③

（十一）新增船底污损（Hull Fouling）条款

这是NYPE 2015新引入的条款。一般而言，在租约存续期间，船东有义务确保船体保持全面有效状态（thoroughly efficient state），也就是说，船东需要保持船体水下部分是没有污损的。如果船底污损在一定程度上影响了船舶的性能，船东可能会面临承租人相应的索赔。然而在一些情况下，船底污损可能是由于船舶执行承租人的指示在某锚地停留很长时间导致的，那么在这种情况下，该条款的作用是将清除船底污损的责任从船东转移给承租人。④

---

①③ 刘洋：《新NYPE 2015版重点条款分析》，载航运界网，http://www.ship.sh.

② NYPE 2015 Explanatory Notes, page 18.

④ NYPE 2015 Explanatory Notes, page 19.

（十二）新增电子提单（Electronic Bills of Lading）条款

NYPE 2015版赋予承租人选择使用电子形式签发提单、舱单和提货单等运输单据的权利。但是，该条款免除了因为承租人选择电子提单而可能造成的额外责任，除非相关责任是由于船东过失所导致的。[①]

（十三）新增低速航行（Slow Steaming）条款

NYPE 2015引入BIMCO在2011年推出的期租减速航行条款，允许承租人书面指示船长减速航行。因此，口头指令应视为无效。另外，该条款还提供了两个选择，即减速航行（Slow-steaming）或超慢航行（Ultra-slow steaming），二者择其一。如果船东和承租人在签订租约时未作出选择，则默认选择了“减速航行”选项。如承租人作出任一选择，则需承担两项责任：一是，确保减速航行并不违反提单项下的相关条款；二是，对于船东可能因此而在提单项下承担的额外责任，应该作出补偿。

（十四）新增海盗（Piracy）条款

NYPE 2015正式引入BIMCO在2013年推出的期租海盗条款。事实上该条款已经在租船市场上得到广泛认可和使用。该条款对于在船舶遭到海盗劫持期间是否停租的问题作出了约定。依该条规定，承租人在船舶遭遇海盗劫持的前90天依旧需要支付租金。从第91天开始，承租人才有权停付租金，但其依旧需要承担在租约项下的其他责任和义务。

（十五）修改法律与仲裁（Law and Arbitration）条款

与NYPE 93相比，NYPE 2015在法律和仲裁方面有更广泛的选择。租约双方可在纽约（适用美国法律）、伦敦（适用英国法律）、新加坡（适用新加坡法律或英国法律）或任何其他地方和法律之间进行选择。如果双方没有作出选择，则默认适用美国法律在纽约仲裁。[②]

---

① 刘洋：《新NYPE 2015版重点条款分析》，载航运界网，http://www.ship.sh.

② NYPE 2015—a major revision, 2016.6.1, available at https://www.wr.no/aktuelt/publications/shipping-offshore-update-june-2016/nype-2015--a-major-revision/.

第三节　光船租赁合同

一、光船租赁合同的定义

光船租赁合同又称“空船租船”或“船壳租赁”，它是由船舶出租人向承租人提供不配备船员的船舶，在约定期限内由承租人占有、使用和营运，并向出租人支付租金的合同。光船租赁包括传统的光船租船，租出租入光船租船和租购光船租船三种形式。传统的光船租船是由暂时有剩余船舶的船东将船舶光租给吨位不足的租船人使用的租船方式。在第二次世界大战期间，国家为了弥补其运力的不足，常以光租形式向船东承租船舶。“二战”后，大量在大战期间生产的自由轮又因战争的结束而剩余，于是，以光租的形式出租。现在传统的光船租船已日益减少，但租出租入的光租和租购光船租船仍是使用较多的租船方式。

我国《海商法》第六章第三节对光船租赁合同进行了专门规定。我国《海商法》有关光船租赁的规定基本上与国际上常用的标准格式合同相一致，且有关规定均属非强制性条款，只在当事人之间的租赁合同没有约定或者没有不同约定的情况下才适用。

Concept of the Demise-Charter Party

A demise-charter party refers to a contract for the hire of vessel without a shipmaster or crew (also known as “bare boat”). The charterer is responsible for providing a shipmaster and crew. The charterer is entitled to control, use and operate the vessel within the period of charter party and is obliged to pay the hire charge in pursuance of the terms of the charter party.

二、光船租船合同的特点

（一）光船租船合同具有财产租赁合同的性质

从上述定义可以看出，在光船租赁合同下，出租人只提供船舶，并不配备船员。船舶出租人只保留船舶的所有权，船舶的占有权、使用权和营运权均转移给了承租人。由承租人雇用船员，并在合同规定的范围内进行船舶的经营，经营中发生的风险和责任也由承租人承担。承租人从出租人那里获得的是对船舶的“占有”和“使用”权，而不是出租人提供的劳务服务。因此，光船租赁合同具有财产租赁合同的性质。光船租赁合同应载明的事项也均为财产租赁合同所应记载的内容。之所以各国一般仍将光船租船纳入海商法的调整范围，是因为光船租赁的主要目的仍然是运输货物，除了由于其财产租赁性质而引起的特别规定外，光租合同在航区、运输合法货物、交船、还船及最后航次等方面与定期租船合同是基本一致的，加上船舶本身具有一些特点，因而很多国家在海商法中对光船租赁进行了规定，而不是将其纳入财产法的调整范畴。

由于光租的财产租赁性质，使得船东的责任与一般运输合同中的责任有很大的不同。在光租合同中，船东除了提供适航船舶和有关船舶的文件外，不再承担其他的责任。他只对其提供的财产负责，不对运输业务中产生的责任负责。

（二）光船租船使船舶的所有权和经营权相分离

在光船租船的情况下，船东只保留船舶的所有权，船舶的占有权和经营权归租船人，租船人在享受权利的同时应承担船舶营运中发生的风险和责任。因此，在海事请求权人申请扣船时，只能扣留本船或租船人所有的其他船舶，而不能扣留船东的其他船舶。

三、在光船租船下责任的承担

（一）雇用合同责任

光船租船合同的特点之一就是所出租的船舶上未配备船员，船员的雇用、船员的工资均应由租方承担，有关雇用合同的债项和责任，诸如工资、加班费、特别工作津贴、奖金、社会保障、退休津贴、旅费，派遣费、膳宿费等债项，均应由租船人承担。

（二）对第三方的人身伤亡责任

在光租条件下，租船人应对因船舶碰撞等事故而造成的第三方的人身伤亡承担赔偿责任，但光租并不完全解除船东的人身伤亡责任，即船东对交船前已存在的缺陷引起的人身伤亡仍应负责。

（三）货损责任

光船租船的经营权在承租人，承租人应对租船合同期间的货损负赔偿责任，船东则应对因交船前存在的不适航引起的货损负责。在*Tokio Marine and Fire Insurance Co. ltd v. NYK*

Lines[①]案中，船东承认其对因交船前存在的不适航引起的货损负责，但他又主张应依提单限制责任，法院认为，船东不能享受提单的权利，因为船东不是运输合同的当事人。在*National Marine Service Inc. v. Petrdeum Service Corp.*[②]案中，船舶在交船时虽然是适航的，但船东未告知租船人驳船的特性，结果租船人装载了不适于驳船装载的货物，使驳船沉没，法院认为，船东未尽到告知的义务，因此，应对货损承担40%的责任。

四、在光船租船下成本的分担

在光船租船下，船东只承担船舶的首要成本，包括船舶的造价或买入价、利息及贷款使费、税项、登记费等项，租船人则承担营运成本和航次成本。营运成本主要包括船员工资、船舶保险、战争险和保赔保险的费用、维修和保养、给养及备件、日常开支及管理费等；航次成本包括装卸费、燃油费、港口使费、引航费、运河费、泊费等。

五、在光船租船下风险的承担

（一）船舶的灭失风险

在光船租船合同下，船舶的灭失风险由哪方来承担应依合同的约定，如合同无约定，则依法律的规定。依一般法律原则，船舶的灭失风险在交船时由出租人转移给租船人。但如船舶的灭失是由于在交船时已存在的不适航引起的，或租船人能证明船东未恪尽职责使船舶适航，船东仍应承担船舶灭失的风险，可见风险的转移除了以交船为标志外，还与责任连在一起。

（二）船舶的损失风险

1. 船舶损失风险。由于光租对船舶的占有权和经营权均转归租船人，所以，租船人应承担租船期间船舶损失的风险，负担租船期间的各种修理费。但如船舶的损失是由在交船时已经存

---

① *Tokio Marine and FireInsurance Co. Ltd v. NYK Lines* 446F. supp 212, 213, 1979 AMC 2577.2578 [W. D. Wash 1979].

② *National Marine Service Inc. v. Petrdeum Service Corp.* 1983 AMC 2658 [E. D. Za 1982].

在的潜在缺陷造成的，而修理费仍由租船人承担，对租船人就欠公平。为此，波罗的海国际航运公会制定的标准合同——光船租赁合同A式规定：船东对交船后18个月内发现的潜在缺陷造成的损失负赔偿责任。

2. 时间损失风险。光船租船中的时间损失完全在租船人，无论租船人是否将船舶投入营运，租船人均应支付租金。虽然定期租船和光船租船的时间损失均在租船人，但两者有很大不同。在定期租船下，船舶的营运成本，包括船员工资、保险费、维修保养等是由船东承担的，因此，在船舶入坞修理、船员不足等影响租方使用的情况下，租船人可以停租。在光船租船下，船舶的营运成本转由租方承担，船舶几乎完全由租船人控制，因此，在光租中没有停租，租船人应承担在租船期间由于各种原因（如碰撞事故、船员不足、入坞、罢工等）不能使用船舶的风险。

3. 征用风险。船舶在光租期间如被征用，租船人是否应继续支付租金呢？标准光船租赁合同A式将征用区别为两种情况，分别规定了其风险的承担：其一，在政府征用的情况下，风险在租船人，租方有义务继续支付租金；其二，在政府强制取得的情况下，租船合同终止，租船人不必继续支付租金。

4. 战争风险。依标准光船租赁合同A式的规定，如在英国、美国、法国、苏联、中国任何两个国家之间发生战争，或船旗国卷入战争、敌对行为、军事行动、内乱等妨碍船只正常营运的情况，船东或租船人均有终止合同的选择权。

六、光船租赁合同的主要条款

光船租赁合同通常是在事先拟订的格式基础上达成的。目前，国际上比较常用的光租合同格式是由波罗的海国际航运公会1974年制定的《标准光船租赁合同》（Standard Bareboat Charter），租约代号“贝尔康”（BARECON）。该格式具有A、B两种格式，A式适用一般光船租赁，B式适用于通过抵押融资的新建船舶的租赁。该标准合同在1989年进行了第一次修订，将A式与B式合并，另加入三部分作为补充条款供订约双方选择使用。其中，第三部分为新建船舶光租条款，第四部分为租购协议，第五部分为光租船登记条款。2001年、2017年，该标准合同又进行了两次修订。

根据我国《海商法》第145条的规定，光船租赁合同的主要内容应包括：出租人和承租人的名称、船名、船籍、船级、吨位、容积、航区、用途、租船期间、交船和还船的时间和地点以及条件、船舶检验、船舶的保养维修、租金及其支付、船舶保险、合同解除的时间和条件、其他有关事项。在这些内容中，有关船舶规范、航区、运送合法货物、还船时的良好状态及最后航次的规定与定期租船合同基本相同。现就与定期租船合同不同的内容，对光船租赁合同A式的内容，结合我国《海商法》有关光船租赁合同的规定进行介绍和评述。

（一）交船

在光船租赁合同中，船东的基本义务就是在约定的地点和时间将适航船舶交给承租人。适航指船舶的技术状况适于通常的海上航行，船舶应符合船旗国有关航行安全的规定，并具备各项有效合格的证书。光船租船中的适航不包括适员，因为船员是由租方雇用的，适航也不包括适当地配备船上供应品，因为这也是由租方承担的。

交船的时间由双方商定，并在合同第一部分注明交船时间和解约日。船东一般不得提前交船，除非承租人同意。BARECON 2001第4条关于“交船时间”的规定是船东要给租船人不少于30个连续日的初步通知和不少于14个连续天的预计交船确定通知，并随时通告租船人有关船舶的动态。①BARECON 2017对“交船时间”作了修订，仅规定交船时船东应当按照约定的时间向承租人告知大约或确定交船时间的通知。考虑到实践中船东发出的交船通知往往倾向于在临近准备就绪之日提交以控制时间，该条款实际上缩短了BARECON 2001规定的交船通知。如船东未能在解约日前交船，租船人有权在解约日之后的连续36小时内向船东发出解约通知以解除合同。②如果船舶可能延迟到解约日之后交付，则船东应在能够合理确定船舶何时备妥时尽快通知租船人，并询问租船人是否取消合同，租船人应在收到该通知后的168小时内或解约日后的36小时内（以两者较早的时间为准）宣布其决定。如租船人不行使取消合同的选择权，则将船东通知船舶备妥之日后的第7日视为新的解约日。③

依我国《海商法》第146条的规定，出租人未在合同约定的港口或者地点、按照合同约定的时间，向承租人交付适航的和适于合同约定用途的船舶及船舶证书的，承租人有权解除合同，并有权要求赔偿因此遭受的损失。

---

① Clause 4 of BARECON 2001, available at https://www.bimco.org.

② Clause 5(a) of BARECON 2001.

③ Clause 5(b) of BARECON 2001.

（二）检验和检查

交船和还船时，船东和租船人各指定验船师对船舶的状况进行检验。起租检验的费用和时间损失由船东负担，退租检验的费用和时间损失由承租人负担。

为了查明承租人在光租期间是否对船舶进行了正常的维修和保养，船东得随时对船舶航海日志进行检查，如查明船舶处于合同规定的良好状态，则检查和检验费用由船东承担，如查明船舶需经修理或保养才能达到合同规定的状况时，检查和检验费用则由承租人承担。

Surveys

Survey on Delivery and Re-delivery. —The Owmers and Charterers shall each appoint surveyors for the purpose of determining and agreeing in writing the condition of the Vessel at the time of delivery and re-delivery hereunder. The Owners shall bear all expenses of the On- Surevy including loss of time, if any, and the Charterers shall bear all expenses of the Off-Survey including loss of time, if any, at the rate of hire per day or *pro rata*, also including in each case the cost of any docking and undocking, if required, in connection herewith. ①

（三）船舶的保养与营运

在租期内，船舶处于租船人的占有和完全控制下，租船人应对船舶、船机、锅炉、装置和备件进行良好的维修、保养，使其在各个方面均处于良好的状态，并应保持船级和其他必需的证书的有效性。

在光租期间，承租人负责雇用船员，承担燃料、物料及供应品的费用、修理费用以及与船舶营运有关的税款。未经船东同意，租船人不得改变船舶的结构或对机器、装置或备件进行变动。

光船租赁期间往往较长，其间国际公约、船旗国法律或其他所适用的法律以及船级社可能对船舶结构和设备实行新的强制性要求，从而产生船舶结构和设备更新的费用以及此种费用应由哪一方承担的问题。在BARECON 1989和BARECON 2001都规定了如果此种更新的费用超过船舶保险价值的5%或其他约定的比例，剩余租赁期的租金应作出一定程度的调整，因此而增加的成本应在双方之间分摊；如果双方对前述调整和分摊不能协商达成一致，应根据“争

① The Baltic and International Maritime Conference Standard Bareboat Charter Code Name: “Barecon A”Form.

议解决”条款的规定处理。该条规定实际上是将该问题交由出租人和承租人双方协商解决，协商不成则诉诸仲裁，并未就更新费用的承担和租金的调整提出任何具有建议性的可操作方案。BARECON 2017修订的一大亮点是，在第13条（b）款引入了更新费用两种分配方案：（1）此种费用全部由承租人承担。（2）如果此种费用超过约定的金额，承租人分摊的金额应按照条款列出的公式进行计算，即：如果更新将持续整个船舶营运年限，承租人分担的费用为剩余租赁期与船舶剩余营运年限的比率乘以更新的费用；如果更新不会持续整个船舶营运年限，承租人分担的费用为剩余租赁期与预计更新的年限的比率乘以更新的费用。[①]两种分配方案由当事人选择，未选择时则默认适用第（1）种方案，即全部更新费用由承租人承担。

此外，BARECON 1989的“保养”条款中还规定，在船舶受损时，租船人应在合理时间进行修理，否则，船东有权撤船，并向租船人提出索赔。这项规定在此后的版本中都修订在“合同终止”条款中。[②]

如租船人租用的是油轮，租船人需对可能产生的污染责任安排必要的财务保证，如租船人未作出有关的安排，则应赔偿船东因此所受的损失。

（四）租金

租金由租船人按双方约定的每连续30天以预付形式向船东支付包干金额。租金一般按夏季载重吨位和租期计算。

关于迟延支付租金，BARECON 1989规定，如租船人迟延支付租金超过7个连续日，船东即有权撤船。对于延付的租金，船东有权按合同约定列明的利率收取利息，若无约定，则按船东营业地的当时市场利率。[③] BARECON 2001规定，如果船东没有在合同约定的宽限期内收到租金，船东有权撤船并终止租约而无需给予任何额外通知；[④]若延迟支付租金，船东有权按合同约定列明的利率收取利息，若无约定，则适用英国银行协会所发布的伦敦3个月银行间拆款利率加上2%计算利息。[⑤] BARECON 2017规定，如果租船人没有按时支付租金，船东应书面通

① Clause 13 of BARECON 2017.

② BARECON 1989.

③ Clause 10 of BARECON 1989.

④ Clause 28(a)(i) of BARECON 2001.

⑤ Clause 11(f) of BARECON 2001.

知租船人在3个银行工作日内支付租金；如果超过了这3个银行工作日仍未支付，船东有权向租船人索赔损失，并且只要租金没有支付，船东可以在任何时候终止租约。[①]

（五）保险

光船租船应由承租人负责为船舶投保水险、战争险和保赔保险，但保险单的被保险人则以船舶所有人和承租人共同署名，在船舶全损或推定全损时，保险赔偿应付给船舶所有人，由船舶所有人依船舶所有人和租船人的利益多少分配。此外，光租合同A式还规定了有关保险的选择权。第12条规定由船舶所有人负责为船舶投保水险和战争险，由租船人投保保赔责任险。第12条有关选择由船舶所有人投保的原因，主要是用于期间较短的光租，如光租船舶只是为了4~6个月的夏季摆渡，这时，由船舶所有人自费保险。在之后的BARECON 1989、BARECON 2001也延续了上述规定，仅有少许措辞的变动。但在2017年5月英国最高法院对“Ocean Victory”轮案作出的判决中，[②]法官对涉案的BARECON 1989中保险条款的解释对船舶保险人、船舶出租人和光船承租人带来很大影响，促使BIMCO在BARECON 2017中对保险条款进行了修改，明确了出租人和船舶保险人就船舶保险承保的损失向承租人追偿的权利。BARECON 2017第17条“保险”（a）款（ii）段明确规定，尽管双方作为共同被保险人投保，但保险条款不排除或免除出租人和承租人在本租船合同项下的责任，而是用以担保损失发生时保险赔偿先行向出租人支付以补偿其损失。如果该保险赔款支付给出租人，应视为承租人对出租人赔偿责任的履行（而非解除或免除）。[③]为避免疑问，此种赔付不禁止出租人或其保险人依据保险代位求偿权向承租人主张赔偿责任。

Insurance

During the Charter period the Vessel shall be kept insured by Charterers at their expense against marine, war and Protection and Indemnity risks in such form as Owners shall in writing approve, which approval shall not be unreasonably withheld. Such marine, war and P. and I. Insurances shall be arranged by Charterers to protect the interests of both Owners and Charterers and “approved mortgagees” (if any), and Charterers shall be at liberty to protect under such insurances the interests of any managers they

① Clause 15(e) of BARECON 2017.

②《BARECON修订小组聚焦Ocean Victory案》，载国际船舶网，http://www.eworldship.com。

③ Clause 17(a) of BARECON 2017.

may appoint. All insurance policies shall be in the joint names of Owners and Charterers as their interests may appear.①

（六）无船舶留置的保证

由于租方与船舶供应有关的债项可能引起船舶留置，这种留置权又具有优先性，可能对船舶所有人造成损害，所以规定了有关无船舶留置的保证，声明租船人将不承受也不同意继续存在由他们或他们的代理人招致的可能对船东的船舶所有权和利益有优先权的留置或债务。②

（七）还船

在较长的租期届满后，船舶所有人要为船舶的回归作准备，如为船舶入坞、检查等作出安排。因此，BARECON 1974A式、BARECON 1989、BARECON 2001中的"还船"条款中都有如下相似的规定：租船人应提前30日给船舶所有人初步通知，提前14日给确切通知，告知其还船日期和还船港。如船舶安排的最后航次超过租期，租船人仍可使用船舶以完成航次，但超出的时间应合理。此外，最后航次应与结束租船合同差不多的时间完成。船舶应以与交船时同样的良好状态还船，正常损耗除外。否则，船舶所有人可以向租船人索赔。BARECON 2017中关于还船时间仅规定，交船时船东应当按照约定的时间向承租人告知大约或确定交船时间的通知，与该版本交船时间的措辞相同。

（八）BARECON 2017的新增内容

BARECON 2017是在BARECON 2001这一成功版本的基础上进行的再次修订，旨在针对和反映BARECON 2001发布之后航运实践及法律的变化。BIMCO在此次修订中重在使BARECON格式更加便于使用，并使合同各方当事人的利益更加平衡。除上述介绍外，相较于之前版本，BARECON 2017还有如下新增条款：

1. 新增承租人延长租赁期的选择权，第2条"承租期间"（Charter Period）第2段规定：承

① NYPE 1993 FORM, *TIME CHARTER*, issued by the Association of Ship Broders and Agents (U.S.A.), Inc.

② Clause 15 of BARECON 1989, contractss/barecon-89, Clause 16 of BARECON 2001, Clause 21 of BARECON 2017.

租人可通过书面通知的方式按照约定的租金率延长租赁期；除另有约定外，在租赁期内船舶将处于承租人的完全占有和控制之下。①

2. 赋予承租人在交船前安排人员上船熟悉船舶的权利，第6条“熟悉”（Familiarisation）规定：承租人在交船之前的合理时间内有权指派最多2名代表上船并自担费用和风险；出租人在还船之前也有同样的权利。各自指派的代表只是作为观察员熟悉船舶情况，不得在任何方面妨碍船舶的营运。② 船舶在光船租赁期间由承租人负责营运，并负责船舶维修保养，而船舶交船时的实际状态对于承租人的利益具有重要影响，因而赋予承租人在交船期指派代表上船熟悉船舶情况就显得很重要。

3. 借鉴船舶买卖合同的标准格式条款的规定，新增第9条“燃油、油料和润滑油”（Bunker fuels，oils and greases）条款，规定承租人和出租人在交船时和还船时应当分别接受全部燃料油、储罐和未启封的油桶中未使用的润滑油和液压油，并按照发票证明的实际购买价格或市场价格支付对应价款。③

4. 新增第19条“全损”（Total loss）条款，主要规定：在船舶发生全损时，承租人对出租人负有赔偿责任；保险赔款应当全部支付给出租人作为承租人对出租人赔偿义务的履行。该条还规定，对可能导致船舶变成全损的任何事件（occurrences），承租人对出租人和船舶抵押权人负有通知义务，并且承租人在租船合同终止后仍有一持续义务，即保留或代表出租人和承租人或行使代位求偿权的保险人向对船舶全损负有责任的第三人主张赔偿责任。这一新增规定主要是为了保护出租人在船舶遭遇全损后的权利和利益，同时增加了承租人向第三人的追索义务，即使承租人不是船舶全损的最终责任人，但承租人将仍负有义务保留向第三人的索赔权利并向第三人索赔。④

5. 新增第28条“反腐败”（Anti-corruption）条款和第29条“制裁和指定实体”（Sanction and Designated entities）条款。“反腐败”条款规定，船东和承租人应该尽其所知所信制定防止贿赂的规定，并阻止这种违反相关法律的贿赂行为。如果任何一方未能遵守相关反贿赂法律，那么该方则要对另外一方因此而遭受的罚款和损失等提供抗辩并予以赔偿。该条款还进一步规

① Clause 2 of BARECON 2017.

② Clause 6 of BARECON 2017.

③ Clause 9 of BARECON 2017.

④ Clause 19 of BARECON 2017.

定，如果合约一方或其成员在该租船合同项下作出任何违反相关反贿赂法律的行为，或者此类行为导致另外一方违反了相关的反贿赂法律规定，那么另外一方有权终止该租船合同，但该终止合同行为应该及时行使。[①]“制裁和指定实体”条款规定，本条款适用于对任何特定人员、实体或机构实施的任何制裁、禁止或限制，包括根据联合国决议或贸易、经济制裁，欧盟或美国法律法规下指定的船舶或船队。这种类型的条款通常要求船东和承租人及其相关人员应保证自己不在被制裁的名单上。在租约期间，如果一方意识到另一方已经违反了该条规定，那无过错的一方有权依照其所属政府的指示行事，并可以依据第31条“合同终止”条款中规定的情况立即终止租约。[②]

船舶应以与交船时同样的良好状态还船，正常损耗除外。否则，船舶所有人可以向租船人索赔。

【重要术语提示与中英文对照】

编号	中文术语	英文对照
1	航次租船	Voyage-Charter Party
2	承租人	charterer
3	亏舱费	dead freight
4	不定期船	tramp ship
5	代替船	substituted vessel
6	并入条款	incorporation clause
7	连续航次租船	consecutive voyage charter
8	连续日	running days; consecutive days
9	晴天工作日	weather working days
10	私人承运人	private carrier
11	每天每舱口装卸定量	per hatch per day
12	转租	sublet
13	到达船	arrived ship
14	不论靠泊与否	whether in berth or not
15	除非已使用	unless used
16	一旦滞期，永远滞期	once on demurrage always on demurrage
17	运费率	pro-rate freight
18	整船包价	lumpsum freight

① Clause 28 of BARECON 2017.

② Clause 29 of BARECON 2017.

续表

编号	中文术语	英文对照
19	地理航线	geographical rotation
20	航次受阻	frustration of voyage
21	定期租船合同	Time Charter Party
22	吃水	draft draught
23	装载容积	cubic capacity
24	总登记吨	gross registered tonnage,G. R. T., grt
25	租期	duration
26	交船检验	on hire surrey
27	危险货物	dangerous cargo
28	航区条款	Trading Limits
29	燃油	bunker
30	租金率	rate of hire
31	租金支付	hire payment
32	宽容期	grace period
33	垫付	cash advance
34	停租	off hire
35	入坞	drydocking
36	光船租赁	bareboat charter or demise-charter party

【思考与辨析】

1. 航次租船合同规定装卸时间的意义是什么？
2. 起算装卸时间的条件是什么？
3. 下列是国际货物贸易合同中有关运输的条款，请翻译并对画线部分进行解释：

   Article 4.

   CIF FO Dalian or Qingdao, China. The buyer shall guarantee one safe berth at discharging port Master of the carrying vessel shall tender Notice of Readiness in writing or by cable to the buyer's nominated agents, whether in berth or not.

   The buyer's guaranted discharging rate is 1 500 metric tons per weather working day, Sunday and holidays excepted unless used. If used, actual time used to count as laytime.
4. 请辨析下列陈述的正确性，并说明理由：在航次租船中，如承租人不能提供船方宣布的载货量，不足部分应由承租人向出租人赔偿因退装而引起的损失。
5. 请辨析下列陈述的正确性，并说明理由：航次租船合同是指出租人向承租人提供船舶或船舶的部分舱位，装运约定货物，从一港运至另一港，由承租人支付约定的租金的合同。

6. 在航次租船运输中，递交准备就绪通知书的条件应当包括下列哪几项？ A. 抵达；B. 船舶在物理上准备就绪；C. 船舶在法律上准备就绪；D. 船舶已办理了一切例行的法律手续。
7. 在航次租船运输中，在计算装卸期间时，一般应扣除下列哪几项？ A. 工作日；B. 非晴天工作日；C. 假日；D. 星期日。
8. 定期租船合同与航次租船合同有哪些不同点？
9. 在航区条款中，一般会排除哪些区域？
10. 停租事项主要有哪些？
11. 定期租船中，租方没有准时支付租金或没有如数支付租金会导致什么后果？
12. 租船人在什么情况下可以停租？
13. 如何确定还船时的良好状态？
14. 光船租赁合同有哪些特点？
15. 在定期租船合同下，租船人在下列哪些情况下可以停租？ A. 因等待军事人员护航而延迟的期间；B. 船舶入坞修理的期间；C. 船体或机器的故障；D. 船员不足等待补充船员的期间。
16. 在定期租船合同中的航区条款一般排除下列哪几项？ A. 合法贸易区；B. 冰封区；C. 战区；D. 类似战区。
17. 在光船租赁期间，应由谁负责对船舶进行保险并负担保险费？ A. 船舶出租人；B. 承租人；C. 船舶所有人；D. 承运人。

【扩展阅读文献提示】

1. 关正义，严凌成．论航次承租人海事赔偿责任限制权利问题——兼谈《中华人民共和国海商法》第204条的修改．中国海商法研究，2021（4）.
2. 孙思琪，胡正良．航次租船合同立法：理论检视与规则完善．中国海商法研究，2020（2）.
3. 司玉琢．航次租船合同的立法反思——以《海商法》修改为契机．中国海商法研究，2019（4）.
4. Sir Bernard Eder, et al.. Scrutton on Charter parties and Bills of Lading. 23rd ed.

Sweet and Maxwell, 2015.

5. [英] 约翰 · 斯科菲尔德. 装卸时间与滞期. 张永坚等译. 大连：大连海事大学出版社，1998.

6. 丁剑. 纽约土产交易定期租船合同下保赔协会间协议的适用. 中国海商法研究，2018 (4).

7. 张丝路，李志文. 定期租船合同下还船日期及相关问题研究——以完善《海商法》第143条为视角. 中国海商法研究，2017 (4).

8. 姚洪秀，刘亚蕾. 全球金融危机下定期租船合同中出租人对租金和撤船的法律风险控制. 海大法律评论2008. 上海：上海社会科学院出版社，2009.

9. 邹盈颖. 违反定期租船合同的行为及损害赔偿的确定——兼谈全球金融危机所带来的新问题. 海大法律评论2008. 上海：上海社会科学院出版社，2009.

10. Wilford and Coghlin, Time Charters, Lloyd's of London Press Ltd., 6th edition, 2008.

11. 袁绍春. 定期租船合同法定解除事由评析——兼论《海商法》相关条款的修订. 中国海商法年刊，2005.

12. 杨良宜. 租约. 大连：大连海事大学出版社，1994.

13. 杨良宜. 程租合约. 大连：大连海事大学出版社，1998.

14. 郭萍. 租船实务与法律. 大连：大连海事大学出版社，2002.

【拓展阅读】

研究导引

★ 有关“到达船”的实例研究

★ 提单中的并入条款

★ 光船租赁合同的利用

扩展英文阅读资料

★ Kodros Shipping Corporation of Monrovia Appellants v. Empresa Cubana de Fletes Respondents

精选案例

★ The "Johanna oldendorff"轮著名"到达船"确定标准案

★ The "Laconia"轮撤船案

★ The "Effy"轮撤船案

【自测习题】

第六章　海上旅客运输合同

本章教学目的与要求

本章的教学目的是使学生了解海上旅客运输合同的概念，海上旅客运输合同当事人的主要权利和义务，及1974年《海上旅客及其行李运输雅典公约》的内容。重点掌握旅客运输承运人的责任。扩展研究部分引导学生对旅客运输国际立法的最新发展进行研究。

第一节　海上旅客运输合同概述

一、海上旅客运输合同的概念

海上旅客运输合同指承运人以适合运送旅客的船舶经海路将旅客及其行李从一港运送至另一港，由旅客支付票款的合同。“承运人”指本人或委托他人以本人的名义与旅客订立海上旅客运输合同的人。“旅客”指根据海上旅客运输合同运送的人。此外，经承运人同意，依海上货物运输合同，随船护送货物的人，也视为旅客。“行李”指依海上旅客运输合同交承运人载运的任何物品和车辆，这种行李需由旅客凭客票向承运人办理行李托运手续，在运送期间由承运人保管。“从一港至另一港”既包括中国港口和外国港口之间的旅客运输，也包括中国港口之间的旅客运输。此点与我国《海商法》有关海上货物运输的规定不同，海上货物运输的规定只适用于国际海上货物运输，排除沿海运输。而有关海上旅客运送的规定不仅适用于国际海上旅客运输，而且也适用于沿海海上旅客运输。只是考虑到我国的实际情况，《海商法》第117条第4款对沿海旅客运输中承运人的赔偿责任限额进行了例外规定，即我国港口之间的海上旅客运输，承运人的赔偿责任限额，由国务院交通主管部门制定，报国务院批准后施行。

Sea Carriage can be divided into two categories: carriage of goods and **carriage of passengers.** Different laws apply to different types of carriage. In common law countries, the carriage of passengers is not subject to the shipping law. In China, the Maritime Law regulates both the carriage of goods and the carriage of passengers.

二、客票

旅客的客票是海上旅客运输合同成立的凭证，而不是海上旅客运输合同本身。海上旅客运输合同在承运人接受了旅客提出运送的申请，并收取了旅客的票款时即成立。承运人向旅客签发的客票则是海上旅客运输合同的书面证明。客票载有船名、航次、日期、起运港、目的港、客舱等级、票价等事项。国际海上旅客运输的客票通常还载有承运人的名称及地址、旅客的姓名及地址、海上旅客运输的条件等事项。载明旅客姓名的客票称为记名客票，此种客票不能任意转让。客票式样如图6-1所示。

图6-1 国际海上旅客运输记名客票

第二节 海上旅客运输承运人的责任和权利

一、承运人的责任期间

海上旅客运输承运人的责任期间包括承运人对旅客运输的责任期间和对旅客自带行李及自

带行李以外的其他行李承担责任的期间。《海商法》第111条对这几种情况分别进行了规定。

（一）旅客

对于旅客运输的责任期间，自旅客登船时起至旅客离船时止。当客轮由于种种原因不能靠岸时，如客票票价中含有接送费用的，则运送期间包括承运人经水路将旅客从岸上接到船上和从船上送到岸上的时间，但不包括旅客在港站内、码头上或在港口其他设施内的时间。例如，旅客到达黄埔港，需要在港外换乘小船，继续航行1～2个小时才能最终到达目的港，此时，旅客虽然已离船，但由于票价中含有此期间的费用，则此期间仍为承运人的责任期间。如图6-2所示。

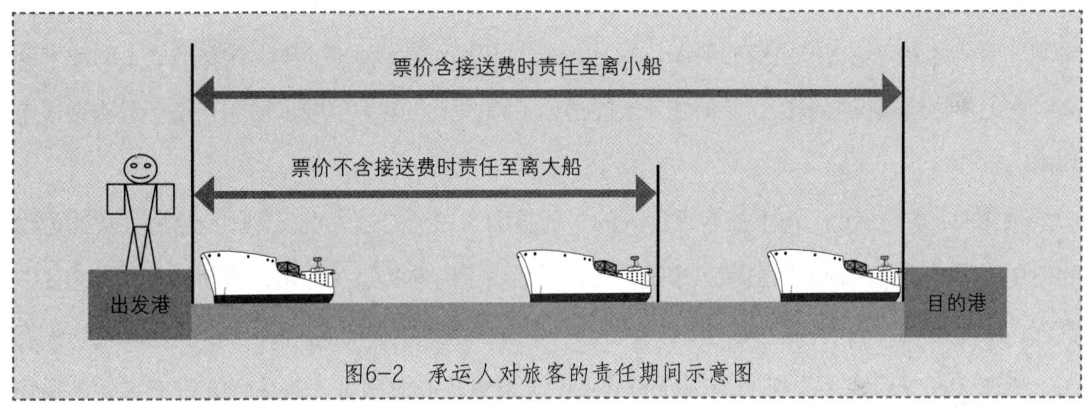

图6-2 承运人对旅客的责任期间示意图

（二）自带行李

旅客自带行李的运送期间与旅客的运送期间相同。旅客自带行李是随旅客而行的，因此其运送期间也与旅客的运送期间相同。

（三）其他行李

自带行李以外的其他行李的运送期间，自旅客将行李交付承运人或者承运人的受雇人、代理人时起至承运人或者承运人的受雇人、代理人交还旅客时止。自带行李以外的其他行李，指不是随旅客而行，而是交承运人托运的行李，因此其运送期间为从承运人接收行李到承运人交付行李。

According to Aricale 111 of Maritime Code of the People's Republic of China, the **period of passenger transportation** commences from the time when the passenger boards the vessel and ends at the time when he or she disembarks. If the price of the passenger ticket includes a payment for transit by ferry between the dock and the vessel, the period of passenger transportation extends to include such transit.

二、承运人的基本责任及责任基础

《海商法》第107条要求承运人应以适合运送旅客的船舶运送旅客，这里“适合运送旅客的船舶”指承运人必须提供适航的船舶，而且，海上旅客运输比海上货物运输在适航上的要求要高，海上货物运输仅要求在开航前和开航时适航，而海上旅客运输要求船舶在整个运输过程中均须适航。

依第114条的规定，海上旅客承运人的责任基础为完全的过失责任，此点与海上货物运输的规定不同，海上货物运输虽然也是过失责任，但由于有航行过失免责，因此是不完全的过失责任。旅客运输没有有关过失免责的规定，只要在承运人的责任期间内，因承运人或其受雇人、代理人在受雇或受委托的范围内的过失引起事故，造成旅客人身伤亡或行李灭失、损坏的，承运人均应当负赔偿责任。

第114条第3款和第4款还规定了承运人的推定过失责任，依该两款的规定，旅客的人身伤亡或自带行李的灭失、损坏，是由于船舶的沉没、碰撞、搁浅、爆炸、火灾所引起或者是由于船舶的缺陷所引起的，承运人或者承运人的受雇人、代理人除非提出反证，应当视为其有过失。旅客自带行李以外的其他行李的灭失或损坏，不论由于何种事故所引起，承运人或者承运人的受雇人、代理人除非提出反证，否则，均应视为其有过失。该两款从举证责任上加重了承运人的责任，因为上述情况下承运人要证明自己无过失是很困难的。

客轮上涉及旅客安全的设施如图6-3所示。

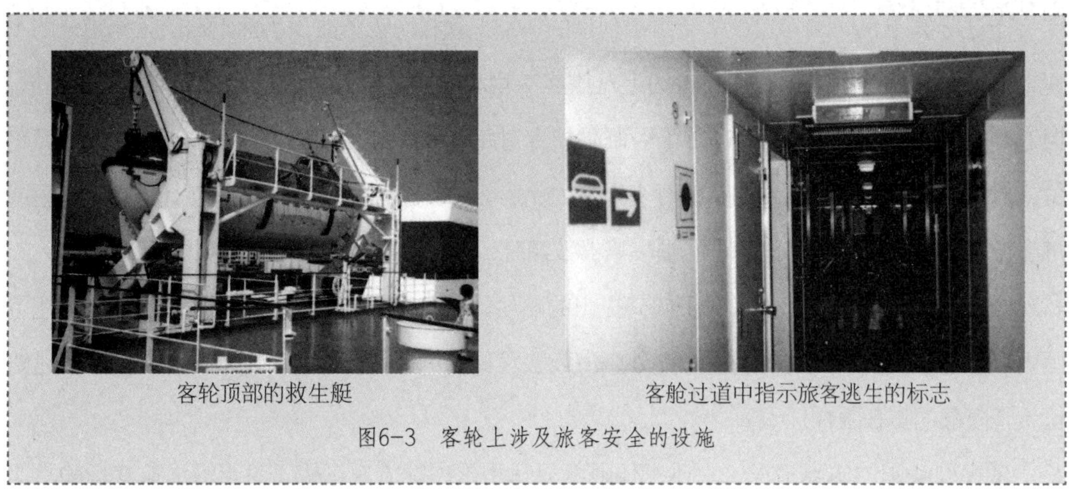

客轮顶部的救生艇　　客舱过道中指示旅客逃生的标志

图6-3 客轮上涉及旅客安全的设施

三、承运人责任的免除或减轻

《海商法》第115、116、113条对承运人责任的免除或减轻做了如下的规定:(1)经承运人证明，旅客本人有过失或旅客和承运人有共同过失，因此而造成的旅客的人身伤亡或行李的灭失、损坏，承运人可以免除或减轻其赔偿责任。(2)经承运人证明，旅客的人身伤亡或行李的灭失或损坏是由于旅客本人的故意造成的，承运人不负赔偿责任。(3)承运人对旅客的货币、金银、珠宝、有价证券或其他贵重物品所发生的灭失、损坏，不负赔偿责任。(4)对于旅客违反规定随身携带或在行李中夹带违禁品或易燃、易爆、有毒、有腐蚀性、有放射性以及有可能危及船上人身和财产安全的其他危险品，承运人可以在任何时间、任何地点将其卸下，销毁或使之不能为害，或交有关部门，而不负赔偿责任。

四、承运人的责任限额

我国海商法有关承运人责任限额的规定是根据《1974年海上旅客及其行李运输雅典公约》(以下简称《雅典公约》)及其1976年议定书制定的。依我国《海商法》第117条的规定，承运人在每次海上旅客运输中的赔偿责任限额为:(1)旅客人身伤亡的，每名旅客不超过46 666计算单位;(2)旅客自带行李灭失或者损坏的，每名旅客不超过833计算单位;(3)旅客车辆包括该车辆所载行李灭失或者损坏的，每一车辆不超过3 333计算单位;(4)上述以外的旅客其他行李灭失或损坏的，每名旅客不超过1 200计算单位。

上述计算单位即国际货币基金组织创设的特别提款权。为了减少小额索赔给工作带来的不便，海商法允许承运人和旅客自行约定对旅客车辆和旅客车辆以外的其他行李损失的免赔额，但对免赔的幅度，《海商法》进行了限制，规定对每一车辆损失的免赔额不得超过117计算单位，对每名旅客的车辆以外的其他行李损失的免赔额不得超过13计算单位。在计算每一车辆或每名旅客的车辆以外的其他行李的损失赔偿数额时，应当扣除约定的承运人免赔额。

承运人的受雇人、代理人对于向其提出的赔偿请求，只要能证明其行为在受雇或受委托范围内，也可享受责任限制的利益。此外，海商法又规定承运人和旅客可以书面约定高于上述赔偿责任限额的责任限额。

考虑到我国的实际情况，上述责任限额只适用于国际旅客运输，对于沿海旅客运输承运人的赔偿责任限额，由国务院交通主管部门制定，报国务院批准。1993年12月17日，经国务院批准，交通部发布了《中华人民共和国港口间海上旅客运输赔偿责任限额规定》(以下简称《责任限额规定》)，该规定于1994年1月1日生效。依《责任限额规定》，承运人每次海上旅客运输中的赔偿限额分别为：旅客人身伤亡的，每名旅客不超过4万元人民币；旅客自带行李灭失或者损坏的，每名旅客不超过800元人民币；旅客车辆包括该车辆所载行李灭失或者损坏的，每一车辆不超过3 200元人民币；旅客其他行李灭失或损坏的，每千克不超过20元人民币。该规定主要适用于从事我国沿海旅客运输的承运人，上述责任限额的规定远远低于我国《海商法》第117条规定的限额。确定该限额主要是对比了我国国内其他几种运输方式的相应限额，同时也考虑到了国内航运企业的承受力。

我国已于1994年加入了《雅典公约》，于是在涉及海上旅客运输的责任限制方面，就涉及《雅典公约》与我国《海商法》及《责任限额规定》在适用上的衔接问题。单看我国《海商法》及《责任限额规定》在适用上是没有问题的，即远洋运输适用《海商法》的规定，沿海运输适用《责任限额规定》。但1994年我国加入《雅典公约》后，就出现了一个衔接的问题，依公约的规定，允许加入国在加入公约时作出保留，声明公约不适用于承运人和旅客都是该国国民的运输，意为加入国对于承运人及旅客都是本国国民的情况有保留，并作出另行规定的余地，而对于承运人及旅客为非本国国民的情况，则均应适用公约。我国在加入该公约时并未进行任何保留，这就涉及国内法与国际公约的冲突问题。依《海商法》第268条的规定，中华人民共和国缔约或参加的国际条约与本法有不同规定的，适用国际条约的规定。即当内国法与本国参加的国际条约冲突时，优先适用国际条约。当承运人与旅客均为我国国民或法人时，并不涉及条约的适用，则沿海运输适用《责任限额规定》的规定。但当旅客为非中国国民时，依条约优先的原则，应适用《雅典公约》的规定，而不是《责任限额规定》。远洋旅客运输与沿海旅客运输赔偿限额对照如表6-1所示。

表6-1　远洋旅客运输与沿海旅客运输赔偿限额对照

适用 项目 限额	旅客人身伤亡	自带行李	车辆及车上所载物品	其他行李
国际运输	46 666SDR/每人	833SDR/每人	3 333SDR/每车	1 200SDR/每人
沿海运输	4万元人民币/每人	800元人民币/每人	3 200元人民币/每车	20元人民币/每千克行李

依我国《海商法》第118条的规定，承运人、其受雇人、代理人限制其赔偿责任的权利在下列情况下丧失：当证明旅客的人身伤亡或行李的灭失、损坏是由于承运人、其受雇人、代理人的故意或明知可能造成损害而轻率地作为或不作为造成的，承运人、其受雇人、代理人不得援用责任限制的规定。

五、承运人收取票款的权利

承运人有权收取票款及行李费，旅客无票乘船、越级乘船或超程乘船，应当按照规定补足票款，承运人可以按照规定加收票款。拒不交付的，船长有权在适当地点令其离船，承运人有权向其追偿。

六、实际承运人

实际承运人指根据接受承运人的委托，从事旅客运送或者部分运送的人，包括接受转委托从事此项运送的其他人。承运人常常将全程运输或部分运输转委托其他的船公司完成，在这种情况下，实际履行运输的承运人为实际承运人，为了防止在这种情况下订约承运人以运输非由其完成为由拒绝承担其责任，而实际承运人又以与旅客没有合同关系为由也拒绝承担运输责任，致使旅客的利益受到损害，海商法规定有关旅客运输承运人责任的规定同样适用于实际承运人及其受雇人、代理人。承运人将旅客运输委托实际承运人履行的，承运人应对全程负责。承运人与实际承运人均有责任的，两者应负连带责任。实际承运人及其受雇人、代理人也可以享受限制其责任的利益。

七、索赔通知

《海商法》第119条对索赔通知提交的时效进行了规定，依该条规定：

1. 行李发生明显损坏的，旅客应当依下列规定向承运人或承运人的受雇人、代理人提交书面通知：（1）自带行李，应当在旅客离船前或离船时提交；（2）其他行李，应当在行李交还前或交还时提交。

2. 行李的损坏不明显的，旅客在离船时或行李交还时难以发现的，以及行李发生灭失的，旅客应当在离船或行李交还或应当交还之日起15日内，向承运人或承运人的受雇人、代理人提交书面通知。旅客未依上述规定提交上述索赔通知的，即为行李完好交付的初步证据，旅客日后再行索赔时需提出反证来证明。

3. 在进行联合检查的情况下，无需提交书面通知，有关的检验报告即可作为索赔的依据。

第三节　有关旅客运输的国际公约

为了保证海上旅客的人命安全，明确海上客运承运人的责任，适应现代海上旅客运输的发展，国际海事委员会先后草拟并制定了一系列有关海上旅客运输的公约，包括《1961年布鲁塞尔旅客行李运输公约》和《1969年有关统一海上旅客及其行李运输若干规定的国际公约》。由于赔偿责任限额偏低及其他种种原因，上述公约均未生效。

一、《雅典公约》

1974年，联合国政府间海事协商组织在上述公约及公约草案的基础上制定了《1974年海上旅客及其行李运输雅典公约》，即《雅典公约》。该公约于1987年4月28日生效。我国已于1994年3月5日经第八届全国人大常务委员会第六次会议通过决定加入了《雅典公约》及其议定书。该公约共28条，其主要内容如下。

（一）公约的适用范围

公约适用于船旗国为缔约国或在缔约国登记的船舶进行的海上旅客运输，或旅客运输契约在缔约国订立，或起运地或目的地位于缔约国的旅客运输。

（二）承运人的责任

公约采用了推定过失责任制，即如果旅客的伤亡或自带行李的灭失或损坏是由于船舶失事、碰撞、搁浅、爆炸或火灾或由于船舶缺陷引起的，则应推定承运人或其雇用人或代理人有过失或疏忽。

（三）承运人的责任限制

公约对不同的损失规定了不同的责任限额：承运人对每名旅客的人身伤亡赔偿，每次运输不得超过46 667特别提款权。同时，公约还规定，缔约国可对身为该缔约国国民的承运人规定一项较高的对每名旅客的赔偿责任限额。承运人对自带行李的灭失或损坏的赔偿，每一旅客每次运输不超过833特别提款权。承运人对车辆的灭失或损坏包括车上所载行李的灭失或损坏的赔偿，每一车辆每次运输不超过3 333特别提款权。对其他行李的灭失或损坏应承担的责任，每名旅客每次运输不超过1 200特别提款权。承运人可就其赔偿责任与旅客商定免赔额，但每一车辆的灭失或损害的免赔额，不得超过117特别提款权，其他行李的灭失或损害的免赔额不超过13特别提款权。1990年《雅典公约议定书》提高了上述责任限额，规定承运人对每名旅客的人身伤亡的赔偿责任限额为175 000特别提款权；对旅客自带行李及车辆和其他行李的赔偿限额分别为1 800特别提款权、10 000特别提款权和2 700特别提款权。承运人对旅客每一车辆和车辆以外的其他行李的免赔额，分别为3 000特别提款权和135特别提款权。该议定书尚未生效。上述责任限额不应包括损害赔偿金的利息和诉讼费用。

The United States is not a party to any international convention, such as the Athens Convention, relating to personal injuries or death of passengers and damage to or loss of passengers' luggage. A statute, however, does provide that a carrier may not "contract out" of its liability for negligent acts that result in personal injury or death of passengers.① To a limited extent, a carrier may avoid liability for emotional distress, mental suffering, or psychological injury except when such injury occurs in specified circumstances.② The general Limitation of Liability Act applies, including the special provisions relating to personal injury and death.

① 46 U.S.C. app. § 183c (2000).

② 46 U.S.C. app. § 183c (b) (2000).

（四）责任限制权利的丧失

如经证明，旅客的人身伤亡或行李的损坏是由承运人、其雇用人或其代理人故意造成的，则承运人无权享受责任限制的利益。

（五）承运人的免责

如承运人能证明，旅客的伤亡或其行李的灭失或损坏是由于该旅客的过失或疏忽造成的，则可以全部或部分地免除其责任。此外，承运人对货币、金银、珠宝、有价证券或者其他贵重物品所发生的灭失、损坏，不负赔偿责任，除非双方商定将这种贵重物品交由承运人保存。双方以书面约定高于规定的赔偿限额的，承运人依约定承担赔偿责任。

（六）诉讼时效

公约规定对旅客人身伤亡或行李的灭失或损坏的诉讼时效期间为2年，该诉讼时效期间的起算依下列方式：（1）人身伤害事件，自旅客离船之日起算；（2）发生在运输期间的旅客伤亡事件，自该旅客本应离船之日起算；（3）对发生在运输期间的旅客人身伤害并导致旅客在离船后死亡的事件，自死亡之日起算，但此期限自离船之日起不得超过3年；（4）行李的灭失或损坏，自离船之日或本应离船之日起算，两者以较迟者为准。

Likewise, a statute prohibits a carrier from requiring passengers to give notice of personal injury within a period of less than six months after the injury or from requiring that suit be commenced within a period of less than one year after the injury.① Notice and commencement of suit provisions that comply with these limits are enforceable. A carrier may not unreasonably limit the time for giving notice or for the commencement of suit in cases involving lost or damaged luggage. ②

（七）管辖权

公约规定原告有权选择向下列法院之一提起诉讼：（1）被告的永久居住地或主要营业所所

① 46 U.S.C. app. § 183 b(a), (b) (2000).

② The Kensington, 182 U.S. 261 (1902).

在地法院；（2）运输合同规定的起运地或到达地法院；（3）原告国籍国或永久居住地国法院，如被告在该国设有营业所；（4）运输合同订立地法院，如被告在该国设有营业所。

此外，公约第17条还对协议管辖做了规定，即在造成损坏的事故发生后，双方可协议将争议提交任何法院或提交仲裁。

In *Carnival Cruise Lines, Inc. v. Shute*,① the Supreme Court held that forum selection clauses are enforceable as long as they are not deemed to be fundamentally unfair. The Court found that the forum selection clause in the passage tickets in Shute was reasonable because the plaintiffs had notice of it and the forum designated was not a "remote alien forum".

二、对《雅典公约》的修改

科学的进步提高了抵御海上风险的能力，与此相对应的却是遭遇海难的旅客得不到足够的赔偿。因此国际社会要求提高承运人责任的呼声越来越高。为了适应国际海上旅客运输的发展，国际海事组织于1976年、1990年在提高承运人责任限制上对《雅典公约》进行了修改，其中1990年议定书一直未能生效。2002年在国际海事组织第13次外交大会上，终于通过了《2002年海上旅客及其行李运输雅典公约》（以下简称《2002年公约》），新公约的修改主要体现在如下四个方面。

（一）承运人的责任基础

1974年《雅典公约》主要适用的是过错责任原则，《2002年公约》采用了承运人的双层责任制，第一层为严格责任，第二层为过失责任。

1. 第一层为严格责任。严格责任适用于“航运事故”。“航运事故”系指海难、捕获、船舶碰撞或搁浅、船上发生的爆炸或火灾，或船舶缺陷。依第3条第（1）款的规定，承运人能够证明事故属于战争行为、敌对行为、内战、武装暴动或特殊的、不可避免的和不可抗拒性质的自然现象所造成的，就“航运事故”导致的旅客人身伤亡造成的损失，承运人对每位旅客每次事

① *Carnival Cruise Lines, Inc. v. Shute* 499 U.S. 585 (1991).

故的责任不超过250 000计算单位。

2. 第二层为过失责任。该层责任适用于两类情况：（1）超出第一层赔偿限额的赔偿。依第3条第（2）款，除非承运人证明造成损失的事故发生不是由于其过失或者疏忽，对于超过上述责任限制（即250 000计算单位）的损失，承运人应继续承担责任。即承运人对旅客的人身伤亡承担了第一层限额的赔偿后，对旅客未获赔偿的部分承运人在有过失时才承担责任。（2）非航运事故。依第3条第（2）款的规定，对于非由航运事故导致的旅客人身伤亡造成的损失，如果造成损失的事故原因是承运人的过失或者疏忽，承运人应当承担责任。索赔人对过失或疏忽负有举证责任。依第7条的规定，承运人对旅客人身伤亡的赔偿责任，每名旅客每次特定事故不应超过400 000计算单位。所谓非航运事故是指除了航运事故之外的一般事故，如在楼梯上摔下、碰伤等。

（二）承运人的责任限额

关于承运人对旅客人身伤亡的责任限额，经过多年的争论。终于在《2002年公约》中作出了规定：（1）第一层责任限额。在航运事故方面，依第3条的规定，承运人在每位旅客每次事故不超过250 000计算单位的范围内承担责任。（2）第二层责任限额。在非航运事故及超过第一层责任限额方面，依第7条的规定，承运人对旅客人身伤亡的赔偿责任，每名旅客每次特定事故不应超过400 000计算单位。

（三）强制保险与财务保证

随着赔偿限额的提高，承运人经济压力越来越大，其可能无力赔付，面临破产的风险，这不仅起不到提高赔偿限额、保护旅客合法权益的作用，反而会限制海上旅客运输的发展。为此，《2002年公约》规定了强制保险与财务保护制度：（1）强制保险与取得财务保证的义务。依公约第4条之2第1款的规定，凡属在缔约国登记的船舶，载客人数为12人以上，并适用该公约规定的，必须进行保险或取得其他财务保证，以保证所有缔约国的船舶都有足够的保险。强制保险或其他财务担保的限额为每位旅客每次事故不应少于250 000计算单位。（2）取得证书。依公约第4条之2第2款的规定，进行了保险或者有其他财务担保的船舶，经缔约国政府的有关部门认定后，签发保险或财务保证证书。该证书应存放在船上，副本保留在船舶登记处。为实现公约的目的，经一成员国授权颁发的证书应为其他成员国所接受。

（四）直接诉讼

依公约第4条之2第10款的规定，依公约在保险或其他财务担保范围内的损害可直接向保险人或其他财务担保人提出。在此种情况下，第1款规定的250 000计算单位作为保险人或其他财务保险人的责任限制。

《2002年公约》的修改主要集中在加强承运人的责任上，公约加大对旅客利益保护的意图十分明显。这也正是国际社会对海上旅客运输立法制订与修改的发展趋势所在。

【重要术语提示与中英文对照】

编号	中文术语	英文对照
1	旅客运输合同	contract for the carriage of passengers
2	客票	passenger ticket
3	客船	passenger ship
4	客运站	passenger transport terminal
5	旅客名单	passenger list
6	旅客登船	embarking of passenger
7	救生艇	lifeboat
8	船期	time schedule
9	行李	luggage
10	自带行李	hand luggage
11	承运人的责任限制	limitation of carrier's liability
12	承运人的责任期间	period of carrier's liability
13	旅客的责任	passenger's responsibilities
14	举证责任	burden of proof
15	强制保险	compulsory insurance

【思考与辨析】

1. 海上旅客运输承运人的基本责任及责任基础是什么？
2. 我国在国际旅客运输与沿海旅客运输承运人的赔偿责任限额上有何不同规定？
3. 试述《雅典公约》的主要内容。
4. 关于国际海上旅客运输国际上有什么新发展？
5. 请辨析下列说法是否正确：海上旅客运输的承运人应在船舶开航前和开航时使船舶适航。
6. 请辨析下列说法是否正确：一名旅客在从上海至广州的旅客运输中受伤致残，依

《海商法》的规定，承运人对该名旅客的责任可以限制在46 666计算单位以内。

【扩展阅读文献提示】

1. 刘晓菲，张晏瑲. 论邮轮防疫应急机制的完善——以2019新冠肺炎疫情的防治为参照. 中国海商法研究，2020（1）.
2. 彭先伟，吴亚男. 新冠病毒疫情下的邮轮检疫处置问题初探——以国际卫生法为视角. 中国海商法研究，2020（1）.
3. 孙婵. 论邮轮疫情责任主体及风险防控法律机制. 中国海商法研究，2020（3）.
4. 陈易，何丽新. 论邮轮船票包销模式下旅行社的法律地位. 中国海商法研究，2019（4）.
5. 向力. 中国邮轮产业发展的国际法空间——以GATS、FTAs及双边协定中的国际法义务为中心. 中国海商法研究，2016（1）.
6. 郭萍. 对邮轮合同法律性质的探究及思考. 中国海商法研究，2016（1）.
7. 马炎秋，余娅楠. 美国邮轮旅客保护立法动态研究. 中国海商法研究，2014（1）.
8. 方懿. 邮轮旅游民事法律关系初探. 中国海商法研究，2013（2）.
9. 傅国民，叶红军.《2002年海上旅客及其行李运输雅典公约》介绍. 中国海商法年刊，2002.
10. 李志文.《雅典公约》的最新发展及对我国海上旅客运输承运人赔偿责任限制的影响. 中国海商法年刊，2002.

【拓展阅读】

研究导引

★《雅典公约》1990年议定书制定的背景

★《雅典公约》1990年议定书修改的主要内容

★《2002年国际海上旅客及其行李运输雅典公约》简介

扩展英文阅读资料

★ Carriage of Passengers

【自测习题】

Maritime Law
海商法学

第七章　海上拖航合同

本章教学目的与要求

本章的教学目的是使学生了解海上拖航的概念、海上拖航合同格式及海上拖航合同的内容。重点掌握在海上拖航过程中拖轮与被拖物之间的合同内责任的承担以及合同外责任的承担。扩展研究部分引导学生对拖航标准合同中常见的承拖方的免责条款的效力进行进一步的研究。

第一节　海上拖航合同概述

海上拖航是指一船利用自己的动力将另一船或其他漂浮的物体从一地拖至另一地的航行。需要拖航的情况有下列几种：（1）非机动船（如驳船、挖泥船、吊杆船等）在进行航行时以及帆船在需要加速航行时均需要他船的拖带。（2）漂浮物体（如平台、浮动船坞、浮动码头、木排等）在移动时均需他船的拖航。（3）机动船在进出港口、靠离码头、移泊时，失去自航能力，均需要他船的拖带。拖航按地区的不同可分为港区拖带、沿海拖带和远洋拖带。按拖航的形式可分为一列式拖带、傍拖和顶推。一列式拖带的拖船在前，被拖船在后，两船用缆绳连接。傍拖的拖船在被拖船的侧面，采用并连方式连接，主要用于港口浮吊的拖带。顶推的被拖船在前，多用于拖船协助大船靠离码头或调头。

一、海上拖航合同的定义

施行海上拖航应当由拖方和被拖方签订海上拖航合同，海上拖航合同是指承拖方用拖轮将被拖物经海路从一地拖至另一地，而由被拖方支付拖航费的合同。我国《海商法》第155条第2款明文规定，有关海上拖航合同的规定不适用于港区内对船舶提供的拖轮服务。海上拖航合同依拖船费计收方式的不同可分为日租型海上拖航合同和承包型海上拖航合同，前者的拖航费按约定的日租金计收，后者的拖航费不是按每天的租金率计收，而是以双方约定的一笔金额计收。

A contract of affreightment essentially is an undertaking by one party to transport cargo from one place to another. A towage contract involves an undertaking by one party to move another party's vessel (such as a barge) or structure from one place to another. Where the party performing the transportation function supplies both the tug and the barge to carry another party's goods from one place to another, the contract is one of affreightment.①

二、海上拖航的格式合同

依我国《海商法》第156条的规定，海上拖航合同应当书面订立，各海上拖航公司一般都有自己的格式合同，双方在订立海上拖航合同时，一般以格式合同为基础，经双方协商在格式合同上签字后，该合同就成了约束双方当事人的书面拖航合同了。英美法并不要求拖航合同必须是书面的。②我国海上拖航公司采用较多的拖航合同格式主要有：

1. 国际远洋拖航协议（日租）格式，代号为“TOWHIRE”，由欧洲拖轮船东协会、波罗的海国际航运公会和国际救助同盟联合推荐。

2. 日本航运交易所（JAPAN SHIPPING EXCHANGE INC.）拖航合同格式，代号为“NIPPONTOW”。

3. 中国拖轮公司拖航合同（日租）格式。

4. 中国拖轮公司拖航合同（承包）格式。

5. 中国海洋工程服务有限公司拖航合同（承包）格式，代号为“CHINATOW”。

---

① *Sacramento Navigation Co. v. Salz*, 273 U.S. 326 (1927).

② Alex L. Parks and Edward V. Cattell, Jr, *The Law of Tug, Tow, and Pilotage*, 3rd ed, Cornell Maritime Press, 1994, p.34.

三、海上拖航合同的解除

依《海商法》第158条和第159条的规定，拖航合同可以在下列情况下解除：

1. 起拖前解除。在起拖前，因不可抗力或其他不能归责于双方的原因致使合同不能履行的，双方均可以解除合同，并互相不负赔偿责任。除合同另有约定外，拖航费已经支付的，承拖方应当退还给被拖方。

2. 起拖后解除。在起拖后，因不可抗力或其他不能归责于双方的原因致使合同不能继续履行的，双方均可以解除合同，并互相不负赔偿责任。该条没有关于拖航费应如何处理的规定，一般认为，与运费一样，拖航费一经收取，在起拖后的风险由被拖方承担，一般不予退还。

第二节 海上拖航合同的内容

虽然海上拖航合同的格式多种多样，但其主要内容是基本一致的，我国《海商法》第156条规定的海上拖航合同的内容主要包括承拖方和被拖方的名称和住所、拖轮和被拖物的名称和主要尺度、拖轮马力、起拖地和目的地、起拖日期、拖航费及其支付方式，以及其他有关事项。现结合我国《海商法》的规定，就拖航合同的主要内容进行介绍。

一、拖航装备和准备完毕的通知

承拖方应提供一般必需的拖航装备或设备，拖轮船长应在起拖前双方约定的若干小时（如24小时）向被拖方或其代理人提交准备完毕的通知。依“NIPPONTOW”第7条的规定，如拖轮未在双方约定的日期前做好准备，则被拖方有权解除合同。

二、适航性

适航性包括两方面的内容：一是指被拖物的适航性，二是指拖轮的适航性。被拖物的适航性由被拖方负责，被拖方应在离港前在一切方面做好被拖物的拖航准备，包括负责保证被拖物的照明、灯号设备、龙须缆、拖架等装置处于正常状态。被拖船上载有货物的，应保证货物的合理积载。被拖方应保持被拖物处于符合保险公司验船师或公认的船级社及拖轮船长要求的良好状态，被拖方需在约定的日期前向拖轮所有人或拖轮船长提供由保险公司验船师或公认的船级社签发的被拖物适于拖带的证书及其他有关文件。

关于拖轮，《海商法》第157条规定："承拖方在起拖前和起拖当时，应当谨慎处理，使拖轮处于适航、适拖状态，妥善配备船员，配置拖航索具和配备供应品以及该航次必备的其他装置、设备"。承拖方必须提供合同中约定的适航拖船，合同双方也可以对拖轮的替换进行约定。例如，《美国雷丁倍茨钻探公司标准拖航合同（承包）格式》第12条规定，如果无以上指定的拖轮执行本合同的拖航服务，或如果承拖方由于任何原因需要替换，双方同意承拖方可用另一艘或多艘拖轮替换执行预期的服务，但这种替换拖轮需有与被替换拖轮相同的或以上的马力和装备，并且需征得被拖方保险人的同意。还有的合同格式规定，替换拖轮的主要规格和位置应得到被拖方的事先认可，被拖方不应无理拒绝给予认可。

【案例】"凯旋门"海鲜舫拖航适拖性争议案[①]

"凯旋门"海鲜舫拖航合同案是涉及海上拖航中被拖物适拖性的案例。该案原告为中国人民保险公司广东省分公司营业部，被告为广州港船务公司。该案原告为揭东县东侨企业经济发展总公司（以下简称揭东公司）的保险人，1993年2月20日，揭东公司以73万元人民币购买了"凯旋门"海鲜舫（以下称海鲜舫）。2月18日，海鲜舫被拖进新中国造船厂进行改装和调整结构。22日，中国船级社签发《船体技术状况检验报告》，确认该船技术状况正常。3月13日签发《适拖证书》。3月10日，揭东公司和被告签订港船93-048《拖航协议书》，其中第4条约定：在拖航过程中，海鲜舫如发生事故，被告广州港船务公司不承担赔偿责任。在拖航过程中，海鲜舫因漏水沉没。交通部广州海上安全监督局在《"凯旋门"海鲜舫沉没事故调查报告》事故原因分析中认为，"该船因船体潜在缺陷破漏进水而沉没"。保险公司在赔付了揭东公司后取得代位求偿权。1993年6月29日，原告接受了揭东公司的委付，于9月2日将海鲜舫残骸以6万元人民币卖给中山市阜沙镇罗松村林槛。

原告保险人于1993年8月5日向海事法院起诉，认为揭东公司与被告签订的《拖航协议书》第4条约定：在拖航过程中，海鲜舫如发生事故，被告不承担赔偿责任。该条款违反有关法律规定，应属无效，而且被告在拖航过程中有严重的过失行为。请求法院判令被告赔偿729 900元及利息，

① "凯旋门"海鲜舫拖航合同纠纷案，载中国海事审判网站，https://cmt.court.gov.cn。

并承担本案诉讼费用。

被告答辩认为：本案是海上拖带大型水上装置的特殊拖带，揭东公司与被告签订的《拖航协议书》合法有效；海鲜舫处于不适拖状态，其沉没是因船体潜在缺陷破漏进水所致；海鲜舫沉没后，被告已尽谨慎处理之责，海鲜舫事故的一切责任应由揭东公司承担；被告与原告毫无关系，被告对原告如何承保海鲜舫一无所知。广州海上安全监督局进行调查后认为，该船是因潜在缺陷破漏进水而沉没。故被告不承担海鲜舫沉没的赔偿责任。

海事法院认为：原告为揭东公司的保险人，将海鲜舫的损失赔偿给揭东公司后，依法取得了向被告索赔的代位求偿权。本案被拖物是总吨417吨的海鲜舫，不属于大型水上装置的特殊拖带，法律没有例外规定。因此，被告与揭东公司签订的《拖航协议书》第四条违反法律规定的过错责任原则，应确认无效。但其他条款对双方仍有约束力。被告应按合同约定将海鲜舫安全拖抵目的地。被告在发现海鲜舫漏水后的12个半小时的过程中，除找了2台潜水泵企图抽水未果外，未开舱查漏，未设法补漏，亦未联系有关部门进行救助或采取其他安全有效的措施防止事故发生，而是过于自信和轻率地认为把海鲜舫从赤湾口拖回黄埔是唯一有效的措施，延误了救助时机，终致海鲜舫沉没。故被告应赔偿原告因此所遭受的经济损失。被告以交通部广州海上安全监督局《"凯旋门"海鲜舫沉没事故调查报告》中的原因分析为依据，主张海鲜舫不适拖，海鲜舫沉没是因船体潜在缺陷破漏进水所致，故被告无须负责。但因从发现海鲜舫漏水到其沉没间隔长达12个半小时，船体漏水与船舶沉没没有必然的因果关系。故被告该主张理由不充分，不予支持。依照我国《民法通则》（现已废止）第106条第2款、《水路货物运输合同实施细则》第29条第1款第2项之规定，判决被告广州港船务公司赔偿中国人民保险公司广东省分公司营业部已赔付的海鲜舫损失669 000元及利息，利息从原告赔付揭东公司后10日开始计算，290 000元利息从1993年7月8日起算，379 000元利息从1995年4月21日起算，利率按月息10.98‰计。

被告不服一审判决，并按其答辩的观点提出上诉。二审法院认为：原告是揭东公司的保险人，其将海鲜舫的损失赔偿给揭东公司后，依法取得了向被告索赔的代位求偿权。但是由于揭东公司与被告签订的《拖航协议书》约定，在拖航过程中，海鲜舫如发生事故，被告不承担赔偿责任，该约定是当事人双方的真实意思表示，是当事人处分民事权利的行为，并未违反法律规定，是有效的协议。而且，原告在接受揭东公司专门的拖带"凯旋门"海鲜舫所投的航次船舶险之前，有义务审查该《拖航协议书》。其向揭东公司出具了保险单，应视为接受了该《拖航协议书》。因此，"凯旋门"海鲜舫在拖航中沉没，属于约定的免责范围，被告不应承担赔偿责任。原判决支持原告的诉讼请求不当。因此，二审法院判决撤销海事法院民事判决书，驳回中国人民保险公司广东省分公司营业部的诉讼请求。

三、拖航费和租金

承包型的拖航费为双方协商的一笔数额，通常由双方约定分期支付，例如，第一期在签字时支付，第二期在起拖时支付，第三期在到达目的港时支付。

Tug Hire

Compensation for the rendering of towage services will generally be found to be regulated by the contract of towage. In the absence of agreement, the basis of payment is reasonable compensation for the service rendered.①

日租型的拖轮租金按双方约定的日租费率支付，通常承租人需在签订拖航合同时预付给拖轮船舶所有人约定的数额，然后，自起租之日起承租人每月按照日租费率预付30天租金一次，拖航终了两周内，按照合同条款结算。如承租人不按期交付租金，拖船船舶所有人有权撤回船舶，并对由此而产生的损失向承租人提出索赔。

四、延滞费

起拖的延误和目的港的延误均可能导致延滞费的支付。延滞费的具体事项由双方约定。例如，规定如果被拖物未能起拖，则自拖轮作出拖航准备就绪报告后24小时起，至实际起拖时止，由被拖方支付延滞费。如果在目的港延误接收被拖物，则自到达目的地24小时起，至拖轮实际解脱时止，由被拖方向承拖方支付延滞费。合同中一般均有向何人发出准备起航或准备交付通知的栏目，被拖方在目的港接到承拖方发出的准备交付被拖物的通知后，应及时接受被拖物，否则，应按约定费率向承拖方支付延滞费及其他额外费用。

五、拖航作业和航线

双方可以约定拖航作业由何方指挥，一般来说，拖航由承拖方指挥，只有在拖轮协助大

---

① Alex L. Parks and Edward V. Cattell, Jr, *The Law of Tug, Tow, and Pilotage*, 3rd ed, Cornell Maritime Press, 1994, p.118.

船离靠码头或移泊等少数情况下，才由被拖船船长指挥。在由拖船船长指挥的情况下，一般规定，拖轮船长对接拖和解拖被拖物和拖航作业有自由决定权。在航线上，如未经指定，则按习惯航线。同时，合同中一般还有有关合理绕航的规定，指出拖轮有权在任何情况下援救他船，为了援救生命或财产而偏航，为了加油、修理、补充供应品或其他必需品或送丧失能力的海员上岸而挂靠任何港口。在此期间损失的时间，被拖方无权向承拖方索取额外的补偿。

Onaway Transp. Co. v. Offshore Tugs, Inc. ①

The plaintiff's vessel was in difficulty. Defendant's tugs were employed under rates applicable the named rates, but the following day the defendant tug company claimed higher rates as if the vessel were aground. The vessel ownerpaid the tug company's invoice but, on learning that it was calculated on the higher rates, demanded a refund of the difference between the higher and lower rates. The evidence established that the tug company knew the vessel was aground when it dispatched its tug and quoted the lower rates. The court held that the vessel owner's alleged acceptance of the tug commpany's offer with respect to higher rates was not supported by consideration sufficient to render such an acceptance legally binding where a contract for the same tug services had been completed on the prior day at a lower rate; i.e., an excessive payment made in ignorance of the fact that it was excessive was recoverable.

六、救助不索取报酬

依合同的规定，一般在拖航中，被拖物自拖轮脱离，拖轮应守护并提供一切合理的服务，救助被拖物，并重新接上拖缆，此项服务是属于拖航合同范围内的，因此，合同一般约定提供此种救助不索取救助报酬，但拖轮进行的是超出拖航合同预期范围以外的救助性质的特殊服务则不在此限。

七、随船船员

如因政府部门要求或拖轮船长或保险人或验船师认为有必要在被拖物上配备随船船员时，应由被拖方对随船船员进行安排并承担其费用。如被拖方要求，在拖轮船长的同意下，被拖方

① *Onaway Transp. Co. v. Offshore Tugs, Inc.* 695 F. 2d 197, 1984 AMC 1176 (5th Cir. 1983).

也可以在拖轮或被拖物上安排随船船员并承担其费用。随船船员须服从拖轮船长的指挥。

八、费用

对于在拖航中发生的各种有关费用的承担，双方可以在拖航合同中进行约定。中国拖轮公司的承包型拖航合同和日租型拖航合同在费用的承担上分别是这样规定的：

1. 承包型拖航合同有关费用的规定。承拖方负责支付拖轮船员工资、伙食、拖轮保险费、燃料、代理费、税费、领航费、港口使费、运河通行税以及其他与拖轮有关的费用。

被拖方负责支付被拖物保险费和对第三方责任保险费、代理费、在所在港口及根据建议对被拖物及拖航布置所进行的检验费、税费、领航费、一切港口使费、进出港费、运河通行税、因航道狭窄、港内操作及安全航行而需要的辅助和护航拖轮费，以及其他与被拖物有关的费用。

不可划分的费用，由承拖方和被拖方各负责50%。

上述费用承担划分的基本原则是为谁的利益而发生就由谁来承担费用。

2. 日租型拖航合同有关费用的规定。拖轮船舶所有人负责拖轮的船员工资、伙食、淡水、润滑油费、拖轮保险费和维修保养费。

承租人负责交付拖轮的租金、燃料费、港口费、领航费、代理费、辅助拖轮费、护航费、运河费、被拖物的保险费和任何非中国征收的税费及对拖航费所征收的印花税或拖轮船舶所有人承担费用以外发生的费用，以及拖轮船舶所有人和拖轮船长认为必须在被拖物上派驻一定数量的人员所发生的费用。

由于日租型合同中的租金与承包型合同中的拖航费在性质上不同，拖航费针对的是拖轮所提供的拖航服务，所以拖航费中基本包含了为拖航而发生的成本费用。租金只是针对拖船使用的，不包括一些经营性的开支，因此，燃料费、港口费、代理费、运河费等一些不包括在租金中的费用需要明文规定由被拖方负责，以平衡双方的利益。

九、安全港口

被拖方应保证在起拖港、与拖航合同有关或应被拖方的请求拖轮需挂靠的中间港和目的港，对拖轮的进港、操作、停泊和出港及在潮汐所有阶段永远漂浮等方面的安全。指定安全港口是被拖方的义务，因指定的港口不安全而受到的损害由被拖方承担。如港口在指定时是安全的，在起拖前由于战争、禁止航行等非当事双方的原因而变为不安全的，则双方可以解除合同。在起拖后，如因不可抗力或其他不能归责于双方的原因致被拖物不能拖至目的地的，《海商法》第160条规定，除合同另有约定外，承拖方可以在目的地的邻近地点或拖轮船长选定的安全的港口或锚泊地，将被拖物移交给被拖方或者其代理人，视为已经履行合同。

十、双方的责任

在拖航中发生的责任有两种：一种是拖轮与被拖物之间的合同内责任，另一种是拖轮和被拖物对第三方的合同外责任。

关于合同内的责任，我国《海商法》第162条采用了过错原则，规定在海上拖航过程中，承拖方或者被拖方遭受的损失，由一方的过失造成的，有过失的一方应当负赔偿责任；由双方过失造成的，各方按照过失程度的比例负赔偿责任。该条第3款又规定，此项规定仅在海上拖航合同没有约定或者没有不同约定时适用。在实践中，也有合同约定大部分责任均由被拖方承担。例如，《中国拖轮公司拖航合同（承包）格式》第13条规定：在本次拖航过程中，无论何种原因对被拖物或第三方造成的任何性质的损失和损坏，即使此项损失或损坏是由于承拖方或拖轮上的人员的错误或疏忽或由于拖轮及其机件设备的潜在缺陷、不适合或故障，缺少燃料、材料，速度或其他原因所造成，也都应由被拖方负责。该条第2款仅规定由于拖轮的缺陷或拖轮船员的错误或疏忽所造成的对拖轮的损坏，应由承拖方负责。该合同的规定不是以过错来划分责任，而主要是以受损的对象来划分责任。依该格式合同的规定，凡被拖物及第三方的损失均由被拖方承担，而不论其是否有过失。

合同外的责任为侵权责任。《海商法》第163条规定：“在海上拖航过程中，由于承拖方或者被拖方的过失，造成第三人人身伤亡或者财产损失的，承拖方和被拖方对第三人负连带赔偿责任。除合同另有约定外，一方连带支付的赔偿超过其应当承担的比例的，对另一方有追偿权”。在实践中，拖航格式合同一般规定，对第三人的损害赔偿责任由被拖方承担。这种约定是有效的，但当第三人向承拖方索赔时，承拖方不能以此约定对抗第三人，承拖方只能在向第三人赔偿以后，再依合同向被拖方追讨。

十一、承拖方的免责

依《海商法》第162条的规定，经承拖方证明，被拖方的损失是由于下列原因之一造成的，承拖方不负赔偿责任:（1）拖轮船长、船员、引航员或者承拖方的其他受雇人、代理人在驾驶拖轮或者管理拖轮中的过失。（2）拖轮在海上救助或者企图救助人命或者财产时的过失。

上述免责只在合同没有约定或没有不同约定时才适用。《中国拖轮公司拖航合同（承包）格式》第13条规定了不可抗力免责，依该条规定，承拖方对不可抗力、海上和其他通航水域的危险或意外、火灾、战争、军事行动、敌对行为、叛乱、暴动、民事动乱、恐怖行动或怠工、罢工、停业、争端、停工或劳动纠纷、禁止航行、征用船舶、封锁和类似事件、任何性质的延误以及在执行本合同中非承拖方所能控制的任何其他事件的直接或间接后果都不负责任。

十二、留置权

如果被拖方未依合同约定支付拖航费及其他合同费用，承拖方对被拖物有留置权。此种留置权属于占有留置权，如承拖方已交付了被拖物，即等于放弃了其留置权。该留置权必须是在合同约定的期限已过，被拖方仍未支付合同约定的款项时才能行使。因此，合同中最好对因哪些费用可以行使留置权及支付该费用的期限进行约定。例如，《美国雷丁倍茨钻探公司标准拖航合同（承包）格式》第14条规定，如果甲方在收到乙方通知单后15天内未收到付款，甲方对根据本合同应向甲方支付的任何金额，连同为取得该项金额而支出的费用，包括合理的律师费和付出的款项（如果发生的话），对被拖物有绝对留置权。

【重要术语提示与中英文对照】

编号	中文术语	英文对照
1	拖轮	tug or tugboat
2	拖航	towage
3	拖航合同	towage contract
4	拖航责任	liabilities of tugowner
5	顶推	pushing tow
6	拖驳船队	tug-barge combination
7	日租程拖带	towage by daily hire
8	承包型拖航合同	lump-sum towage contract

续表

编号	中文术语	英文对照
9	承拖方	towing party
10	国际海上拖航	interantional towage at sea
11	适拖	towworthiness
12	适拖保证	towworthiness guarantee
13	适拖证书	certificate of towworthiness
14	起拖	commencement of towage
15	被拖方	tow party
16	被拖物体	object towed

【思考与辨析】

1. 海上拖航合同有几种形式?
2. 如何确定拖航合同双方当事人在拖航中的责任?
3. 请辨析下列说法是否正确：在我国港口，我国拖轮拖带本国船舶，不适用我国《海商法》第7章关于海上拖航合同的规定。
4. 请辨析下列说法是否正确：在拖轮所有人拖带其所有的驳船载运货物经海路由一港运至另一港的情况下，有关的法律问题应当适用海商法关于海上货物运输的规定，而不是关于拖航的规定。
5. 拖方与被拖方签订了拖航合同，合同选择了《中国拖轮公司拖航合同（承包）格式》，依中国海商法及合同法规则，下列哪些选项是正确的？ A. 有过失的一方应承担拖航过程中产生损失的赔偿责任；B. 承运人对海上和其他通航水域的危险或意外可以免责；C. 在拖航中提供任务救助服务均不能索取救助报酬；D. 一般来说，拖航由承拖方指挥。

【扩展阅读文献提示】

1. Alex L Parks and Edward V Cattell Jr. The Law of Tug, Tow, and Pilotage. 3rd ed. Cornell Maritime Press, 1994.
2. Willan Tetley, Brain G Mcdonough. Maritime Liens and Claims. 2nd ed. London: Business Law Communications LTD, 1985.
3. Frank L Maraist, Thomas C Galligan Jr. Catherine M. Maraist. Cases and Materials on Maritime Law. Thomson West, 2003.

4. 袁绍春. 论海上拖航合同中的免责条款. 中国海商法年刊，2001.

5. 金正佳，主编. 中国典型海事案例. 北京：法律出版社，1998.

6. 黄青男. 试析被拖方对目的地的选择权. 中国海商法年刊，2004.

7. 张丽英. 海商法原理 · 规则 · 案例. 北京：清华大学出版社，2006.

8. 邬先江. 海上拖航责任限制问题研究. 中国海事审判年刊2005. 北京：人民交通出版社，2006.

9. Simon Rainey. The Law of Tug and Tow. 2nd edition. London: Lloyd's of London Press, 2002.

10. 姚洪秀，曹阳辉. 承拖方责任的若干问题探讨. 水运管理，2002（7）.

【拓展阅读】

研究导引

★ 拖航中承拖方免责条款的效力

扩展英文阅读资料

★ Guidelines For Safe Ocean Towing

精选案例

★ "昌鑫"轮拖航过失责任案

【自测习题】

第八章　船舶碰撞

本章教学目的与要求

明确船舶碰撞的概念和构成要件、船舶碰撞的损害赔偿原则以及船舶碰撞损害赔偿范围，区分财产损害的赔偿原则与人身损害赔偿原则的不同。本章重点掌握《海商法》第八章及相关司法解释有关船舶碰撞责任承担原则、举证责任的规定。扩展研究部分引导学生对因船舶碰撞引起的管辖权的冲突及其解决进行研究。

我国《海商法》第八章是关于船舶碰撞的规定，该章内容是参照1910年《统一船舶碰撞若干法律规定的国际公约》(以下简称《1910年碰撞公约》，中国已参加了该公约)制订的，相关内容并不完备，只有6条规定，主要涉及船舶碰撞的概念、碰撞责任划分和损坏赔偿原则，对于适用法律、责任主体、责任承担和举证责任等具体问题并没有涉及，因此，给审判实践带来了诸多难题。为此，2008年通过了《最高人民法院关于审理船舶碰撞纠纷案件若干问题的规定》(以下简称“2008年《碰撞规定》”)。本章主要涉及我国《海商法》、相关司法解释和有关船舶碰撞的国际公约的规定。

第一节　船舶碰撞的要件

我国《海商法》第165条对船舶碰撞是这样定义的：“船舶碰撞，是指船舶在海上或者与海相通的可航水域发生接触造成损害的事故”。该条第2款对船舶进行了限定，规定船舶只包括与《海商法》第3条所指船舶碰撞的任何其他非用于军事的或者政府公务的船艇。2008年《碰撞规定》又对船舶碰撞的概念做了进一步的司法解释。从上述定义可以看出，我国《海商法》有关船舶碰撞的构成要件包括下列内容。

一、船舶碰撞的主体

我国《海商法》在船舶碰撞的规定上照搬了《1910年碰撞公约》的内容，规定当船舶发生碰撞时，由有过失的船舶负赔偿责任。该规定源于英国的对物诉讼制度。而在我国，船舶只是碰撞法律关系中的客体，并不是承担民事责任的主体。在我国尚未以法律形式明确承认对物诉讼的情况下，原告不能以发生碰撞的船舶作为被告。因此，有必要通过司法解释将船舶的责任转化为人的责任。[①]2008年《碰撞规定》第4条规定："船舶碰撞产生的赔偿责任由船舶所有人承担，碰撞船舶在光船租赁期间并经依法登记的，由光船承租人承担。"

（一）船舶所有人

船舶碰撞通常是由于船长、船员驾驶或管理船舶的过失造成的。依替代责任原则，雇用船长、船员的船舶所有人应对航行安全负责，船长和船员受雇期间的责任应由替代其负责的船舶所有人承担。因此，船舶所有人应成为责任主体，承担船舶碰撞的民事赔偿责任。

（二）光船承租人

在光船租船的情况下，船舶所有人只保留了船舶所有权，船舶的占有、经营和管理转移给了承租人，船长和船员也是承租人雇用的。因此，因光租期间发生的船舶碰撞，应由光船承租人承担责任。又由于我国在光船租赁上采取的是登记对抗，因此，只有在光船租赁关系经依法登记时，才由光船承租人承担赔偿责任，而不是由船舶所有人承担赔偿责任。

二、船舶碰撞的客体

（一）船舶与船舶之间的碰撞

船舶碰撞的客体主要为船舶之间，依《海商法》第165条第2款的规定，前款所称船舶包括与本法第3条所指船舶碰撞的任何其他非用于军事的或政府公务的船艇。这表明，《海商法》

① 胡方：《〈关于审理船舶碰撞纠纷案件若干问题的规定〉的理解与适用》，载《人民司法》2008年第11期。

适用的船舶碰撞要求一方应当符合本法第3条的要求，另一方则可以是除军事的或政府公务以外的船舶，包括20总吨以下的小型船艇，也包括内河船。即包括海船与海船之间、海船与内河船之间、船舶与海上移动装置之间等情况。

至于内河船与内河船之间发生的碰撞是否也适用《海商法》的规定，有两种理解：一种意见认为应适用海商法，因为“船舶碰撞”一章并未对船舶是内河船还是海船加以限定，只是强调碰撞必须发生在与海相通的水域，因此，只要碰撞发生在与海相通的可航水域，即使碰撞是发生在内河船之间也应适用海商法。另一种意见则认为，发生碰撞的一方应为海船。笔者持后一种观点，因为《海商法》第3条第2款的规定表明，适用于《海商法》的船舶碰撞至少一方应当符合第3条规定的海船。该观点也在2008年《碰撞规定》中得到了支持。依该规定的第1条，船舶碰撞是指《海商法》第165条所指的船舶碰撞，不包括内河船舶之间的碰撞。见图8-1。

图8-1 发生船舶碰撞后受损的船舶（作者友人提供）

（二）船舶与设施等的触碰

对于船舶与非船舶发生触碰是适用《海商法》，还是适用当时的《民法通则》，《海商法》没有涉及，在实践中是有争议的。最高人民法院2008年《碰撞规定》解决了这一问题，该规定第3条从触碰产生的原因上进行了区分：对因船舶碰撞导致船舶触碰引起的侵权纠纷，适用《海商法》第八章的规定确定碰撞船舶的赔偿责任；对非因船舶碰撞导致船舶触碰引起的侵权纠纷，依《民法通则》[①]的规定确定触碰船舶的赔偿责任。

① 《民法典》施行后，适用《民法典》的相关规定。

这里首先要确定“船舶触碰”的概念，依1995年《最高人民法院关于审理船舶碰撞和触碰案件财产损害赔偿的规定》，“船舶触碰”是指船舶与设施或者障碍物发生接触并造成财产损害的事故。例如船舶触碰码头或港口设施等。对于上述前一种情况，由于两船发生碰撞后，导致一船与码头触碰的，适用《海商法》的规定，采用比例责任原则；在没有发生船舶碰撞，而只是一船单独与码头发生了触碰的情况下，则应适用《民法典》的规定，不采用比例责任原则，而是适用实际赔偿原则，但这并不影响船舶所有人主张限制责任的权利。

Collision law applies in **two situations.** The first is the traditional collision situation where two moving vessels come in physical contact with each other. The second situation, referred to as a “collision,” occurs where a moving vessel strikes a stationary object, such as a docked vessel, a bridge, or a wharf. ①

三、船舶碰撞在形态上要求有接触

这里的接触主要指船舶之间实际的接触，至于间接碰撞是否也包括，并不明确，鉴于我国的海事司法实践在处理船舶碰撞上实际包括了直接碰撞和间接碰撞两种形态，为了避免发生歧义，《海商法》第170条规定，船舶因操纵不当或者不遵守航行规章，虽然实际上没有同其他船舶发生碰撞，但是使其他船舶以及船上的人员、货物或者其他财产遭受损失的，适用本章的规定。可见，我国《海商法》适用于直接的实际接触形态的碰撞和间接的浪损及间接碰撞等情况。

四、地理位置为与海相通的可航水域

船舶碰撞在地理位置上限于海上或与海相通的可航水域。“可航水域”指事实上可供船舶航行的水域。在非与海相通的水域发生的船舶碰撞适用我国内河航运的有关规定。在与海相通但不可航的水域发生的碰撞也不适用《海商法》。例如，船舶在船舶修理场修理时发生的碰撞，

① Robert Force, *Admiralty and Maritime Law*, US Federal Judicial Center 2004, p.125.

并没有海上风险的因素，所以应当适用有关的单行法规的规定，如无单行法规的规定，则应适用民法中有关侵权行为损害赔偿的一般规定。

五、碰撞造成了损害

《海商法》第165条规定的船舶碰撞是“发生接触造成损害的事故”，可见，船舶碰撞要有损害的结果，且损失与船舶碰撞之间有因果联系。对于损失的范围，第165条没有具体规定，《海商法》第170条规定的浪损及间接碰撞引起的损失仅限于其他船舶以及船上人员、货物或者其他财产遭受的损失。这里排除因船舶相互作用引起的损失，例如，船舶之间的火灾、爆炸等引起的损失；也排除非船舶、非船上人员或财产的损失，例如，船舶航行掀起的大浪使码头上的人员或货物受损，此种损失的损害赔偿不适用《海商法》的规定，而是适用其他有关法律的规定。

In China, a **vessel collision** is a maritime accident in which property or personal damages have been caused by the impact of physical contacts between two or more vessels situated at sea or on navigable water linked to the sea.

第二节　船舶碰撞的损害赔偿

船舶碰撞可能引起民事责任，产生碰撞的原因不同，所采用的责任原则也不同，我国《海商法》所采用的船舶碰撞的损害责任原则与《1910年碰撞公约》是基本一致的，最高人民法院2008年《碰撞规定》进一步明确了审理船舶碰撞纠纷案件，适用《海商法》第八章的规定确定碰撞船舶的赔偿责任，即在财产损失上以过失比例确定赔偿责任的原则，而不是《民法典》有关共同侵权人应当承担连带责任的归责原则。船舶碰撞纠纷包括碰撞船舶之间的损害赔偿纠纷、碰撞船舶船载货物权利人与承运船舶之间的运输合同纠纷、碰撞船舶船载货物权利人或第三人与碰撞船舶之间的船舶碰撞损害赔偿纠纷以及因船舶碰撞引起的人身伤亡损害赔偿纠纷等。

一、损害赔偿的责任原则

（一）无过失的船舶碰撞

无过失的船舶碰撞指不涉及主观的过失因素的碰撞。《海商法》第167条规定："船舶发生碰撞，是由于不可抗力或者其他不能归责于任何一方的原因或者无法查明的原因造成的，碰撞各方互相不负赔偿责任。"因无过失的碰撞引起的损失由受损方自行承担。该条规定的无过失碰撞有三种情况：

1. 不可抗力造成的碰撞。不可抗力具有不可预见、不可避免的特征，台风、海啸、雷电及不可预料的恶劣天气均属于不可抗力，因不可抗力造成的船舶碰撞损失由受损方自行负担。主张不可抗力的一方应当承担举证的责任：首先，要证明所遭遇的天气情况是不能预见的；其次，要证明在其可以预料的范围内已经谨慎处理尽到了应有的预防责任；再次，当事人在主观上没有过失；最后，为了避免碰撞，当事人已经发挥了良好的航行技术但仍不能避免。

2. 意外事故引起的碰撞。意外事故指当事方已发挥了通常的良好航行技术，但仍不能避免碰撞发生的事故。主张援引意外事故的一方应当证明：第一，事故在客观上的意外性，即是不能预见的。第二，当事人在主观上没有过失，已经尽到了合理的谨慎，而且仅证明在危险形成之后无过失是不足够的，应证明从危险形成之前直至碰撞发生的整个一段时间，当事人均无过失才能引用此项抗辩。第三，碰撞是不可避免的，即当事人已经发挥了良好的航行技术以避免碰撞，但未能奏效。在实践中，意外事故的碰撞并不多见。

3. 原因不明的碰撞。原因不明的碰撞指原因无法查明的碰撞。船舶碰撞的损害赔偿责任是以过失为基础的，碰撞的原因无法查清时，也就无从确定当事人的赔偿责任。例如，如果船舶由于碰撞而沉没，证据很难打捞，又无生还者提供人证，使得碰撞的原因无法查清，在这种情况下，碰撞方应各自承担自己的损失。

（二）过失的船舶碰撞

过失的船舶碰撞指发生船舶碰撞的一方或双方在主观上有过失，且由于该过失而引致船舶接触的碰撞。这里的过失主要包括管理船舶上的过失和驾驶船舶上的过失。前者指船舶所有人未谨慎处理使船舶处于适航状态，后者主要指船员违反航行规则和避碰规则的行为。过失碰撞依过失状况的不同又分为单方过失碰撞和双方过失碰撞。

Fault in a collision case may arise because of (1) negligence or lack of proper care or skill on the part of the navigators; (2) a violation of the rules of the road (i.e., the applicable rules of navigation laid down by or under the authority of statute or regulation); (3) failure to comply with local navigational customs or usage; or (4) an unseaworthy condition or malfunction of equipment. Liability is imposed where the negligence of the navigator of a vessel is found to have caused a collision. The test is whether the collision could have been avoided by the exercise of ordinary care, caution, and maritime skill.643 Collision cases tend to be fact-specific, and the circumstances of each case will be controlling.[①]

1. 单方过失造成的碰撞。单方过失碰撞指船舶碰撞完全由于一方的过失造成的状况。单方过失造成的碰撞通常发生在港区内，一般是航行船与停泊船相撞，有过失的船舶为航行船。《海商法》第168条规定："船舶发生碰撞，是由于一船的过失造成的，由有过失的船舶负赔偿责任。"

2. 双方过失造成的碰撞。双方过失的碰撞指由于双方的过失而引起的船舶的接触。船舶碰撞大部分是由于双方过失造成的。《海商法》第169条的规定包括三个方面：

其一，比例责任原则。船舶发生碰撞，碰撞的船舶互有过失的，各船按照过失程度的比例负赔偿责任；过失程度相当或过失程度的比例无法判定的，平均负赔偿责任。该款吸收的是《1910年碰撞公约》确立的依过失比例承担责任的原则。在该公约之前，英国和美国等主要海运国家主要采用的是"平分过失"原则，即只要碰撞的双方均有过失，则不论双方的过失程度，一律按各方50%的比例承担责任。这种原则对过失比例小的船舶是不公平的。上述过失程度的比例无法判定的碰撞，又称为责任难定的碰撞，此种碰撞与原因不明的碰撞的区分是：原因不明的碰撞无法确定导致碰撞的原因，包括是否有过失也不能确定，因而在处理上视同不可抗力的碰撞，产生的损害由受损方自负。而责任难定的碰撞则已确定了有过失的存在，只是不能判定过失的程度，于是依法由过失方平均分担责任。

其二，财产损失责任承担。该条第2款规定：互有过失的船舶，对碰撞造成的船舶以及船上货物和其他财产的损失，依照前款规定的比例负赔偿责任。碰撞造成第三人财产损失的，各船的赔偿责任均不超过其应当承担的比例。该规定表明，对财产损失只依过失程度的比例承担责任，即使对于第三者的财产损害，一船也不承担较此种损害比例为多的责任，受害人只能依

① Robert Force, *Admiralty and Maritime Law*, US Federal Judicial Center 2004, p.126.

各船的过失比例分别向各加害船舶索赔，碰撞船舶并不承担连带赔偿责任。[①]这样可以节省诉讼成本，也表现了适当范围内立法上对海运业的特殊倾斜。

此点与一般民法中的侵权行为理论不同，依一般民法理论，在互有过失的碰撞责任中，对于碰撞事故造成的船载货物或第三人的财产损害，互碰船舶是一种共同侵权行为，碰撞船舶应当承担共同侵权连带责任，此种责任应当是对受害人的整体责任，这意味着，受害人有权在共同侵权行为中选择责任主体，既可请求共同行为人中的一人或数人赔偿其损失，也可请求全体共同行为人赔偿其损失。当共同行为人承担了超出自己责任份额以外的责任后，有权向没有承担应承担的责任份额的其他共同行为人求偿。[②]《海商法》第八章有关互有过失船舶碰撞责任的规定与民法的理论不同，在财产损失上没有采取连带责任原则，只是在人身伤亡上采取了连带责任原则。

对于船舶碰撞引起的船载货物的损失，在实践中是有争议的。一种观点认为，如船载货物权利人与承运船舶存在运输合同关系，就只能依运输合同向承运船舶索赔，而不能提出侵权损害赔偿。责任的承担也会依诉因的不同而不同，如提起的是违约之诉，则应先依合同和相关法律确定承运船舶的责任，承运船舶在支付全部赔偿后，有权就超过其过失比例的部分向另一方碰撞船舶追偿。如是侵权之诉，则应由承运船舶按过失比例承担赔偿责任。承运人承担的责任不应超过其比例，也就不存在追偿的问题。对此，2008年《碰撞规定》予以了明确。[③]首先，在诉因上，2008年《碰撞规定》采取了竞合理论，依第6条的规定，允许船载货物的权利人对承运货物的本船提起违约赔偿之诉，或提起侵权赔偿之诉。其次，在责任原则上，依第7条的规定，船载货物的权利人无论是提起违约之诉，还是侵权之诉，承运船舶均只承担法律规定的比例赔偿责任。

当然也有人会质疑船载货物是不能向本船索赔的，因为依《海商法》规定承运人对本船所载货物的航行过失是免责的，无需主张按过失程序比例承担赔偿责任。[④]为此，2008年《碰撞

---

① 胡方：《〈关于审理船舶碰撞纠纷案件若干问题的规定〉的理解与适用》，载《人民司法》2008年第11期。

② 王利明、杨立新、王轶、程啸：《民法学》（第二版），法律出版社2008年版，第827页。

③ 胡方：《〈关于审理船舶碰撞纠纷案件若干问题的规定〉的理解与适用》，载《人民司法》2008年第11期。

④ 李海：《关于船舶碰撞若干问题的思考》，载《中国海商法年刊》2009年第4期，第53页。

规定》第7条第2款规定，前款规定不影响承运人和实际承运人援用《海商法》第四章关于承运人抗辩理由和限制赔偿责任的规定，即依《海商法》承运人可以主张航行过失免责，但还会有不能免责的情况，如承运人没有尽到适航义务，即会影响其引用“航行过失免责”，在承运人不能免责的情况下，即会涉及依其过失程度比例承担责任的问题。

其三，人身伤亡责任承担。该条第3款规定：互有过失的船舶，对造成的第三人的人身伤亡，负连带赔偿责任。一船连带支付的赔偿超过本条第1款规定的比例的，有权向其他有过失的船舶追偿。对人身伤亡要承担连带赔偿责任也是《1910年碰撞公约》确定的原则，随着大部分国家加入该公约，该原则也已成为国际海运业普遍遵循的原则。

二、过失的举证

（一）船方举证

尽管《海商法》规定了在互有过失的船舶碰撞中，受害人只能依各船舶的过失比例分别向各加害船舶索赔，但并没有明确由谁来对过失进行举证。为此，2008年《碰撞规定》第8条明确规定，由碰撞船舶方提供证据证明过失程度的比例，无正当理由拒不提供证据的，由碰撞船舶一方承担全部赔偿责任或者由双方承担连带赔偿责任。采取“船方举证”的原则是由于：其一，受害人并非船舶碰撞的直接当事人，很难就船舶碰撞过失比例举证；其二，依过失程度比例承担责任是法律赋予碰撞船舶的抗辩理由，船方应对其主张承担举证责任。

（二）举证的时间

针对船舶碰撞案件的证据对诉讼相对方有一定期间保密性的特点，《海诉法》规定了举证期间，规定当事人应在一审开庭前举证完毕。《海诉法解释》进一步规定：当事人应当在一审开庭前向海事法院提供相关船舶有关船舶碰撞的事实证据材料，即二审法院仅审理法律适用等问题，有关事实问题应当在一审中审理完毕。除非这些证据材料不是当事人自己所有，因而在开庭前不能举证的。《海诉法解释》明确规定，“事实证据材料”是指涉及船舶碰撞的经过、碰撞原因等方面的证据材料，不包括碰撞造成的损失和费用的证据材料。因此，这些证据材料是当事人可以在开庭前完成举证的。

（三）有效的证据

2008年《碰撞规定》第8条第2款进一步明确了什么是“证明过失程度比例”的证据，规定这种证据是指具有法律效力的判决书、裁定书、调解书和仲裁裁决书。对于碰撞船舶提交的国外的判决书、裁定书、调解书和仲裁裁决书，依我国《民事诉讼法》规定的程序审查。司法实践中常出现碰撞船舶主要依过失比例承担责任，却怠于用诉讼或仲裁方法确定其责任比例。在这种情况下，如碰撞船舶仅主张承担比例责任，却不提供具有法律效力的判决或裁决等证明过失程度比例，应视其主动放弃法律赋予的抗辩权。[①]除非其已向法院举证就船舶碰撞纠纷另行提起的诉讼或仲裁但尚未完结。

2008年《碰撞规定》第11条进一步明确了海事主管机关调查材料的证据效力。规定船舶碰撞事故发生后，主管机关依法进行调查取得并经过事故当事人和有关人员确认的碰撞事实调查材料，可以作为人民法院认定案件事实的证据，但有相反证据足以推翻的除外。由海事主管机关行使行政管理权主动收集、制作的调查材料主要包括航海日志、轮机日志以及海事事故调查笔录等。对此类材料的效力，以往的司法实践曾存争议，第11条明确其可以作为认定案件事实的证据材料，除非有其他相反证据否定其证据效力。

（四）过失的确定

关于过失的确定，法律并没有明确的规定，在司法实践中形成衡量过失的一般标准和特殊标准。一般标准即适用于一般情况下船舶碰撞判断过失的通用标准。包括判断“驾驶船舶过失”和“管理船舶过失”的标准。特殊标准指为某特殊性质的碰撞而采用的补充性标准。主要包括下列原则：（1）同类疏忽等效原则，为我国司法实践所采用，即如双方犯有同样性质的疏忽，且此种疏忽一直接续到碰撞发生之时，则应视为双方过失程度相等，应承担同等责任的规则。[②]（2）“最后机会原则”（Last Opportunity Rule），为英美法所采用，依该原则，发生碰撞的双方如果均有过失，双方都要对碰撞负责，除非后来有过失的一方知道或应当知道前者有过失，并有充裕的时间避免碰撞而没有采取行动避免，则应由有机会避免碰撞的一方单方承担责任，因为前一船的过失并不是发生碰撞的近因。该原则由于为严重过失的一方提供了免责的机

① 胡方：《〈关于审理船舶碰撞纠纷案件若干问题的规定〉的理解与适用》，载《人民司法》2008年第11期。

② 傅廷中：《海商法论》，法律出版社2007年版，第325页。

会而受到了诸多的批评。我国在海事立法和海事司法实践中均不采用该原则。(3)“宾夕法尼亚规则”，采用的是一种法律推定的原则，[①]即只要船舶违反航行规则，就推定该违章行为是造成碰撞的原因。该原则是对因果联系的否定，因为违章行为可能导致碰撞，也可能与碰撞没有因果关系，因此这种推定在某种程度上缺乏一定的科学性，随着法律推定在世界范围内的废除，该规则在美国也开始受到了冲击。

(五)拒绝举证的后果

对于无正当理由拒不提供证据的，第8条规定由碰撞船舶一方承担全部赔偿责任或由双方承担连带赔偿责任。该条是对拒不提供证据后果的规定。这里分两种情况：其一，当权利人或第三人向一方碰撞船舶提出索赔时，如该碰撞船舶拒不提供证据证明其过失程度比例，则由其承担全部赔偿责任。其二，如权利人或第三人向碰撞双方船舶提出索赔，而双方均拒不提供证据证明其责任比例的，则依《民法典》第1170条的规定，共同承担连带赔偿责任，而不能享受《海商法》有关承担比例责任的规定。

The Pennsylvania Rule[②]

Proximate causation is an issue in collision cases. However, the traditional requirements of causation that exist in other areas of tort law have been held to be insufficient in maritime collision cases. Where there has been a violation of the Rules of Navigation before a collision, the vessel in violation must prove not only that the violation did not contribute to the collision, but that it could not have contributed to it. The rule takes its name from the case in which it first appeared, The Pennsylvania[③], and was designed to encourage safe travel on the seas by penalizing any departure from the Rules of Navigation.

三、船舶碰撞损害赔偿的范围

在船舶碰撞一章，我国《海商法》参照的主要是《1910年碰撞公约》，该公约对船舶碰

① ② Irene Johnson Barnes, Before and After United States v. Reliable Transfer: An Analysis of Maritime Collision Law, *HeinOnline—1 UALR L.J.* 302 1978.

③ *The Pennsylvania*, 86 U.S.(19 Wall.) 125(1873).

撞损害赔偿的范围等细节问题未作规定。我国《海商法》也留下了空白。在目前司法实践中，有关的问题主要适用专门法规、司法解释等。根据1995年《最高人民法院关于审理船舶碰撞和触碰案件财产损害赔偿的规定》(以下简称《规定》)，财产损失包括船舶损害、船上财产损害和船舶触碰造成的设施的损害，人身伤亡的损害赔偿主要适用1992年《最高人民法院关于审理涉外海上人身伤亡案件损害赔偿的具体规定(试行)》。其赔偿范围主要包括下列几个方面：

(一) 船舶的损害

1. 船舶的全部损失。船舶碰撞造成船舶全损的，应赔偿船舶的价值。船舶全损包括实际全损和推定全损。船舶全损的赔偿包括三项：其一，船舶价值损失；其二，未包括在船舶价值内的船舶上的燃料、物料、备件、供应品、渔船上的捕捞设备、网具、渔具等损失；其三，船员工资、遣返费及其他合理费用。

2. 船舶的部分损失。船舶部分损害的赔偿包括合理的船舶临时修理费、永久的修理费及辅助费用、维持费用。船舶的修理费应该合理，修理费应按检验鉴定确属于本次事故的损害范围计算。

3. 其他损失。依《规定》，无论是船舶全损还是部分损失，船舶损害赔偿还应包括合理的救助费、避碰引起的损失、沉船的打捞和清除费用、设置沉船标志费用、拖航费用、本航次的租金或者运费损失、共同海损分摊、合理的船期损失及其他合理的费用等。

(二) 船上财产的损害

船上的财产包括货物、旅客行李及在船人员携带的物件等。船上财产的损失包括：船上财产的灭失或部分损坏引起的贬值损失；合理的修复或处理费用；合理的财产救助、打捞和清除费用；共同海损分摊；其他合理费用。

(三) 船舶触碰造成的损害

依《规定》第16条的规定，船舶触碰指船舶与设施或者障碍物发生接触并造成财产损害的事故。依第5条，船舶触碰造成设施损害的赔偿包括：设施的全损或部分损坏修复费；设施修复前不能正常使用所产生的合理的收益损失。

《规定》还对上述船舶价值损失、船上财产损失、船期损失、租金或运费损失、设施损害赔偿、利息损失等的计算一一进行了规定。

Collision damages

1) **Total loss**—When a vessel sinks as a result of a collision caused by the fault of another vessel, and it appears that the cost of raising and repairing her would exceed her value at the time of collision, her owner is entitled to recover her value, plus the amount of the net freight, if any, lost by reason of the collision.① The value on which the recovery will be based is normally the vessel's market value.②

2) **Partial loss**—The reasonable cost of repairs made necessary by the collision is of course recoverable, as is the cost of salvage services and incidental expenses incurred by reason of the collision.③

3) **Allowance of Interest**—Interest on damages, while discretionary with an admiralty court, is generally awarded.④In both-to-blame cases, however, interest is usually allowed only from the date of the final decree.⑤

（四）人身伤亡的损害赔偿

《海商法》对人身伤亡的损害赔偿并没有具体的规定，有关内容适用《民法典》和《最高人民法院关于审理人身损害赔偿案件适用法律若干问题的解释》（2022年修改）的相关规定。

【案例】“华煌”轮与“星湖”轮碰撞损害赔偿案⑥

“华煌”轮与“星湖”轮碰撞案涉及船舶碰撞损害赔偿的认定。1994年10月13日，本案被告福建省石狮市船务公司所属“华煌”轮从海口港装螺纹钢594吨开往广州港海沁沙码头，15日晚航至赤沙水道，中速前进，航速6.5节，时值涨潮，顺水航行。原告广东省港澳航运公司所属“星湖”轮于15日21时从广州港洲头咀载客152人出港开往香港。22：58时，“华煌”轮船艏与“星湖”轮左舷前部发生碰撞，造成“星湖”轮左舷前部吃水线上部破裂凹陷长度约7米，“华煌”轮艏尖部亦

---

① *The* “*Baltimore*”, 75 U.S. 377, 19 L.Ed. 463 (1869).

② *Alaska S. S. Co. v. Inland Nav. Co.*, 211 F. 840 (9th Cir. 1914).

③ *La Champagne*, 53 F. 398(S.D.N.Y. 1892); The “*Bulgaria*”, 83 F. 312(N.D.N.Y. 1897); The “*Sequoia*”, 132 F. 625 (N. D. Cal. 1904).

④ *The* “*Umbria*”, 166 U.S. 404, 17 S. Ct. 610, 41 L.Ed. 1053 (1897).

⑤ *The* “*Wright*”, 109 F. 2d 699 (2d Cir.1940), cert. denied 299 U.S. 603, 57 S. Ct. 230, 81 L.Ed. 445. Cf. Afran *Transport Co. v. The Bergechief*, 285 F. 2d 119 (2D Cir.1960).

⑥ 黄伟青:《“金海洋”轮买卖合同纠纷案》, 载《海事审判》1998 年第 1 期。

受损。

事故发生后，双方检查确认无人员伤亡，船体损坏部位均在吃水线以上，双方船长签认了事故记录，两船即各自续航目的港。“星湖”轮抵香港后，进远洋维修厂对损坏部位进行了临时性修理，修理费为港币72 000元。10月19日，中国船级社广州分社对停泊在广州港洲头咀码头的“星湖”轮做了海损检验，估算海损修理费为人民币201 000元，修理期限约需15个工作日。11月30日至12月14日，“星湖”轮进香港友联船厂定期修船期间对受损部位做永久性修理，该部分修理费港币380 630元。“星湖”轮两次修理事先均未征求被告的意见。“华煌”轮事故后在汕头市吉祥船舶修配厂修理受损部位，修理费为人民币167 029.92元，经船检部门审核认为修理费用基本合理。

原告于1995年10月16日向海事法院提起诉讼，认为碰撞事故完全是由于“华煌”轮违反航行规则造成的，“华煌”轮应负事故的全部责任。请求判令被告赔偿“星湖”轮修理费港币460 994元。被告答辩并提出反诉认为，碰撞事故是因“星湖”轮航行中疏忽瞭望，未使用安全航速，未谨慎驾驶，在紧逼情况下采取的避碰措施不当所致，“星湖”轮应负主要责任。被告请求驳回原告的诉讼请求，判令原告赔偿“华煌”轮因碰撞所造成的修理费167 029.92元及利息。

海事法院认为：船舶进出港口航行，应当遵守1972年《国际海上避碰规则》和港口港章的有关规定，使用安全航速，保持正规瞭望，谨慎驾驶。“华煌”轮在进港航行中，未使用安全航速，未保持正规瞭望，在小机动船突然从右前方窜出航道，造成紧迫局面，单靠减速、停车、倒车均不能避免碰撞的情况下，虽然允许其背离规则向左转向避让，但采取避让措施时，没有充分估计与“星湖”轮之间的安全距离，以致无法避免与“星湖”轮发生碰撞。“华煌”轮应负55％的碰撞责任。而“星湖”轮逆水航行出港，亦未保持正规瞭望，航速高达11节，远未满足安全航速的要求。避让时，未能运用良好船艺，在紧迫局面形成后，所采取的避让措施不能有效地避免与“华煌”轮发生碰撞。“星湖”轮应承担45％的碰撞责任。

关于经济损失的认定，中国船级社广州分社已对“星湖”轮的损坏做了海损检验，估算修理费为人民币201 000元，但原告未安排该轮进内地船厂修理，在香港友联船厂修理的费用为港币380 630元，远高于中国船级社广州分社的估价，原告又无充分理由证明该轮必须进香港友联船厂修理，事先亦未告知被告并经得被告的同意，故该费用不予认定。海损修理费以中国船级社广州分社的估价认定较为合理。“星湖”轮进香港远洋维修厂对损坏部位进行了临时修理，免除了单独安排该轮进行海损修理的时间，减少了因事故造成的经济损失，故该临时修理费港币72 000元予以认定。“华煌”轮修理费人民币167 029.92元，经船检部门审查，基本合理，予以认定。据此，海事法院根据我国《民法通则》（现已废止）第117条第2款、《海商法》第169条第1款的规定，于1996年

5月24日判决：被告福建省石狮市船务公司赔偿原告广东省港澳航运公司经济损失人民币110 550元、港币39 600元及利息；原告广东省港澳航运公司赔偿被告福建省石狮市船务公司经济损失人民币75 163.46元及利息；上述第一、第二两项相抵，被告福建省石狮市船务公司应赔偿原告广东省港澳航运公司经济损失人民币35 386.54元、港币39 600元及利息。判决后，双方当事人均没有上诉。

第三节　有关船舶碰撞的国际公约

有关船舶碰撞的国际公约主要有《1910年碰撞公约》、1972年《国际海上避碰规则》（以下简称《避碰规则》）、1952年《船舶碰撞民事管辖权方面若干规定的国际公约》、1987年《船舶碰撞损害赔偿国际公约（草案）》（以下简称《里斯本规则》）等。我国《海商法》“船舶碰撞”一章是以《1910年碰撞公约》为基础的。

一、1910年《统一船舶碰撞若干法律规定的国际公约》

对于船舶碰撞的损害赔偿、请求权及时效等问题，各国法律的规定不一致，从而导致了船舶碰撞某些法律规定的冲突。为了谋求统一，1910年在布鲁塞尔召开的第三次海洋法外交会议上通过了《1910年碰撞公约》。该公约于1913年3月1日生效。该公约共17条，其主要内容为：

1. 公约的适用范围。公约第1条规定，公约适用于海船与海船或海船与内河船发生的碰撞，但公约不适用于军用船舶或专门用于公务的政府船舶。此外，第12条但书还规定了适用公约的例外条件：（1）对属于非缔约国的利害关系人，每一缔约国可在互惠条件下适用本公约的规定；（2）如全体利害关系人和受理案件的法院属于同一国家，则应适用国内法。

2. 船舶碰撞的责任原则。公约规定了船舶在不可抗力、单方过失、双方过失等情况下的责任原则：（1）因不可抗力发生的碰撞，或碰撞原因不明，其损害应由遭受者自行承担。（2）因单方过失发生的碰撞，损害赔偿的责任应由过失方承担。（3）双方过失造成的碰撞，各方应按其过失程度，按比例分担责任。但如考虑到客观环境，不可能确定各方的过失程度，或看来过失程度相等，则应由各方平均分担责任。船舶、船上所载货物、船员、旅客和船上其他人员的行李或财物所受的损害，由过失船舶依上述比例承担。对于人身伤亡的损害赔偿，由过失船对第三者负连带责任。

3. 诉讼时效。公约规定损害赔偿的诉讼时效期间为2年，自事故发生之日起算。已支付了人身伤亡的全部赔偿金额的船舶请求向其他过失船取得摊款的诉讼，自付款之日起1年内提出。上述时效的中止或中断依法院地法。此外，公约还规定各缔约国有权以国内立法规定，如在上述时效期限内未能在原告住所地或主要营业所所在国家领海内扣留被告船舶，便应延长上述时效期限。

4. 碰撞后的救助责任。公约规定在碰撞发生后，相碰船船长在不致对其船舶、船员和旅客造成严重危险的情况下，必须对另一船舶、船员和旅客进行救助。

《1910年碰撞公约》在船舶碰撞的法律责任方面具有重要的意义，除美国以外，世界上主要的海运国家都加入了该公约，因此，该公约也是在海商法中影响最大的公约之一。

二、《里斯本规则》在船舶碰撞概念上的新发展

随着航运业的发展，海上侵权行为也发生了多样化的变化，传统的船舶碰撞概念已不能适应形势发展的需要了，在海上侵权方面也出现了诸多没有适当的法律调整的空白点。为此，国际海事委员会于1987年起草了《里斯本规则》。该规则第1条从不同角度对船舶碰撞定义如下：首先，船舶碰撞指船舶间发生的任何事故，即使没有实际接触而造成的灭失或损害；其次，船舶碰撞指由于一船或几船的过失造成两船或多船的相互作用，即使没有实际接触而引起的灭失或损害。这里的船舶指碰撞中所涉及的不论是否可航的任何船只、船艇、机器、井架或平台。从该定义可以看出，有关船舶碰撞的构成要件发生了较大的变化：

1. 船舶碰撞客体的范围有所扩大。首先，船舶碰撞的双方不要求必须有一方为海船，双方均为内河船也可以适用该规则。其次，《里斯本规则》并未排除对军用船舶和政府公务船舶的适用，因此，船舶的性质不限于商用或民用船舶。最后，船舶碰撞不限于在可航的船舶之间，船舶与不可航的船只、船艇、机器、井架或平台之间发生的碰撞也适用该规则。

2. 增加了船舶碰撞的主观要件。《1910年碰撞公约》不仅适用于因过失引起的碰撞，而且也适用于非过失原因的碰撞，包括不可抗力和意外事故所致的碰撞。而《里斯本规则》则只适用于因过失引起的碰撞，从某种意义上讲，在主观方面缩小了船舶碰撞的适用范围。

3. 船舶碰撞的形式有所扩大。《1910年碰撞公约》规定的造成损害的形式只限于船舶间的接触。而《里斯本规则》所称的碰撞不再要求船舶间的接触，只要是船舶间的相互作用就可以

适用该规则，这种相互作用可能产生于数海里之外，例如，船舶间的火灾、爆炸、油污等造成的损害。

三、1972年《国际海上避碰规则》

为了海上的航行安全，联合国政府间海事协商组织于1972年10月4日在伦敦召开的国际会议上通过了1972年《避碰规则》，该规则于1977年7月15日生效。我国已于1980年1月加入了该公约。但作出保留如下："属于中华人民共和国的非机动船舶不受海上避碰规则的约束。"该规则自生效以来，分别于1981年、1987年、1989年、1993年、2001年、2007年、2013年进行了多次修改。该规定的主要内容有：

1. 公约的适用范围。公约规定的适用范围十分广泛，依公约第1条的规定，规则各条适用于在公海和连接公海而可供海船航行的一切水域中的一切船舶。

2. 驾驶和航行规则。公约要求船舶应该做到：（1）保持正规瞭望，及时发现来船或其他物体，避免发生碰撞。（2）使用安全航速，以便能适当地采用避碰行动，避免在航向或航速上做一连串的小变动。为避碰而进行的航向或航速的变动，应在环境许可的条件下大得足以使他船用视觉或雷达观察时容易察觉到。（3）给他船让路，依该规则，追越船应给被追越船让路；两船对遇时，各船应向右转向；两船交叉相遇时，有他船在本船右舷的船应给他船让路；机动船应给失去控制的船舶和非机动船让路；帆船和从事捕鱼的船应给失去控制的船舶、操作能力受到限制的船舶让路；船舶在狭窄水道或航道，应尽量靠在船舶右舷的水道或船道外缘行驶。

3. 号灯和号型，规定了各种船舶应具备和使用的号灯和号型。

4. 声号和灯光信号，规定了声号和灯光信号设备和使用。

《避碰规则》属于技术性规范，该规则统一了船舶避碰的技术规范，为减少海上碰撞事故的发生起到了积极的作用。在碰撞事故发生后，该规则也往往成为法院在判断双方责任时的重要法律依据。

《避碰规则》2001年的修改主要将"地效船"纳入规则适用地范围，第3条第1款将"船舶"范围扩大，包括了"地效船"，规定船舶是指用做或者能够用做水上运输工具的各类水上船筏，包括非排水船舶、地效船和水上飞机。规则第3条第13款规定："地效船"指多式船艇，其主要操作方式是利用表面效应贴近水面飞行。地效船介于船舶和飞机之间，它可以飞行，但不需要机场，它可以贴水面超低空飞行，而水上飞机不能。依规则第18条的规定，当地效船贴水面飞行时，应作为动力船舶遵守船舶的航行规则；当其高空飞行时，则不适用《避碰规则》。

《避碰规则》2007年的修改涉及附件四“遇险信号”。《避碰规则》2013年的修改主要涉及F篇对符合本公约规定的验证，该篇包括第39条“定义”、第40条“适用范围”和第41条“符合性验证”。《避碰规则》2013年修正案是七次修改中修改内容最多的一次，增加了F编共3条内容，目的是将《避碰规则》纳入强制审核机制的监管。强制审核机制的目的是通过对成员国进行强制审核，以确保成员国全面和有效地执行《避碰规则》。

【重要术语提示与中英文对照】

编号	中文术语	英文对照
1	船舶碰撞	collision at sea
2	船舶碰撞引起的损失	loss or damage caused by collision
3	船舶碰撞法	the law of collision at sea
4	船舶碰撞实际过失	actual fault in collision
5	不可抗力的碰撞	collision caused by force majeure
6	不可避免的事故	inevitable accident
7	互有责任碰撞条款	both to blame collision clause
8	驾驶船舶过失	negligence of navigation
9	航行规则	rules of navigation
10	直接碰撞	direct collision
11	间接碰撞	indirect collision
12	第三方损失	third party damage
13	损失的范围	categories of losses
14	单方过失碰撞	collision caused by the fault of one vessel
15	双方过失碰撞	collision caused by joint fault

【思考与辨析】

1. 构成船舶碰撞应满足哪些条件？
2. 船舶碰撞的概念有什么新发展？
3. 什么是船舶碰撞赔偿责任？
4. 单方过失的船舶碰撞的赔偿责任如何承担？
5. 双方过失的船舶碰撞的赔偿责任如何承担？
6. 如何确认船舶碰撞赔偿责任的范围？
7. 关于船舶碰撞的国际公约有哪些？其主要内容是什么？

8. 请辨析下列说法是否正确：依《海商法》的规定，原因不明的碰撞，碰撞责任由双方平均分摊。
9. 我国《海商法》“船舶碰撞”一章的规定适用于下列哪种情况？A. 客船与军舰在台湾海峡的碰撞；B. 两船在太湖的碰撞；C. 缉私船与货船在渤海的碰撞；D. 海船与内河船在黄浦江的碰撞。
10. 依最高人民法院于2008年通过的《关于审理船舶碰撞纠纷案件若干问题的规定》，下列哪些选项是正确的？A. 非因船舶碰撞导致船舶触碰适用《海商法》；B. 船舶直接碰撞码头应适用《民法通则》；C. 碰撞船舶在光船租赁期间的，由船舶所有人承担；D. 对第三人的人身伤亡，承担连带赔偿责任。

【扩展阅读文献提示】

1. 沈延军，张蕾．海上人身损害赔偿计算标准适用“受诉法院所在地”案例分析．中国海商法研究，2015（1）．
2. 潘燕．会遇船舶合意避让的碰撞责任分析．中国海商法研究，2013（2）．
3. 胡方．《关于审理船舶碰撞纠纷案件若干问题的规定》的理解与适用．人民司法，2008（11）．
4. 司玉琢．从因果关系要件解读船舶碰撞致油污损害的请求权竞合．中国海商法年刊，2008．
5. 曲涛．论船舶经营人在船舶碰撞中的责任主体地位．中国海商法年刊，2008．
6. 倪学伟．海上人身伤亡损害赔偿标准类型化研究．中国海商法年刊，2006．
7. 赖尚斌．海上人身伤亡案件的法律适用．中国海商法年刊，2005．
8. 黄志清，丁新华，邱云明．《1972年国际海上避碰规则》2001年修正案有关地效船条款探讨．中国海商法年刊，2005．
9. 余妙宏．船舶碰撞责任下因果关系之考量——兼论船舶互有过失碰撞所致油污损害的责任主体．中国海商法年刊，2007．
10. 王海明．论船舶碰撞的定义、概念、责任．中国海商法年刊，2007．
11. 杨良宜．海事法．大连：大连海事大学出版社，1999．
12. 司玉琢，吴兆麟．船舶碰撞法．2版．大连：大连海事大学出版社，1995．
13. 碰撞与避碰规则．赵劲松等，编译．大连：大连海事大学出版社，1997．

【拓展阅读】

研究导引

★ 2008年最高人民法院《关于审理船舶碰撞纠纷案件若干问题的规定》

★ 船舶碰撞案件引起的管辖权冲突及解决

★ 择地行诉

扩展英文阅读资料

★ International Conventions on Maritime Collision

【自测习题】

第九章 海难救助

本章教学目的与要求

了解海难救助的种类，特别是要掌握“无效果，无报酬”的海难救助及其构成要件，从而能够判断是否存在救助报酬的请求权。了解救助报酬与特别补偿的关系，了解关于海难救助的格式合同以及救助公约的规定。扩展研究部分引导学生对人命救助及海域污染方面的发展进行深入的研究。

> “Salvage operation” means any act or activity undertaken to assist a vessel or any other property in danger in navigable waters or in any other waters whatsoever.①

海难救助是海商法中的特有的法律制度，它是针对海上的特殊风险产生的。航海贸易的初期，由于人们抵御海上风险的能力有限，人们视航海为冒险的事业。当船舶在海上遭遇海难时，船舶获得援救的机会远远低于陆上获得救助的机会。为了保护海上财产，鼓励对遇难船舶的救助，逐渐形成了救助难船可以获得救助报酬的法律制度。早在古希腊和腓尼基人的法律中就散见有关于海难救助的规定。公元前9世纪的罗得法（The Rhodian Law）关于海难救助有这样的记载：为了拯救一艘船舶而需要支付费用的，这些费用应由船舶的整体来负责。这里的费用实际上就是现在的救助报酬。

我国《海商法》第九章对海难救助进行了规定，该章是参照1989年《国际救助公约》（以下简称《1989年公约》）制定的，反映了目前有关海难救助的最新发展，同时也吸收了传统的海难救助原则。

① Article 1 Definitions, *International Convention on Salvage*, 1989.

第一节　海难救助概述

一、海难救助的种类

海难救助可以从不同的角度进行分类。依救助对象的不同，可以将海难救助分为对物的救助和对人的救助。对物的救助主要指对船舶及船上财产的救助，在现代已扩及对船舶及船上财产以及海上财产的救助，如对遇难的水上飞机、落海的卫星等的救助。广义的海上救助既包括对物的救助，也包括对人的救助。狭义的救助则仅指对物的救助，只有对物的救助才能产生救助报酬的问题。对人的救助是国际法规定的义务，是一种基于道德的救助，因此是不能取得救助报酬的，只有在救助船货的同时又救助了人命的情况下，人命救助人才有权分享救助报酬中的合理份额。

依救助的性质可将救助分为纯救助、合同救助、义务救助等几种形式。纯救助是英美法中的概念，指船舶遇难后，救助人未经请求即自行实施救助的行为，在这种救助下，如果救助有效果，救助人有权获得救助报酬。海上救助实际上是从纯救助发展而来的。纯救助早在罗马时代就存在了，但由于这种救助方式不签订合同，使得当事人经常在救助报酬上发生争议，因此，现在已很少使用了。只有在少数情况下还采用该方式，例如，过路船舶对无人的难船上的救助就属于纯救助的性质。合同救助主要有两种形式，一种是“无效果，无报酬”的救助，另一种是雇用救助。前者是海上救助中应用最为普遍的形式，也是我国《海商法》“海难救助”一章的主要内容。此种救助采用“无效果，无报酬”的原则，该原则在《1910年救助公约》（以下简称《1910年公约》）中正式得到了确认。为了避免在危难的情况下签订救助合同给被救方带来的不利及因双方谈判可能拖延救助的时机，“无效果，无报酬”的救助一般均采用格式合同，目前使用最为广泛的救助格式合同是英国劳合社的“劳氏救助标准合同格式”（Lloyd’s Open Form，简称LOF）。雇用救助指救助人与被救助人签订雇用救助合同，约定以救助人所使用的人力和设备及时间计算救助报酬的救助形式。此种救助的特点是：无论救助是否成功，被救助人均应依救助合同的约定支付救助报酬，在实施救助时的指挥权一般是在被救助人。与“无效果，无报酬”的救助相比，由于救助人所承担的风险较少，其救助报酬也相对较低。义务救助指属于救助人职务范围内的救助，如海上防卫队进行的救助等，此种救助的救助人是不能请求救助报酬的。

依施救的紧急程度可将救助分为救助和捞救。前者是指船舶在未脱离船员的占有的情况下由第三方进行的施救；后者则指船舶或货物已脱离了船员的占有，行将沉没或漂流时由第三方进行的施救，两者的救助报酬因其难易不同而有区别。此种划分仅存在于大陆法系国家中，英美法系对这两种救助不加区别，《1910年公约》也将两者统一处理。我国《海商法》亦没有区别这两种情况。

二、海难救助的法律性质

这里所讨论的海难救助的法律性质仅指狭义的海难救助的法律性质。由于海难救助是从纯救助发展而来的，有关海难救助的法律性质实际上是关于纯救助的法律性质，对于该问题，理论界有不同的主张，概括起来有下列五种学说。

（一）无因管理说

大陆法系国家的一些学者及我国台湾地区的一些海商法学者主张无因管理说。此种主张认为，救助人对救助船舶既无救助义务，又未受其委托而实施救助行为，因此该行为从性质上属于民法上的无因管理。[①]民法中的无因管理指没有法定的或者约定的义务，为避免他人利益受损失而进行的管理或者服务的行为。在无因管理的受益人和管理人之间产生的权利义务关系是一种债的关系，管理人可以要求受益人偿还必要的费用，包括在管理或服务活动中支出的合理费用，以及在管理或服务中受到的损失。无因管理人并无请求额外报酬的权利，而海难救助中的救助人的主要权利就是救助报酬的请求权，此项报酬中除了无因管理中也包含的必要支出及损害赔偿外，主要的是为救助人的冒险行为及为救助而展示的技术的酬谢，因此，海难救助在请求的范围上超过了无因管理的范围。在法律关系的成立上，无因管理的关系于行为人为管理行为时成立，而海难救助采用的是“无效果，无报酬”的原则，在救助成功以前，救助人均无救助报酬的请求权。因而两者在性质上并不相同。

（二）不当得利说

此说从被救助人的角度进行分析，认为被救助人无法律上的原因而接受救助人的援助，因

① 桂裕：《海商法新论》，正中书局1974年版，第436页。

而取得保有其财产的利益，所以从法律性质上属于民法中的不当得利。不当得利指一方无法律上的根据而受利益，致使他方受到损害，其中取得利益的受益人负有返还不当利益的义务，受到损失的受害人享有请求受益人返还不当利益的权利。可以看出，受害人受到损害是不当得利的主要特征之一，而海难救助的救助人并不一定因救助而受到损害，他可能仅仅是支付了必要的支出，其请求的救助报酬与不当得利中返还的不当利益在本质上有所不同，因此，称其为不当得利实有欠妥之处。

（三）准契约说

此说认为被救助人接受救助人的援助，实际上即有合意的存在，只是双方未约定报酬及履行义务的方法，所以只能称其为一种准契约。然而在救助人对难船上已无人的船舶进行施救时，则无合意可言。

（四）特殊行为说

此说认为海难救助与共同海损一样，都是海商法上的特殊行为，不应机械地以民法理论来解释其性质。海难救助是由救助行为和结果两部分组成的，救助行为仅为海难救助成立的要件，在救助成功后，海难救助的法律关系才真正成立。

海难救助是为了鼓励航海而产生的海商法中的特殊制度，其性质确实很难用一般民法理论来解释。笔者认为，海难救助是海商法中的一种特殊的行为，对于纯救助的法律性质，笔者赞同特殊行为说。首先必须明确海难救助在救助人与被救助人之间形成的是一种债的法律关系，但由于法律对这种债的特殊规定，此种债的形成不是在救助行为实施之时，而是在救助结果产生之时（见图9-1）。

（五）特殊的法定之债

至于现代意义上的“无效果，无报酬”的救助，笔者认为，它是一种特殊的法定之债，其特殊性就表现在这种债的关系中既有法定的因素，又有合意的因素。海难救助中救助人与被救助人之间的法律关系是依据双方订立的救助合同建立的，但依该合同形成的并不是一般的合同关系，民法中的合同之债是根据当事人的意思一致而发生的，是一种完全的合意之债。而海难救助这种债的关系则是合意因素与法定因素的结合。当事人之间的合同只是双方形成法律关系的基础，其债的关系的真正形成则需满足法律所规定的诸要件，因而双方权利义务的发生主要

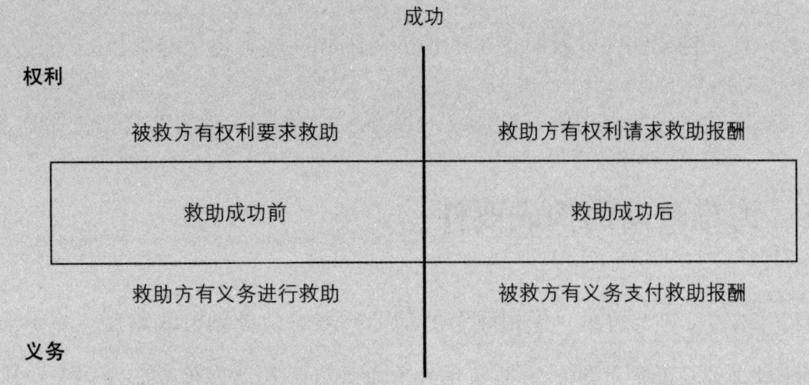

图9-1 海难救助法律关系的特殊性示意图

是由法律设定的。其法律关系的成立与侵权行为之债的成立一样，需要具备一定的要件，海难救助报酬的请求必须具备的要件有：首先，救助的标的须为法律认可的标的，由于海难救助是海商法所特有的制度，所以只有海商法认可的标的才能取得救助报酬，对其他标的的救助不产生获得救助报酬的效果。其次，必须有危险的存在。再次，救助人的施救行为须为自愿的行为，纯救助中的救助人的施救行为是自愿而为的，至于“无效果，无报酬”的救助，虽然是一种依合同进行的救助，但由于救助人是专为救助而自愿与被救助人订立的救助合同，因此仍不失为一种自愿的救助。最后，救助必须有效果，救助没有效果的，虽然施救人的行为从客观上是一种海难救助的行为，但并不产生救助报酬的请求权。

之所以法律如此关注海难救助这一看起来似乎属于当事人之间的事情，是因为海难救助所涉及的不仅仅是救助双方的利益，同时还涉及公共利益。海难救助制度建立所依据的原则本身就充分体现了某种公共利益，这些原则可概括为：（1）为公平、公益，鼓励海上救助，酬谢救助人的冒险及特殊技术的公共政策。海商法的主要目的之一就是保障航运业投资者的权益，而海难救助则通过保全可能灭失的海上财产间接起到了鼓励投资的作用。救助报酬不仅包含有救助人劳务的因素，其奖金部分所体现的实际上是奖励救助人冒险施救海上财产的公共政策。（2）为防止救助人对遇难船舶及财物进行掠夺的不法行为，建立救助成功即可获得报酬的救助制度，以使救助人乐于救助。

由于这些公共利益的存在，使得在海难救助这一法律关系中，除了当事人约定的因素外，还存在法律规定的法定因素。此外，法律对这种债的关系的干预还表现在，当双方在危急情况下订立的合同中有关救助报酬的约定不公平时，法律赋予了被救助人通过仲裁或司法对其进行改变的权利。无因管理和不当得利也是基于法定事实产生的债，亦属于法定之债，但这两种债均无合意的因素，且在构成要件以及所请求的债的范围和性质上也与海难救助有很大的区别。

第二节　海难救助的构成要件

在诸多救助形式中，“无效果，无报酬”的救助是海难救助制度的精髓，有关海难救助的法律也主要是针对这种救助形式的，本节所指的海难救助的构成要件实际上就是“无效果，无报酬”这一救助形式的构成要件。

“Pure salvage” is a reward for perilous service. Public policy mandates a pure salvage award for laborious, and sometimes dangerous, efforts to provide maritime assistance. Awards are therefore designed to be reasonably liberal in the salvor's favor. There are three elements of a pure salvage claim. First, the property must be exposed to a marine peril. Second, the salvage service must be voluntary, whereby the salvor is under no preexisting duty to render the service. Third, the salvage operation must be successful in whole or in part.①

依海难救助制度，海难救助行为成立的，救助人可以享有救助报酬的请求权。海难救助行为的成立必须满足以下四个要件：

一、被救助的标的须为法律认可的救助标的

海难救助的标的是海难救助法律关系的客体，该客体的范围是法定的，如所救助的标的不是法律认可的可获得报酬的标的，救助人即使进行了施救行为也不能取得救助报酬。我国《海商法》第171条规定的海难救助的标的为船舶和其他财产，该标的的范围大于传统的救助标的的范围。下列为法律认可的救助标的：

① *The Sabine*, 101 U. S. (11 Otto) 384 (1879).

（一）船舶

船舶是海难救助的传统标的，但各国法律或公约有关船舶的具体范围的规定却不尽相同。《1910年公约》规定的船舶限于海船或内河船，且内河船作为救助的标的时，救助船须为海船。此外，公约不适用于军舰和政府公务船。《1989年公约》未对船舶进行任何限定，船舶既可以是海船，也可以是内河船；既可以是可航行的船舶，也可以是失去航行能力的船舶、弃船或沉船。《1989年公约》也规定了不适用于军舰和政府公务船。我国《海商法》第172条有关海难救助中船舶的定义是这样规定的：“‘船舶’，是指本法第三条所称的船舶和与其发生救助关系的任何其他非用于军事的或者政府公务的船艇”。可见“海难救助”一章适用的船舶范围要宽于第3条所称的船舶的范围，第3条所称的船舶为海船和其他海上移运式装置，但用于军事的、政府公务的船舶和20总吨以下的小型船艇除外。从《海商法》第172条的规定可以看出，救助的一方须为符合第3条规定的船舶，而另一方则可以是符合第3条规定的船舶，也可以是“与其发生救助关系的任何其他非用于军事的或者政府公务的船艇”，包括20总吨以下的船艇。

（二）其他财产

《1910年公约》规定的救助标的除了船舶以外，还有船上财产和客货运费。《1989年公约》规定的救助标的对船舶以外的财产有所扩大，其规定不是船舶以外的船上财产，而是船舶以外的海上财产，这样海上飞机、落海的卫星、浮船坞等依《1910年公约》不是海难救助标的的财产，依《1989年公约》均可以作为海难救助的标的。依我国《海商法》第172条第2项有关财产的定义，“财产”是指非永久地和非有意地依附于岸线的任何财产，包括有风险的运费。这里排除了永久地和有意地依附于岸线的防波堤、码头、栈桥等建筑物。船上的财产、航空器、落海的卫星、浮船坞等均应包括在内。

船上一切财产包括船上的供应品、预备品、拖带物、船载货物、旅客的行李等船上财产。海难救助制度的诞生是为了鼓励海上事业，因此海难救助的标的也要求应具有海上特征。传统的船上财产要求这些财产须与船舶有某种关联，非由船舶上遗失或从船上投弃的财产不是海难救助的标的。因此，从岸边的火车上、码头上等落下的财产即使获救也不能请求救助报酬。船员的私人物品、旅客未托运的日用品、衣物、手持物等一般也不视为救助的标的。我国《海商法》第181条第2款规定，其他财产的获救价值不包括船员的获救的私人物品和旅客的获救的自带行李的价值。

作为救助标的的运费仅指有风险的运费，已付运费不是救助的标的，只有到付运费才是有风险的运费。依英美判例法，以运费作为救助的标的时，除了须保全货物外，还须将货物运至原定的目的港，此时，救助人因代替承运人履行了其运送的责任，使承运人得以取得全部的运费，因而有权向承运人请求救助报酬。[①]

航空器并不是传统的海难救助的标的，因为航空器并不具有海上特征。随着历史的进步和科学的发展，越来越多地涉及对落海航空器的救助问题。航空器是具有较高经济价值的财产，如不将其纳入海上救助的标的范围，就有可能减少这类财产在落海时获救的可能性。为此，1938年在布鲁塞尔召开的第四届国际民用航空法会议上制定的《海上航空救助公约》第4条特别规定：对海上遇难的航空器等进行救助的，得依海难救助的原则请求救助报酬。尽管该公约未能生效，但其精神却在一些国家的判例中逐渐得到了反映。[②]造价昂贵的卫星在回收落海时也面临同样的问题。在国内立法方面，英国早在1920年的航空法即有关于海难救助适用于海上飞机的明文规定。但有关的判例却对该规定的适用进行了比较狭窄的解释。在 *Watson v. R. C. A. Victory Co.*[③]案中，法官认为，1920年的航空法只适用于在英国法院管辖范围内获救的航空器，而该案中的飞机是在格陵兰附近的海上获救的，所以救助人不得依海难救助的法律主张救助报酬。该案的判决受到了各界的批评，为此，英国在1936年和1949年修正的航空法均明文规定对海上航空器的救助视为海难救助，并对此没有地域的限制。《1989年公约》规定的“海上财产”及我国《海商法》规定的“其他财产”均包括对航空器的救助。

（三）环境污损

环境污损并不是海难救助的直接的标的，而只是间接标的，即如果救助人对环境污染构成威胁的船舶或货物施行了救助，环境的因素即为确定救助报酬的因素之一，大于救助报酬的特别补偿部分则是专门针对环境污损的。将环境污损作为海难救助的间接标的是海难救助制度的新发展。鉴于油轮对海域造成的污染日趋严重，而对油轮的救助并达到有效果的难度远远大于对一般船舶的救助，《1989年公约》专门规定了对涉及污染的船舶及船上财产的救助的特殊补偿条款。特别补偿的成立在要件上不要求一定有效果，它改变了在救助报酬上采用的“无效

---

① *The Medinn* (1876) 2 P. D. 5.

② *Lambros Seaplane Base, Inc. v. The Batory* 215 F. 2d 228 (2d Cir 1954). *Lykes Bros. S. S. Co. v. The Flying Boat* N–31235 1957 A. M. C. 1957–60.

③ *Watson v. R. C. A. Victory Co.* Lloyd’s List L. R. 77.

果，无报酬”的原则，而采用的是“无效果，仍给予一定补偿”的原则。我国《海商法》吸收了在海难救助上的最新发展，规定当救助人对构成环境污染损害的船舶或船上的财产进行救助时，不论该项救助是否有效果，均可以获得特别补偿。我国《海商法》对“环境损害”并没有具体的定义，参照《1989年公约》对“环境损害”的定义，环境损害指由于污染、沾污、火灾、爆炸或类似的重大事故对人类健康，对沿海、内水或其毗连区中的海洋生物、海洋资源所造成的重大的有形损害。

关于法律认可的救助标的，我国《海商法》第173条专门排除了已经就位的从事海底矿物资源的勘探、开发或者生产的固定式、浮动式平台和移动式近海钻井装置。此条规定是参照《1989年公约》规定的，主要考虑的是已就位的钻井平台的救助风险较大，要求的技术较高，不是一般的船舶所能承担的，因而将其排除在海难救助的标的之外，以便对其进行专门的规定，由专门的救助队伍来承担对平台的救助。

二、存在海上危险

存在海上危险是构成海难救助的要件之一，至于什么危险是海难救助的危险，各国海商法一般都没有明确的规定。少数国家采用了列举的方式列明海上危险的具体形式，例如，英国海事法即列举了26种海上危险，诸如碰撞后船舶有沉没的危险、船舶搁浅、火灾等。多数国家则是依海商法规定中的有关原则来判断何为海上危险。一般来说，海上危险应具备下列三个特征：

第一，海上危险在地理位置上应发生在海上或与海相通的水域。海难救助是海商法的特殊制度，是专门针对海上风险的，依我国《海商法》第171条的规定，海难救助是指救助人在海上或与海相通的可航水域对遇险的船舶和其他财产进行的救助。如果船舶在修理时在造船厂内发生了危险，即使进行了施救行为，也不构成海难救助，施救人不能请求救助报酬。

第二，海上的危险从危险的程度上来讲应为船员无法自救的危险。船舶发生碰撞、搁浅、触礁、火灾等危险时，船员无法以自己的力量或利用船舶上的物件来解除其面临的危险。关于如何判断危险的存在，有两种主张：第一种观点认为，应以主观标准来确定危险的存在，只要船员不拒绝接受救助，即可认为危险已存在。主观的判断实际上主要来自船长，船长如以适当的注意认为船舶需要第三方的救助时，可能会与他方签订救助合同或发出求救信号，在这种情况下，一般可以认为存在海上危险。但船长的主观判断有时是错误的：一方面危险可能并不严重，而船长却认为应当请求他人的救援；另一方面，危险确实存在，船长却误认为该危险并不影响船货的安全而拒绝他人的救助。第二种观点认为，在对危险的判断上，并非完全依赖船长的判断，还须通过各种客观的证据来进行客观的认定。

第三，一方面临危险。只要船舶、货物、船舶附属品等一方面临危险，就可以确定危险的存在，而无需像共同海损一样要求危险必须是共同的。

三、救助必须是自愿的行为

海难救助必须是救助人自愿的行为，如果其救助是基于某种义务或法律上的要求，则不能认为其救助行为是一种自愿的行为，不能依海难救助制度请求救助报酬。对于救助人来说，救助必须是自愿的，不愿意施救的可以不救，不必承担任何责任；愿意救的，救助有效果即可以获得救助报酬。非自愿的救助指依法律或合同义务进行的救助，在这种情况下实施的救助不能请求救助报酬，如不进行救助，则可能承担法律上或合同上的责任。我国《海商法》第186条明文规定，正常履行拖航合同或者其他服务合同的义务进行救助的，无权获得救助报酬。

下列的救助属于缺乏自愿要件的救助，多数不能请求救助报酬，但其中也有例外的情况。

（一）依合同进行的救助

依合同进行的救助可以概括为下列几种情况：

1. 依船员雇用合同进行的救助。船员对船舶及船舶的航行负有注意及维持安全的责任，在船舶遇难时，船员依船员雇用合同对本船有救助的义务，因而不发生救助报酬的请求权。船员只有在其行为已超出了雇用合同的范围或雇用合同已终止的情况下，才有救助报酬的请求权。我国《海商法》第186条的但书亦规定，只要提供了不属于履行合同义务的特殊劳务的，仍然可以请求救助报酬。在弃船的情况下，一般可视为船员雇用合同已经终止，此时，船员对船舶再实施救助就不属于合同义务的救助，而具有自愿的因素，可以请求救助报酬。弃船一般是由船长来宣布的，弃船令的发出如果是不合理的，也不能导致雇用合同的终止。此外，弃船还必须是终局的，临时的弃船亦不能导致雇用合同的终止。

2. 引航员对船舶的救助。安全地引领船舶进出港是引航员的义务，因此，当船舶因引航员的领航而安全入港时，引航员除了引航费以外，不得请求救助报酬。但如果引航员的行为超出了其职务范围，而确属对船舶的救助行为的，则不在此限。

3. 拖船对被拖船的救助。拖船在拖带作业中对被拖船的安全负有应尽的责任，拖船对被拖船的救助行为只有在超出了拖带合同规定的作业范围时才能请求救助报酬。例如，依拖带作业的实务，当遇到恶劣天气时，可以暂时松脱开被拖物让其任意漂流，待天气好转时再继续进行拖带，这种解脱与系脱的操作属于正常的拖带作业，不能请求救助报酬。而如被拖船在拖航过程中失火，拖船在救火过程中作出了极大的努力，则可以请求救助报酬。

4. 姊妹船之间的救助。关于姊妹船之间的救助是否可以请求救助报酬，有两种主张。一种认为，姊妹船同属于一个船舶所有人所有，船员对雇主的另一船的救助亦属于合同内的义务，因而缺乏自愿的特征，不能请求救助报酬。另一种占主流的意见则认为，船员只对本船的安全负有责任，对于他船，即使由同一所有人所有仍没有维护其安全的责任，此时船员所付出的劳务已超越了其与船舶所有人之间的雇用合同的内容，因此，对姊妹船的救助仍然属于自愿的行为，可以请求救助报酬，船员因此产生的合法权益应当受到保护。再者，两船虽属姊妹船，但船上所载的货物分别属于不同的货主，获救的船舶及货物最后分担的救助报酬实际上也是由各自的保险人承担的，因此，姊妹船之间的救助不但应当给付救助报酬，而且有必要进行此等给付。

5. 旅客对船舶的救助。旅客与船方之间签订的是旅客运输合同，依此类合同，旅客在航行中有服从船长命令的义务，但此种服从的义务仅限于维持船上秩序的范围，旅客对船舶、船上的货物并不负有任何维持安全的义务。但由于旅客是船舶共同集体的一分子，旅客与船舶有十分密切的关系，在英美法中，依同舟共济的原则，旅客救助船舶就等于是在救助其自身，因此，旅客对其所乘之船的救助属于自救的行为，不能请求救助报酬。但如果旅客在被送往他船可逃至岸上脱离险境后又对遇难的船舶进行救助的，即可认为是一种自愿的救助，可以请求救助报酬。[①]另一方面，旅客如在救助本船的过程中作出了非常的贡献，也可以请求救助报酬。在美国著名的“大东”轮一案[②]中，船舵被大浪打掉，旅客中有一位机械师杜威尔先生自告奋勇为船舶造了个临时的舵。杜威尔先生以24小时的努力，在船尾攀上攀下，想尽办法成功地设计装置了临时舵机，使船舶脱险。法院认为该旅客所进行的工作是超乎寻常的，判“大东”轮船舶所有人给付该旅客救助报酬15 000美元。此案是美国有关船舶所有人应向作出突出贡献的

① *The Connemara*, 168 U. S. 352, 27L, Ed. 751 (1883).

② *Towle. v. The Great Eastern,* 24 Fed, Cas, 75, Case No. 14, 110 (S. D. N. Y. 1864).

旅客支付救助报酬的先例。

（二）根据法律进行的救助

1. 公务人员的救助。公务人员如海军、海上防卫队、港区的救火人员等的救助属于依法律规定进行的救助，对遇险的船舶、人员及财产实施救助是他们的职责，因而缺乏自愿的因素，不能请求救助报酬。但也有英美的判例判当海军的救助行为在超出其职责范围时承认其有救助报酬的请求权。在*United States v. The Amistad*案中，被救助船的船长被人所杀，船舶被人劫走，后一名美国海军军员将该船从劫匪手中夺回，并将其安全驶回安全港。法院认为，该海军军员使船舶得以保全的英勇行为使其得请求救助报酬。[①]在该案以后的有关海军救助报酬的案例中，有些承认了海军的报酬请求，而另一些案例则否定了海军的该项权利，有鉴于此，美国国会于1948年通过授权法案，授权海军部长得斟酌决定海军部有关救助报酬的请求。自此，海军亦成为海难救助的主体，可以请求救助报酬。

2. 对人命的救助。关于对人命的救助是否可以请求救助报酬的问题是有争议的。持否定态度的观点认为：一方面，对人命的救助是出于道德的考虑，自中世纪以来，船长对海上遇难的人命应予以救助已成为惯例，人命救助是出自人性的人类道德的表现，被救助人基于感激可以给予救助人以奖赏，但法院无权令被救助人给付救助人报酬。另一方面，救助报酬是依财产的价值来计算的，而人命是无价的。在对人命的救助中并无财产可供致酬，所以救助报酬请求权也因无所附属而不能存在。[②]早期的英美判例均对人命救助请求救助报酬持否定态度。《国际救助公约》《海上人命安全公约》及各国的国内法均规定对人命的救助是船长的责任和义务，规定在不危及本船的船舶、船员、旅客的条件下，船长应尽力救助他人的人命，违者将受到刑罚的处罚。例如，美国海难救助法规定，船长或主持船舶的人发现海上人命濒于危险时，应在不危及本船、船员或旅客的范围内进行救助，违者处1 000元以下罚金或2年以下有期徒刑或并处之。可见对人命的救助是强制性的，缺乏自愿的因素。

---

① *United States v. the Amistad* 40, U. S. (15 Pet) 518, 10L, Ed, 826 (1841).

② Herbert R. Bare, *Admiralty Law of the Supreme Court,* 3rd ed., 1979, pp 591–592.

The reasons for not allowing **life salvage** awards in the absence of salvage of vessel, cargo, and accessories are twofold. First, it is felt that there is a moral duty to aid those in danger at sea. Second, it is said that the ship owner is unduly burdened when he must pay salvage even though none of his property was recovered.①

上述讨论的主要是救助人一方的自愿问题，在被救助人一方，也有自愿的问题，主要表现在被救助人有请求救助和禁止救助的权利。在请求救助上，当遇难船发出求救信号时，如果来了几个救助人，被救助人有选择由谁来实施救助的自由。被救助人禁止救助的权利可以在救助作业开始前行使，也可以在救助作业开始后行使。但此项禁止救助的权利的行使是有限制的，如果不加限制，可能会出现被救助人在救助快成功时禁止救助，致使救助无效果，依“无效果，无报酬”的原则，也就不必支付救助报酬。此项限制就表现在，禁止救助的意思表示必须明确、合理。依我国《海商法》第186条第2款的规定，不顾遇险的船舶的船长、船舶所有人或者其他财产所有人明确的和合理的拒绝，仍然进行救助的，无权获得救助报酬。如果被救助人没有明确禁止救助，即表明是一种默示的同意，即使双方没有签订救助合同，救助人仍有救助报酬的请求权，因为这属于纯救助的形式。

四、救助要有效果

救助有效果是“无效果，无报酬”海难救助成立的要件之一，无救助合同的纯救助只有在救助有效果时，救助方与被救助方才真正形成了债权与债务的关系。而依救助合同进行的救助在救助有效果之前只涉及合同履行上的问题，只有在救助成功后，才涉及救助报酬的请求权问题。反之，如果救助人未能保全船舶或其他财产，即使救助人付出了极大的努力，花费了巨大的费用，仍不能请求救助报酬。救助有效果是一个相对的概念，只要船舶或其他财产相对安全了就可认定为有效果，当救助标的又由于另一海难而灭失时，并不影响海难救助关系的成立。我国《海商法》也采用了“无效果，无报酬”的原则，该法第179条规定，救助方对遇险的船舶和其他财产的救助，取得效果的，有权获得救助报酬。对于船舶来说，传统而言，一般须将

① David W. Brown, Compensation for Life Salvage at Sea, *HeinOnline —2 Hastings L. J. 55*, 1950–1951.

船舶驶进安全港，方可认为救助完成并且有效果。近年随着油轮救助的出现，遇难的油轮即使脱离了险境也很难被沿岸国的港口所接受，所以现在已不再要求被救船舶必须驶入安全港才算救助成功，只要驶入一安全地点，被救助人就应接受被救标的。另一方面，随着近代油污问题的日趋严重，油污渐渐成为救助的标的，为了鼓励对油污的救助，国际的立法和一些国内的立法均已在油污救助方面改变了传统的做法，救助有效果在油污救助的补偿上已不是必须具备的要件了。

在救助行为与救助效果的因果关系上，海难救助法律关系的成立要求两者应当存在因果关系，但不一定是直接的因果关系，如果第一个救助行为使后来的救助成功或间接地导致救助的最后成功，仍可以认为救助有效果，可以请求救助报酬。但如果救助人在实施救助后因无效果而放弃了救助，此后又由他人进行救助并取得了效果，则前一个救助人不能请求救助报酬。因为前者的放弃已使难船重新处于危险之中，其救助行为与后面的效果之间也无因果关系可言了。

上述四个要件满足以后，救助人就享有了救助报酬的请求权。但在某些情况下，尽管已符合了上述四个要件，海难救助关系也已经成立了，救助人仍有可能丧失救助报酬的请求权。例如，依我国《海商法》第187条的规定，由于救助方的过失致使救助作业成为必需或者更加困难的，或者救助方有欺诈或者其他不诚实行为的，应当取消或者减少向救助方支付的救助款项。

【案例】“南宝石”轮无效果无报酬救助争议案①

“南宝石”轮案是关于无效果无报酬救助的纠纷案。本案被告人亚公司（People Asia Corp.）所属巴拿马籍“南宝石”货轮（M / V Southern Opal）装载本案另一被告大资源投资公司（Grang Source Investment. Ltd，以下简称“大资源公司”）所有的散装瓷土6 916.6吨，从湛江开往基隆，1994年6月7日途经上川岛附近海域时遭遇海难。当日19:48，广州海上救助打捞局（以下简称“救捞局”）接广东省搜救中心电示前往救助。人亚公司表示，如难船处于直接危险状况下，同意以无效果无报酬方式救助。后难船被拖到沙角锚地，难船上20名人员成功获救。6月21日，救捞局致函人亚公司的代理人通航运有限公司，要求被救助方提供救捞局认可的100万美元的银行担保。6月24日，救捞局告知难船预计6月24日12:00可拖抵沙角锚地，请被救助方速安排人员上船接管，在被救助方未接管前，救捞局拟派交通船一艘、船员8名及部分设备对难船进行看守，每日看守费用

① 参见中国海事审判网站，https://cmt.court.gov.cn。

1 069美元，直至被救助方派员接管为止，要求被救助方予以确认。

6月30日，救助局向海事法院申请扣押“南宝石”轮。7月4日，海事法院裁定扣押“南宝石”轮，责令人亚公司提供100万美元担保。7月5日，救捞局向海事法院申请强制变卖船舶及船上货物。8月22日，大资源公司正式宣告放弃船载货物。9月18日，海事法院裁定准许救捞局的变卖船舶申请，救捞局垫付拍卖费15万元。9月23日，“南宝石”轮经拍卖，以41万美元被珠海经济特区长源船务企业有限公司购得。10月5日，海事法院收到全部船款。10月8日15：30，救捞局将“南宝石”轮交给买方。自1994年6月26日起至10月8日，救捞局看管难船共105天，总费用112 245美元。

广东海事法院认为：救捞局与人亚公司和大资源公司之间的救助合同成立，当事各方均应依约行使权利、履行义务。救捞局经合理救助作业，最终将船、货拖至安全地点，有权获得救助报酬。由于确定救助报酬时已考虑救助方在救助人命方面的技能和努力，因此，救捞局在计算船舶和其他财产的救助报酬之外，另行主张计收人命救助报酬，不予支持。依《海商法》第180条第1款规定的确定救助报酬10项因素及交通部的有关规定，广东海事法院认为本次救助作业的救助报酬本应定为688 609.2美元，但依《海商法》第180条第2款的规定，救助报酬不得超过船舶和其他财产的获救价值，故本次救助作业的救助报酬依法确定为246 673.82美元。大资源公司作为货主，其只需按照货物获救价值占全部获救价值的比例分担救助报酬，不负连带责任，因船载货物获救价值经评估为零，故其无需承担救助报酬。因此，本次的救助获救价值应作为救助报酬由人亚公司全部付给救捞局。判决由人亚公司支付救捞局救助报酬246 673.82美元。从拍卖价款中划出112 245美元作为看管难船费用支付给船舶保管人救捞局。判决后当事人均未上诉。

第三节　海难救助合同

纯救助以外的海难救助均须订立海难救助合同，海难救助合同主要分为雇用救助和“无效果，无报酬”的救助两种合同形式。雇用救助合同指救助人与被救助人约定由救助人对遇险的船舶或其他财产进行救助，由被救助人依救助人所付出的人力及设备等支付一定救助费用的协议。依此种救助合同，无论救助人的救助是否成功，被救助人均须支付约定的救助费用，由于救助人收取救助费用的风险小于“无效果，无报酬”的救助，所以雇用救助所能获得的救助费用也远远低于“无效果，无报酬”救助所取得的救助报酬。雇用救助的作业指挥权一般在被救助一方。此种救助方式主要用于海难或意外事故发生在离港口不远的地点，所需要的救助也只是拖带服务，且救助成功的可能性较大的情况。严格地说，雇用救助并不是海商法中的海难救助，雇用救助合同的标的是一般的劳务服务，救助费用所依据的是救助人所提供的人力、物力及所耗费的时间，因此，有关的法律问题主要是依民法中关于劳务合同的规定。本节所探讨的主要是“无效果，无报酬”的救助合同。

一、“无效果，无报酬”救助合同的特点

第一，具有射幸合同的某些特点。“无效果，无报酬”的救助合同具有射幸合同的某些特点，其救助报酬的取得只是一种可能性，合同双方有关救助报酬债权债务关系的真正形成也是在救助有效果之后，而不是在合同订立时。

第二，主要由代理人签订。“无效果，无报酬”救助合同主要由救助人与被救助人的代理人签订。在被救助人一方，由遇难船的船长代表难船船舶所有人及船上所载货物的货主。在救助人一方，则是由救助船的船长代表救助船的船舶所有人。由船长作为代理人签订救助合同的原因就是海难往往发生在海上，而船舶所有人不能亲临船舶办理任何事宜，货主除了在押运的情况下，也不可能出现在航行中的船上。

第三，非完全意思自治。“无效果，无报酬”的救助合同并不是一种由当事人完全意思自治的合同。一方面，由于救助合同往往是在情况危急的条件下订立的，双方一般没有充分的时间公平地对合同的条款进行协商；另一方面，作为救助合同重要内容的救助款额往往取决于多种因素，订立合同时的判断有可能与实际救助时的状况不一致，出现明显高于或低于合同约定的款额的情况。为了防止合同条件的不公平给当事人带来的不利，法律一般均对此类合同进行一定的干预，规定可以通过仲裁或司法对救助合同的内容进行变更。例如，我国《海商法》第176条规定，有下列情形之一，经一方当事人起诉或者双方当事人协议仲裁的，受理争议的法院或者仲裁机构可以判决或者裁决变更救助合同：（1）合同在不正当的或者危险情况的影响下订立，合同条款显失公平的；（2）根据合同支付的救助款项明显过高或者过低于实际提供的救助服务的。

二、“无效果，无报酬”救助合同的订立

依我国《海商法》第175条的规定，救助方与被救助方就海难救助达成协议，救助合同成立。我国《海商法》并没有规定海难救助合同必须采用书面的形式。依海难救助制度的惯例及各国的立法和司法实践，尽管海难救助多采用劳氏救助合同格式，但海难救助合同实际上属于不要式的诺成合同，只要救助方与被救助方双方意思表示一致，合同即告成立，而不论合同是以书面形式还是以口头形式订立的。实际上目前的海难救助多数采用的是劳氏1990年救助合同标准格式，中国贸促会也有自己的标准救助合同格式，其内容与劳氏救助合同没有本质的区别。

如前所述，被救助船的船长是作为船舶所有人、船上所载货物的货主以及在租船中运费的代理人签订救助合同的。然而，在过去的判例中，船长并非当然具有此项代理权，在有的情况下，船长签订的救助合同并不能得到船舶所有人或货主的承认。在英美法中采用的船长是否为“必需的代理人”（agent by necessity）来确定由其订立的救助合同的效力。但何为“必需的代理人”在案例中有不同的解释。在1977年*The Unique Marine*[①]案中，法院认为，船舶在船籍港外遇险，船长即成了“必需的代理人”，其签订的合同对船舶所有人应当有约束力。在该案中船舶遭遇了搁浅的意外事故，船长立即电告航运公司，公司马上派拖轮前往救助，但由于当时附近的一艘拖轮较早抵达，于是船长马上与其签订了劳氏救助合同。当公司的拖轮到达时，船长又将已签订了救助合同的前拖轮赶走，拒绝其实施救助。前拖轮向法院起诉指控难船毁约。被告则以船长没有权签订劳氏救助合同为由进行抗辩。法院认为，船长在这种情况下是“必需的代理人”，完全有权签订救助合同，而且该合同对船舶所有人有约束力。而在另一个美国*Metal Co. Lt d. v. M/V Belleville*[②]案中，船舶在离目的港不远的地方搁浅，船长发电征求船舶所有人的意见后签订了劳氏救助合同并对船舶进行了救助。法庭认为，既然在目的港不远的地方出事，又知道各收货人的详细地址，又有充裕的时间与货主联络，理应设法联系各收货人征求收货人的同意后再代表他们签订救助合同。所以，船长在这种情况下对货主来说不是“必需的代理人”，其签订的救助合同对收货人无约束力。此案一出，便招致多方批评，认为这样无疑将妨

① *The Unique Marine* [1978]1 Lloyd’s Rep. 438.

② *Metal Co. Lt d. v. M/V Belleville* 284F, Supp, 1002, 1970, A. M. C. 633 (S. D. N. Y. 1968).

碍船长在危急时迅速作出果断的决定。

尽管有案例明确了船长签订的救助合同对船舶所有人有约束力，但由于法律上并没有明文赋予船长该项权利，因此，在实践中常常出现船长为了等待船舶所有人的同意而延误救助的情况。例如，在1982年的*The Union Star*案中，该轮在英国海岸对开的海面上发生故障，由于船长坚持要征得船舶所有人的同意而迟迟不签救助合同，结果最后船舶搁浅，5人失踪。为此，《1989年公约》明确规定了船长有签订救助合同的权利。我国《海商法》第175条第2款也作了相同的规定，即遇险船舶的船长有权代表船舶所有人订立救助合同。遇险船舶的船长或者船舶所有人有权代表船上财产所有人订立救助合同。该条规定实际上赋予了船长在不征询委托人（船舶所有人和货物所有人）同意的情况下签订救助合同的权利。

三、“无效果，无报酬”救助合同格式及其内容

救助一般发生在情事比较紧急的情况下，为了避免救助人与被救助人为了救助报酬、双方的权利义务、争议的解决等问题争论不休而延误救助，给双方带来不应有的经济损失，各国的有关航运组织均制有自己的救助合同格式，其中使用最为广泛的是英国的劳氏救助合同格式（Lloyd's Open Form，简称LOF）。劳氏救助合同格式最初是由于英国律师威廉·威尔敦（Willian Walton）于1891年设计的。为了适应海难救助制度发展的需要，该合同格式曾先后于1924年、1926年、1953年、1967年、1972年、1980年、1990年、1995年、2000年、2011年和2020年进行了多次的修改。多次的修改使古老的劳氏救助合同紧跟现代海难救助制度的发展，尽管新的劳氏救助合同格式仍然存在一些不完善的地方，但它仍在国际救助中得到了最广泛的采用，是最具权威性的救助标准合同格式，有人甚至认为其已取得了“准公约”的地位。

（一）LOF 1972和LOF 1980

LOF 1972主要涉及下列内容：（1）船长的权利。规定船长有权代表船舶所有人及货主与代表救助方的救助船船长签订救助合同。（2）救助报酬。合同采用“无效果，无报酬”的原则，救助有效果，则收取若干救助报酬。双方如认为救助报酬过高或过低的，均可以要求更改。双方协商不成发生纠纷的，可通过劳合社仲裁解决。（3）救助费担保。救助结束后，救助方应在48小时内通知劳合社收取担保。担保方式由劳合社决定。在收取担保以前，救助人对获救财产享有留置权。

为了适应油轮救助的需要，1980年对LOF进行了修改，LOF 1980的修改主要表现在：

1.“安全网”条款。为了解决油轮救助的问题，作为传统的“无效果，无报酬”原则的例外，在油轮救助上采用了“安全网”条款。规定对油轮的救助，即使没有成功或部分成功，油轮所有人都应支付为此发生的合理费用，并在实际开支外另加15%的附加费。“费用”指救助人实际付出的开支、在救助作业中所用拖船、船艇、人员及其他设备的合理收费等。如果救助失败或部分失败是由于救助人、救助人的雇员或其代理人的“过失”造成的，则救助人无权要求油轮船舶所有人支付合理的费用和不超过该项费用15%的附加费。何为“过失”得由仲裁员依英国法律作出裁定。“安全网”条款仅适用于装有油类货物的油轮的救助，而不适用于有溢漏危险的仅载有燃料油的船舶的救助。

The final incorporation into LOF 90 by way of clause 2 is Article14 of the Convention, "**Special Compensation**". It is Article 14 which widens the safety net provisions which were first introduced into Clause 1 (a) of LOF 80.①

2. 获救财产的送达地点。在油轮救助中，油轮即使获救，也常常由于沿岸国担心遭受污染而拒绝接纳，这样，就使油轮救助人不能将油轮送到安全港口。LOF 1980规定，在救助人和被救助人关于获救财产的送达地点达不成协议时，只要救助人把获救财产送达某一安全地点，被救助人就应尽快地接收获救财产。

3. 救助报酬的担保及担保金额。救助人在救助作业结束后应立即或在适当情况下尽早将需要提供的担保金额（包括费用、开支和利息）通知劳合社委员会和财产所有人。在收取救助报酬以前，救助人对其所救财产享有海上留置权，但只要船舶所有人同意为船舶提供担保，并尽一切努力确保货物受益方也向救助人提供担保，则救助人应保证在14天内不扣船。担保的具体金额一般由救助人确定后通知船方和货方。如船方和货方认为担保金额过大，可提请仲裁员仲裁。

4. 准许救助人申请临时裁决书。依旧的劳氏救助合同，在救助报酬的确定上只承认最终裁决的效力，这样，只要双方在某一问题上仍有争议，最终裁决书就可能拖一段时间才能作出。

① Michael Allen, The International Convention on Salvage and LOF 1990, HeinOnline—22 *J. Mar. L. & Com.* 119 (1991).

准许申请临时裁决书，可以使救助人尽早收取救助费用。

5. 保证支付的执行。依格式合同有关支付的规定：第一，劳合社委员会在宣布裁决或临时裁决之日后14天未收到上诉通知的，应当要求有关当事人支付裁决金额。但是，如果最终裁决的金额少于临时裁决的，救助人应将其差额还给有关的当事人。第二，如该委员会收到了上诉通知，应当在宣布上诉裁决时立即要求有关当事人支付裁决金额。如果不支付，可实现或执行担保。并依照上诉裁决的规定，从所得中将裁决金额和应得的利息付给救助人。第三，如果仲裁裁决、临时裁决或上诉裁决规定，仲裁或上诉仲裁的费用或部分费用由救助人负担，除非救助人为支付该项费用提供了满意的担保，否则该委员会可从裁决金额中减除费用额。第四，如果救助人与被救助人就获救财产当事人应支付给救助人一定数额作为救助报酬、利息和费用达成协议，但没有支付，该委员会有权实现执行担保，并从所得中将各当事人同意的数额付给救助人。

（二）LOF 1990和LOF 1995的修改

1. LOF 1990的修改。LOF 1980是一个较为成熟的格式合同，因此，LOF 1990并没有对其进行实质性的修改，主要是在结构上做了改动，使结构更加合理。在内容上，LOF 1990增加了有关保证金及利息的内容，进一步保证了救助人的利益。例如，规定救助人获取保证金的权利同样受仲裁的保护；增加了有关计算利息内容，将救助结束日至劳合社公会宣布救助报酬日之间的时间也规定为计算利息的时间，减少了救助人的利息损失。LOF 1990还删除了一些内容，这些内容主要是原合同中有关英国法律规定的特殊情况。随着国际海上救助制度的发展，各国的法律法规逐渐接近，冲突越来越少，这些规定也由于多余而显得没有必要。

2. LOF 1995的修改。LOF 1995修改的内容主要包括：（1）将《1989年公约》有关特别补偿的内容全部纳入了合同条款。LOF 1990只纳入了部分条款。（2）关于特别补偿的保证金，LOF 1995规定只要救助人提出或可以提出特别补偿要求，且救助人在救助结束后的2年内提出要求特别补偿保证金时，则船舶所有人即应提供保证金。（3）扩大了救助人留置权行使的范围，规定救助人在允许获救财产为商业利益而离开安全地点继续航行时也受到进一步的保护，该规定使救助人的留置权延续至继续航行以利于救助人获取保证金。此项保护的目的是为了在提供“临时保证金”后，鼓励救助人在一些适当情况下允许船舶继续运营。此项修改对班轮具有重要的意义。此外，LOF 1995还在结构上对旧的格式进行了一定的调整。

（三）LOF 2000的修改及SCOPIC条款

虽然《1989年公约》有关特别补贴的内容已纳入LOF 1990及LOF 1995，但在公约第13条"救助报酬"及第14条"特别补偿"的具体操作过程中，产生了许多问题。例如，在确定是否存在"环境损害威胁"方面引起许多争议，以至于救助人真正获得特别补偿并不容易。为了救助方、互保协会等各方的利益，需要创立一个能促使救助方尽快完成救助作业（无论对环境是否构成损害危险），且保证救助方能因此获得补偿的简化机制。[①]因此，国际救助联盟、国际船东互保协会集团、财产保险人和国际航运公会四方代表制定了"船东互保协会特别补偿条款"（Special Compensation of Protection & Indemnity Club Clause，以下简称"SCOPIC条款"）。该条款是规定船东互保协会应如何支付救助人SCOPIC酬金的条款。为了实现该条款，各方选中了以LOF作为媒介，LOF 2000最大的修改就是将该条款并入LOF。SCOPIC条款是Lloyd's格式救助合同"No Cure，No Pay"（主合同）的补充。该条款主要包括下列内容：

1. 条款的启用。SCOPIC条款是劳氏格式救助合同的补充。LOF为主合同，如SCOPIC条款与主合同或所适用的规定不同，则SCOPIC条款一旦启用，它将优先于其他规定。依《1989年公约》第14条确定特别补偿的方法将被确定SCOPIC酬金的方法所替代。第2条涉及SCOPIC条款的启用，规定救助人有权选择在任何时候书面通知船东启用SCOPIC条款。SCOPIC条款一旦启用，船东可选择派一名船东事故代表（Shipowner's Casualty Representative，SCR）到救助现场。SCOPIC酬金自书面通知交给船东时起算。

2. SCOPIC酬金的担保。在收到启用SCOPIC条款的书面通知后2个工作日内，船东应向救助人提供300万美元的银行担保或船东互保协会的担保函作为初步担保。如果船东未在2个工作日内提供初步担保，救助人有权选择书面通知船东撤回SCOPIC条款，并恢复其在主合同包括第14条项下的权利，如同SCOPIC条款不存在一样。

3. 第13条的救助报酬。第13条指《1989年公约》第13条有关救助报酬的规定。依SCOPIC条款，即使救助人启用了SCOPIC条款，依主合同提供的救助服务应继续按第13条确定，只有依SCOPIC条款第5条确定的SCOPIC酬金超过公约第13条的救助报酬时，超过部分才应由船东支付。

---

① 王大荣、韩文浩、邓丽娟译：《船东互保协会特别补偿条款（SCOPIC）——劳合社救助合同标准格式（LOF）修正案》，载《中国海商法年刊》（2000），第400页。

4. 超过SCOPIC酬金的扣减。如启用了SCOPIC条款，依主合同确定的救助报酬或协商解决的金额超过SCOPIC酬金，则从救助报酬或协商解决的金额中，应扣减两者差额的25%。超过公约第13条救助报酬的SCOPIC酬金不是共同海损费用，应由船东自付（实为互保协会承担），并且不能向船舶保险人索赔。

5. 终止SCOPIC条款。规定在下列情况下可终止SCOPIC条款：（1）救助人有权书面通知船东终止按SCOPIC条款和主合同提供的服务；（2）SCOPIC条款依第2条启用后，只要提前5天明确通知救助人，船东在任何时候都可以终止支付SCOPIC酬金的义务。

（四）LOF 2011的修改及LSSA 2011条款的修改

LOF 2011沿袭了之前版本中确立的两个基本原则：一是“无效果，无报酬”原则；二是为反映所救助的价值并给予相应的高报酬，支付水平由仲裁员在救助后决定。① LOF 2011在文本结构上与LOF 2000相同，共有三个部分。第一部分以表格的形式提供给当事方填写救助合同中的基本信息；第二部分为核心条款，涉及救助方应尽最大努力施救义务、特别补偿的获得、被救助方的主要义务、协议的终止和履行以及船长的代理权等内容；第三部分为重要通知事项。②

1. LOF 2011的修改

（1）在重要通知事项（Important Notice）中新增了第3条“裁决”（Awards），即劳氏委员会有权将仲裁裁决、上诉裁决及裁决理由发布于网站（www.lloydsagency.com），但要符合LSSA条款第12条所规定的条件。③ 这一规定改变了传统LOF仲裁的保密性，劳合社公布仲裁裁决的目的是使伦敦救助仲裁更加透明，从而更容易为救助人和财产承保人所接受。④

---

① David McInnes and Tomas Ling, “The New Lloyd’s Open Form 2011”, Available at https://www.mondaq.com/uk/commercial/134770/the-new-lloyds-open-form-2011.

② 王晓怡：《〈劳氏海难救助协议标准格式（2011版）〉评述——兼谈〈中国海事仲裁委员会（1994）救助合同标准格式〉》的修订，载《中国海商法研究》2020年第4期，第90页。

③ See LOF 2011 Important Notice Clause 3, Available at https://assets.lloyds.com/assets/pdf-archive-documents-agency-lof-2011/1/Agency_LOF_2011.pdf.

④ Simon Tatham and Alex Macinnes, “New Lloyd’s Open Form of Salvage Agreement issued”, Available at https://www.lexology.com/commentary/shipping-transport/international/wikborg-rein/new-lloyds-open-form-of-salvage-agreement-issued.

（2）在重要通知事项下新增第4条“向劳氏委员会报告”。根据该规定，救助方应于提供救助服务的14天之内，将相关救助作业情况通知劳氏委员会，并尽快将已签署的救助协议或真实有效的副本发送给劳氏委员会。增加此条款的目的旨在提高LOF程序的透明度，并允许LOF仲裁员审查这些协议的可执行性。①

2. LSSA 2011条款的修改

LOF 2011 I款并入了“劳氏标准救助和仲裁条款2011”（Lloyd’s Standard Salvage and Arbitration Clause 2011，简称LSSA 2011条款），该条款修改的主要内容包括：

（1）仲裁和上诉仲裁费用的担保。通常情况下，救助费用（包括劳合社仲裁员的费用）的担保是直接提供给救助方的。有人担心劳合社不接受或者被救助方没有提供上述担保，可能会导致不能支付仲裁费用的情况。因此，LSSA 2011条款新增了第6.6条和第10.8条，分别赋予仲裁员和上诉仲裁员要求其中一方或多方当事人为仲裁费用提供担保的权利。

（2）涉及集装箱船规定的修订。LSSA 2011条款新增了第13条、第14条和第15条，内容涉及集装箱船以及在此种情况下处理“无代表人的货物”（unrepresented cargo）所涉及的成本问题。目前大型集装箱船的打捞问题已经凸显，在救助大型集装箱船的实例中，可能导致同一船货物拥有数千名不同的货主。每个货主都有权参与仲裁程序，救助方对所有货主都负有单独的责任。在修订之前，为了使救助仲裁裁决对无代表方的货主有效，救助方必须就仲裁程序向每一个货主发出适当的通知。在救助集装箱船的情况下，实践中救助方通常会聘请海损理算人向每一个无代表人的货主进行通知，这一成本非常昂贵。但是，根据LSSA2011条款新增的第13条的规定，救助方可以通过提供担保的实体，通常是货物保险人，向那些无代表人的货主发出仲裁程序的有效通知。这将大大简化通知程序并降低所涉及的成本。另一突出问题涉及救助方与货主达成和解协议的情况，该问题在于，如果不经过无代表人的货主同意，救助方除了进行昂贵的救助仲裁程序获得裁决外，别无他选。新增加的LSSA 2011条款第14条规定，在获得仲裁员批准的情况下，救助方可以与货物价值75%的货主代表达成和解协议，以约束少数无代表人的货主，从而大大降低整个仲裁程序的成本。最后，LSSA 2011条款第15条规定，经仲裁员

① “Lloyd’s Open Form continues to adapt and change: LOF 2011”, Available at https://www.gard.no/web/updates/content/18100531/lloyds-open-form-continues-to-adapt-and-change-lof-2011.

批准，允许免除低价值货物的打捞责任。[①]

（五）LOF 2020的修改

目前，LOF的最新版本为LOF 2020，[②] 此版本最大的修改是将I款中并入的LSSA 2011条款替换为劳氏救助仲裁条款（Lloyd's Salvage Arbitration Clause，简称LSAC）。LSAC条款的内容是将LSSA 2011条款和劳合社程序规则（Lloyd's Procedural Rules）合并到一个文件中。该修改使一些不熟悉救助合同文本的被救助方更容易操作。此外，在"重要通知事项"第4条中，要求救助合同当事方不仅要将已经签署的救助协议或真实有效副本发送给劳氏委员会，若该协议中的条款有任何修改之处，也必须将副本及时提供给劳氏委员会。[③]

（六）中国适用的救助合同格式

中国在救助上采用的救助合同格式主要有《中国海事仲裁委员会（1994）标准格式》（以下简称"海仲合同"）和LOF 2000标准格式。LOF 2000标准格式并入SCOPIC条款及其附件A，但约定在中国海事仲裁委员会仲裁，适用中国法。海仲合同的主要内容如下：

1. 船长的代表权。明确船长得代表船舶所有人，船上货物的货主，运费所有人，燃料、物料和其他财产的所有人签订救助合同。

2. 救助报酬。依第5条，格式合同采用了"无效果，无报酬"原则，规定除涉及第9条的特别补偿外，救助方对本合同规定的救助标的进行救助，取得效果的，有权获得救助报酬；未取得效果的，无权获得救助报酬。合同第7条规定了确定救助报酬应考虑的因素，有关因素与我国《海商法》的规定基本相同。

3. 特别补偿。合同第9条主要涉及为保护环境而获得的特别补偿，以及特别补偿与救助报酬的关系。对构成环境污染损害危险的船舶或船上货物进行的救助，救助方依第7条规定所

---

① David McInnes and Tomas Ling, "The New Lloyd's Open Form 2011", Available at https://www.mondaq.com/uk/commercial/134770/the-new-lloyds-open-form-2011.

② LOF 2020, Available at https://assets.lloyds.com/assets/pdf-lloyds-open-form-lof-lof-2020/1/pdf-lloyds-open-form-lof-LOF-2020.pdf.

③ "LOF 2020–An Update to The World's Oldest and Most Commonly Used Salvage Contract", Available at https://www.hfw.com/downloads/001817-HFW-LOF-2020.pdf.

获得的救助报酬，少于依本条可得到的特别补偿的，救助方有权从船舶所有人处获得相当于救助费用的特别补偿。该条第2款又规定，保护环境有效果的，特别补偿可达到救助费用的30%，如仲裁庭认为适当，并考虑本合同第7条规定的各项因素，可以裁决进一步增加特别补偿，但在任何情况下，增加部分的总数额不得超过救助费用的100%。第4款规定：由于救助方的过失未能防止或减少环境污染损害的，可以全部或部分地剥夺救助方获得特别补偿的权利。关于特别补偿与救助报酬的关系，第3款规定：本条规定的全部特别补偿，只有超过救助方依本合同第7条规定能够获得的救助报酬时，方可支付，支付金额为特别补偿超过救助报酬的差额部分。

4. 保证金。合同第10条涉及保证金问题，规定为了保全救助方应得的救助报酬，在救助作业结束后，被救助方应依救助方的要求，在14个银行工作日内（法定节假日除外）提供满意的担保。船舶所有人及其雇用人、代理人应在获救的货物交还前，尽力使货物所有人对其应承担的救助报酬提供满意的担保。该条还规定，如被救助方未提供担保，未经救助方书面同意，不得将获救船舶和其他财产从救助作业完成后最初抵达的港口或地点移走，即救助方享有对被救财产的留置权。

5. 仲裁与法律适用。合同第15条规定，救助方和被救助方之间及签订本合同的各救助方及或各被救助方相互间依本合同发生的或与本合同有关的一切争议，均应提交中国海事仲裁委员会。关于适用的法律，除另有明确约定外，本合同和依本合同进行的仲裁适用中华人民共和国法律。

第四节　救助报酬的确定及分配

一、确定救助报酬应考虑的因素

救助报酬分为有约定的报酬和无约定的报酬两种情况。多数“无效果，无报酬”的救助合同一般并无有关救助报酬的规定，在这种情况下，救助报酬需在救助结束后，再由当事方协商确定，也可由仲裁或法院确定。有约定报酬的救助合同，由于救助合同是在危险的情况下签订的，公约及各国法律均规定，在所订的金额显失公平的情况下，可以提交仲裁或通过法院对其进行变更。

Justice Clifford, in The Blackwall,[①] laid down for all time the factors **which are considered** in fixing the amount of a salvage award. They are

1. The labor expended by the salvors in rendering the salvage service.
2. The promptitude, shill and energy displayed in rendering the service and saving the property.
3. The value of the property employed by the salvors in rendering the service, and the danger to which such property was exposed.
4. The risk incurred by the salvors in recuring the property from the impending peril.
5. The value of the property saved.
6. The degree of danger from which the property was rescued.[②]

我国《海商法》规定的确定救助报酬应考虑的因素与《1989年公约》的规定基本一致，依我国《海商法》第180条的规定，确定救助报酬，应当体现对救助作业的鼓励，并综合考虑下列各项因素：（1）船舶和其他财产的获救的价值；（2）救助方在防止或者减少环境污染损害方的技能和努力；（3）救助方的救助成效；（4）危险的性质和程度；（5）救助方在救助船舶、其他财产和人命方面的技能和努力；（6）救助方所用的时间、支出的费用和遭受的损失；（7）救助方或者救助设备所冒的责任风险和其他风险；（8）救助方提供服务的及时性；（9）用于救助作业的船舶和其他设备的可用性和使用情况；（10）救助设备的备用状况、效能和设备的价值。

关于上述第（1）项船舶和其他财产的获救价值，我国《海商法》第181条第1款规定："船舶和其他财产的获救价值，是指船舶和其他财产获救后的估计价值或者实际出卖的收入，扣除有关税款和海关、检疫、检验费用以及进行卸载、保管、估价、出卖而产生的费用后的价值。"该条第2款又规定，这里的"价值"不包括船员的获救的私人物品和旅客的获救的自带行李的价值。财产的获救价值高的，所能获得的报酬也相应提高。第（2）项环境方面的因素是有关海难救助的最新发展，由于我国海商法采用了《1989年公约》在环境救助方面所采用的"无效果，也给予补偿"的原则，因而救助方在防止或减少环境污染损害方面的技能和努力就成了应考虑的因素。人命救助虽然不能取得救助报酬，但在救助人命时的技能和努力却是救助报酬考虑的因素，这也是《1989年公约》的一项新发展。第（3）项救助方的救助成效是"无

① *The Blackwall* 77U. S. (10 Wall.) 1, 14 (1869).

② Joseph Bockrath, *The American Law of Life Salvage*, HeinOnline —7 J. Mar. L. & Com. 209 (1975–1976).

效果，无报酬”原则的体现，救助人只有真正使遇难的财产获救了，才能获得救助的报酬。第（4）项危险的性质和程度，例如，油轮失火的危险与一般船舶搁浅的危险相比，前者就比后者的性质和程度要严重得多，在考虑救助报酬时也应予以适当的提高。第（5）项和第（6）项应综合起来考虑，例如，救助人的救助技能高、努力大、所花的时间长、支出的费用大及所受的损失大等情形均是提高救助报酬要考虑的因素。技能高，所用的时间就会相应减短，损失也会减小。第（7）项所称的责任风险，如油污责任等，救助人所面临的风险责任越大，财产获救的价值可能越小，法规通过此项规定来鼓励救助人对风险大的遇难财产进行救助，以平衡救助人的利益。第（8）项救助方提供服务的及时性，提供服务越及时，救助的成效一般就越大，救助报酬也应越高。第（9）项及第（10）项主要针对的是专业救助人，专业救助人一般用于救助作业的船舶及设备的价值比一般救助人所用的要高，专业救助人随时处于备战状态下，其救助成本也相应提高，救助报酬也应有所增加。

二、救助报酬的分配

依《海商法》第180条第2款的规定，救助报酬不得超过船舶和其他财产的获救价值，即救助报酬再高，也不应高于被救财产的原价值。关于救助报酬占获救财产价值的比例，各国有不同的实践。早期一些国家曾采用“半数原则”（Moiety Rules），即救助报酬为获救财产价值的一半。随着近代遇难财产价值的提高，救助报酬达到获救财产价值的一半的情况已经很少见了。美国的案例很少有超过获救财产价值的20%。只有在少数案例中，法院考虑到救助方承受了非常的危险、发挥了非常的技术时，法院才判决给予超过获救价值20%的救助报酬。例如，在*The Shreveport*案[①]中，法院估计被救油轮在爆炸前的价值为15万美元，而判给救助人5万美元。在*Esso Greensboro*案[②]中，法院估计被救的获救财产的价值为100万美元，而给予救助人的人命救助报酬为4 000美元，财物救助报酬为215 000美元。纵观英美的判例，救助报酬占获救财产的比例一般情况下为获救财产的20%，在救助十分困难时，才有可能达到50%，有非凡之功时才可能达到60%，但这种情况很少见。

---

① *The Shreveport,* 42 F. 2d. 524, 1930 A. M. C. 1310 (E. D. S. C. 1930).

② *The Esso Shipping Co.* 122 F. Supp. 133, 1954 A. M. C. 734 (S. D. Tex 1954).

救助报酬的分配涉及该报酬在共同救助人之间的分配，及救助船船舶所有人、船长与船员之间的分配问题。共同救助指多个救助人参与海难救助的情况。在这种情况下，如合同中未约定救助报酬，则每个救助人均可单独按其应得比例向被救助人请求救助报酬。如有合同的约定，则可依合同的约定请求救助报酬。

救助报酬在救助船船舶所有人、船长与船员之间的分配一般依船旗国法。船舶所有人在实施救助时虽然不在现场，但船舶所有人提供了救助的船舶及设备，也为船长及船员参与救助提供了机会，因此，一般各国的法律均允许船舶所有人参与救助报酬的分配，而且，船舶所有人所占的比例还较大。

船舶所有人、船长与船员之间的分配比例依各国的情况可分为法定比例和法院审定的比例两种情况。前者指法律已明确规定了三者之间的分配比例，与法律规定的比例不同的约定均属无效。德国和日本采用法定比例。依日本海商法，船舶所有人取得救助报酬的2/3，船长和船员则各得1/6。由于这种确定救助报酬比例的方法过于呆板，有时导致不公平的现象，因此，常常受到批评。确定救助报酬的另一种情况是，在当事人没有特别约定的情况下，由法院来确定其比例。例如，英国的判例一般判船舶所有人占3/4，船员占1/4；美国的判例一般判船舶所有人占2/3，船员占1/3。

第五节　有关救助的国际公约

一、《1910年救助公约》

为了统一海上救助方面的法律，国际海事委员会草拟了海上船舶救助统一规则，在该规定草案的基础上，1910年在布鲁塞尔召开的第三次海洋法外交会议上通过了《1910年救助公约》。该公约体现了海上救助的法律与实践，得到了国际上的广泛承认。目前加入该公约的国家和地区有60个，我国未加入该公约。公约的主要内容如下：

（一）公约的适用范围

救助服务适用于海上航行，也适用于内河航行，但不适用于军用船舶或专门用于公务的政府船舶。对于非缔约方的利害关系人，每一缔约方可以在互惠的条件下，适用本公约。如所有利害关系人和受理案件的法院都属于同一个国家，则应适用该国国内法，而不适用公约。

（二）“无效果，无报酬”原则

公约第2条规定，救助行为有效果，则可获得公平的报酬；救助没有效果，无权要求任何报酬。在任何情况下，所支付报酬的金额都不得超过被救助财物的价值。

（三）救助报酬的请求权

公约第3条规定，经被救助船舶明白合理的拒绝仍参与救助工作的人，无权要求任何救助报酬。拖船对于被拖船或其货物的救助，无权要求救助报酬，但其所为之施救行为已超出拖带合同的，不在此限。属于同一船舶所有人的船舶之间的救助，也应给予报酬。

（四）救助报酬的确定

救助报酬金额根据当事人协议决定，协议不成，由法院决定。救助人之间分配报酬的比例，也同样处理。救助船舶的船舶所有人、船长和其他工作人员之间报酬的分配，依船旗国法办理。

（五）对协议的修改

为了保证救助协议的公平性，公约第7条规定，在危险威胁情况下订立的任何救助协议，经当事人一方请求，如法院认为协议的条件不公平，可以宣告该协议无效，或加以变更。此外，在任何情况下，如经证明当事人一方同意的事项，因有欺诈或隐瞒而归于无效，或所获报酬与救助功绩相比过多或过少，经有关利害关系人的请求，法院可以宣告协议无效，或将该协议加以变更。

（六）确定救助报酬金额的因素

公约第8条规定，在确定救助报酬时，应考虑下列因素，并由法院依具体情况决定：（1）救助获得效果的程度；（2）救助人的努力与劳绩；（3）被救助方面临危险的程度；（4）救助工作所用时间、所耗费用及所受损失；（5）救助人所冒责任上的风险和其他风险；（6）被救助财产的价值；（7）对人命的救助如果成功，救助方不应向获救人员索取救助报酬，但该规定并不影响国内法在这方面的规定。

（七）诉讼时效

规定救助报酬请求权的时效期间为2年，自救助行为终止之日起算。该时效可依受诉法院地法中止或间断。各缔约国有权以本国法规定，如在上述时效期间内，未能在原告住所或主要营业地所在国家领水内扣留获救船舶，应将上述时效延长。

二、《1989年国际救助公约》

《1910年公约》是海商法领域较成功的公约之一，但随着航运业的发展，特别是油污的问题日趋严重，《1910年公约》已不能适应新的要求，于是就产生了制订新公约的需要。1978年的“阿莫柯·卡迪兹”（Amoco Cadiz）案是产生新公约的直接原因。1978年3月16日，利比里亚籍巨型油轮“阿莫柯·卡迪兹”号因舵机失灵搁浅在法国西海岸布列塔尼附近的礁石上。当时，有一艘拖轮就在附近，可由于船长坚持要与远在纽约的船舶所有人联系，而没有及时签订救助合同，结果使救助作业延误，船舶断成两截，23万吨原油溢出，造成了历史上最大的一起油污事件。事故发生后，国际海事组织秘书处就该案所涉及的法律问题起草了报告，报告中涉及的问题主要有两个：一是船长签订救助合同的权力是否要明确写进公约中，船长在签订救助合同上的代理权在《1910年公约》中没有规定。上述“阿莫柯·卡迪兹”案正是由于船长怀疑其在这方面的代理权，而坚持与在纽约的船舶所有人联系，结果造成了历史上最大的油污事件。二是救助人救助油轮无效果，是否应给予报酬。传统的海难救助采用的是“无效果，无报酬”的原则，而在对油轮的救助中，如继续采用该原则，将对油轮的救助人产生一定的不利因素。因为对油轮的救助与对一般船舶的救助不同，它涉及污染和高危险问题。油轮面临的危险越大，污染的程度就越高，船货的价值就越小，救助人获得报酬的机会就越小。如对传统的“无效果，无报酬”的原则不加修改，将很难鼓励救助人去救助处于危险中并可能导致污染的难船。

上述问题在《1989年公约》中得到了回答。《1989年公约》是国际海事组织于1989年4月17日至28日在伦敦召开的外交大会上制订的，67个国家和22个国际组织派代表或观察员参加了大会。大会闭幕时，中国代表签署了会议的最后文件。1993年12月29日，第八届全国人民代表大会常务委员会第五次会议通过决定加入《1989年公约》，同时声明对第30条第1款的（a）（b）（d）项提出保留。这几项保留主要针对的是法律适用范围的问题：（a）救助作业发生在内陆水域，而且涉及的所有船舶均为内陆水域航行的船舶；（b）救助作业发生在内陆水域，而且并不涉及船舶；（d）有关财产为位于海床上的具有史前的、考古的或历史价值的海上文化财产。

In April, 1989, sixty-six nations and observers from nineteen non-governmental international organizations met in a diplomatic conference to revise salvage Law. Using a draft convention prepared by the Comite Maritime International (CMI), the conference adopted the International Convention on Salvage, 1989. The United States has not yet ratified the Convention and the Convention has not entered into force for other nations.①

《1989年公约》共有35条，对《1910年公约》进行了较大的改动，其主要变化如下：

（一）公约适用范围的扩大

《1910年公约》仅适用于当事一方为缔约方的救助，而《1989年公约》则规定只要是在缔约方提起的有关救助的诉讼或仲裁均可适用该公约。这样即使救助双方的船旗国均不是缔约方，只要其中的一方到缔约方去诉讼或仲裁，即可适用公约。当然，也可能出现救助的双方船旗国均为缔约方而当事人到非缔约方诉讼的情况，但发生这种情况的可能性远远小于前一种情况的可能性。因为，救助案件的原告往往是救助人，救助人不大可能避开对自己有利的公约的适用而去寻求对自己不利的非缔约方的法律的适用。

公约适用范围的扩大还表现在地理范围上的扩大。依公约第1条有关"救助作业"的规定，救助作业"系指可航水域或其他任何水域中援救处于危险中的船舶或任何其他财产的行为或活动"。可见这里的救助不限于海难救助，在不与海相通的内陆水域发生的救助也包括在内。救助的双方也不要求必须一方为海船。鉴于公约的适用范围如此广泛，公约允许在加入时，对"救助作业发生在内陆水域，而且并不涉及船舶"的情况提出保留。我国在加入该公约时即对此提出了保留。

（二）救助标的范围的扩大

在《1910年公约》通过时，海上财产较为单一化，主要是船舶及船上财产，且《1910年公

① Brian F. Binney, *Protecting the Environment with Salvage Law: Risks, Rewards,* and the 1989 Salvage Convention, HeinOnline—65 Wash. L. Rev. 639, 1990.

约》规定救助的船舶至少一方为海船，而依《1989年公约》有关船舶的定义，船舶“系指任何船只、艇筏或任何能够航行的构造物”。可见《1989年公约》对船舶未加任何限制，可以是海船，也可以是内河船，只要是可航行的构造物均可视为公约所指的“船舶”。为了使更多的国家接受该公约，而不致由于适用标的的范围过大而影响加入，公约允许在加入公约时对内河船之间的救助进行保留，我国在加入该公约时就提出了此项保留。

关于“财产”，《1910年公约》规定的作为救助标的的财产仅限于“船上财产”，而随着历史的发展，海上财产出现了多样化的倾向，浮船坞、落海的飞机、落海的卫星、平台等均与船舶一样处于同样的海上特殊风险中，《1910年公约》的规定已不能适应海上财产多样化的形势了。《1989年公约》根据这一变化，扩大了救助标的中财产的范围，将财产规定为“系指非永久性和非有意地依附于岸线的任何财产，包括有风险的运费”。因此，浮船坞、渔具、落海的飞机、落海的卫星及有风险的运费等均属于救助的标的。由于美国的坚持，《1989年公约》第3条明文规定，“本公约不适用于已就位的从事海底矿物资源的勘探、开发或生产的固定式、浮动式或移动式近海钻井装置”，但航行中的平台仍适用公约的规定。

（三）“无效果，也给予补偿”原则

《1910年公约》采用的是“无效果，无报酬”的原则，对于油轮的救助，救助人往往是花很大代价而收效甚微。为了鼓励对油轮的救助，《1989年公约》规定在涉及环境污染的救助中，采用“无效果，也给予补偿”（No Cure Some Pay）的特别补偿原则，即在救助人无过失的情况下，如救助人的救助防止了环境损害，但救助无效果，仍可补偿其实际支出，如救助人既防止了环境损害，又救助成功，则可取得高于实际支出的补偿，但这种补偿最高不应超过实际支出的两倍。特别补偿只有在其高于救助人获得的救助报酬时方予支付。“环境损害”指“由污染、沾污、火灾、爆炸或类似的重大事故，对人身健康，对沿海、内水或其毗连区域中的海洋生物、海洋所造成的重大的有形损害”。有关特别补偿的内容规定在第14条中，有关救助报酬的内容规定在第13条中，适用特别补偿的前提是补偿数额高于依第13条确定的救助报酬。上述安排是保险公司与保险协议妥协的结果，因为有关的救助报酬是由保险公司承担的，而特别补偿是由保赔协会承担的。

设A是救助成功时获得的救助报酬（由保险公司承担），B2是保护环境成功时获得的特别补偿（100%<B2<200%，大于救助所花费用，由保赔协会承担），B1是保护环境不成功时获得的特别补偿（100%等于救助所花费用，由保赔协会承担），则《1989年公约》第13条与第14条

的关系如表9-1所示。

表9-1 《1989年公约》第13条与第14条的关系比照表

项目	第13条	第14条	支付
救助成功保护了环境	获得救助报酬A	获得特别补偿B2	1，A>B2支付：A
			2，A=B2支付：A
			3，A<B2支付：A+（B2-A）
救助成功未保护环境	获得救助报酬A	获得特别补偿B1	1，A>B1支付：A
			2，A=B1支付：A
			3，A<B1支付：A+（B1-A）
救助不成功保护了环境	无报酬	获得特别补偿B2	支付：B2
救助不成功未保护环境	无报酬	获得特别补偿B1	支付：B1

救助船舶成功的标志是将船舶拖至一安全港口，此后才可以认为"有效果"，才能取得救助报酬。而对油轮的救助，由于沿岸国担心对其海域造成污染，所以遇难的油轮很难进入港区或安全水域，依传统的法律，只要船舶未进入安全水域，救助就不能认为是成功了，这使得对油轮的救助很难获得救助成功的机会。对此，《1989年公约》作了相应的改变，规定被救助财产不一定进入安全港口，只要船舶或财产已被送至安全地点，救助人即可将其移交给被救助人。

（四）明确了船长在签订救助合同上的代理权

公约第6条第2款规定："船长有权代表船舶所有人签订救助合同。船长或船舶所有人有权代表船上财产所有人签订此种合同"。在《1989年公约》制定以前，法律没有明确船长的这一代理权，导致了"阿莫柯·卡迪兹"案的悲剧。《1989年公约》第一次明确了船长的这一权利，使船长在需要救助时不必因担心自己的权利而延误了救助。

（五）规定了被救财产所有人提供担保的义务

公约第21条规定，被救助人应对救助人的索赔（包括救助人的利息和诉讼费用）提供满意的担保。获救船舶的所有人也应尽最大努力使货主提供担保。如获救财产的所有人未提供满意的担保，救助人对获救财产有留置权。

（六）规定了被救助财产所有人先行给付的义务

此项内容是第一次在公约中出现的规定。为了解决救助人因救助报酬的诉讼拖得很长而带来的资金流转困难，公约对先行给付进行了规定。依公约第22条的规定，对救助人的索赔，有管辖权的法院或仲裁庭可根据案情，以公正合理的条件，通过临时裁定或裁决，责令向救助人先付公正合理的金额，包括适当的担保。如被救助人已经先行给付，则其所提供的担保应作相应的扣减。

《1989年公约》在海难救助制度的历史上是划时代的，其中许多规定改变了传统的海难救助的规定。例如，为了解决对油轮的救助问题，对油轮的救助改变了“无效果，无报酬”的原则，采用了“无效果，也给予补偿”的原则。此外，有关被救助财产所有人提供担保的义务及被救助财产所有人先行给付的规定，无疑对改善救助人的法律地位、鼓励对现代海上财产的救助产生了积极的意义。

【重要术语提示与中英文对照】

编号	中文术语	英文对照
1	海难救助	salvage at sea
2	人命救助	life salvage
3	义务救助	salvage under obligation
4	无效果无报酬	No Cure No Pay
5	未经同意的救助	officious salvage
6	救助人	salvor
7	有效救助	successful salvage
8	安全网条款	safety net provision
9	先行支付	interim payment
10	合同救助	contractual salvage
11	纯救助	pure salvage
12	被救助人	salvee
13	获救财产	salved property
14	获救价值	salved value
15	救助标的	subject of salvage
16	救助款项	salvage payment
17	强制救助	mandatory salvage

【思考与辨析】

1. 如何理解海难救助的性质？

2. 海上救助有几种形式？

3. 海上救助的任何标的是否均能取得救助报酬？

4. 海上救助人命是否能获得救助报酬？为什么？

5. 船员对本船的救助是否能取得救助报酬？

6. 海难救助构成的要件是什么？

7. 救助报酬金额的确定与哪些因素有关？

8. “无效果，无报酬”的救助与雇用救助的主要区别是什么？

9.《1989年国际救助公约》是在什么背景下产生的？

10.《1989年国际救助公约》关于海难救助的规定有哪些新发展？

11. 下列救助哪几项属于依合同进行的救助？A. 依船员雇用合同进行的救助；B. 对人命进行的救助；C. 海上防卫队进行的救助；D. 引航员对被引领船舶进行的救助。

12. 下列哪几项救助一般不能取得救助报酬？A. 船员对本船的救助；B. 船员对姊妹船的救助；C. 海上防卫队对民用船进行的救助；D. 船员对他船的救助。

【扩展阅读文献提示】

1. 王晓怡.《劳氏海难救助协议标准格式（2011版）》评述——兼谈《中国海事仲裁委员会（1994）救助合同标准格式》的修订. 中国海商法研究，2020（4）.

2. 袁曾. 海难救助中的人命优位法律问题研究. 北京：法律出版社，2020.

3. 袁绍春. 论雇佣救助的法律调整——兼论《海商法》第九章的修改. 中国海商法研究，2018（1）.

4. 杜彬彬，张永坚. 雇佣救助的法律地位探析. 中国海商法研究，2017（3）.

5. 司玉琢，吴煦. 雇佣救助的法律属性及法律适用. 中国海商法研究，2016（3）.

6. 傅廷中. 雇佣救助合同的性质及其法律适用. 中国海商法研究，2016（3）.

7. 王彦君，张永坚. 雇佣救助合同的属性认定和对《中华人民共和国海商法》第九章的理解. 中国海商法研究，2016（3）.

8. 李海. 关于“加百利”轮救助案若干问题的思考. 中国海商法研究，2016（3）.

9. 刘长霞. 公共当局海难救助报酬请求权研究. 北京：中国政法大学出版社，2015.

10. 刘刚仿. 海难救助法初论. 北京：对外经济贸易大学出版社，2014.

11. 中国海上搜救中心，天津市海上搜救中心. 国家海上搜救手册. 大连：大连海事大学出版社，2011.

12. 叶伟膺．对LOF 2000救助合同并入SCOPIC条款及其附件A之浅见（上）．中国远洋航务，2008（5）.

13. 叶伟膺．对LOF 2000救助合同并入SCOPIC条款及其附件A之浅见（下）．中国远洋航务，2008（6）.

14. 船东互保协会特别补偿条款（SCOPIC）——劳合社救助合同标准格式（LOF）修正案．王大荣，韩文浩，邓丽娟，译．中国海商法年刊，2000.

【拓展阅读】

研究导引

★ 人命救助的报酬请求权

★ 海域污染及其救助

扩展英文阅读资料

★ Pollution defense

★ Article 13 Criteria for fixing the reward

★ Article 14 Special compensation

精选案例

★ “织女星”轮救助性质争议案

【自测习题】

第十章　共同海损

本章教学目的与要求

掌握共同海损的概念和构成要件，重点掌握共同海损与单独海损的区别，并能达到在实际案例中的灵活运用。了解共同海损的牺牲和费用及共同海损的理算，并对共同海损与过失的关系有一定的了解。

第一节　共同海损的起源与特点

一、共同海损的起源

(一)《罗得法》与《奥列隆法》

共同海损是海商法中历史比较悠久的制度。公元前形成的《罗得法》(The Rhodian Law)即有关于共同海损分摊原则的规定："如果为了减轻船舶负担，将载货抛弃入海，由于这项抛弃是为了全体的利益而采取的，其损失应由全体受益方分摊。"这就是最早的有关共同海损的明确记载。《罗马法》对共同海损的规定沿用了《罗得法》，并首次以成文法的形式对共同海损进行了规定。罗马帝国衰弱后，最有影响的就是公元12世纪英国的《奥列隆法》(Rules of Oleron)，该法关于共同海损的记载为：(1)船舶在危急情况下，为了船、货及人员的安全，船长有权抛货，损失部分由受益的船、货方按比例分摊。(2)船舶遭遇大风浪，为了抢救船舶及船上所载货物，船长可以砍断桅杆或船锚链索，这些损失也应像抛货一样受到分摊补偿，货主应在货物卸离船舶以前支付分摊金额。(3)船舶发生了抛弃的牺牲后，船上的全部货物和动产，除了供船员饮水使用的必不可少的银杯，或已经剪裁的布匹及用旧的衣服外，都应均等地参加损失的分摊。[①]

（二）《约克—安特卫普规则》

《约克—安特卫普规则》是由英、美及欧洲海运国家于1860年在英国格拉斯哥召开的会议上制订的，称为“格拉斯哥决议”。为了贯彻该决议，国际共同海损大会于1864年在英国约克召开的第三届大会通过了《约克规则》。约克会议后，各国代表向国内有关方面进行了宣传工作，希望能在国内立法上取得与《约克规则》相同的立法，但均未获成功。于是1877年在比利时的安特卫普再次召开会议，会议对1864年的《约克规则》进行了修改，并将其改名为1877年《约克—安特卫普规则》。此后该规则又分别于1890年、1924年、1950年、1974年、1990年、1994年和2004年进行过多次修订，新的规则并不代替前一个规则，即以前的规则并不废除。所以，当事人在协议中选择适用哪一年的规则都是有效的。在进行共同海损的理算时，首先应尊重当事人的选择，即依当事人选择的规则来进行理算，在当事人没有选择的情况下，才产生《海商法》中“共同海损”一章的适用问题。

The York-Antwerp Rules, referred to in the opinion, are not statutory, but are a set of rules governing general average which are incorporated by reference in virtually all time and voyage charter partied and “liner form” bills of lading. They are first adopted in 1890 by the International Law Association on the basis of a draft prepared by the British Association of Average Adjusters.[②]

二、海损的形态

海损分为广义的海损和狭义的海损。[③]广义的海损，是指船舶在航行中产生的一切损害，即船舶或运送物，自装载或发航时起到归港或卸载时止，所产生的一切损害及一切特别费用均包括在内。广义的海损依发生的原因又可分为通常的海损和非常的海损。

通常的海损又称小海损，指航海上基于通常原因而产生的损害，如船舶的折旧、引水费、

① 王恩韶、许履刚：《共同海损》，大连海事大学出版社1996年版，第22页。

② See Felde, General Average and the York-Antwerp Rules, 27 *Tulane L. Rev*.406(1953).

③ 参见吴智：《海商法论》，三民书局1976年版，第213页。

停泊费等，此类海损应由船舶所有人在其所得的运费中支出。在船舶修缮期间，为确保安全而将货载起陆置于仓库及再装的费用，由货物所有人负担。这种通常的海损并不是真正意义上的海损，一般是列入正常开支项下的，不产生分担的问题。

非常的海损指在航海中基于非常原因产生的损害，即因不能预期的原因而发生的损害，此种损害不能列入正常的支出，其损害应由船舶所有人及利害关系人共同分担。非常的海损依损害的程度不同，分为全部损失及部分损失。全部损失又可分为两类，即实际全损和推定全损，实际全损是标的在物理上的灭失，而推定全损则是标的在经济价值上的灭失。部分损失从性质上又可分为共同海损和单独海损。

狭义的海损仅指广义海损中的非常海损，认为广义的海损将非属于真正海损的正常开支部分也称为海损不妥，海损实际上只包括全部损失、共同海损和单独海损。

海损的形态如图10-1所示。

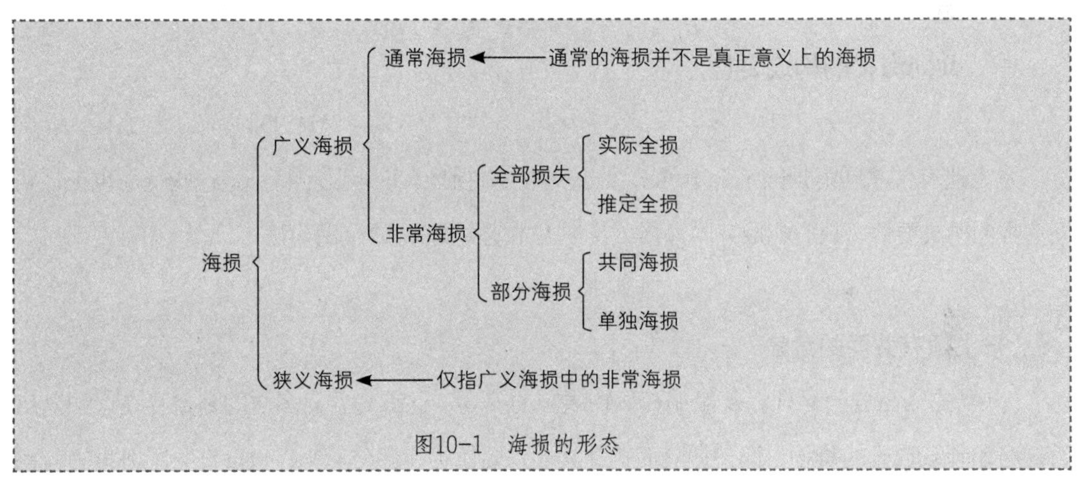

图10-1　海损的形态

三、共同海损的概念及其与单独海损的区别

我国《海商法》第十章“共同海损”是参照1974年《约克—安特卫普规则》制定的。依我国《海商法》的第193条规定，共同海损，是指在同一海上航程中，船舶、货物和其他财产遭遇共同危险，为了共同安全，有意地合理地采取措施所直接造成的特殊牺牲、支付的特殊费用。单独海损是海上风险所造成的标的直接损失，这种损失只属于特定的利益方，不涉及其他方。共同海损和单独海损的主要区别是：首先，共同海损所涉及的海上危险应该是共同的，必须涉及船舶及货物共同的安全；而单独海损中的危险只涉及船舶或货物中一方的利益。其次，

共同海损有人为的因素，是明知采取措施会导致标的的损失，但为了共同的安全仍有意采取该措施而引起的损失；而单独海损则纯粹是偶然的意外事故造成的标的的损失，无人为的因素。最后，由于共同海损的损失是为大家的利益而牺牲的，所以应由受益的各方来分摊；而单独海损的损失则由单方来承担。共同海损与单独海损的区别如表10-1所示。

表10-1　共同海损与单独海损的区别

项目	共同海损	单独海损
危险上	涉及共同利益危险	涉及单方利益危险
主观上	有人为因素	无人为因素
结果上	损失由受益方分摊	损失由单方承担

第二节　共同海损的构成要件与宣告

一、共同海损的构成要件

从上述有关共同海损的定义中可以看出，共同海损具有以下几个特征，这些特征也正是共同海损的构成要件，只有构成共同海损，其损失才能由受益各方来承担。

（一）须有共同的危险

“共同的”指危险必须涉及船舶和货物共同的安全，这首先要有多数的利益存在，如以自己的船舶装载自己的货物，即使遇险而牺牲其一，而使另一部分保全，也没有共同海损的分摊问题。此外，该多数的利益间有团体性，即在海上运送时，从船舶装载时起，至目的港止，各方即成为一种危险共同团体，当妨碍航行完成的事故发生时，则存于船舶及货物上的多数利益都要受到影响。因此，为了保护共同团体的利益而牺牲的损失应由共同团体的受益部分来分摊。海上运送契约的共同航海利益团体由船舶、货物和运费三者构成，一般来讲，船舶有危险，船上所载的货物也会有危险，所以船舶的危险一般可以认为是共同的危险。例如，船舶搁浅，船身倾斜，如不进行起浮，船舶就有倾覆的可能，从而使船舶和货物均处于危险之中。当然，船舶必须是载货的船舶，空载的船舶遭遇危险就只涉及船舶一方的利益，不产生共同海损的问题。“共同的”还要求船舶与货物同时存在，船舶及货物同时存在之时即为共同航海团体构成之时。当船舶与货物暂时分离时，共同关系即为中断，例如，船舶遇难驶入避难港，将货载起陆后，此时船舶起火，为救火而使余在船中的货物受损，此项因救火而产生的损失不能要求已起陆的货物分担。因为此时起陆的部分已暂时脱离了共同航海团体，共同关系中断。当然，有时虽然船舶与货物同时存在，但危险并不是共同的，某一种货物有危险有时并不导致船舶与货物均面临危险，例如，船舶装运的牲口的饲料用尽了，为了加饲料而产生了绕航，因绕航产生的损失就不能作为共同海损，因为，牲口的饲料与航行的安全及其他货物均没有关系，因此而产生的损失只涉及其一方的利益，只能作为单独海损，由一方来承担。

（二）须有现实的危险

“现实的”指危险不能是主观臆想的。例如，在某案中，船员发现某舱冒烟，即认为该舱失火，于是向舱中灌水造成货物湿损。后查明冒烟是由于货舱中的松香发热冒烟，并未失火。法官认为，危险是船长臆测的，该轮既未受到危险的威胁，也未处于危险之中，由此而产生的货物的损失不能列为共同海损由各方来分摊，而只能由责任方来承担。因为该船舶及船上货物并未处于危险状态，也未受到任何危险的威胁。

在危险的认定标准上，有客观说与主观说之分。[①]前者认为，应以客观标准来判断是否存在危险，如客观上不存在危险而误认为有危险的存在所为的行为，就不得认为是共同海损。当然，客观的危险可以是已经存在的，也可以是不可避免将要出现的危险，即当时尚未危及船舶和货物的共同安全，但如不采取应急措施，则将不可避免地给船舶和货物带来共同危险。[②]主观说则认为，危险的存在即使事后无客观的危险存在，也不妨碍共同海损的成立，如依主观说，上述一案的判决就有问题了。《约克—安特卫普规则》并没有明文规定采用主观说还是客观说，但在1924年斯德哥尔摩会议时，赞同主观说的占优势。

（三）须为故意而合理的处分

处分即共同海损的措施，该措施必须是为了解除船舶和货物的共同危险而有意采取的。处分可以是事实上的，也可以是法律上的。[③]但以事实上的处分为多，例如抛弃货物、自愿搁浅等均属于事实上的处分。法律上的处分指为某种法律行为，如订立救助契约等，也是处分的

① 梁宇贤：《海商法专题论丛》，三民书局1988年版，第267页。

② 於世成、杨召南、汪淮江：《海商法》，法律出版社1997年版，第286页。

③ 郑玉波：《海商法》，林群弼修订，三民书局1999年版，第159页。

一种。

“故意的”指明知采取措施可能会引起船舶或货物的部分损失或产生额外的费用，但为了船舶或货物的全体的安全，仍然决定采取这一措施。例如，船舶搁浅，船长明知抛弃货物会使部分货物受损，但为了船舶和货物全体的安全，仍下令抛弃部分货物，此种损失可认为是共同海损，应由受益方来分摊损失。而如果放在舱面的货物被海浪打到了海里，此种损失既不是为了共同的利益，也不是有意采取的，而是一种意外造成的单独损失，应由单方来承担。

此外，依习惯，共同海损的处分应由船长作出，因为船长受雇于船东，在雇用契约及法律上均有负责驾驶和管理船舶的责任。另外，依货物运送契约，船长也有负责管理货物并安全运送的责任。因此，船长有权为维护船舶及货物的安全作出处分的决定。[①]如果是外来的因素强制其采取的或是根据法律必须采取的措施导致的损失或支付的费用，是否能列入共同海损是有争议的，有的案例认为不应计入共同海损，例如，一油轮在加拿大海岸搁浅，需要进行起浮，但由于加拿大政府担心发生油污而要求船舶所有人将船上剩下的燃油抽走，结果花掉了100 000美元。该项损失是否属于共同海损呢？由于该损失是由于政府的指令而产生的，不是船长的有意行为，所以不应作为共同海损。该项损失应由互保协会依油污责任保险一项来承担。而英国的判例却认为可以计入共同海损，即一项共同海损的措施并不一定是由船长发出的，只要事后船长同意或追认该措施，且该措施的主要目的是为了船舶及货物的共同安全的，该项共同海损就能成立。例如，在“伯克霍尔”轮（*The Birkhsll*）案[②]中，“伯克霍尔”轮在进港时起火，船长当时未在船上，港口当局见火势较猛有蔓延的趋势，于是下令凿船灭火。之后，船长承认了该行动，且表示即使他在场也会采取同样的做法。法院认为该处分有益于船舶及货物，而无其他动机，且船长事后也认为港务局处置适当，故应认为是共同海损。有学者认为，措施不必为船长的行为，有关共同海损的规定中的“船长为避免”的字样只是就形式上而言，海商法上之所以承认共同海损制度，是为了避免共同航海利益团体的共同危险，将共同海损行为所产生的损害及费用，依衡平的法理由利害关系人分担之，共同点在于是否有共同危险的存在，及所产生的损害及费用是否出于避免共同危险。如果以船长的行为为绝对的要件，则第三人反而不敢

① 王恩韶、许履刚：《共同海损》，大连海事大学出版社1996年版，第15页。

② *Papayanni v. Grampian S. S. Co* (1896) 1 Com. Cas.448.

在适当的时机，采取适当的防险手段，这与承认共同海损制度的本意不符，因此解释上共同海损行为仅须出于“人的行为”即可，法律规定上的“船长”不过表明船长是最宜为处分行为的人而已。

在处分的动机上，各国主要分为三种观点，[①]第一种是共同安全主义，即为取得共同安全所产生的损害与费用才可以列入共同海损。第二种是共同利益主义，即为使共同航海继续进行所产生的损害与费用均可列入共同海损。第三种是牺牲主义，即仅需因船长处分所致的合理牺牲，才可认为是共同海损的损害与费用，可以列入共同海损。

“合理的”指处分在进行了有限的牺牲后有效地解除了船货的危险。有限的牺牲指措施应该是节约的和有效的，例如，花5万元的拖航费可以到船籍港进行修理，就不应花7万元在中途的避难港进行临时的修理。在抛弃货物时，应当首先抛弃价值低、重量大、便于抛弃的货物，如在舱面上有价值较低的货物，就不应抛弃舱内价值较高的货物。在这种情况下，即使船长下令抛弃了舱内价值高的货物，可以列入共同海损的货物仍以舱面价值低的货物为限，超过的部分由实施错误抛弃的船方承担。

有学者认为，对“合理”的判断可从量和质两方面进行：在量的方面，得判断救助的手段是否逾越必要的程度；在质的方面，得判断救助手段是否合目的。此外，对“合理”的判断也有客观标准与主观标准之分，采用客观标准易起争议，因此立法以采用主观标准为宜。但主观并非主观的任意，是指船长或其他共同海损行为者，依当时的情势主观上作出的合理的判断。[②]从这个意义上讲，“合理”是相对的，船长通过对当时的客观条件作出慎重考虑后，选择了当时认为有效合理的措施，即使实施过程中却未能得到预期的效果，该措施也应认为是合理的。[③]

（四）须有保存的效果

“须有保存的效果”，指采取的处分最终保证了船舶及货物的安全，如没有保存，也就没有共同海损的分担问题。在处分与效果的因果联系上有两种主张：一种主张为因果主义，认为必须是因船长的处分而得以保存，才可以列入共同海损，如因其他原因而使船舶与货物有所保

---

① 梁宇贤:《海商法论》，三民书局1987年版，第590页。

② 施智谋:《海商法》，三民书局1986年版，第295页。

③ 於世成、杨召南、汪淮江:《海商法》，法律出版社1997年版，第287页。

存，则不得认为是共同海损，法国法即采用此种主张。另一种主张为残存主义，认为只要在处分后有所保存即可，而不问保存与处分之间是否有因果联系。即使处分无效果，但因其他的原因而得以保存，仍可以成立共同海损。英国及德国采用此种主张。残存主义可以使船长在进行处分时更加果断，如采用因果主义，以处分与结果的联系为必要的条件，船长对处分势必踌躇不决，不免有误良机。另外，残存主义也可以避免不公平的情况出现。因为处分可能是一系列的行为，不一定全部都有效，如采用因果主义，最后一个行为导致了保存的结果，就只有该行为引起的损失可以列入共同海损，前面的处分造成的损失不能成立共同海损，这对于各利益方是不公平的，也与共同冒险的理论相违背。而依残存主义原则，只要是经过慎重考虑采取的处分就应认为是合理的，且只要最终保证了船货的安全，就应认为是有效的，其损失就应列入共同海损。例如，为了使搁浅的船舶脱浅而过度使用主机，起浮未成功，再抛弃货物最终使起浮成功。过度使用主机虽未产生预期的效果，但由于在当时的情况下是合理的，其引起的主机的损失也可列入共同海损。

在效果上应保存到什么程度才可列入共同海损又有不同的主张，主要有船货并存主义、船舶单存主义和船货不问主义。船货并存主义要求船舶及货物两者的全部或一部分得以保存，才有共同海损的分担，德国法采用船货并存主义。船舶单存主义只要求在采取了共同海损的措施后，至少需保存船舶，即可进行共同海损的分担，法国采取该原则。船货不问主义要求在采取处分后，只需有所保存，而不问保存的是什么。日本采取船货不问主义，依《日本商法》第423条的规定，共同海损应按因此所保存的船舶或货物的价值与运费的半数及为共同海损的损害额的比例，由各利害关系人分担。

（五）损失及费用必须是特殊的和直接的

“特殊的”指这种损失是为了解除海上危险而人为造成的损失和额外支出的费用。例如，由于船长计算错误未带足燃油，使船舶中途不得不绕航加油造成的损失，是意料之中的损失，不是特殊的损失，这种损失应由有责任的船方来承担。而船舶已带足了燃油，由于中途遭遇恶劣天气，船舶顶风前进，使燃油耗尽，于是不得不绕航加油造成的损失即是一种特殊的损失，可以列入共同海损。再如，在第一次世界大战期间，一货船为了躲过德国潜艇的袭击而请一拖船拖航，结果在整个航程中有效地躲过了德国潜艇。船方认为此项拖船的费用应作为共同海损由受益的各方来分摊。法院认为，此项费用不能作为共同海损，因为不具有特殊性。在当时的战争状态下，运输危险很大，所收取的运费也很高，运费中已考虑到了这种风险，所发生的拖船费用实际上已包括在运费中，所以不属于特殊的费用。

“直接的”指造成的损失必须是为解除危险采取的处分的直接的后果。例如，船舶受损，如不进行修理就会危及全船及货物，为了进行修理不得不将货物卸下，结果卸在岸上的货物因洪水而受湿损，此项损失即属间接损失，不能列入共同海损。什么是直接的原因又可分为最近原因说、最重要原因说和相当因果关系说。最近原因说强调最后的具有决定性的条件为结果发生的原因，因此，又称为“最后条件说”。最重要原因说主张以对结果发生产生最大作用的条件为结果发生的原因。相当因果关系说不过分地强调最后的原因或最重要的原因，只要在一般情形下，有同一条件，可发生同一结果即可认为是该结果发生的原因。依该主张，只要损失与处分之间有相当的因果关系存在，即可列入共同海损。

二、共同海损的宣告

当船舶为了船货的共同安全而采取措施使船舶及货物受损后，一般是由船舶所有人或船舶所有人授权船长在事故发生后的第一个卸货港宣布共同海损，并通知船舶所有人的代理分别通知各收货人。在无特别授权的情况下，国际上一般也承认船长宣布共同海损的有效性，在这种情况下，实际上是将船长的此项权力看做是行使法定代理的一部分。我国《海商法》第196条规定：“提出共同海损分摊请求的一方应当负举证责任，证明其损失应当列入共同海损。”因此，证明共同海损的责任一般在宣告共同海损的船方。这就要求船长应将所采取措施引起的每一个损失或引起的费用以及采取措施的意图均记录下来，以便在日后举证。

The onus of **proof** is upon the party claiming in general average to show that the loss or expense claimed is properly allowable as general average. In *Dabney v. New England Mut. Marine Ins. Co.*①, the burden of proving a loss entitling the owners of the cargo to a contribution from the vessel rests on the plaintiff.②

① The Supreme Judicial Court of Massachusetts, 1867, 14 Allen 300. It is an action in contract upon a policy of insurance on the vark Fredonia, issued to the plaintiff by the defendant, to recover a sum of money as general average for throwing over a part of a cargo of fruit belonging to the plaintiff.

② Rule E of The York-Antwerp Rules 1974 .

收货人在接到船方宣布共同海损的通知后，应马上报告其保险人，以便保险人及时办理卸货前的担保提货手续。在船舶到达目的港时，保险公司和船舶检验等部门将安排对船舶和货物进行检验，对共同海损进行初步的审核。经审核如果未发现共同海损不成立的事实及证据，则可以对共同海损进行初步的确认。

依惯例在船方宣布共同海损后，收货人必须提供共同海损担保方能提货。否则，为了避免在交货后收货人失去支付能力而给共同海损的分摊造成不利，船方对货物有留置权。我国《海商法》第202条规定："经利益关系人要求，各分摊方应当提供共同海损担保。以提供保证金方式进行共同海损担保的，保证金应当交由海损理算师以保管人名义存入银行。保证金的提供、使用或者退还，不影响各方最终的分摊责任。"在实践中，共同海损的担保一般不以现金的形式出现，主要是由货方的保险公司提供共同海损分摊的担保函或保证书。只有在船方坚持要求提供以现金担保的情况下，保险公司才考虑是否采用此种形式担保。

第三节　共同海损的牺牲和费用

共同海损的牺牲和费用也就是共同海损的损失范围。在共同海损案件确立后首先要确定的就是哪些损失及费用可以列入共同海损。共同海损可以是特殊的直接物质上的损失，也可以是特殊的费用支出。除了共同海损的牺牲和费用支出外，其他间接的损失，如船舶或货物因迟延所造成的损失，包括船期损失和行市损失以及其他间接损失，均不得列入共同海损。

一、共同海损的牺牲

共同海损的牺牲指在船货面临危险的情况下，为了船舶及货物的共同安全而采取措施导致的船舶或货物的损失。这种牺牲包括船舶的损失、货物的损失和运费的损失。依《约克—安特卫普规则》及《北京理算规则》的规定，共同海损的牺牲一般包括下列几项：

（一）船舶的损失

船舶的牺牲包括船舶本身的损失及船上所载物料及燃料的损失。共同海损的各项措施都可能导致船舶的牺牲。抛弃是最早采取的解除危险的共同海损措施，现代仍是一种在船舶脱浅时采取的有效措施。抛弃的对象可以是货物，也可以是船上的物料或燃料。应当注意的是，可列为共同海损的船上被抛弃的物料只限于依航行习惯允许放置在甲板上的船舶物料，如救生艇、船舶索具、备用铁锚等。如果抛弃的不是应当放在甲板上的物料，例如将船员生活用品、电缆等抛弃，则该项损失应由船方自己负责。因为这种抛弃已超出了合理的范围。抛弃也可能导致船舶的损失，例如，为了抛弃货物而将船舶凿开了一个洞等。

船舶在意外搁浅时，所采取的脱浅措施一项是抛弃，另一项则是反复用车，强行起浮。这种方法往往交替使用，如果仍不奏效时，还可以借助外力，请求他船帮助脱浅。强行起浮一般是在涨潮时，加足马力，倒车后退，使船舶得以起浮。强行起浮因超负荷运转主机、过度使用起锚机，而使主机、起锚机、锚链、缆绳等受到损坏以及燃料的过度使用和物料损坏，这些损坏均具有特殊性，是在正常情况下不会发生的，因此均可以列入共同海损。依1994年《约克—安特卫普规则》规则7的规定，在船舶搁浅并有危险的情况下，如经证明确是为了共同安全，有意使机器、锅炉冒受损坏的危险而设法起浮船舶，由此造成任何机器和锅炉的损坏，应列入共同海损，但船舶在浮动状态下因使用推进机器和锅炉所造成的损失，在任何情况下都不得作为共同海损受到补偿。意外搁浅和强行起浮均会对船底造成一定的损失，两者应当加以区分，因为前者的损失是意外造成的，属于单独海损，后者的损失才能列入共同海损。一般来说，船底损坏的裂口如果尖端向前，则可认为是意外搁浅造成的，属于单独海损。如果裂口尖端向船尾，则是船舶在强行起浮时倒车造成的，可以列入共同海损。当船底的损坏难于区分是由于什么原因造成时，惯例是不将该项船底的损坏及因此而引起的船货的损失列入共同海损。请求他船帮助脱浅的费用只要是为了解除船舶和货物的共同危险而合理发生的，均可列入共同海损。

自动搁浅造成的船舶的损失也属于共同海损的牺牲。“自动搁浅”也称“有意搁浅”，是在船舶面临碰撞、沉没等危险时，船长有意采取的措施。自动搁浅可能造成船底的损坏。由于意外搁浅不属于共同海损的损失，所以必须区别一次搁浅事故是意外造成的，还是有意造成的。判断船舶是否为自动搁浅需对造成搁浅事故的原因及发生事故前船舶周围的情况进行调查才能作出结论。为了避免意外搁浅而采取自动搁浅造成的损失也可列为共同海损。例如，船舶的搁浅已不可避免，船长为了减少意外搁浅对船舶及货物造成的损失而将船舶有意搁浅在其认为可使船货少受损失的地方，这种自动搁浅引起的损失，依国际理算惯例也可列为共同海损的牺牲。

此外，为了解除危险主动割断锚链引起的损失也属于共同海损的牺牲，例如，船舶在大风中走锚，为了避免与停泊在附近的船舶发生碰撞，船舶在来不及起锚的情况下而主动割断锚链。两船发生碰撞后相互嵌入，为了解除这种状态给船舶及货物带来的危险，主动将嵌入部分切除引起的损失习惯上可列入共同海损。但因切除由于意外事故原已折断或实际上已经毁损的船舶残留部分所受到的损失，不得作为共同海损受到补偿。为了救火而凿洞沉船或将着火船舶搁浅引起的船舶的损失可以作为共同海损受到补偿，但由于烟熏或因火引起热烤所造成的损坏除外。船舶在遭遇恶劣天气的情况下燃油耗尽，为了继续航行，将船上物料当做燃料引起的损失均可列入共同海损，但船用材料和物料受到共同海损的补偿时，应将完成原定航程本应消耗的燃料的数量从共同海损中扣除。以船上物料充做燃料的措施现在已很少使用了，因为在因特殊原因出现燃料消耗过多的情况下，一般完全有条件在燃料用尽之前绕航加油，因此，在此种情况下的共同海损就不再以物料代燃料的形式出现，而代之以绕航避难费用了。

（二）货物的损失

货物的损失可以由于各种共同海损措施而引起，抛弃货物是最古老的共同海损牺牲方式。抛弃货物主要发生于船舶搁浅时，为了起浮而抛弃货物，或当船舶面临沉没的危险时，为了避免该危险的发生而抛弃货物，以减轻船载。可列为共同海损损失的被抛弃的货物一般为依习惯、法律或合同允许装在甲板上的货物，这些货物一般为具有危险性质的物质或体积笨重无法装在舱内的货物，如木材、大型钢材、飞机拖车、火车头等。这类货物被装于甲板上一般应为装运港和目的港的货方及承运人所熟知并接受的。将不允许放在甲板上的货物抛弃引起的损失应由船方负责。

船上着火，可能会使用灭火器灭火，也可能采用封舱灌水的方法灭火，这些方法都有可能使未被烧着的货物受损。必须区别在火灾中发生的各种形式的货物损失，判断哪些属于单独海损，哪些属于共同海损。依国际上习惯的理算原则，凡灭火造成的损失均可列入共同海损。依该原则，被火烧坏的货物损失属于意外的损失，只能作为单独海损，而由灭火剂和水造成的湿损则属于共同海损。

有意搁浅使船底破裂，海水涌入底舱造成的货物损失可以列入共同海损。船舶在航行中由于遇到恶劣天气而使燃油耗尽，不得不将货物充作燃料，因此引起的货物损失可以列入共同海损。船舶在避难港，为了对受损的船舶进行检验和修理，必须将货物卸载、重装或倒移引起的损失可以列入共同海损。货物在避难港遭受损失的机会往往大于在原装卸港，这是因为在避难港所采取的往往是紧急的应急措施，避难港的设备较差，可能不适应避难船正常的装卸作业。因此，对于在避难港发生的诸如偷窃、雨淋等损失，只要能证明损失在一般情况下是难以避免的，即可列入共同海损。

（三）运费的损失

1994年《约克—安特卫普规则》规则15规定：“如果货物的损失是共同海损行为造成的，或者已作为共同海损受到补偿，则由于货物损失所引起的运费损失，也应作为共同海损受到补偿。损失的运费总额应扣减其所有人为赚得此项运费本应支付但由于牺牲而无须支付的费用。”运费的损失只发生在到付运费的情况下，因为到付运费是有风险的，如果货物没有完好地运到目的港，承运人就收不到运费。当货物在途中由于共同海损的措施而受损灭失时，承运人自然收不到运费。这种运费的损失也属于特殊的牺牲，应当列入共同海损。但如货物是由于意外原因造成灭失的，因此而导致的运费的损失不能列入共同海损。

二、共同海损的费用

Only such losses, damages or expenses which are the direct consequence of the general average act shall be allowed as general average. Loss or damage sustained by the ship or cargo through delay, whether on the voyage or subsequently, such as demurrage, and any indirect loss whatsoever, such as loss of market, shall not be admitted as general average.[①]

共同海损的费用指为了船舶及货物的共同安全而采取共同海损的措施支付的额外的费用。共同海损的牺牲与共同海损的费用的区别在于共同海损的牺牲涉及的是因采取共同海损措施而导致的船舶或货物本身的灭失或损坏。而共同海损的费用不是指船舶或货物的物质损失，而是为了解除危险所发生的额外费用。在共同海损的理算中，一项共同海损的牺牲有时是以共同海损费用的形式出现的，例如，船舶的损失常以船舶修理费的金额作为计算损失和分摊的依据。到底哪些费用可以作为共同海损的费用是共同海损各利益方争论的焦点之一。我国《海商法》第194条规定：“船舶因发生意

① Rule C of The York-Antwerp Rules 1974.

外、牺牲或者其他特殊情况而损坏时，为了安全完成本航程，驶入避难港口、避难地点或者驶回装货港口、装货地点进行必要的修理，在该港口或者地点额外停留期间所支付的港口费，船员工资、给养，船舶所消耗的燃料、物料，为修理而卸载、储存、重装或者搬移船上货物、燃料、物料以及其他财产所造成的损失、支付的费用，应列入共同海损。”该条规定是参照《约克—安特卫普规则》制定的。《约克—安特卫普规则》规定的共同海损的具体费用主要包括以下四项。

（一）救助费

在船舶遇难而不能成功自救时，一般会请第三方进行救助，由此而发生的支付给第三方的救助报酬可以列入共同海损。应该注意的是，第三方的救助所涉及的必须是船舶及货物共同的利益，如果只涉及一方的利益，则所产生的救助费也只能由一方来承担。例如，船舶发生搁浅，船舶所有人认为船舶损坏严重不值得再抢救了，于是宣布弃船。但货主为了其本身的利益，请第三方前来对其货物进行抢救，将其货物从难船上卸装到驳船上，并运至附近安全港口，由此而产生的费用只涉及该货主一方的利益，与船舶无关，因此应由其自身来承担。如果船舶搁浅，船舶所有人并不愿意放弃船舶，而是与救助人签订了救助合同帮助船舶脱浅，因此而产生的费用是为了解除全船所面临的共同危险，因此应当列入共同海损。

依1994年修改的《约克—安特卫普规则》中规则6的规定，航程中各有关方所支付的救助费用，不论救助是否根据合同进行，都应列入共同海损，但以使在同一航程中的财产脱离危险而进行的救助为限。列入共同海损的费用应包括《1989年公约》第13条第1款（B）所述的考虑到救助人在防止或减轻环境损害中的技艺和努力而付给救助人的救助报酬。但依公约第14条第4款或任何其他实质上类似的规定由船舶所有人付给救助人的特别补偿，不得列入共同海损。

2004年《约克—安特卫普规则》对此进行了修改，大部分救助报酬将被排除在共同海损之外。只有在由船东代其他方支付救助报酬的少数情况下，才需要理算。依修改后的规则6的规定，救助款项，包括所生利息和相关的法律费用，应由付款方自行承担而不得列入共同海损，除非与救助有关的一方已支付应由另一方承担的（根据获救价值，而不是按共同海损分摊价值计算的）全部或部分救助费用（包括利息和法律费用）。在理算中，应由另一方支付但该方未付的救助报酬应贷记付款方，借记由他方代其付款的一方。

Salvage remuneration

Expenditure incurred by the parties to the adventure on account of salvage, whether under contract or otherwise, shall be allowed in general average to the extent that the salvage operations were undertaken for the purpose of preserving from peril the property involved in the common maritime adventure.①

(二)避难港费用

避难港指离难船距离较近，且便于难解除危险进行修理的港口。避难港费用涉及下列多项内容:

1. 驶入驶出避难港的费用。依1994年《约克—安特卫普规则》规则10(1)的规定，船舶因遭遇意外事故、牺牲或其他特殊情况，为了共同安全必须驶入避难港、避难地或驶回装货港、装货地时，驶入这种港口或地点的费用，应列入共同海损。其后该船舶装载原装货物或其中的一部分驶出该港口或地点的相应费用，也应作为共同海损。从该规定可以看出，可以列入共同海损的驶入驶出避难港的费用必须是为了共同的安全而发生的，如果驶往避难港只是因为船上所载的牲畜没有饲料吃，则不是为了共同的安全，只是一种单独海损。避难港也可以是原装货港或中途停靠港。难船驶回原装货港或驶往原定中途停靠港所发生的合理支出的额外费用也应作为共同海损。但在驶往中途停靠港避难的情况下，应排除船舶驶往该港的正常营运费用。如果有两个可选择的避难港，船方所作出的选择不当，则应将不合理支付的费用从共同海损费用中扣除。但如果船舶驶往第一避难港后，因该港无条件修理而不得不去第二个港口或地点进行修理，则依规则10(1)第2款的规定，此第二港口或地点应视作避难港或避难地而适用本条的规定。此项转移费用，包括临时修理和拖带费用，应作为共同海损。因此项转移而引起的航程延长，适用规则11有关驶往和停留在避难港等地的船员工资、给养和其他费用的规定。

2. 搬移、卸载、重装船上货物、燃料或物料的费用。依规则10(2)的规定，在装货、停靠或避难港口或地点在船上搬移或卸下货物、燃料或物料的费用，应列为共同海损。当然这种搬移或卸载应该是为共同安全所必需的，或是为了能使船舶因牺牲或意外事故所造成的损

---

① "*Salvage remuneration*", available at http://www.marine-salvage.com/documents/444836_1.PDF.

坏得以修理，而且此项修理也必须是安全地完成航程所必需的。但如果船舶的损坏是在装货或停靠港口或地点发现的，而且航程中没有发生过与此项损坏有关的任何意外事故或其他特殊情况，则不在此列。只是为了重新积载在航程中移动的货物而产生的在船上搬移或卸下货物、燃料或物料的费用，除非该项重新积载是共同安全所必需的，不得认为在共同海损之列。可见，可以列入共同海损的此项费用必须涉及共同的安全，例如，船舶在航行中遇恶劣天气，致使货载倒塌，船舶严重倾斜，影响到船舶及船上所载货物的安全，在这种情况下，将货物重新积载的费用，可以列入共同海损。但如果恶劣天气只是导致了部分货物捆扎断裂，此项断裂也并不对船舶的航行产生任何影响，则重新捆扎该部分货物的费用就只能作为单独海损由单方来承担。

此外，依规则10（3）的规定，当货物、燃料或物料的搬移或卸载费用可认作共同海损时，该货物、燃料或物料的储存费（包括支付的保险费、重装费和积载费）也应认作共同海损。因为重装或重新积载所引起的额外停留期间所发生的船员工资、给养和其他费用适用规则11的规定。

3. 船员工资、给养和其他费用。规则11规定：第一，如果船舶驶入避难港、避难地或驶回装货港、装货地的费用依规则10（1）的规定可以列入共同海损，则由此而引起的航程延长期间合理产生的船长、高级船员和一般船员的工资、给养和消耗的燃料、物料也可列入共同海损。第二，由于意外事故、牺牲或其他特殊情况，船舶驶入或停留在任何港口或地点，如果是为了共同安全的需要，或者是为了使船舶因牺牲或意外事故所造成的损坏得以修理，而且此项修理是安全地完成航程所必需的，则在此种港口或地点的额外停留期间，直至该船舶完成或应能完成继续航行的准备工作之时为止合理产生的船长、高级船员和一般船员的工资和给养，应列入共同海损。额外停留期间消耗的燃料、物料可列入共同海损，但为进行不属于共同海损的修理所消耗的燃料、物料除外。

上述所称的“工资”应包括付给船长、高级船员和一般船员或为其利益而支付的一切款项，而不论该款项是法律规定由船舶所有人支付的或是依雇用条件支付的。如果船舶的损坏是在装货或停靠港口或地点发现的，而且航程中没有发生过与此项损坏有关的任何意外事故或其他特殊情况，则在修理上述损坏的额外停留期间所支付的船长、高级船员和一般船员的工资、给养和消耗的燃料、物料，不得列为共同海损，即使这种修理是安全地完成航程所必需的。在船舶报废或不继续原定航程的情况下，列为共同海损的船长、高级船员和一般船员的工资、给养和消耗的燃料、物料等，只应计算至船舶报废或放弃航程之日为止。如果船舶在卸货完毕以报废或放弃航程，则应计算至卸货完毕之日为止。

如果难船为了完成航程在避难港修理的时间较长，货方要求转船运输时，船方一般会同意，但为了保证货方日后履行应由其分摊的共同海损损失和费用的义务，船方会要求货方签署船货不分离协议（non separation agreement）。协议的主要内容为：货物由某船转运后，原船修理期间的船员工资、伙食、燃料、物料等费用，仍应列入共同海损，由船舶和货物共同分摊。

4. 港口费用。依规则11（2）第3款的规定，额外停留期间的港口费用也应列入共同海损，但仅为进行不属于共同海损的修理而支付的港口费用除外。这里的“港口费用”指的是难船进入避难港而向港口当局或有关单位支付的各种费用，包括进出港引航费、港口税、灯塔费、码头费、检疫费、进出港解系缆费及其他费用。“额外停留期间”指船舶为了处理共同海损事故而停留在避难港的期间。该期间一般为难船进入避难港开始至该船完成或应当完成继续航行的准备工作时止。例如，如船舶修理并完成出港手续共用了5天，而为联系货载问题又在避难港多停留了2天，则额外停留期间应为5天，而不是7天，另外两天发生的港口费用不应列入共同海损。如果难船报废或不继续原定航程了，则港口费用的计算应至船舶报废或放弃航程之日为止。如果船舶在卸货完毕以前报废或放弃航程，则应计算至卸货完毕之日为止。

2004年修订的《约克—安特卫普规则》对规则11进行了修改，减少了此部分可以列入共同海损的内容，规定船舶在避难港停留期间的船员工资和给养不得列入共同海损。如上所述，依旧的规定，如为了共同安全或完成航程所需的修理，船舶进入和停留在避难港以及其后驶离该地期间的船员工资和给养、船舶消耗的燃料和物料均可作为共同海损。在温哥华会议期间，有的代表提出这些费用属于滞期损失，而另一些代表却认为这些费用列入共同海损早已为许多国家的法律所接受，不应修改。最终依加拿大所提的折中方案修改，船舶在避难港额外停留期间消耗的燃料和物料可以作为共同海损受偿，但船员工资和给养不得列入共同海损。

（三）为了防止或减轻环境损害采取措施产生的费用

为了适应《1989年公约》有关对环境损害进行救助的规定的需要，1990年国际海事委员会第34届大会上，通过了对1974年《约克—安特卫普规则》规则6的修订。依该决议，涉及环境损害救助产生的救助报酬最终将作为共同海损由各方分摊，但特别补偿则不作为共同海损，不能由各方分摊。1994年《约克—安特卫普规则》进一步明确了可以由各方分摊的涉及环境损害救助费用的具体范围。依规则11（4）的规定，在下列情况下产生的为了防止或减轻环境损害而采取措施的费用可以列入共同海损：第一，为了共同的安全而请求第三方进行救助产生的救助费用；第二，依规则10（1），难船驶进驶出任何避难港或避难地点产生的费用；第三，依规则11（2），难船为了安全完成航程进行必要的修理而在港口或地点额外停留期间船长、高级船员和一般船员的工资和给养以及所消耗的燃料、物料。但如实际已有污染物漏出或排放，则为了防止或减轻污染或环境损害而采取任何额外措施的费用，不得列入共同海损受偿。

我国《海商法》“共同海损”一章参考的是1974年的《约克—安特卫普规则》，因而未涉及对环境损害进行救助所产生的费用分摊问题，而在海难救助一章已载入了有关环境损害救助的内容，这使得“共同海损”一章的内容有滞后的感觉。在制定共同海损理算规则时应将该问题订明，以弥补空白。

（四）代替费用

依1994年《约克—安特卫普规则》规则F的规定，凡为代替本可作为共同海损的费用而支付的额外的费用，可作为共同海损并受到补偿，无须考虑对于其他有关方有无节省，但其数额不得超过被代替的共同海损费用。我国《海商法》中也有关于代替费用的规定，该法第195条规定：“为代替可以列为共同海损的特殊费用而支付的额外费用，可以作为代替费用列入共同海损；但是，列入共同海损的代替费用的金额，不得超过被代替的共同海损的特殊费用。”我国《海商法》在共同海损方面参考的是1974年的《约克—安特卫普规则》的规定，1994年规则只强调整体上的节省，而无须考虑对于其他有关方有无节省。代替费用须是因合理采取的措施而产生的，代替费用应在整体上比被代替的费用较为节省。如果代替费用超过了被代替的费用，则除非船舶及货物各方另有协议，可列入共同海损的部分应只限于被代替的费用。超过部分由采取措施的一方自行承担。

Substituted expense

Any extra expense incurred in place of another expense which would have been allowable as general average shall be deemed to be general average and so allowed without regard to the saving, if any, to other interests, but only up to the amount of the general average expense avoided.①

① “*Substituted expense*”, available at http://averageadj.com/wp-content/uploads/2018/04/IST-WORKSHOP_Substituted-Expenses-compressed-copy.pdf.

在实践中，经常发生的代替费用主要有：

1. 拖带费。当避难港的修理费用过高时，常常采用拖航的办法将难船拖至原卸货港来完成运输任务。例如，某船遇难必须驶入避难港进行修理才能继续安全航行。但避难港的修理费用过高，且为了修船还需将货物卸下、重装，由此将产生共计12万元的费用。当时原目的港已相距不远，且在目的港修理的价格比在避难港要便宜。为此，船方雇用了拖船将难船拖至目的港，支付拖航费5万元，此项费用即可作为代替费用列入共同海损。

2. 临时修理费。难船一般应在避难港修理完毕才能继续航行。在这种情况下，如这种船舶的损失属于共同海损，则全部修理费也应列入共同海损。但为了节省费用，也可以在避难港仅进行临时修理，此项临时修理仅是为了完成本航次的需要，有些修理的部分在日后进行永久修理时还需拆除。依《约克—安特卫普规则》规则14的规定，如果船舶为了共同安全或对共同海损牺牲所造成的损坏在装货、停靠或避难港进行临时修理，此项修理费用应列入共同海损。如果为了完成航程而对意外损坏进行临时修理，无须考虑对于其他有关方有无节省，此项修理费用应列入共同海损，但其数额应以因此所节省的如不在该港进行临时修理本应支付并列入共同海损的费用为限。可作为共同海损的临时修理费用，不应作“以新换旧”的扣减。船舶在进行永久修理时，依规则13的规定，用新材料或新部件更换旧材料或旧部件时，如果船龄超过15年，列入共同海损的修理费用，应扣减1/3。扣减应只从新材料或新部件制成并准备安装到船上时的价值扣减。供应品、物料、锚和锚链不作扣减。

3. 货物转运费。当难船需要修理的时间较长而货物较多，此时为了节省货物卸载、重装、储存的费用，可以改由另一艘船舶将货物运至目的港，例如，“跨海”轮发生海事后，其所载的煤炭改由“华海”轮转运到意大利目的港。由此而产生的“华海”轮的运费可作为装卸、储存的代替费用列入共同海损。由于此项费用涉及的金额较高，因此在采取该措施前最好由各利害关系方协商，并将代替费用的范围订明。

4. 加班费。加班费指的是修理难船工人的加班费。如船舶的修理是为了船舶及货物的共同安全进行的，则修理工人的工资及加班费均应列入共同海损。工人加班使船舶修理得以提前完成，船舶在避难港停留的时间减短，因而节省了船员工资、给养、燃料、物料及港口费的支出，此项费用即可作为代替费用列入共同海损。

此外，雇用驳船如能节省卸货上岸存仓、运输的费用，此项可作为代替费用列入共同海损。船舶如带货入坞修理能节省卸货入坞的费用，因此而增加的入坞费用也可以作为卸货入坞的代替费用列入共同海损。可作为代替费用列入共同海损的关键是该项费用不超过被节省的金额。

第四节 共同海损的理算

一、共同海损理算的依据

如合同中没有对共同海损的理算进行约定，则应依冲突规范的规定确定共同海损理算应适用的法律。我国《海商法》第274条规定："共同海损理算，适用理算地法律。"一般来说，航程已完成的，共同海损的理算地为目的港所在地；航程中途中断的，共同海损的理算地为航程中断地。当事人在选择共同海损理算适用的规则时，通常会选择采取《约克—安特卫普规则》。《约克—安特卫普规则》并非国家法律，而是国际惯例，只有在当事人将其订入合同时，才能发挥作用。因此，除非合同中订明依《约克—安特卫普规则》进行理算，否则理算应依冲突规范规定的法律进行。

（一）1974年《约克—安特卫普规则》

如前所述，我国《海商法》"共同海损"一章是参照1974年《约克—安特卫普规则》制订的。1974年《约克—安特卫普规则》由1条解释规则、7条字母规则和23条数字规则组成。

1. 解释规则。规则规定在进行共同海损的理算时，应先依数字规则，在数字规则未予规定的情况下，才依字母规则进行理算。

2. 字母规则。字母规则的主要内容为：（1）共同海损的定义。依规则A的规定，只有在为了共同安全，使同一航程中的财产脱离危险，有意而合理地作出特殊牺牲或支付特殊费用时，才能构成共同海损行为。（2）共同海损的范围。只有属于共同海损行为直接后果的灭失、损害或费用，才能依共同海损处理。不论是在航程中或其后发生的船舶或货物因迟延所遭受的损失，如船舶滞期损失，以及任何间接损失，如行市损失，均不得列入共同海损。

In the adjustment of general average the following **lettered and numbered rules** shall apply to the exclusion of any Law and practice inconsistent therewith. Except as provided by the numbered rules, general average shall be adjusted according to the lettered rules.[①]

① Rule of interpretation, The York-Antwerp Rules 1974.

（3）举证责任。规则E规定，提出共同海损索赔的一方应负举证责任。

3. 数字规则。数字规则的主要内容为：（1）共同海损的牺牲。包括船舶损失、货物损失及运费的损失。共同海损的费用包括救助费用、避难港费用、代替费用及杂项费用。（2）共同海损的分摊价值。共同海损的分摊价值应依航程终了时财物的实际净值计算，但货物价值则应依送交收货人的商业发票确定。如无发票，则以卸船时的价值为准。（3）共同海损的担保。如就货物应负担的共同海损、救助或特殊费用收取了保证金，此项保证金应立即以船舶所有人和保证金支付人的联合名义存入双方同意的特别账户。保证金的提供、支用或退还不影响各有关方的最后责任。

（二）1990年、1994年和2004年对《约克—安特卫普规则》的修改

为了适应《1989年国际救助公约》的要求，在1990年6月29日召开的国际海事委员会第34届大会上，通过了1974年《约克—安特卫普规则》规则6的修订条文和起草决议。该决议将《1989年国际救助公约》第13条规定的为防止污染而支付的救助费用列入了共同海损，而将第14条规定的特殊补偿排除在共同海损之外。修订后的规则被定名为1990年《约克—安特卫普规则》，自1990年10月1日起适用。

1994年再次对《约克—安特卫普规则》进行了修订，此次修订使有关的规定更加明确，更加具体。主要表现在：首先，增加了“首要规则”，规定牺牲或费用，除合理作出或支付外，不得受到补偿。其次，在“字母规则”有关不属于共同海损的规定中，规则C进一步明确：环境损害或因同一航程中的财产漏出或排放污染物所引起的灭失或损害或费用不得列入共同海损。不论是在航程中或其后发生的滞期损失、行市损失和任何因迟延所遭受的灭失或损害或支付的费用以及任何间接损失均不得列入共同海损。在有关提出共同海损的内容中，增加了有关时效的内容。规则E规定：所有提出共同海损索赔的关系方应于共同航程终止后12个月内将要求分摊的灭失或费用书面通知海损理算师。如不通知或经要求后12个月内不提供证据支持所通知的索赔或关于分摊方的价值的详细材料，则海损理算师可以根据其所掌握的材料估算补偿数额或分摊价值。除非估算明显不正确，否则不得提出异议。最后，在数字规则中增加了有关环境损害救助费用的具体内容，规则11规定，可以列入共同海损的为了防止或减轻环境损害采取措施引起的费用有：（1）为了共同安全而请救第三方救助产生的救助报酬；（2）船舶驶入驶出避难港或避难地点产生的费用；（3）船舶为了安全地完成航程而在避难港或避难地点和额外停留期间合理产生的船长、高级船员和一般船员的工资、给养、所消耗的燃料、物料及港口费

用。但如实际已有污染物漏出或排放，则为了防止或减轻污染或环境损害而采取任何额外措施的费用不得作为共同海损受偿。

2004年国际海事委员会第38届大会上通过的2004年《约克—安特卫普规则》是"共同安全派"与"共同利益派"妥协的产物，以法国和美国为代表的共同利益派认为，不仅为了船货的共同安全所作出的特殊牺牲应作为共同海损受偿，而且为了财产的共同利益所支付的费用，也可以列入共同海损，由各有关方分摊。以英国为首的共同安全派则主张，只有在为了共同安全，使同一航程中的财产脱离危险，有意且合理作出的特殊牺牲或支付的特殊费用，才能作为共同海损。2004年的修改更多地体现了共同安全派的观点，对船东有一定的不利影响。例如，在国际保险联盟的力主下，救助报酬的大部分不能列入共同海损，而依1994年的规定，救助报酬是可以列入共同海损的。在临时修理费用方面，依以前的规则，临时修理费用以所节省的共损费用为限列入共同海损，不考虑船方因此节省了永修费用的问题。船方可以得到一些好处。而依新规则，临时修理费用要先减除船方所节省的永久修理费用，如有余额才可以列入共同海损。新规则扩大了船方的赔偿额而减少了货方的共同海损分摊。[①]

（三）2016年《约克—安特卫普规则》的修改

2016年5月6日，国际海事委员会在纽约举行的第42届大会上通过了约克—安特卫普规则的第11次修订版，即2016年《约克—安特卫普规则》（York-Antwerp Rules 2016，以下简称《2016年规则》）。参与此次修订过程的各方包括来自国际航运工会（International Chamber of Shipping，简称ICS）和国际海上保险联盟（International Union of Marine Insurance，简称IUMI）的代表，以及其他以个人身份参加的高级保险理赔员、律师和海损理算师。参与修订过程的各方意图制定一套新的规则，使《2016年规则》符合既定的行业习惯和航运业中各方的需求。[②] 2004年《约克—安特卫普规则》（以下简称《2004年规则》）并没有得到船东的支持且很少被纳入运输合同当中，因其不仅将大部分救助报酬排除在共同海损之外，还规定了船舶在避难港修理额外停留期间的船员工资和给养不得计入共同海损等不利于船东的规则。在《2016年规则》通过前的12年间，仍然会优先采用行之有效且易于理解的1994年《约克—安特卫普规

① 叶伟膺：《评〈2004年约克—安特卫普规则〉》，载《中国海商法年刊》（2004），第377页。

② Charles Taylor: "York Antwerp Rules 2016 Compared with the 1994 and 2004 Rules", available at https://www.charlestaylor.com/en/news/news-post/york-antwerp-rules-2016-compared-with-1994-and-2004-rules/.

则》(以下简称《1994年规则》)。[①]

《2016年规则》的修改是以《1994年规则》的文本为基础，并且保留了一些《2004年规则》中被相关利益方普遍接受的内容。相较于此前两个版本,《2016年规则》的变化主要体现在[②]:

1. 规则B完善了拖带或者顶推船舶之间共同海损的规定，旨在进一步明确海上拖航中拖船与被拖船分离行为的性质，同时明确海上拖航中进入避难港或避难地的费用。

2. 规则E完善了共同海损索赔的规则，有助于提高共同海损索赔规定的合理性和明确性。

3. 规则6重新将救助报酬应当认入共同海损，并在《1994年规则》的基础上，对救助费用的范围作出了较为严格的限定，列明五种情况下产生的救助费用不能认入共同海损。此处修改有利于平衡船、货各方的利益，为各方所接受。[③]

4. 规则11重新将驶往和停留在避难港等地产生的额外停留期间的船员工资和给养认入共同海损。

5. 规则14重新恢复了《1994年规则》及之前版本中船舶为了共同安全或对共同海损牺牲所造成的损坏而产生的临时修理费用认入共同海损范围的规定。

6. 规则21调整了共同海损损失的利息率。

7. 规则22修改了保证金的处理方式，规定应以海损理算师的名义存入特别账户，同时对特别账户的设立以及保证金的其他处理方式进一步作了较为详细的规定。

8. 规则23保留了《2004年规则》中关于共同海损分摊时效的规定，即在遵守所适用的法律中任何关于时效的强制性规定的前提下，请求共同海损分摊的一方必须在共同海损理算书发出后的一年内提起诉讼，否则包括基于共同海损保证书和担保函的索赔权归于消灭，并且在共同航程结束之日起6年后不得提起诉讼。但是，如果有关方同意，上述期限可以延长。[④]

---

① Circular 14/16-General Average-"York Antwerp Rules(YAR)2016", available at https://www.ukpandi.com/news-and-resources/rules/circular-1416-general-average-york-antwerp-rules-yar-2016.

② Lowndes & Rudolf, *The Law of General Average and The York-Antwerp Rules*, 15th ed., Sweet & Maxwell, 2019, p.114.

③ 张丽英、李倩瑶:《2016年〈约克—安特卫普规则〉规则六解读》,载《中国海商法研究》2017年第1期。

④ 叶伟膺:《〈2016年约克—安特卫普规则〉评介》,载《海大法律评论》(2016—2017),上海浦江教育出版社2018年版，第404页。

（四）《北京理算规则》

1975年1月，中国国际贸易促进委员会公布了《中国国际贸易促进委员会共同海损理算暂行规则》（以下简称《北京理算规则》），供海上运输合同当事人约定采用。与《约克—安特卫普规则》相比，《北京理算规则》的特色是：其一，手续简化。可避免烦琐的手续和计算，制作的理算报告书简明扼要，便于执行。其二，简单理算的情况。对于案情简单的案件可以做简单理算。其三，不理算的情况。对共同海损金额较小的，在征得主要有关各方的同意后，可不进行理算。其四，先确定责任。《北京理算规则》的理算原则与《约克—安特卫普规则》不同，前者是先确定责任再理算，后者是先理算再分责任。依《北京理算规则》规定，如果构成案件的事故确系运输契约一方不能免责的过失所引起，则不进行共同海损理算，但可根据具体情况，通过协商另做适当处理。《海商法》出台后，中国国际贸易促进委员会在1975年《北京理算规则》的基础上，参照1994年《约克—安特卫普规则》，对1975年《北京理算规则》做了一些修改。随着时间的推移，《北京理算规则》的一些缺陷也逐渐暴露出来，因此，很多海上货物运输合同已开始改变原来仅订有"按1975年《北京理算规则》进行理算"的提法，增加了按国际惯例或《约克—安特卫普规则》进行理算的内容。《北京理算规则》的主要内容如下：

1. 共同海损的范围。可列入共同海损的损失有：船舶的损失、货物的损失和运费的损失。可列入共同海损的费用有：救助费用、避难港费用、其他额外费用和代替费用。

2. 共同海损的理算原则。共同海损应在调查研究的基础上，明确责任、实事求是、公平合理地处理各项损失和费用的补偿和分摊。共同海损理算的举证责任归提出理算要求的一方。如构成案件的事故属于运输合同一方不能免责的过失引起的，则不进行共同海损理算。

3. 共同海损损失金额的计算。船舶损失金额依损失部分实际支付的合理修理费计算。如船舶尚未修理，则依必要修理所需费用估算。燃料、物料等损失按实际价值计算。货物的损失金额按损失部分的到岸价格，减除因损失无需支付的营运费用计算。运费的损失金额依货物受损而引起的运费损失金额，减除因损失无需支付的营运费用计算。

4. 共同海损的分摊价值。船舶的分摊价值依船舶在航程终止时的当地完好价值减除不属于共同海损的损失计算。货物的分摊价值依货物的到岸价格减除不属于共同海损的损失金额和承运人承担风险的运费计算。运费的分摊价值依承运人承担风险并于事后收得的运费加列入共同海损的运费损失金额计算。

5. 利息和手续费。共同海损的损失和费用，给予年利2%的利息。对于垫付的共同海损费用，除工资、给养、燃料、物料外，手续费为2%。

6. 共同海损的担保。共同海损的担保可以是保证金，也可以是保函。保证金应交由理算处以保管人的名义存入银行。保证金的使用由理算处决定。

7. 共同海损的时限。宣布共同海损的时限为：船舶在海上发生事故的情况下，应在船舶到达第一港口后48小时内宣布；船舶在港内发生事故的，应在事故发生后48小时内宣布。提供有关材料的时限为有关方收到通知后1个月内，但全部材料应在航程结束后1年内提供。

二、共同海损的理算

共同海损的理算人通常为提单或租船合同中指定或委托的海损理算机构或理算人。由理算人对与海损有关的各种文件进行必要的审核，确定共同海损损失金额，计算共同海损分摊价值，编制共同海损理算书的工作为共同海损的理算。

关于共同海损的诉讼与共同海损理算的关系，依《海诉法》第88条的规定，当事人就共同海损的纠纷，可以协议委托理算机构理算，也可直接向海事法院提起诉讼。没有要求必须先理算后起诉。依该规定，海事法院受理未经理算的共同海损纠纷，可委托理算机构理算。但《海诉法》并没有明确委托理算的主体是谁，对此，《海诉法解释》明确，未经理算的共同海损纠纷，由当事人自行委托共同海损理算。确有必要的，由海事法院委托理算，但是委托理算的费用由主张共同海损的当事人垫付。关于共同海损理算报告的法律地位，依《海诉法》第89条的规定，理算机构作出的理算报告，当事人没有提出异议的，可以作为分摊责任的依据；当事人提出异议的，由海事法院决定是否采纳。理算报告属于证明材料，依法应经质证程序，只有当事人无异议或虽有异议但不成立时，才可作为证据使用。

办理共同海损理算需要的文件有：（1）海事声明书。依惯例，在船舶遭遇意外事故后，船长应在到达港向公证人递交海事声明书，海事声明书应由公证机关办理公证。（2）海事报告。在船舶发生海损事故后，船长应在进入第一个到达港48小时内向港口主管机关递交海事报告。（3）航海日志摘录。（4）船舶检验证书和货物检验证书。此外，还有提单、租船合同、配载图、救助合同、各种费用单证等。

（一）共同海损损失数额的确定

共同海损的理算首先要确定共同海损损失的数额，列入共同海损范围内的损失可以获得补偿，否则只能由单方来承担。确定共同海损补偿有两个基本原则：首先，补偿应以实际受到的合理损失及支付的额外费用为限。间接损失除了依理算规则可以列入共同海损的，均不应受到补偿。其次，受到共同海损损失或支付了共同海损费用的一方在补偿以后应与未受损或支付费用的其他利害关系方处于均等地位。如前所述，共同海损的损失包括船舶的损失、货物的损失和运费的损失几种形式，我国《海商法》第198条对船舶、货物和运费的共同海损牺牲金额的确定进行了规定。

1. 船舶共同海损牺牲的金额。依《海商法》第198条第1款的规定，船舶共同海损牺牲的金额，按照实际支付的修理费，减除合理的以新换旧的扣减额计算。船舶尚未修理的，按照牺牲造成的合理贬值计算，但是不得超过估计的修理费。船舶发生实际全损或者修理费用超过修复后的船舶价值的，共同海损牺牲金额按照该船舶在完好状态下的估计价值，减去不属于共同海损损坏的估计的修理费和该船舶受损后的价值的余额计算。

上述船舶的修理费由船舶检修的费用、更换船舶零部件的费用、修理人员的工资及船坞的费用等几部分组成。如果船舶修理的项目既有共同海损的损失，又有其他的损失，则只有共同海损损失部分的修理费用可以作为共同海损牺牲的金额。例如，某轮着火，因采取灭火措施使船舶受损。船舶的修理费为人民币191 436元，其中船舶受火烧的损失修理费用为人民币184 599元，此项损失不能列入共同海损。而另外的人民币6 837元是用于洗刷上漆由于救火导致的舱底被海水沾污的损坏，可作为共同海损的损失。

船舶在修理时如需要更换零部件的，列入共同海损的金额应作“以新换旧”的扣减。因为如果被换的零部件已经老旧，则更换后新的零部件就会比以前耐用，这实际上就使船舶所有人得到了一定的好处。如不进行“以新换旧”的扣减，则此种好处就成为其他分摊方给予船舶所有人的了。为了公平起见，国际理算界在确定零部件更换的损失金额时，均会进行“以新换旧”的扣减。1994年《约克—安特卫普规则》规则13规定：“用新材料或新部件更换旧部件时，如果船龄不超过15年，列入共同海损的修理费用，不作‘以新换旧’的扣减，否则应扣减1/3。是否扣减，应按船龄确定，船龄是从船舶建成之年的12月31日起计算至共同海损行为发生之日为止。但绝缘材料、救生艇和类似小艇、通信和航海仪器和设备、机器和锅炉应按各自使用的年数确定。扣减应只从新材料或新部件制成并准备安装到船上时的价值扣减。供应品、物料、锚和锚链不作扣减。干坞费、船台费和移泊费应全部列入共同海损。船底清洗、油漆或涂层的费用不应列入共同海损，但如在共同海损行为发生之日以前12个月内曾经油漆或涂层，则油漆或涂层费用的半数应作为共同海损。”上述“以新换旧”的扣减只发生在船舶的永久性修理上，船舶的临时修理不具有永久使用价值，因此，规则14规定，可作为共同海损的临时修理费用不应进行“以新换旧”的扣减。上述干坞费、船台费及移泊费对船舶使用寿命的延长没有直接的关系，因此不进行扣减。船底清洗、油漆或涂层的费用一般不列入共同海损，其理由是由于海水的腐蚀性很强，所以船舶每次入坞年检修理均会进行清洗和油漆，而不论船底是否有损失。因此，即使船底受到了共同海损的损失，需要清洗、油漆的费用也会被作为正常的支出，一般不列入共同海损。但如果上次入坞清洗、油漆是在共同海损事故前一年内进行的，则此针对共同海损损失的清洗、油漆费用的半数可以列入共同海损。

在共同海损理算时，有时发生共同海损损失的船舶由于种种原因没有修理，例如，船舶在发生共同海损事故后还未来得及修理就被出售了，船舶发生共同海损的损失后已不值得修理了等情况。在未修理的情况下，船舶损失的补偿一般依下列两种方式确定：（1）依损失引起的合理贬值金额作为补偿的标准，在此项贬值超过了估计的修理费用时，则应以估计的修理费用为准。例如，某轮估计修理费用为20 000美元，在残损情况下出售价值为10 000美元，损失修复后估计出售价值为30 000美元，该船的共同海损补偿应依该船的贬值额30 000−10 000=20 000（美元）计算。但如估计的修理费用低于贬值额时，如修理费用为9 000美元时，则共同海损的补偿额也应以9 000美元为限。（2）如船舶已经实际全损，或估计的修理费用将超过修复后的船舶价值，则船舶损失的补偿应依船舶的估计完好价值减去不属于共同海损的估计修理费用和船舶在受损状态下的价值后的余额计算。例如，船舶完好价值为40 000美元，估计修理费用为35 000美元，其中共同海损的损失为18 000美元，非共同海损的损失为19 000美元，船舶在残损情况下出售价值为7 000美元，船舶损失修复后估计出售价值为32 000美元，船舶损失的补偿金额应为：40 000−19 000−7 000=14 000（美元）。

2. 货物损失金额的确定。依《海商法》第198条第2款的规定，货物共同海损牺牲的金额，货物灭失的，按照货物在装船时的价值加保险费加运费，减除由于牺牲无需支付的运费计算。货物损坏，在就损坏程度达成协议前售出的，按照货物在装船时的价值加保险费加运费，与出售货物净得的差额计算。例如，某轮装载原糖，途中遇海难，为了船舶及货物的共同安全，船长决定开舱抛货。被抛弃的原糖10吨，每吨价值为50英镑。如安全到达目的港，每吨运费为10元。在抛货同时引起了5吨原糖湿损，程度为50%，每吨到岸价值为60英镑。因处理受损货物每吨支付额外费用0.5英镑。抛货损失为：10×50−10×10=400（英镑），部分湿损为：5×60×50%=150（英镑），额外费用为：0.5×5=2.5（英镑），货物损失的总额应为：400+150+2.5=552.5（英镑）。

3. 运费损失金额的确定。依《海商法》第198条第3款的规定，运费共同海损牺牲的金额，按照货物遭受牺牲造成的运费的损失金额，减除为取得这笔运费本应支付，但是由于牺牲无需支付的营运费用计算。例如，某轮在途中遇海难，为了共同安全抛货400件，每件运费60美元，如果货物安全到达目的港，则应支付卸货费、码头费及其他杂费共1 400美元，运费损失的金额应为60×400−1 400=22 600（美元）。其中1 400美元为无需支付的杂费，所以要减去。

（二）共同海损分摊价值的确定

共同海损应当由受益方依各自抵达目的港或航程终止港的价值比例分摊。产生共同海损分摊的基础是采取的共同海损措施最终解除了船舶及货物的共同危险，使船舶和货物避免了全部的损失。但仅是共同海损的措施有效果还不足以构成共同海损的分摊，还必须是受益的船舶及货物的全部或一部分安全抵达目的港。如果受益的船舶及货物在共同海损事故结束又继续航行时，因另一次海损事故而全部损失，其结果仍不存在共同海损的分摊问题，因为承受分摊的标的已经不存在了。共同海损的分摊应以受益财产在目的港的价值总和为限。

参加共同海损分摊的财产一般仅限于受益的船舶、货物和运费三大项，船员生活用品、搭乘货轮的旅客的随身携带物品等零星财产习惯上不参加分摊。船舶携带的用于保卫船舶安全的武器及船上小卖部的财产习惯上也不参加分摊。在确定共同海损的分摊价值时，除了应包括由于共同海损措施而受益的船舶、货物和运费的价值外，还应加上共同海损损失的本身的金额，这是因为由于采取了共同海损措施而受到牺牲或损失的财产的所有者，可以通过分摊而取得补偿。因此，这部分牺牲的金额也应参加分摊。参加共同海损分摊的财产还须是在采取共同海损措施时在难船上的财产。在同一航程中，在共同海损事故之前已经卸下或在之后重新装载的货物，均不应参加共同海损的分摊，因为这些货主不是共同海损措施的受益方。

1. 船舶的分摊价值。依《海商法》第199条第1款的规定，船舶共同海损分摊价值，按照船舶在航程终止时的完好价值，减除不属于共同海损的损失金额计算，或者按照船舶在航程终止时的实际价值，加上共同海损牺牲的金额计算。

航程终止时的完好价值主要通过两种方式来确定：第一种是由专业船舶估价人依船舶的造价，并根据船舶使用的年限、添置的零部件等因素，扣除折旧后，计算出当时的船舶在目的港的完好价值。例如，船舶造价为100万美元，1944年12月造，1958年5月发生海事，1955年至1956年曾调换主机及部分钢板，使船舶增值。船舶1958年5月在目的港的完好价值应为100万美元减除正常折旧40%，加调换主机及部分钢板造成的增值25万美元，等于85万美元。海损造成的船舶共10万美元，其中单独海损3万美元，船舶的分摊价值为：85万－3万=82万（美元）。按照航程终止时的实际价值，加上共同海损的牺牲的金额计算出来的船舶分摊价值与上述方法计算的价值相同。在此案中，航程终止时的实际价值为完好价值85万美元减海损损失10万美元，等于75万美元，共同海损的船舶牺牲为7万美元，船舶的分摊价值为：75万+7万=82万（美元）。

船舶在目的港的完好价值的估价第二种方法是，由专业船舶估价人依被估价的船舶的有关资料，船舶总吨位、净吨位、船级、船舶甲板、轮机、货舱等情况，及同类船舶在最近市场上的成交价格，结合影响船舶价格的各种因素进行估价。为了使估价尽量准确，可以请两名估价人同时进行估价，此外，船舶的保险价值也可以作为船舶估价的参考。

2. 货物的分摊价值。依《海商法》第199条第2款的规定，货物共同海损分摊价值，按照货物在装船时的价值加保险费加运费，减除不属于共同海损的损失金额和承运人承担风险的运费计算。货物在抵达目的港以前售出的，按照出售净得金额，加上共同海损牺牲的金额计算。旅客的行李和私人物品，不分摊共同海损。

上述货物在装船时的价值为离岸的发票价格，保险费一般以综合险加战争险的费率为准，运费一般以班轮运费为准。承运人承担风险的运费是在货物运到目的港后支付的，由于货物在共同海损措施中损失掉了，此项运费也就不必支付了，所以应从分摊价值中减除。例如，某轮运送大米1 000袋，途中遇海难共损失150袋，其中为了共同的安全抛弃的大米为80袋。卸货时每袋大米的价值为400美元，到付运费为每袋10美元。货物的分摊价值的计算：货物的到岸价值为400×1 000=400 000（美元），减除不属于共同海损的损失：（150−80）×400=28 000（美元），再减因抛弃货物而无须支付的运费：80×10=800（美元），货物的分摊价值为：400 000−28 000−800=371 200（美元）。

3. 运费的分摊价值。依《海商法》第199条第3款的规定：运费分摊价值，按照承运人承担风险并于航程终止时有权收取的运费，减除为取得该项运费而在共同海损事故发生后，为完成本航程所支付的营运费用，加上共同海损的牺牲的金额计算。这里“承运人承担风险并于航程终止时有权收取的运费”，指船舶所有人或租船人在共同海损事故以后收取的到付运费，预付运费及在共同海损事故以后同一航程新揽货物所收取的运费均不属于运费的分摊价值的范围。承运人为了赚取运费需要支付各种营运费用。在发生共同海损事故时，这部分营运费用有的已经支付了，有的还未支付，例如在共同海损事故后要支付的中途港及目的港的港口费用、一部分船员的工资、承运人承担的卸货费用等。这部分费用是否支付取决于共同海损措施是否有效，并使船舶及货物安全到达目的港。如果船舶及货物经采取措施仍然全部损失了，承运人即丧失了收取到付运费的权利，但也节省了此部分未付的营运费用。反之，如果共同海损措施有效果，使船舶及货物安全到达了目的港，则此部分营运费用就无法节省。因此，在计算运费的共同海损分摊价值时，应从到付运费中减除这部分营运费用。以符合船舶、货物及运费均以各自的净值参加分摊的基本原则。例如，某轮运杂货1 500件，到付运费每件20美元，其中5美元为卸货费、码头费及其他杂费，在途中为了船舶及货物的共同安全抛弃货物300件。该案运费的分摊价值为：承运人实际收取的运费为：1 200×20=24 000（美元），减除营运费用：1 200×5=6 000（美元），加共同海损牺牲的运费:300×（20−5）=4 500（美元），运费的分摊价值为：24 000−6 000+4 500=22 500（美元）。

（三）共同海损分摊金额的计算

在确定了共同海损的损失数额及共同海损的分摊价值后，就可以计算出因采取共同海损措施而受益的各方分摊的共同海损分摊金额。在计算时首先应算出共同海损的百分率，然后再依下列公式计算出各方共同海损的分摊金额：

$$\text{共同海损百分率}=\frac{\text{共同海损损失总额}}{\text{共同海损分摊价值总额}}\times 100\%$$

$$\text{船舶共同海损的分摊金额价值}=\text{船舶共同海损分摊价值}\times\text{共同海损百分率}$$

$$\text{货物共同海损的分摊金额价值}=\text{货物共同海损分摊价值}\times\text{共同海损百分率}$$

$$\text{运费共同海损的分摊金额价值}=\text{运费共同海损分摊价值}\times\text{共同海损百分率}$$

共同海损的理算是一项十分复杂的工作，一条杂货船上往往载有上百、上千票货物，要签发几百张提单，共同海损的理算费用高达几万、几十万美元。有时会出现理算费用超过共同海损损失费用的情况，因此，共同海损的理算在有些情况下显得过于昂贵，很不经济。随着《汉堡规则》的生效，由于该规则取消了承运人的航行过失免责，同时又规定了承运人的推定过失责任制，这使得今后共同海损的理算案件可能会明显减少。因此，有人主张随着科学技术的进步，共同海损制度已经完成了其历史任务，应当废除此项制度。而另一些人则认为，任何制度都不是十全十美的。同其他运输方式相比，海上运输仍然是一种具有较大风险的运输，共同海损制度的基本原则是公平合理的。该制度已有很长的历史，并为各国的航运界、保险界及贸易界所普遍接受。在没有找到一种比它更好的代替制度之前，不应取消共同海损分摊的制度，但可以对它进行适当的改革。例如，对于小额的共同海损，应当不进行理算，而是由船舶所有人从其保险人那里得到补偿。具体做法是在船舶保险单中加入“小额共同海损条款”，规定对共同海损金额不大的共同海损案件，船方将不宣布共同海损，全部已垫付的共同海损费用应从船舶保险人处得到补偿。另一方面，共同海损理算界也在逐步努力简化共同海损的理算手续，《约克—安特卫普规则》的修改即体现了这一精神。

三、共同海损与过失的关系

共同海损的定义和构成要件中并不考虑危险的来源，在由于当事人的过失产生危险的情况下也不需要考虑过失的性质，无论当事人对过失能否免责，均可以构成共同海损。但是，在决定是否可以要求其他方分摊时，则要考虑共同海损与当事人过失的关系。根据我国《海商法》第197条的规定及国际惯例，引起共同海损特殊牺牲、特殊费用的事故，是由于航程中的一方可以免责的过失造成的，其他受益方应当分摊；由于航程中的一方不可免责的过失造成的，该过失方不仅应承担自己的牺牲和费用，不能要求其他方分摊，而且应对其他方的损失负赔偿责任；当引起共同海损特殊牺牲和特殊费用的事故是否是由航程中一方的过失引起以及对该过失可否免责暂时处于不确定状态时，可以先理算，后分摊，即待查清事实、分清责任后，再决定能否要求其他方分摊。此种处理方法旨在避免共同海损各当事方因共同海损事故责任争执而扩大财产损失，增加不必要的迟延等情况，有利于及时、公平、合理地解决共同海损事故。

【重要术语提示与中英文对照】

编号	中文术语	英文对照
1	共同海损	general average
2	共同海损分摊	contribution to general average
3	共同海损百分率	general average percentage
4	共同海损利息	interest on general average
5	共同海损条款	general average clause
6	共同海损补偿	allowances under general average
7	共同海损担保函	general average guarantee
8	共同海损的宣布	declaration of general average
9	共同海损追偿	recovery of general average
10	共同海损牺牲	general average sacrifice
11	共同海损损失	general average loss
12	共同海损费用	general average expenditure

续表

编号	中文术语	英文对照
13	共同海损理算	general average adjustment
14	共同海损检验	general average survey
15	约克—安特卫普规则	York-Antwerp Rules
16	数字规则	the numeral rules
17	解释规则	rule of interpretation
18	海损理算师	average adjusters
19	不可分离协议	non-separation agreement

【思考与辨析】

1. 共同海损的成立应具备哪些要件?
2. 共同海损损失金额应如何确定?
3. 共同海损与过失的关系是怎样的?
4. 请辨析下列说法是否正确：船上发生火灾，船长命令抛弃已燃烧的货物，该项损失属于共同海损的牺牲。
5. 请辨析下列说法是否正确：为了赶紧避风将锚链割去而引起的损失属于共同海损的牺牲。
6. 请辨析下列说法是否正确：抛弃已损坏的货物及船舶设备属于共同海损的牺牲。
7. 下列哪几项属于共同海损? A. 为防止船舶沉没而主动搁浅；B. 抛弃已燃烧的货物；C. 为起浮而抛弃货物；D. 为给船的牲畜加草料而绕航产生的费用。

【扩展阅读文献提示】

1. 张丽英，李倩遥. 2016年《约克—安特卫普规则》规则六解读. 中国海商法研究，2017（3）.
2. 叶伟膺. 评析对《约克安特卫普规则》的修订. 中国远洋航务，2013（2）.
3. 蒋跃川. 共同海损. 北京：法律出版社，2009.
4. 周斌，李建民，刘正江. 共同海损制度何去何从——析UNCITRAL运输法公约对共同海损制度的影响. 航海技术，2009（4）.
5. 彭高俭. 认识《约克安特卫普规则》的几个重要角度. 中国海商法年刊，2007.
6. 岳瑞芳. 2004《约克—安特卫普规则》修改. 法制与社会，2007（12）.

7. 叶伟膺.《1994年约克—安特卫普规则》和《2004年约克—安特卫普规则》的对比. 中国海商法年刊，2005.

8. 孙丹，张鹏. 论共同海损的法律性质与发展. 航海技术，2006（6）.

9. 尚清. 谈《约克—安特卫普规则2004》对共同海损制度之影响. 世界海运，2005（6）.

10. 陈若鸿. 2004年《约克—安特卫普规则》修订综述. 山西大学学报（哲学社会科学版），2005（3）.

11. 叶伟膺. 评《2004年约克—安特卫普规则》. 中国海商法年刊，2004.

12. 王恩韶，许履刚. 共同海损. 大连：大连海事大学出版社，1996.

【拓展阅读】

研究导引

★ 共同海损的性质

★ 共同海损规则的新发展

扩展英文阅读资料

★ Commentary on The York-Antwerp Rules 2004

★ Barnardv. Adams

精选案例

★ “韩进不来梅”轮共同海损成立争议案

★ “铨宝湖”共同海损与过失的关系及举证责任争议

【自测习题】

Maritime Law
海商法学

第十一章　海事赔偿责任限制

本章教学目的与要求

了解海事赔偿责任限制制度的演变，明确责任限制制度主体上的变化。重点掌握责任限制的主体、限制性债权与非限制性债权的具体内容以及责任限制基金的设立。对有关海事赔偿责任限制的1957年公约和1976年公约的内容也应有所了解。

第一节　海事赔偿责任限制概述

一、海事赔偿责任限制的概念

The Limitation Act permits a shipowner to limit its liability following maritime casualties to the value of the owner's interest in its vessel and pending freight, provided that the accident occurred without the privity or knowledge of the owner. ①

海事赔偿责任限制制度指当船舶在因航行事故或船长、船员的行为产生重大民事责任时，船舶所有人在自身无过错或不知情或未参与的情况下，可将其承担的损害赔偿责任限制在法律规定的限度之内的制度。据此，船舶所有人不必对因此而造成的损害承担实际的全额赔偿责任，而只是在法律规定的限额之内承担责任。有关海事赔偿责任限制制度最早的记载见于13世纪意大利的《海事法汇编》，该法有关船舶共有人的责任以其所认股份为限度的规定被认为是海事赔偿责任限制的萌芽。海

① 46 U.S.C. app.§183(a) (2000).

事赔偿责任限制正式出现于1681年法国海商法敕令大全中。1681年法国路易十四颁布的《海事敕令》规定，船舶所有人的责任以无限责任为原则，但允许采用委付制度。这一原则后被著名的《法国商法典》所采纳。《法国商法典》第216条规定："对于船长在有关船舶及海上运送事项中所为的行为，及依契约所产生的义务，船舶所有人应负民事上的责任"，但"船舶所有人在一切场合，如委付其船舶及运费时，得免除其前项义务"。这种委付制是海事赔偿责任限制最早的表现形式。由于海事赔偿责任限制的主体主要是船舶所有人，所以，海事赔偿责任限制又被称为船舶所有人的责任限制，海事赔偿责任限制制度经过多年的演变先后出现了委付制、执行制、船价制和吨位金额制等几种形态。

二、海事赔偿责任限制与单位责任限制的关系

本章所阐明的"海事赔偿责任限制"与本书第三章中的"单位责任限制"既有区别又有联系。区别在于："海事赔偿责任限制"是一种综合责任限制，其针对的责任可以是人身伤亡的责任，也可以是财产损害的责任，此种海事赔偿请求可以是依合同关系提出的，也可以是依侵权关系提出的。而"单位责任限制"则是一种单项赔偿责任限制，其针对的只是货物运输的最高赔偿限额，即货物运输的承运人对所运每件货物或每单位货物的最高赔偿限额。一艘载货船发生事故后，就有可能同时涉及"海事赔偿责任限额"与"单位责任限额"，依前者可以确定承运人对每位提单持有人的赔偿限额，依后者可以确定承运人对该提单持有人的赔偿限额。当两者不一致时，一般来说，如单位责任限额小于海事赔偿责任限额，则以单位责任限额为准；如单位责任限额大于海事赔偿责任限额，则以海事赔偿责任限额为准。在这种情况下，前者为一次限制，后者为二次限制。

三、海事赔偿责任限制的种类

（一）委付制

委付制指船舶所有人负人的无限责任，但可将海上财产委付给债权人，以此作为其责任限制。海上财产指的是船舶及运费。在船舶所有人将船舶及运费委付给债权人后，就仅负物的有限责任了。委付制是一种航次制度，即对每一航次发生的债务，以船舶及该航次的运费承担责任。委付制的优点是船舶所有人负的责任比较明确，不论其船舶所造成的损失大小，船舶所有

人均可以委付其船舶而负物的有限责任。在债权人一方面，对其所能受到偿付的财产也完全清楚。委付制的缺点是委付必须经表示才能生效，否则，船舶所有人仍需负无限责任。而由于船舶估价并不容易，船舶所有人很难决定是否委付。此外，在委付制下，船舶所有人的责任所依据的是海上财产的价值，无论船舶吨位及造成的损失大小，船舶所有人的责任均是一样的，这就造成了船舶价值越大，船舶所有人的责任越重。船舶如果灭失了，船舶所有人的责任就随着船舶价值的消失而不存在了，也就不必负责任了。

（二）执行制

执行制指船舶所有人以海上财产承担赔偿责任，债权人只能对海上财产主张赔偿，并对其强制执行。德国采用此制度。在日耳曼法系海法中，由于受路易海法的影响，在船舶所有人的责任限制上，曾出现过物的有限责任和委付的有限责任两种形态。德意志普通商法颁布以后才摆脱了路易海法的影响，明确了以物的有限责任为基础的执行制度。《德意志商法典》海商法编第486条规定，船舶所有人对于下列第三人的请求，不负对人的责任，而仅就本航次船舶及运费负其责任。因此，债权人可以申请强制执行的仅为船舶所有人所属的与债权的发生有关系的船舶及运费，不能就船舶所有人的其他财产进行强制执行。执行制将船舶所有人的财产分为海产和陆产，债权人可以强制执行的仅限于其海产。执行制也是一种航次制度，如果船舶非因船舶所有人的故意或过失而灭失，则债权人的债权也因执行标的的灭失而失去执行的能力。

执行制与委付制有许多相似的地方：首先，两者均为航次制度，船舶所有人的责任以船舶及本航次的运费为限，如果船舶灭失，债权即得不到满足。其次，两者均具有物的有限责任的特点，执行制无疑是以物的有限责任为基础，委付制是人的无限责任与物的有限责任的结合，当船舶所有人将其船舶及运费委付给债权人之后，船舶所有人应仅负物的有限责任了。最后，两种制度中的债权人对海上财产的分摊均须依海事优先权的顺序进行。

执行制与委付制的区别在于：委付制中船舶所有人所负的首先是人的无限责任，只有在委付船舶后，才变为物的有限责任，如果不委付或委付的原因消失，则船舶所有人仍须负人的无限责任。而在执行制下船舶所有人的责任始终以海上财产为限。其次，在结果上，委付后的船舶的所有权转归债权所有，债权人可以对其进行处分，或将其拍卖，或留作自用。而执行制则并不涉及船舶所有权的转移。执行标的经拍卖所得的金额如不足以清偿债务，对于不足部分，船舶所有人可以免责，如有余额则须退还船舶所有人。

（三）船价制

船价制指以航次终了时的船舶价值作为船舶所有人的最高赔偿责任限额的责任制度。第一个采用船价制的国家是英国，英国1733年的《船舶所有人责任法》改变了以往依普通法船舶所有人不能享受责任限制的做法，规定船舶所有人的责任限制在船价和运费上，①后英国放弃了船价制，改用吨位金额制。其首创的船价制被美国采纳。在我国《海商法》通过以前，我国有关船舶所有人责任限制的主要依据是1969年交通部《关于海损赔偿的几项规定》，该规定采用的责任限制形式是船价制，规定海损的最高赔偿额，以船舶价值、运费和开航以后船舶受损失修复所应得的赔偿为限。我国《海商法》放弃了船价制，第十一章"海事赔偿责任限制"主要参照的是1976年《海事赔偿责任限制公约》（以下简称《1976年公约》），因而也采用了与公约一致的吨位金额制。

The limitation fund is generally equal to the amount of the owner's interest in the vessel and pending freight. The value of the vessel is determined at the termination of the voyage or marine casualty. If a vessel is a total loss, then its value is zero.②

船价制是一种以航次为单位的人的有限责任制度，船舶所有人的责任原则上是以航次终了时的船舶价值、本航次的运费及船舶受损未经修复应得的受偿额为限。在船价制下，船舶所有人可以提供相当于船价及运费的基金，以使船舶获得释放。如果船舶所有人不能提存船价，则可将船舶委付给债权人以免除其责任。此种制度优于执行制的特点在于，船价制避免了执行制下烦琐的拍卖程序。在船舶所有人提供了相当于船价和运费的基金或担保后，债权人的债权清偿即得到了保证，不一定非通过对标的物的执行来满足其债权。同时，此种制度又不影响债务人对船舶的利用。该制度的缺点是债权人的债权是否能得到满足仍然要取决于海上财产的状况。因为船价制是一种以航次终了时的船舶价值及运费为限额的制度，与执行制和委付制一样，一旦船舶灭失，债权人的债权仍得不到清偿。此外，船舶的估价一向是一个容易产生争议的困难问题。

① Christopher Hill, *Martime Law*, 2 nd ed.,Lloyd's of London Press, 1985, p.237.

② *Norwich & N.Y. Transp. Co. v. Wright*, 80 U.S. (13 Wall.) 104 (1871).

（四）吨位金额制

吨位金额制是以发生债务的船舶的登记吨乘以每吨的赔偿金额来计算船舶所有人最高赔偿限额的制度。1894年的英国《商船法》放弃船价制改采吨位制，[①]即船舶所有人对每一次责任事故所负的责任以船舶的登记吨位乘以每一吨的赔偿额来确定责任限额。《商船法》规定，对物的损害按每吨8英镑计算，对人的损害按每吨15英镑计算。美国在1935年以前采用船价制，1935年《美国船舶所有人责任法》规定对人的损害采用吨位制，即对于人身伤亡索赔的责任限额不足每吨60美元的，补足到每吨60美元。与上述三种制度相比，吨位金额制具有一定的优越性：首先，依吨位金额制，船舶所有人的责任限额是事先确定好的，不论船价低于还是超过该数额，船舶所有人均需负同样的责任，这样避免了在委付制和船价制中船舶价值越大，船舶所有人的责任越重，不利于船舶进行不断更新和建造的缺点。其次，依船舶吨位确定责任限额，使受害人的补偿处于稳定状态，避免了前三种制度的共同缺陷，即因船舶灭失而使受害人的利益得不到相应的保护。再次，采用吨位金额制的手续较前三种制度要简单得多。该制度的缺点是受通货膨胀的影响，用吨位金额制确定的责任限额往往会低于船舶价值。

（五）我国的规定

我国《海商法》第十一章“海事赔偿责任限制”是参照《1976年公约》制订的，采用的是国际通行的吨位金额制。考虑到远洋运输与沿海运输存在一定的差异，以及不足300总吨船舶的特殊性，我国《海商法》第210条第2款和第211条第2款有关责任限制的规定不适用于总吨位不足300吨的船舶，从事我国港口之间的运输的船舶，从事沿海作业的船舶，以及从事沿海港口之间海上旅客运输的船舶。为此，1993年，交通部制定并发布了《关于不满300总吨船舶及沿海运输、沿海作业船舶海事赔偿限额的规定》和《中华人民共和国港口间海上旅客运输赔偿责任限额规定》。在海事赔偿责任限制的程序方面，应当适用《海诉法》及《海诉法解释》规定。为了解决司法实践中存在的困难和问题，最高人民法院经过充分调研和广泛征求意见，于2010年通过了《最高人民法院关于审理海事赔偿责任限制相关纠纷案件的若干规定》（以下简称《责任限制解释》）。司法解释包括程序和实体两部分内容。在程序方面，主要是关于海事赔偿责任限制相关案件的管辖规定；在实体方面，主要是对《海商法》有关条款的理解。

---

① Christopher Hill, *Martime Law*, 2 nd ed., Lloyd’s of London Press, 1985, p.237.

第二节　海事赔偿责任限制法律关系

一、海事赔偿责任限制的主体

责任限制的主体是指有权享受责任限制的人。责任限制的主体最初只限于船舶所有人，这也是“海事赔偿责任限制”又被称为“船舶所有人的责任限制”的主要原因。随着海上运输业的不断发展，越来越多的行业涉及海运业，同时也有越来越多的人承担了海上的风险。责任限制的主体范围在国际立法上也有扩大的趋势。我国《海商法》有关海事索赔责任限制主体的规定是参照《1976年公约》制定的，依我国《海商法》，责任限制的主体主要有以下四类：

（一）船舶所有人

依《海商法》第204条规定，船舶所有人、救助人，对本法第207条所列海事赔偿请求，可以依照本章规定限制赔偿责任。前款所称的船舶所有人，包括船舶承租人和船舶经营人。

1. 船舶所有人。船舶所有人有狭义和广义之分。狭义的仅指登记为船舶所有人的人。广义的则除登记为船舶所有人的人外，还包括承租人和船舶经营人。我国《海商法》在船舶所有人上采用了广义的表述，规定船舶所有人包括船舶承租人和船舶经营人。在船舶已转让但未登记时，船舶所有人是否必须是登记的所有人的问题，依2001年《全国海事法院院长座谈会纪要》第2条的规定，未经船舶所有权登记的船舶买受人不能以不是船舶登记所有人为由，主张免除对他人应当承担的民事责任或者义务。该规定涉及未经登记的非买受人应当承担责任，从另一方面证明，未经登记的买受人也可以限制责任。

2. 船舶承租人。这里的船舶承租人包括了光船租船人、航次租船的承租人及定期租船的租船人。此外，实践中，舱位承租人可就其使用部分，按比例主张责任限制，转租承运人也可以限制责任。

3. 船舶经营人。对于船舶经营人该法没有一个明确的定义，《1976年公约》也未对此下定义，实践中，对船舶经营人的认定常常产生困难，为此，《责任限制解释》第12条明确，《海商法》第204条规定的船舶经营人是指登记的船舶经营人，或者接受船舶所有人委托实际使用和控制船舶并应当承担船舶责任的人，但不包括无船承运业务经营者。实践中船舶经营人的名称往往不在船舶证书上载明，在此种情况下，将船舶经营人界定为接受船舶所有人委托实际使用和控制船舶并应当承担船舶责任的人较为合理。[①]关于无船承运业务经营者，从《国际海运条例》第7条的规定可看出其经营业务的特点，依该条规定，无船承运业务是指无船承运业务经营者以承运人身份接受托运人的货载，签发自己的提单或者其他运输单，向托运人收取运费通过国际船舶运输经营者完成国际海上货物运输，承担承运人责任的国际海上运输经营活动。可见，无船承运人的特点是无船和经营运输，并非经营船舶，其与船舶之间不存在利益关系。所以无船承运业务经营者不应包括在船舶经营人的范围内，不能作为船舶经营人成为享受海事赔偿责任限制的主体。

The owner of any vessel may petition for limitation of liability under the Limitation of Vessel Owner's Liability Act. The Act is available to both American and foreign vessel owners.[②]

（二）救助人

《海商法》第204条列明救助人为海事索赔责任限制的主体，因此，救助人无论是在本船实施救助，还是离开本船对他船进行救助，均可以享有责任限制的权利。

（三）船舶所有人及救助人的雇用人

《海商法》第205条规定："本法第二百零七条所列海事赔偿请求，不是向船舶所有人、救助人本人提出，而是向他们对其行为、过失负有责任的人员提出的，这些人员可以依照本章规定限制赔偿责任。"这里的"对其行为、过失负有责任的人员"，指的是船舶所有人及救助人的雇用人，包括船长、船员及其他雇用人员。依"替代责任"原则，这类人引起的责任最终是由船舶所有人来承担的。"替代责任"原则指船舶所有人对船长、船员、引航员及其他船上服务人员因在雇用期间的过失造成的损害负替代赔偿的责任的原则。替代原则的依据是船长及船员在受雇期间是依其雇主的指令行事的。适用该原则的条件是：船长、船员及其他雇用人员的过失是在任职期间执行职务时所为的。由于船舶所有人的雇用人的过失责任最终是由船舶所有人来承担的，如不将其雇用人纳入责任限制的范围，该制度的保护作用就会大大削弱。因此，为

① 王淑梅：《〈关于审理海事赔偿责任限制相关纠纷案件的若干规定〉的理解与适用》，载《人民司法》2010年第19期，第24页。

② 46U.S.C. app. §183 (2000).

了避免原告避开船舶所有人责任限制的规定，转而向其雇用人提起赔偿的请求，使船舶所有人最终仍然会成为全部责任的承担者，《海商法》明文规定，船舶所有人及救助人的雇用人也可以享受责任限制。

（四）责任保险人

依《海商法》第206条的规定，被保险人依法律的规定可以限制赔偿责任的，对该海事赔偿请求承担责任的保险人，也有权依法享受相同的赔偿责任限制。《1976年公约》增加规定了责任保险人为责任限制的主体，其原因是为了避免受一些地方法律的影响，使保险人作为最终受诉人而产生不利的结果。依一些国家的法律，根据直接诉讼法，保险人承担的责任往往要大于被保险人的责任。在*The Yarmouth Castle*案[①]中，法院认为，依巴拿马的法律，保赔协会应作为船舶"遗产"的一部分来确立责任限制基金。可以看出，保险人间接地成为海上风险的承担者，因此，将其纳入责任限制的主体的范围是合理的。当然，也有的国家不允许保险人限制其责任。[②]

A **shipowner's insurer** is not authorized to limit liability under the Limitation Act. Most states do not allow a direct action by an injured party against the tortfeasor's liability insurer. Thus, a party who is precluded from recovering full damages from a vessel owner who has successfully limited its liability may not proceed directly against the vessel owner's insurer to recover its full damages.[③]

二、责任限制适用的船舶

海事赔偿责任限制适用于符合《海商法》第3条规定的船舶，即海船和其他海上移动装置，军事的、政府公务的船舶、20总吨以下的小型船艇除外，即责任限制适用的船舶仅包括《海商

---

① Greenman, Donald C, Limitation of Liability Unlimited, 32 *Journal of Maritime Law and Commerce* 279–315 (2001).

② Robert Force, *Admiralty and Maritime Law*, US Federal Judicial Center 2004, p.138.

③ *Md. Cas. Co. v. Cushing*, 347 U.S. 409 (1954).

法》规定的船舶，内河船舶不适用海事赔偿责任限制的规定。[①]

对于不满300总吨的船舶，从事沿海运输、沿海作业的船舶，及从事国内港口间海上旅客运输的船舶的责任限制，不适用《海商法》第210条及第211条的规定，交通部于1993年制定并发布了《关于不满300总吨船舶及沿海运输、沿海作业船舶海事赔偿限额的规定》(以下简称《不满300总吨船舶赔偿限额的规定》）和《中华人民共和国港口间海上旅客运输赔偿责任限额规定》。实践中会出现同一海事事故，其中一艘为300总吨以下船舶或从事中国港口之间货物运输的船舶，另一艘为300总吨以上的外轮或从事中外港口之间货物运输船舶的情况。对于此种情形，依交通部《不满300总吨船舶赔偿限额的规定》第5条规定，同一事故中的当事船舶的海事赔偿限额，有适用《海商法》第210条或本规定第3条规定的，其他当事船舶的海事赔偿限额应当同样适用。从文义解释出发，该条针对的是当事船舶之一为国际航线船舶的情况。在此种情况下，为避免发生船旗歧视的问题，沿海船舶的限额应当适用相同的标准。

三、限制性债权和非限制性债权

债权是指在债的关系中，债权人要求债务人为一定行为和不为一定行为的权利。限制性的债权是指在海事赔偿责任限制的法律制度中允许责任主体用责任限制对抗的债权。而非限制性的债权就是责任主体不能以责任限制对抗的债权。哪些债权的责任主体可以限制责任，哪些债权不能限制责任均是由法律规定的。限制性债权与非限制性债权的范围反映了国家的海运政策和传统。由于各国的国情不同，有关限制性债权的法律规定也不尽相同。

（一）限制性债权

我国有关限制性债权的规定是参照《1976年公约》制定的，依我国《海商法》第207条的规定，下列海事赔偿请求，除《海商法》第208条和第209条另有规定外，无论赔偿责任的基础有何不同，责任人均可以依照本章规定限制赔偿责任：

1. 在船上发生的或者与船舶营运、救助作业直接相关的人身伤亡或者财产的灭失、损坏，

① 王淑梅：《关于海事赔偿责任限制若干问题的调研报告》，载《涉外商事海事审判指导》2008年第1辑，人民法院出版社2008年版，第196页。

包括对港口工程、港池、航道和助航设施造成的损坏，以及由此引起的相应损失的赔偿请求。只要表明损失发生"在船上"或"与船舶的营运或救助作业"直接相关，责任人即可主张责任限制。如在船舶入坞检修时，虽然船舶未位于海上，但在船上发生的人身伤亡。再如，修船工人在岸上对船壳、船底进行外部维修或保养时，虽然有关作业不在船上或海上，但作业"与船舶的营运或救助"有关，在该作业中发生的人身伤亡或财产的损害。

2. 海上货物运输因迟延交付或者旅客及其行李运输因迟延到达造成损失的赔偿请求。由于我国《海商法》在货运部分将迟延交货列为承运人的责任之一，在旅客运输部分将旅客及行李运输的迟延规定为承运人的责任范围，因此，规定承运人可以限制责任。

3. 与船舶营运或者救助作业直接相关的，侵犯非合同权利的行为造成其他损失的赔偿请求。"非合同权利"是指伴随违约行为所导致的但又不属于合同标的物的财产损失。如在救助船舶的拖带作业中，由于救助船的过失使被拖船与他船碰撞。如他船向被拖船索赔，被拖船向他船承担侵权责任后，可依违约之诉向救助船追偿，但索赔的内容却超出了合同的权利范围。

4. 责任人以外的其他人，为避免或者减少责任人依照本章规定可以限制责任的损失而采取措施的赔偿请求，以及因此项措施造成进一步损失的赔偿请求。如救助人为了防止污染采取了防范措施，结果反而导致了油污的发生。

Article 207 of the PRC Maritime Law sets out the following four **categories of maritime claims:**

1. Compensation claims for personal or property injuries sustained on board the vessel or directly related to the operation of the vessel or salvage operation, including claims for damages to harbour works, harbour pools, channel, navigation aid installations;

2. Compensation claims for losses arising from delay in delivery of cargo, or delay in the arrival of passengers and their luggage at the scheduled port of destination;

3. Compensations claims for losses caused by a tortuous act which is directly related to the operation of the vessel or the salvage operation; and

4. Compensation claims for losses and aggravated losses caused by a third party for the purpose of reducing or avoiding the responsible party's liability imposed in Articles 204—215 of the Maritime Law.

该条规定与《1976年公约》规定的限制性债权的不同之处在于，该条没有包括《1976年公约》中有关清除或打捞沉船的债权，即第四项［为使沉船、残骸、搁浅或被弃船（包括船上的任何物品）得以起浮、清除、销毁或使之无害引起的债权］和第五项（为使船上货物得以清除、销毁或使之无害）。关于这两项债权，《1976年公约》沿用了1957年《船舶所有人责任限制公约》(以下简称《1957年公约》)的做法，将其列为可保留的条款。原因是沉船的清除涉及航道的畅通，如果允许限制责任，则可能造成沉船清除上的经费不足，给航行安全带来威胁。为此，公约允许参加国在加入公约时有保留的选择权。

赔偿请求可以用多种方式提出，例如，原告可依合同要求赔偿，也可依侵权责任要求赔偿，为了防止原告变换方式提出赔偿请求，从而绕开责任限制的规定，以达到剥夺责任者应享有的责任限制的权利，《海商法》第207条第2款规定："前款所列赔偿请求，无论提出的方式有何不同，均可以限制赔偿责任。但是，第(四)项涉及责任人以合同约定支付的报酬，责任人的支付责任不得援用本条赔偿责任限制的规定"。

(二)非限制性债权

我国《海商法》第208条规定的非限制性债权也是参照《1976年公约》的规定制定的。依该条的规定，非限制债权包括：

1. 对救助款项或者共同海损分摊的请求。该项不列入责任限制的范围，是因为对救助款项，各国一般均规定了财产救助费用的限度，即不应超过被救财产的价值，所以应将救助费用排除在责任限制的范围之外。共同海损的牺牲和费用本来是应由船货共同分摊的，如果允许船舶所有人对其分摊部分提出责任限制，则对货方就有失公平。因此，各国一般均将此项请求列为非限制性债权。

2. 中华人民共和国参加的国际油污损害民事责任公约规定的油污损害的赔偿请求。该项债权是关于油污损害民事责任的，《1976年公约》规定其为非限制性的债权，其理由是在这方面已经通过了1969年《国际油污损害民事责任公约》，该公约采用的是严格责任制，虽然也允许船舶所有人限制责任，但其责任限额却大大超过了《1976年公约》规定的责任限额。因此，《1976年公约》规定将此项债权列为非限制性债权。我国已加入1969年《国际油污损害民事责任公约》，有关油污损害责任的问题应适用该公约的规定。

3. 中华人民共和国参加的国际核能损害责任限制公约规定的核能损害的赔偿请求。有关核能损害责任有专门的国际公约，所以有关的问题应依专门的立法来调整。

4. 核动力船舶造成的核能损害的赔偿请求。该项与上一项是同样的原因，即有关核动力船舶造成的损害应依专门的立法来调整。

5. 船舶所有人或者救助人的受雇人提出的赔偿请求，根据调整劳务合同的法律，船舶所有人或者救助人对该类赔偿请求无权限制赔偿责任，或者该项法律作了高于本章规定的赔偿限额的规定。该项债权被列入非限制性的债权主要是为了保护船长、船员及受雇人的利益，对于船长、船员及雇用人员基于雇用合同而产生的工资及人身伤亡的索赔请求，船舶所有人不能限制责任。

Article 208 of the PRC Maritime Law sets out the following categories of liability where the **limited liability is not available:**

1. Claims relating to salvage payment or contributions to general average;
2. Compensation claims arising from oil pollution regulated by the relevant international conventions on civil liability for oil pollution to which China is a signatory;
3. Compensation claims for damages caused by nuclear power as regulated by international conventions on civil liability for unclear damages to which China is a signatory;
4. Compensation claims for damages caused by nuclear vessels; and
5. Compensation claims of the employees of the vessel owner or relevant labour laws or that such claims are subject to a higher liability under the relevant labour laws.

四、责任限制的丧失

我国《海商法》第209条在责任限制的丧失上采用的是与《1976年公约》大致相同的规定，该条规定：“经证明，引起赔偿请求的损失是由于责任人的故意或者明知可能造成损失而轻率地作为或者不作为造成的，责任人无权依照本章规定限制赔偿责任。”所不同的是，公约采用的是“责任人本人”的措辞，而我国《海商法》采用的是“责任人”，这使得在司法实践中产生了许多的争议。为此，《责任限制解释》第18条明确规定，《海商法》第209条规定的“责任人”是指“责任人本人”。海事请求人以船舶不适航为由主张责任人无权限制赔偿责任，但不能证明引起赔偿请求的损失是由于责任人本人的故意或者明知可能造成损失而轻率地作为或者不作为造成的，不予支持。依该条规定，船员的过失并不是船舶所有人丧失赔偿责任限制的条件。

对于什么是“故意或者明知可能造成损失而轻率地作为或者不作为”，《1976年公约》和《海商法》均没有明确的解释，司法实践主要涉及下列情况：（1）责任人故意造成损失丧失责任限制。实践中故意造成损失一般是船东的恶意行为，在此种情况下，船东不但会丧失责任限制的权利，还可能会被追究刑事责任。（2）明知可能造成损失而轻率地作为或不作为。“明知”和“轻率”来源于《1976年公约》，但公约对此也未做解释。何为“明知”和“轻率”有赖于法官通过判例作出解释。例如，在下列“春木一号”案中，法官认为该轮在严重不适航的情况下违规冒险进港，构成了《海商法》第209条规定的“明知”可能造成损失而“轻率”地作为，因此，船东无权限制其赔偿责任。（3）责任人本人的过失。何为“责任人本人”，在实践中有较大争议。因为实践中通常经营船舶的并非自然人，往往是公司的形式。一些观点认为“责任人本人”应当是船舶所有人，包括船舶承租人、经营人和救助人，责任人本人不应包括船员。[①]

英国有判例认为，船舶所有人缺乏有效的监管即为船舶所有人本人的过失。例如，在*the* “*Lady Gwendolen*”案[②]中，法院认为，“Lady Gwendolen”轮所属公司未能恪尽职责改变船长在雾中不减速航行的陋习，及未指导船长在雾中航行时正确使用雷达，从而导致事故的发生。公司的此种过失即为实际过失或明知，从而剥夺了船东享受责任限制的权利。没有指示船长遵守分道通航制的规定也是船舶所有人本人的过失。例如，在*the*“*Alletta*”案[③]中，该轮在泰晤士河航行因没有遵守分道航行制而发生了碰撞事故。该船的船舶所有人请求限制其责任。法院认为，由于船舶所有人未向船长提交泰晤士河航行守则，以致船长不了解在该河航行的有关规定而引起碰撞。因而船舶所有人有实际过失，不能享受责任限制的权利。此外，船舶装备上的问题，如没有对失效的雷达进行修理、没有了解法定义务的执行情况、工作系统不安全、没有聘用具有适任证书的高级船员、没有向船员提供最新的航行资料等，均可认为是船舶所有人本人的“实际过失或知情”。当然，如果过失是与船舶所有人无关的船长和船员本身的过失，则不影响船舶所有人限制责任的权利。但当船长和船员本人又是船舶所有人时应当如何处理呢？依*The “Annie Hay”*案[④]确立的原则，应首先判定其是以什么身份所犯的过失，如果是在执行船长职务时犯的过失，例如，是驾驶船舶的过失，则不应使其丧失责任限制的权利。但如果是作为船舶所有人而为某种行为时所犯的过失，则不能限制其责任。

【案例】“春木一号”轮海事赔偿责任限制的丧失争议案[⑤]

“春木一号”轮海事赔偿责任限制案是关于海事赔偿责任限制权利丧失的案例。在该案中，韩

① 王淑梅：《关于海事赔偿责任限制若干问题的调研报告》，载《涉外商事海事审判指导》2008年第1辑，人民法院出版社2008年版，第197～200页。

② *The* “*Lady Gwendolen*” [1965] 1 Lloyd’s Rep.335.

③ *The* “*Alletta*”[1974]1 Lloyd’s Rep.40.

④ *The* “*Annie Hay*” [1968] 1 Lloyd’s Rep.141.

⑤ 参见中国海事审判网站，https://cmt.court.gov.cn。

国租赁发展有限公司（以下简称租赁公司）所属的韩国籍“春木一号”轮（M/V NO.1 CHUNGMU）于1995年3月4日装载3865508K/L液体化学品苯乙烯单体，从韩国DEASAN港开出，9日抵达湛江港与“昌通一号”轮发生碰撞，导致约209.108吨苯乙烯液体泄漏入海。我国农业部渔业环境监测中心南海区监测站、广东省渔业环境监测站和湛江渔业环境监测站经联合调查认为：湛江港较大范围内的水环境及大气环境已明显受到“春木一号”轮泄漏的苯乙烯污染，污染海域范围达160平方公里；湛江港的海水养殖业、滩涂护养增殖遭受明显的损害。

1996年7月19日，广东省湛江渔业协会（以下简称渔业协会）受遭本次污染损害的渔业、养殖业、旅游业等单位和个人的委托，向海事法院提起海域污染损害赔偿的诉讼，请求判令租赁公司赔偿海域毒品污染损失人民币3 437.626万元（另案审理）。1996年8月13日，租赁公司向海事法院提出海事赔偿责任限制申请，请求准予其依《海商法》的规定，对“春木一号”轮因碰撞造成所载有毒物质污染海域的损害赔偿责任限制在348 863特别提款权。

海事法院于1997年4月22日、4月26日在《南方日报》《中国日报》和《湛江日报》发出公告：凡与“春木一号”轮污染损害事故有关的利害关系人，对该污染损害赔偿责任限制申请有异议的，应自公告之日起30日内向海事法院提交异议申请书。1997年5月23日，渔业协会向海事法院提出责任限制异议，称《海商法》是调整海上运输关系、船舶关系的法律，而渔业协会所代表的索赔方是有害有毒化学品污染的受害方，与租赁公司无任何海上运输关系和船舶关系。因此，《海商法》不适用于调整双方之间的权利义务关系，租赁公司无权依据该法申请对有毒物质污染造成的损失享受责任限制，其赔偿责任应依《海洋环境保护法》《环境保护法》和《防止船舶污染海域管理条例》等有关法律规定确定。即使本案可以适用《海商法》，也应适用该法第209条的规定。因租赁公司有严重过错，未使“春木一号”轮适航，未指派适格船长和驾驶员，以致造成碰撞和污染事故的发生，因而已丧失了责任限制的权利。请求驳回租赁公司的责任限制申请。

海事法院经审理认为：本案污染损害事故发生在我国湛江港海域，故应当适用我国法律。我国《海洋环境保护法》《环境保护法及防止船舶污染海域管理条例》规定的对海域造成污染损害的责任人应当承担赔偿责任的原则，以及《海商法》规定的船舶所有人、经营人和租船人等的海事赔偿责任限制的法律制度，都适用于本案。《海商法》是调整海上运输关系和船舶关系的特别法律，对海事赔偿责任限制做了明确的规定，应作为具体处理本案租赁公司赔偿纠纷的法律依据。根据该法第207条、第208条的规定，有毒物质污染损害的赔偿请求权应当属于限制性债权。但租赁公司作为该轮船东，未按《1974年国际海上人命安全公约》和《1978年国际海员培训、发证和值班标准公约》的要求，为该轮配备湛江港的航路指南、灯塔表、航行通告、进出港指南、进出港管理规章等必备航海资料，以致该轮船长不了解《中华人民共和国对外国籍船舶管理规则》《中华人民共和国交通部船舶装载危险货物监督管理规则》和湛江港港章以及湛江港监有关航行通告的规定，又未使该轮船长、大副等通过雷达观测与模拟、自动雷达标绘仪、无线电话通讯等专业的训练和取得相应证书。租赁公司的上述行为，严重违反了《1974年国际海上人命安全公约》第13条、第20条和《国际海员培训、发证和值班标准公约》第2章第2条及附录的有关规定。“春木一号”轮是一艘严重不适航的船舶。“春木一号”轮在严重不适航的情况下违规冒险进港，构成了《海商法》第209条规定的明知可能造成损失而轻率地作为，以致酿成船舶碰撞，有毒物质污染损害的严重事故。因此，租赁公司无权依照《海商法》第207条、第208条的规定限制赔偿责任。租赁公司的责任限制申请理由不成立，据此，海事法院依照《海商法》第209条的规定，裁定驳回租赁公司的海事赔偿责任限制申请。

第三节　海事赔偿责任限额与限制的程序

一、海事赔偿责任限额

责任限额是指法律规定的责任主体对限制性债权的最高赔偿限额。如上所述各国在责任限制上分别采用了吨位金额制、船价制、委付制和执行制。目前，多数国家采用的是吨位金额制。我国《海商法》第210条有关海事赔偿责任限额的规定是参照《1976年公约》制订的。

（一）关于人身伤亡的赔偿请求

1. 总吨位300吨至500吨的船舶，赔偿限额为333 000计算单位。

2. 总吨位超过500吨的船舶，500吨以下部分适用本项第1目的规定，500吨以上的部分，应当增加下列数额：501吨至3 000吨部分，每吨增加500计算单位；3001吨至30 000吨的部分，每吨增加333计算单位；30 001吨至70 000吨的部分，每吨增加250计算单位；超过70 000吨的部分，每吨增加167计算单位。具体见表11-1。

表 11-1　五级赔偿责任限额

船舶吨位（总吨）	人身伤亡（单位：SDR）	非人身伤亡（单位：SDR）
300～500	333 000	167 000
501～3000	每吨增加500	每吨增加167
3 001～30 000	每吨增加333	每吨增加167
30 001～70 000	每吨增加250	每吨增加125
70 000以上	每吨增加167	每吨增加83

上述是关于人身伤亡索赔的责任限制，此项责任限额分为五个等级。对于单纯的人身伤亡索赔请求，应依责任船舶的吨位，依上述规定确定责任者的责任限额。用该责任限额建立基金，用以赔偿发生人身伤亡的债权人。例如，一艘30 000吨的船舶，其人身伤亡的责任限额应为：

（1）300吨至500吨部分：赔偿限额为333 000计算单位。

（2）501吨至3 000吨部分，每吨增加500计算单位：

（3 000−500）×500=1 250 000（计算单位）；

3 001吨至30 000吨部分，每吨增加333计算单位：

（30 000−3 000）×333=8 991 000（计算单位）；

人身伤亡的责任限额应为：

333 000+1 250 000+8 991 000=10 574 000（计算单位）。

（二）关于非人身伤亡的赔偿请求

1. 总吨位300吨至500吨的船舶，赔偿限额为167 000计算单位。

2. 总吨位超过500吨的船舶，500吨以下部分适用本项第1目的规定，500吨以上的部分，应当增加下列数额：501吨至30 000吨的部分，每吨增加167计算单位；30 001吨至70 000吨部分，每吨增加125计算单位；超过70 000吨部分，每吨增加83计算单位。

上述为非人身伤亡赔偿请求的责任限额，该部分限额分为四级。当单纯发生非人身伤亡时，应依上述规定确定相应的赔偿限额，组成赔偿基金。例如，30 000吨船舶非人身伤亡的赔偿限额应为：

（1）300吨至500吨部分：赔偿限额为167 000计算单位。

（2）501吨至30 000吨部分，每吨增加167计算单位：

（30 000−500）×167=4 926 500（计算单位）；

该船的非人身伤亡的赔偿限额应为：

167 000+4 926 500=5 093 500（计算单位）。

（三）非船救助人的责任限额

依《海商法》第210条第1款第5项的规定：不以船舶进行救助作业或者在被救船舶上进行救助作业的救助人，其责任限额按照总吨为1 500吨的船舶计算。此项规定与《1976年公约》的有关非船救助人责任限额的规定相同。救助人在本船上进行救助引起的赔偿请求应适用《海商法》第210条第1款第1项和第2项的规定。而第5项规定所针对的是非船救助人的责任限额问题。“非船救助人”指不在救助船上实施救助作业的救助人（例如，在水下对遇难船舶实施救助，或在水上飞机上对遇难船舶进行救助等情况），以及在遇难船上实施救助作业的救助人。此种救助人的损害赔偿责任既不能以救助船的吨位来计算责任限额，也不能用被救船的吨位来计算责任限额。对此，《1976年公约》和我国《海商法》均规定以1 500吨的船舶来计算责任限额：

1. 人身伤亡的赔偿责任限额：

300吨至500吨的部分：赔偿限额为333 000计算单位。

501吨至1 500吨部分，每吨增加500计算单位：

（1 500−500）×500=500 000（计算单位）；

人身伤亡的赔偿责任限额为：

333 000+500 000=833 000（计算单位）。

2. 非人身伤亡的赔偿责任限额：

300吨至500吨部分：赔偿限额为167 000计算单位。

501吨至1 500吨部分，每吨增加167计算单位：

（1 500−500）×167=167 000（计算单位）；

非人身伤亡的赔偿责任限额为：

167 000+167 000=334 000（计算单位）。

（四）旅客人身伤亡的责任限额

关于旅客人身伤亡的责任限额，我国海商法也采用了《1976年公约》的规定，依《海商法》第211条的规定，海上旅客运输的旅客人身伤亡赔偿责任限制，按照46 666计算单位乘以船舶证书规定的载客定额计算赔偿限额，但是最高不超过25 000 000计算单位。例如，当旅客人数为536名时，其最高赔偿额为25 000 000计算单位，而不是25 012 976计算单位。不足受偿的，每位旅客只在最高限额中按比例受偿。根据我国的国情，该条第2款又规定，我国沿海港口之间的旅客运输人员伤亡的赔偿限额，不适用上述规定，而是由国务院主管部门另行制定后，报国务院批准施行。

二、海事赔偿责任限制的程序

海事赔偿责任限制的程序应当适用《海诉法》及《海诉法解释》的规定，此外，最高人民法院《责任限制解释》明确了责任限制司法实践中的相关问题。

（一）管辖权

1. 起诉前设立责任限制基金的管辖权

依《海诉法》第102条的规定，当事人在起诉前申请设立海事赔偿责任限制基金的，应当向事故发生地、合同履行地或者船舶扣押地海事法院提出。实践中海事事故可能涉及两艘以上的船舶,不同的当事人可能依《海诉法》的该条规定,分别向事故发生地和合同履行地的海事法院申请设立基金。但如基金分别在不同的海事法院设立，将不利于案件的解决。为此，最高人民法院依审判实践的需要，参照《民事诉讼法》第36条关于“两个以上人民法院都有管辖权的诉讼，原告可以向其中一个人民法院起诉；原告向两个以上有管辖权的人民法院起诉的，由最先立案的人民法院管辖”的规定,《责任限制解释》第2条规定，后立案的海事法院应当将案件移送先立案的海事法院管辖。

2. 起诉后设立责任限制基金的管辖权

依《海诉法》第109条，设立海事赔偿责任限制基金以后，当事人就有关海事纠纷应当向设立海事赔偿责任限制基金的海事法院提起诉讼，但当事人之间订有诉讼管辖协议或者仲裁协议的除外。当责任限制涉及的债权人向不同的法院起诉时，会产生同一事故引起不同案件在不同法院处理的情况。依《海诉法解释》第81条的规定，当事人在诉讼中申请设立海事赔偿责任限制基金的，应当向受理相关海事纠纷案件的海事法院提出，但当事人之间订有有效诉讼管辖协议或者仲裁协议的除外。该规定同样可能出现在海事请求人已向海事法院提起海事赔偿请求诉讼后，受理责任人申请设立基金的法院可能是受理海事纠纷的法院，也可能是当事人协议的其他法院问题，为此,《责任限制解释》第3条规定，责任人在诉讼中申请设立海事赔偿责任限制基金的，应当向受理相关海事纠纷案件的海事法院提出。相关海事纠纷由不同海事法院受理，责任人申请设立海事赔偿责任限制基金的，应当依据诉讼管辖协议向最先立案的海事法院提出；当事人之间未订立诉讼管辖协议的，向最先立案的海事法院提出。这样规定的目的是使海事赔偿责任限制纠纷相关的案件最大限度地集中在一个法院管辖，以不违反海事赔偿责任限制“一次事故，一个限额”的原则。

（二）责任限制的性质及基金审查

1. 责任限制的性质

关于责任限制的性质是有争议的：一种观点认为，责任限制属于形成权，只要责任方单方意思表示即可行使，无论债权人是否行使了索赔权；另一种观点认为，责任限制属于抗辩权，其对象为限制性债权人，其目的是减少限制性债权人的诉讼请求。司法实践倾向于后者。①《责任限制解释》采纳了第二种观点，认为海事赔偿责任限制属于当事人的抗辩权，应由当事人主张，当事人是否主张属于其自由处分的范畴，当事人不提出限制赔偿责任抗辩时，法院不应主动援引海事赔偿责任限制的法律规定进行裁判。依《责任限制解释》第14条，责任人未提出海事赔偿责任限制抗辩的，海事法院不应主动适用海商法关于海事赔偿责任限制的规定进行裁判。又依第15条，责任人在一审判决作出前未提出海事赔偿责任限制抗辩，在二审、再审期间提出的，人民法院不予支持。

2. 基金申请的审查

海事法院对责任限制基金申请应进行下列审查：（1）申请人的主体资格。依《海商法》第204条和我国加入的1969年《国际油污损害民事责任公约》规定的船舶所有人的定义，海事赔偿责任限制基金程序中的船舶所有人包括登记的船舶所有人、承运人、救助人或保险人。这里的船舶所有人包括船舶承租人和船舶经营人。（2）申请人的债权性质。发生重大海损事故后，必须依事故产生的债权的性质决定责任人是否能享受责任限制权利。（3）申请设立基金的数额。依《海商法》第213条规定，设立基金的数额分别为第210条和第211条规定的限额，加上自责任产生之日起至基金设立之日止的相应利息。对于超过20总吨但不满300总吨的船舶，依

① 参见《最高人民法院关于招远市玲珑电池有限公司与烟台集洋集装箱货运有限责任公司海事赔偿责任限制申请一案请示的复函》（最高人民法院［2002］民四他字第38号）。

交通部的相关规定确定基金的数额。只有符合上述三个条件，申请人设立海事赔偿责任限制基金的申请才可以被允许。

（三）基金的设立

依《海商法》第213条的规定，责任人要求限制其赔偿责任的，可以在有管辖权的法院设立责任限制基金。该基金的数额应为依法确定的责任限额加上自责任产生之日起至基金设立之日止的相应利息。该条规定在基金的设立上采用的是“可以”一词，即责任人可以设立基金，也可以不设立基金，设立基金并不是责任人限制责任的前提条件。责任人设立基金是为了获得《海商法》第214条规定的保护。依该条的规定，在责任人设立了基金以后，向责任人提出请求的任何人，不得对责任人的任何财产行使任何权利；已设立责任限制基金的责任人的船舶或其他财产已经被扣押，或者基金设立人已经提交抵押物的，法院应当及时下令释放或者责令退还。此条规定与1976年《责任限制公约》的规定不同，公约规定的是“对基金提出请求的人”不得对设立基金的人的任何其他财产行使任何权利，而我国《海商法》是“向责任人提出请求的任何人”，显然我国的规定既包括限制性债权人，也包括非限制性债权人，宽于公约的规定。为此，《海诉法解释》第86条作出了与公约一致的规定。关于设立基金的时间，依《海诉法解释》第84条，准予申请人设立海事赔偿责任限制基金的裁定生效后，申请人应当在3日内在海事法院设立海事赔偿责任限制基金。申请人逾期未设立基金的，按自动撤回申请处理。

依《海诉法》第108条第2款设立海事赔偿责任限制，基金可以提供现金，也可以提供经海事法院认可的担保。实践中多采取信誉担保的方式。依《海诉法解释》第85条的规定，国内法院不会接受国外船东互保协会提供的担保，而只接受国内保险公司、银行或船东互保协会提供的担保。因此，信誉担保的提供者仅限于国内。在采用的货币上，依《责任限制解释》第20条，海事赔偿责任限制基金应当以人民币设立，其数额按法院准予设立基金的裁定生效之日的特别提款权对人民币的换算办法计算。

（四）基金设立对船舶优先权的影响

船舶优先权的行使依《海商法》第28条应通过法院扣押产生优先权的船舶完成。而依《海商法》第214条及《海讼法解释》第86条的规定，设立海事赔偿责任限制基金后向基金提出请求的任何人，不得就该项索赔对设立或以其名义设立基金的人的任何其他财产，行使任何权利，包括扣押船舶。当船舶优先权担保的海事请求也是限制性的海事请求时，两个程序就有一定的冲突。为此，《责任限制解释》第9条规定，海事赔偿责任限制基金设立后，海事请求人就同一海事事故产生的属于《海商法》第207条规定的可以限制赔偿责任的海事赔偿请求，以行使船舶优先权为由申请扣押船舶的，人民法院不予支持。即船舶优先权不影响海事赔偿责任限制规定的实施，当海事赔偿责任限制制度和船舶优先权同时适用于同一个海事事故产生的责任时，应当优先适用海事赔偿责任限制制度。

（五）债权的登记

依《海诉法》第112条，海事法院受理海事赔偿责任限制基金的公告发布后，债权人应在公告期间，就与被拍卖船舶有关的债权申请登记。公告期间届满不登记的，视为放弃在本次拍卖船舶价款中受偿的权利。关于该条规定的公告期间，《责任限制解释》第6条规定，《海诉法》第112条规定的申请债权登记期间的届满之日，为海事法院受理设立海事赔偿责任限制基金申请的最后一次公告发布之次日起第60日。债权登记的证据依《海诉法》第113条为证明债权的具有法律效力的判决书、裁定书、调解书、仲裁裁决书和公证债权文书，债权人提供上述以外的海事请求证据的，应当提起确权诉讼。《海诉法》规定的可以申请登记的债权文书，仅适用于债权人提供的国内法院作出的裁判文书，国内仲裁机关作出的裁决书、调解书等，对于债权人提供的非国内有关机构作出的证明债权的裁判文书和仲裁裁决书等，《海诉法解释》第88条规定应依《民事诉讼法》第260条和第269条规定的程序进行审查。

（六）限制责任的确权之诉

关于债权人提出责任人无权限制赔偿责任主张的期间和方式，《海商法》和《海诉法》没有规定，由此造成审判实践中的混乱。有的法院将债权人之前在基金设立阶段提出的异议视为其在确权诉讼中的主张，有的债权人在开庭之前提出，还有的债权人在法院的释明下予以明确。提出的方式也不尽相同，有的以书面形式提出，也有的口头在庭审答辩中提出。[①]为此，《责任限制解释》第10条规定，债权人提起确权诉讼时，依据《海商法》第209条的规定主张责任人无权限制赔偿责任的，应当以书面形式提出。案件的审理不适用《海诉法》规定的确权

① 王淑梅：《〈关于审理海事赔偿责任限制相关纠纷案件的若干规定〉的理解与适用》，载《人民司法》2010年第19期，第22页。

诉讼程序，当事人对海事法院作出的判决、裁定可以依法提起上诉。两个以上债权人主张责任人无权限制赔偿责任的，海事法院可以将相关案件合并审理。

第四节　海事赔偿责任限制公约

一、1957年《船舶所有人责任限制公约》

有关船舶所有人责任限制的第一个公约是1924年《关于统一海上船舶所有人责任限制若干规则的国际公约》（以下简称《1924年公约》），该公约采用船价制、执行制和金额制并用的制度。公约虽然得到了法国、比利时、荷兰等11个国家的批准，却未取得英国、美国等主要海运国家的接受，该公约至今未生效。在海事赔偿责任限制方面第一个生效的公约是1957年《船舶所有人责任限制公约》（以下简称《1957年公约》），已有40多个国家加入了该公约，中国未加入该公约。公约的建议最初是由英国法律协会向国际海事委员会提出的，因此其内容也受到了英国建议的影响。公约的主要内容介绍如下。

（一）责任限制主体

依公约第6条规定，能够享受责任限制的人有两类：（1）船舶所有人、承租人、经理人或营运人；（2）船长、船员和为船舶所有人、承租人、经理人和营运人服务的其他雇用人员。该条与《1924年公约》相比，责任限制主体的范围有所扩大，《1924年公约》规定的责任限制主体只有船舶所有人。船舶所有人责任限制的目的在于保护和发展航运事业，如果责任限制的主体仅包括船舶所有人和光船租船人，则不能达到上述目的，不适应海运发展的需要。随着参与海运人员的增加，其他海上投资人，诸如救助人、租船人等，均与船舶所有人一样从事同样危险的职业，面临同样的海上风险。此外，船长、船员及其他雇员所承担的海上风险责任也直接或间接地转移给船舶所有人承担。因此，应将上述人员同样纳入责任限制的保护之中。为此，《1957年公约》所包含的责任限制主体有所扩大，除船舶所有人及光船租船人外，还包括租船人、船舶经营人。此外，公约的规定同样适用于船长、船员及其他雇员。如果船长和船员同时也是船舶所有人，对其作为船长、船员行事因本人的过失造成的损失仍可限制其责任。

（二）限制性债权

公约规定的可以限制责任的债权有：（1）船上所载的任何人的死亡或人身伤害，以及船上任何财物的灭失或损害；（2）由于应由船舶所有人对其行为、疏忽或过失负责的船上或不在船上的任何人的行为、疏忽或过失引起的陆上或水上任何其他人的死亡或人身伤害，以及任何其他财产的灭失或损害，或任何权利的侵犯；（3）与清除船舶残骸有关的法律义务或责任和由于起浮、清除可毁坏任何沉没、搁浅或被弃船舶而发生的任何义务或责任，以及由于对港口工程、港池或航道造成的损害引起的任何义务与责任。公约允许参加国对清除或打捞沉船舶的债权保留。原因是沉船的清除涉及航道的畅通问题。为此，《1957年公约》采取了谨慎的态度，允许公约的参加国在加入公约时有保留的选择权。日本虽然参加了《1957年公约》，但在其国内法中却将清除沉船引起的债权列为非限制性债权。英国的判例对此项债权的态度也是不能限制责任。在"*Stonedale No.1*"案①中，法院认为，船舶所有人对港口当局为清除其失事船舶所花费用的偿还属于一种负债，而不是一种损害赔偿，因此，船舶所有人对此不能享受责任限制。美国的判例采取了与英国相同的态度。在1970年 *In re Percific Far East Line* 案②中，法院认为如因互有过失的碰撞导致相碰的两船沉没，任何一方均无权要求责任限制。船舶所有人有义务遵照河港当局的指令清除失事船舶的残骸。当然，也有国家将清除沉船引起的债权列入了责任限制的范围，例如，北欧四国在参加《1957年公约》时即对此未作保留。可见，各国在沉船清除的责任问题上的规定是有很大差别的。

（三）非限制性债权

公约规定的不能限制责任的债权有：（1）救助方面的债权或共同海损分摊的债权；（2）船长、船员及其他雇用人员因雇用合同产生的债权。

（四）责任限制丧失的条件

《1957年公约》第1条第1款规定：除引起索赔的事故系船舶所有人的实际过失或知情以外，均可依公约第3条限制责任。公约采用的是英国法中的"实际过失或知情"（actual fault or

---

① *The "Stonedale No.1"* [1955] 2 Lloyd's Rep.9.

② *In re Percific Far East Line* 713 F.2d 476.

privity）的概念，一些大陆法系国家在加入该公约后亦采用了此概念，这使得大陆法系与英美法系在这方面的规定趋于统一。依英国《商船法》有关船舶所有人责任限制的规定，船舶所有人或任何其他管理船舶的人，对因其本人的“实际过失或知情”而导致的损失不能享受责任限制。[①]有关“实际过失或知情”的权威解释见于1914年英国上议院有关*Asiatic Petrelaum Co.v.Lennard's Carring Co. ltd.*案[②]的判决。依该判决，“实际过失或知情”指船舶所有人本人的某种行为和某种过失。

（五）责任限额的计算

公约采用单一吨位金额制度，计算单位为金法郎。对人身损害赔偿的责任限额为每船舶吨位3 100金法郎；对人身损害赔偿的责任限额为每船舶吨位1 000金法郎；两种损害同时发生时的责任限额为3 100金法郎，但以其中每船舶吨位2 100金法郎部分作为第一责任限制基金，只赔偿有关人身损害的债权，另外的每船舶吨位1 000金法郎部分为第二责任限制基金，用于赔偿有关财产损害的债权。如第一责任限制基金不足赔偿有关人身损害的债权，则从第二基金中按比例赔偿。

此外，公约还规定要求责任限制的行为，并不构成对于责任的承认。

二、1976年《海事索赔责任限制公约》

《1957年公约》得到了较为广泛的承认，但由于航运业的发展和通货膨胀的影响，使公约规定的责任限额显得越来越低。发展中国家对《1957年公约》偏袒船方的一面也表示不满。在各方面的要求下，政府间海事协商组织（即国际海事组织CMI的前身，简称“海协”）在1974年和1975年多次会议讨论后，草拟了《1976年公约》草案。该公约于1976年在由海协主持召开的伦敦外交会议上获得了通过。公约于1986年12月1日生效。中国没有加入该公约，但我国《海商法》在海事索赔的责任限制方面主要参照的是《1976年公约》的规定。公约共5章22条，其主要内容如下。

① G.C.Debattista & R.J.Swatton, *Shipping Law,* Pitman Publishing,1988,p.399.

② *Asiatic Petroleum Co.v.Lennard Carring Co.Ltd* (1914)1K.B419.

（一）有权享受责任限制的主体

公约第1条规定，船舶所有人、承租人、经理人、营运人以及救助人和责任保险人可以享受公约规定的责任限制。《1976年公约》规定的主体除了《1957年公约》的限制主体外，又增加了救助人和责任保险人。实际上在《1976年公约》以前，救助人对在救助过程中引起的他船损失也是可以限制责任的。因为救助船的所有人就是船舶所有人，实施救助的船长和船员也在法律规定的责任限制主体之列。但当救助人离开其船舶时，例如，救助人运用其他装置或在被救助船上进行施救作业时引起的损失是否也能限制责任，法律对此没有明确规定。1965年的“东城丸”一案即属这种情况。该案救助人离开了自己的船舶，在被救助船上进行气焊作业，结果因未将舱内的燃气排净即点火作业引起了被救船舶的爆炸。被救船舶所有人要求救助人赔偿其过失造成的损失，救助人则请求责任限制。法院认为，救助人的疏忽是在离开其自己的船舶之后发生的，因而不能享受责任限制。该案的判决引起了救助界的强烈不满，并直接导致了在《1976年公约》中加入了有关救助人为责任限制主体的规定。

（二）限制性债权

限制性的债权也就是可以享受责任限制的债权，公约第2条规定的限制性债权有6项：（1）有关在船上发生或与船舶营运或救助作业直接有关的人身伤亡或财产的灭失或损害，以及由此引起的相应损失的债权；（2）有关海上货物、旅客或其行李运输的延迟所引起的损失的债权；（3）有关与船舶营运或救助作业直接相关的侵犯除合同权利之外的权利引起的其他损失的债权；（4）有关沉没、遇难、搁浅或被弃船舶（包括船上物件）的起浮、清除、毁坏或使之变为无害的债权；（5）有关船上货物的清除、毁坏或使之变为无害的债权；（6）有关责任人以外的任何人，为避免或减少责任人按本公约规定可限制其责任的损失所采取的措施，以及由此措施而引起的进一步损失的债权。其中，有关清除或打捞沉船的债权，《1976年公约》沿用了《1957年公约》的做法，将其列为可保留的条款。

（三）非限制性债权

公约规定的非限制性债权有5项：（1）有关救助或共同海损分摊的债权；（2）有关1969年《国际油污损害民事责任公约》或实施中的对该公约的修正案或议定书中所规定的油污损害的债权；（3）根据管辖或禁止核能损害责任限制的任何公约或国内法提出的债权；（4）对核能船舶所有人提出的核能损害债权；（5）所任职务与船舶或救助作业有关的船舶所有人或救助人的

受雇人，包括他们的继承人、家属或有权提出债权要求的其他人所提出的债权，如果按船舶所有人或救助人同受雇人之间的服务合同所适用的法律，船舶所有人或救助人无权在此债权方面限制责任。

（四）责任限制丧失的条件

《1976年公约》在责任限制丧失的条件上没有采用《1957年公约》“实际过失和知情”的字样，原因是《1957年公约》对责任人的注意义务要求偏高，只要船舶所有人有过失或对雇用人的行为知情而未制止，均会丧失责任限制的权利。为此，《1976年公约》第4条将责任限制丧失的条件改为：如经证明，损失是由于责任人本身故意造成，或明知可能造成这一损失而轻率地采取的行为或不为所引起的，该责任人便无权限制其责任。该条件对责任人的要求有所降低，因为，一个正常人通常不会故意或明知地造成损失。

（五）责任限额及其计算

公约采用特别提款权为计算单位。人身伤亡的责任限额分为五级：500吨以下的船舶，以333 000特别提款权为赔偿限额；自501吨至3 000吨，每吨加500特别提款权；自3 001吨至30 000吨，每吨加333特别提款权；自30 001吨至70 000吨，每吨加250特别提款权；超过70 000吨，每吨加167特别提款权。财产损失的赔偿限额分为四级：500吨以下的船舶，以167 000特别提款权为赔偿限额；自501吨至30 000吨，每吨加167特别提款权；自30 001吨至70 000吨，每吨加125特别提款权；超过70 000吨，每吨加83特别提款权。在人身伤亡和财产损失同时发生时，如人身伤亡的赔偿基金不足以赔偿损失，则不足部分从财产赔偿基金中按两者比例赔偿。救助人的责任限额按吨位为1 500吨的船舶计算，其计算结果为833 000特别提款权；对财产损失的赔偿限额为334 000特别提款权。旅客索赔的责任限制按船舶载客定额计算，每位旅客赔偿额为46 666特别提款权乘以旅客定额所得的数额即赔偿限额，但总额不应超过2 500万特别提款权。

（六）责任限制基金

公约规定，被认定有责任的任何人，可在提出责任限制索赔诉讼的任何缔约国法院或其他主管当局设立基金。设立基金可以储存专款，或提出认可的担保。关于基金的分配，公约第12条规定，基金应在索赔人之间，依其对该基金确立的索赔额，按比例分配。有关责任限制基金的设立与分配规则以及程序规则，除依本公约的规定外，应依基金设立地国的法律。

三、《关于修订〈1976年海事赔偿责任限制公约〉的1996年议定书》

1996年5月3日，国际海事组织通过了《关于修订〈1976年海事赔偿责任限制公约〉的1996年议定书》(以下简称《1996年议定书》)，该议定书于2004年5月13日生效。《1996年议定书》的修改主要有两方面：其一，大大提高了对人身伤亡和财产损失的海事赔偿责任限额。根据《1996年议定书》，人身伤亡损失的赔偿责任限额，对于不超过2 000总吨的船舶为2 000 000SDR，对于载重量超过2 000总吨的船舶，根据以下增加部分的额度来计算责任限额：2 001到30 000总吨的部分，每吨增加800SDR；30 001到70 000总吨的部分，每吨增加600SDR；70 000总吨以上的部分，每吨增加400SDR。根据《1996年议定书》，财产损失的责任限额，对于不超过2 000总吨的船舶为1 000 000SDR，对于载重量超过2 000总吨的船舶，根据以下增加部分的额度来计算责任限额：2 001到30 000总吨的部分，每吨增加400SDR；30 001到70 000总吨的部分，每吨增加300SDR；70 000总吨以上的部分，每吨增加200SDR。其二，提高了公约适用的船舶的最高吨位，从《1976年公约》的500总吨提高至2 000总吨，以避免确定责任限额的船舶的吨位规定得过小，导致赔偿额过低。有关赔偿限额见表11-2。

表11-2 《关于修订〈1976年海事赔偿责任限制公约〉的1996年议定书》规定的赔偿限额

船舶吨位（总吨）	人身伤亡赔偿请求（SDR）	其他赔偿请求（SDR）
不超过2 000	2 000 000	1 000 000
每吨增加额		
2 001～30 000	800	400
30 001～70 000	600	300
70 000以上	400	200

【重要术语提示与中英文对照】

编号	中文术语	英文对照
1	责任限制	limitation of liability
2	责任限制基金	limitation fund
3	责任限制基金的分配	distribution of limitation fund
4	责任限额	limits of liability
5	执行制	execution system

续表

编号	中文术语	英文对照
6	吨位金额制	tonnage system
7	委付制	limitation by abandonment
8	单位责任限制	package and unit limitation
9	限制性债权	claims subject to limitation
10	非限制性债权	unlimited maritime liability
11	限制单位	units of limitation
12	海事赔偿责任限制	limitation of liability for maritime claims
13	人身伤亡的责任限制	limited liability for personal injuries
14	财产损失赔偿的责任限制	limited liability for property injuries

【思考与辨析】

1. 海事赔偿责任限制与关于承运人责任的单位责任限制有哪些不同?
2. 历史上出现过哪几种海事赔偿责任限制制度?
3. 我国《海商法》规定的海事赔偿责任限制的主体有哪几类?
4. 依我国《海商法》及有关司法解释的规定，下列哪几项属于海事赔偿责任限制的主体? A. 无船承运人; B. 船舶所有人及救助人的雇用人; C. 船舶所有人; D. 非船救助人。
5. 下列海事赔偿请求，责任人可以依海商法限制赔偿责任的有哪几项? A. 船员对工资的请求; B. 共同海损的分摊请求; C. 人身伤亡的赔偿请求; D. 救助款项请求。

【扩展阅读文献提示】

1. 沈军，孙思琪. 限制责任还是惩罚赔偿? ——海上运输法与消费者保护法交错下的海运搬家合同. 中国海商法研究，2021 (4).
2. 何丽新，王沛锐. 论“海事赔偿责任限制”章节修订中的三大问题. 中国海商法研究，2019 (1).
3. 俊伊. 海事赔偿责任限制程序制度之重构. 中国海商法研究，2019 (1).
4. 宋瑞秋，耿利君. 海事赔偿责任限制基金设立程序的检视与完善. 中国海商法研究，2018 (4).
5. 傅廷中. 海事赔偿责任限制与承运人责任限制关系之辨. 中国海商法研究，2018 (2).

6. 仲海波. 我国海事赔偿责任限额完善之研究. 海大法律评论2016—2017. 上海：上海浦江教育出版社，2018.

7. 陈喜燕，石科. 物流经营人责任限制权探析. 海大法律评论2016—2017. 上海：上海浦江教育出版社，2018.

8. 黄永申. 试探海事赔偿责任限制的法律历史渊源——《康索拉度海商法》. 中国海商法研究，2015（2）.

9. 何丽新，谢美山. 海事赔偿责任限制研究. 厦门：厦门大学出版社，2008.

10. 王淑梅. 关于海事赔偿责任限制若干问题的调研报告. 涉外商事海事审判指导. 北京：人民法院出版社，2008（1）.

11. 赵崎. 设立海事责任限制基金程序中有关审查责任限制的问题. 中国海商法年刊，2007.

12. 张江艳. 设立海事赔偿责任限制基金程序问题研究. 海大法律评论2006. 上海：上海社会科学院出版社，2007.

13. 胡正良，郑丙贵，过仕宁，等. 中国加入《海事赔偿责任限制公约》问题研究. 海大法律评论2007. 上海：上海社会科学院出版社，2008.

14. 韩晓宁. 论我国海事赔偿责任限制制度中抵消的适用. 海大法律评论2008. 上海：上海社会科学院出版社，2009.

15. 张贤伟. 现行责任限制程序规则在司法实践中的困惑及解决. 中国海商法年刊，2004.

16. 邓丽娟，王大荣. 海事赔偿责任限制抗辩权论. 中国海商法年刊，2004.

17. Dennis J. Stone. The Limitation of Liability Act: Time to Abandon Ship? Journal of Maritime Law & Commerce, 2001, 32(2).

【拓展阅读】

研究导引

★ 有关海事赔偿限额的不同规定

★ 设立责任限制基金与责任的关系

扩展英文阅读资料

★ Isen v. Simms

精选案例

★ “大勇”轮海事赔偿责任限制主体争议案

★ “闽海231”轮海事赔偿责任限制基金设立争议案

【自测习题】

第十二章　海上保险合同

本章教学目的与要求

本章为本书的重点章。了解海上保险的种类，海上保险合同的基本原则、内容，海上保险合同的订立、解除、转让和终止，海上保险的保险单、险种、索赔与理赔等基本内容。重点掌握海上保险合同的基本原则、海上保险合同的内容、各险种的内容等。在教学和学习中应重视理论与实践的结合，学会对实际问题的把握，提高分析和解决实际问题的能力。

第一节　海上保险概述

一、海上保险的产生与发展

海上保险是在各类保险中发展最早的一种保险，这与海上贸易的发展和海上风险较大等原因是分不开的。早在公元前2000年，地中海地区就有广泛的海上贸易活动。由于当时船舶的构造十分简陋，抵御海上风浪的能力很有限，这使航海成为一种冒险的行业。当时防止翻船的一个有效方法就是抛货，为了使抛弃的货物所有人能从其他得益方获得补偿，在当时的地中海商人中有一个共同遵守的原则："一人为众，众为一人"。这是共同海损的分摊原则，也是海上保险的萌芽。11世纪末叶，意大利商人控制了东西方的中介贸易，并在意大利北部城市的商人中间出现了类似现代形式的海上保险。16世纪以后，英国海外贸易有所发展，保险业也随之发展起来。约在1683年，一位名叫爱德华·劳埃德的人在伦敦距离与航海贸易有关的一些单位附近开设了一家咖啡馆，许多经营远洋货物运输的船东、货主和经纪人等常在此云集，互通消息。海运保险业务也在这里开展起来。随着航海贸易的发展，在劳埃德咖啡馆接受保险业务的商人组成了专营海上保险业务的保险人组织，即劳合社。如今，劳合社已发展成为世界上最大的保险垄断组织之一。

我国海上保险的业务最初是由中国人民保险公司承担的，随着改革开放的不断深入，在我国又出现了多家保险公司。太平洋保险公司、平安保险公司等也开展起海上保险业务。保险的范围不断扩大，从运输货物保险和船舶保险，发展到海上石油勘探开发保险，从一般的财产保险发展到责任保险，以致海上人身保险。

我国《海商法》第十二章涉及海上保险的规定，2015年最新修订的《保险法》是我国现行的保险立法。2006年通过的《最高人民法院关于审理海上保险纠纷案件若干问题的规定》(以下简称《司法解释》)第1条明确了法律适用问题，规定：审理海上保险合同纠纷案件，适用海商法的规定；海商法没有规定的，适用保险法的有关规定；海商法、保险法均没有规定的，适用合同法等其他相关法律的规定。在法律适用上，实践中遇到的审理港口设施或码头等作为保险标的的保险合同纠纷案件是否属于海商法调整的海上保险合同纠纷案件的问题，有观点认为，码头设施等属于一般保险财产，涉及的保险纠纷应适用《保险法》的规定。对此，《司法解释》第2条明确规定：审理非因海上事故引起的港口设施或者码头作为保险标的的保险合同纠纷案件，适用保险法等法律的规定。依第3条，审理保险人因发生船舶触碰港口设施或码头等保险事故，行使代位请求赔偿权利向造成保险事故的第三人追偿的案件，适用海商法的规定。因为船舶触碰港口设施或者码头，对船舶来说，是属于海上航行中发生的事故，属于海事侵权纠纷案件，应适用《海商法》的规定。

二、海上保险的种类

海上保险是保险人对与海上运输有关的保险标的遭受约定事故引起的损失和责任负责赔偿，而由被保险人向保险人支付保险费的保险。海上保险的种类很多，从不同的角度可以进行不同的分类。

Types of Insurance①

Various types of coverage apply to marine transport. Typically these include the hull policy, protection and indemnity (P&I) coverage, pollution insurance, and cargo insurance. There are numerous special coverages, such as builders risk, in port, and towers.

① Robert Force, *Admiralty and Maritime Law*, US Federal Judicial Center 2004, p.184.

（一）从保险标的角度分类

依保险标的，海上保险可以分为运输货物保险、船舶保险、运费保险、保赔保险及海上石油勘探开发保险。运输货物保险的对象主要是贸易商品，也有非贸易货物，如展览品等。船舶保险承保货船、客船、拖船、油轮等各种类型船舶的船壳、机器、设备、船舶费用及碰撞责任等。运费保险承保班轮运输中的运费和租船运输中的运费风险，一般来说，只有“到付运费”才是此种保险的保险标的，“预付运费”是在装货港收取的运费，因而无风险可言。保赔保险所承保的风险本来是保险公司不承保的，主要是为了使船舶所有人也承担一些风险以增强其责任心，但船舶所有人认为此类风险仍然很重，于是就组成了互保协会进行自保。随着保险公司承保范围的不断扩大，此类保险也逐步纳入了保险公司的承保范围。海上石油勘探开发保险是一种综合险，承保在海上石油勘探开发过程中发生的财产损失、费用损失及产生的责任。

（二）从保险价值角度分类

依保险价值，海上保险可以分为定值海上保险和不定值海上保险。定值保险（valued insurance）指保险人与被保险人对保险标的事先约定一个价值，并依该价值确定保险金额，依该保险金额收取保险费并支付保险赔款的保险。当约定的价值与保险金额相等，即为足额保险（full insurance）。例如，保险价值为人民币100万元，保险金额也是人民币100万元。在保险标的出险并发生全损时，保险人应当赔付被保险人人民币100万元。如约定的保险价值大于保险金额则为不足额保险（under insurance），例如，保险价值为人民币100万元，被保险人却没有对保险标的进行足额的投保，其投保的保险金额只有80万元，在保险标的出险并发生全损时，保险人只能赔付其80万元，如损失50%，则应赔付40万元。不定值保险（unvalued insurance）即保险人与被保险人不约定保险价值，保险合同中只载明保险金额，在出险后，再核定保险标的的价值，并依该价值进行赔付的保险。例如，投保的保险金额为5 000元，在出险时，如核定的市价为5 000元，则赔付5 000元；如核定的市价为4 000元，则赔付4 000元，因为保险应以恢复被保险人的损失为原则，被保险人用4 000元就可以恢复其损失了，他不应因保险而取得利益；如核定的市价为6 000元，则赔付5 000元，因为被保险人投保的保险金额是保险人的最高赔偿限额。一般的保险多数为不定值保险，但海上运输货物的保险为定值保险，因为海上运输货物的流动性强，流动的货物在不同的地点出险可能核定出不同的价值，很难随时调整其价值。因此，海上运输货物均采用定值保险。船舶保险则采用不定值保险。

（三）从保险期间角度分类

依保险期间，可将海上保险分为以下几种：

1. 航程保险。此种保险的有效期是从空间角度加以限制的，即保险在规定的航程范围内有效。例如，保险合同规定：保险责任自大连货物装上船舶时起，至船舶抵达伦敦货物卸离船舶时止。在运输货物的保险中，保险人的责任通常是在货物装上船时开始。当然，运输货物保险的责任期间往往通过“仓至仓条款”予以扩展，即规定保险人的责任自运离保险单所载明的仓库开始运输时起，至该项货物到达其最后仓库时止。船舶的航程保险则略有不同，通常保险人的责任自船舶从起运港开始外航时开始，因此，对于在起运港发生的损失也予以负责。

2. 定期保险。即保险合同的有效期是以时间来限制的。例如，规定保险合同的有效期“自1990年1月1日至1991年1月1日止”。定期保险不能笼统地写明保险期为“半年”或“一年”，而应写明具体的起止时间，否则就会造成争议。保险合同一般写明自中午12时起至中午12时止，如不写明，则以当天的零时为准。在有的情况下，保险合同规定的有效期间与航程完成并不统一，例如，船舶还在海上航行，而保险合同已经到期了，此时，如果船舶保险单中附有继续保险条款，则保险人可以继续承保。如没有此条款，保险单有效期限已到，而船舶尚在海上航行，或遇难，或在避难港口，只要被保险人事先通知保险人，依比例支付保险费，被保险人仍然可以延期得到保险的保障。

3. 混合保险。即同时以时间和空间两方面来限制保险合同的期间。例如，保险合同规定：“在大连及从该地到伦敦止为期6个月。”从空间上讲，是从大连至伦敦；从时间上讲，是为期6个月；两者以先发生者为准。这种限制保险合同有效期间的方法，可以防止因货物在港口停留时间过久而使保险人的责任过大。

4. 船舶停泊保险。此种保险承保船舶在停泊期间的风险。船舶在维修、不营业的情况下会停泊在港口内。船舶在停泊期间的风险程度要远低于船舶在航运中的风险程度，其保费也往往会便宜许多。

5. 船舶建造保险。此种保险专门承保船舶在建造期间的各种风险。其承保的期间自船舶开始建造起至船舶下水时止。此种保险为综合险，承保船舶在建造过程中自身的损失及造成的第三者的损失等风险。

（四）从承保方式角度分类

依承保的方式，可将海上保险分为以下几种：

1. 逐笔保险（specific insurance）。即由保险人与被保险人针对某一保险标的逐笔商定承保项目的保险。多数保险合同属于这一类。

2. 流动保险（floating insurance）。即在保险合同中约定保险人承担的最高责任限额，由保险人按约定的办法预收保费，被保险人定期向保险人报告保险标的的实际价值，在发生损失时，保险人在其最高责任限额内予以赔偿的保险。此种保险又被称为“报告式的保险”。该保险特别适合于物资进出频繁的被保险人，特别是仓库。

3. 总括保险（blanked insurance）。即在保险期限内，当发生保险责任内的损失时，保险人均予以赔付，但每次赔付的金额应在保险总金额内扣除的保险。在保险总金额被扣完时，保险人的责任即解除。依此种保险，被保险人不必在每批货物出运时向保险人申报货物的数量与金额，保险人也不再依每批出运的金额计算保险费。“总括保险”实际上是一种大包干式的保险，此种保险适用于航程较短、价值较小且每出运的货物基本相同的保险。

4. 预约保险（open cover）。即由保险人与被保险人事先签订一个保险合同，规定在约定范围内的风险，均由保险人自动承保，最后由双方结账的保险。预约保险通常由保险人与被保险人订立一个保险协议，该协议应规定总的保险范围，包括保险标的的种类、总的保险限额、运输工具、保险费率等内容；当每批货物出运时，由被保险人填制“起运通知书”，通知书的内容包括保险标的的种类、价值、包装、数量、起运港和目的港、船名、起运日期等内容；保险人在接到通知后，就会签发保险凭证。在出险后，由保险人与被保险人再依保险凭证结算保险费。在此种保险下，如果“起运通知书”由于延迟或疏忽而未办理，被保险人仍然可以补办，即使在补办时保险标的已经受损，保险人仍应负责。当然，如果在发现疏漏时，保险标的已安全抵达了目的港，被保险人仍应支付保险费。此种保险主要用于有连续的、大量的、长期的货物运输业务的客户。预约保险与流动保险的区别在于：流动保险实际上是被保险人买入了一张定时又定值的保险单，当申报完毕时，保险人的保险责任即终止；而预约保险的保险责任是由双方在协议中约定的范围来规定的，只要在该范围内，保险人均负责赔偿。

三、海上保险合同的法律性质

（一）海上保险合同是双务合同（bilateral contract）

海上保险合同是双务合同，在这种合同中，被保险人要得到保险人对保险标的给予保障的权利，就必须向保险人缴付保险费；而保险人收取保险费，就必须承担保险事故发生后，赔偿保险标的遭受的约定损失或产生的约定责任。保险事故是指保险人与被保险人约定的任何海上事故，包括与海上航行有关的发生于内河或者陆上的事故。造成海上事故的原因主要有两类：一类是自然的原因，例如，台风、海啸、雷电等自然灾害；另一类是人为的原因，如战争、政府扣押、船员的不法行为等。具体哪些事故属于保险人承担赔偿责任的保险事故，应由保险人与被保险人在保险合同中加以约定。上述“海上事故”并不一定发生在海上，其特征是“与海上航行有关”，因此，海陆混合风险引起的事故仍可以作为“海上事故”。

“双务”要求双方的权利和义务是彼此对称的，但海上保险合同的双务性与买卖合同的双务性不同，后者在合同成立时，卖主负交付标的物的义务，买主负给付货款的义务，并无其他条件，而海上保险合同中的保险人仅在特定事故发生的情况下，才负补偿的义务。

（二）海上保险合同是有偿合同（onerous contract）

有偿合同指合同的双方当事人权利的转移是有代价的，合同一方要享受合同的权利，就必须付出一定的代价。在海上保险合同中，被保险人要得到保险人对保险标的的保障，就必须向保险人缴付约定的保险费，而保险人收取保险费，在保险标的遭遇约定的损害后，就须尽赔偿的义务。保险合同一般分为补偿合同和给付合同，人寿保险合同属于给付合同，海上保险合同属于补偿合同。

（三）海上保险合同是继续合同（contract successive）

海上保险合同责任的开始有时附有一定的条件或期限，海上保险合同常常不是在订立时即可履行，其履行在时间上还须以经过一定期间为条件，也就是保险合同的生效与其责任的开始不一致，例如，在海上货物运输保险合同中，约定保险人的保险责任从被保险货物离开被保险人的仓库开始，该合同在合同成立时已生效，但保险人的责任在货物离开仓库时才开始。因此，海上保险合同是一种继续合同。①

（四）海上保险合同是射幸合同（aleatory contract）

因为被保险人所支付的保险费与保险人将来的保险赔偿责任之间不存在一一对等的关系。

① 吴智：《海商法论》，三民书局1976年版，第255页。

海上保险合同当事人一方所受的利益或损失，全赖将来不确定事实的发生与否而定，因此，学者均认为，海上保险合同是一种射幸合同。合同一般具有交换性质，即当事人因合同所致的利益或损失，具有等价关系。但海上保险合同则不同，其权利和义务在性质上并不确定，要因偶然事件发生才实现。由于约定的保险事故是一种不确定的事件，具有相当的偶然性。在海上保险合同中，被保险人支付保险费的义务是确定的，而保险人是否必须履行或如何履行其补偿义务就带有不确定的性质。所以，海上保险合同是一种射幸合同。与一般保险相同，海上保险合同也有损失率在时间上的差异，以及总额平均与个别风险的差异。损失率在时间上的差异指海上保险合同依大数法则原理，将过去相同风险进行统计，求出损失率并以此作为收取保险费的依据，但过去的损失率不等于未来的损失率。总额平均与个别风险的差异指对于保险人来说，其承受的风险从总体上小于接受要保人的保险费才能承保，而对要保人来说，经估计其个别风险可能大于所付的保险费才能投保。这两种差异使双方均在以少博多的基础上订立了保险合同，具有赌博的意味，因此，是一种射幸合同。①

（五）海上保险合同是诚信合同（contract of the utmost good faith）

也称为对人合同。因为保险人主要依赖被保险人提供的情况来评估保险标的的风险，以决定是否接受承保及保险费率的高低。诚信对海上保险合同很重要，保险合同与一般买卖合同不同，买卖合同的当事人可以用各种方式对买卖标的进行控制，海上保险合同在订立时，保险人对保险标的的了解往往依赖于投保人或被保险人，在保险合同履行时，保险人也无法对保险标的进行全面的控制。因此，诚信对于海上保险合同来说，无论是在订立时还是在履行时均很重要。在保险合同订立时，必须以当事人的最大诚信为基础，被保险人要向保险人如实申报保险标的的重要情况，因为，保险人在不能掌握每一保险标的的具体情况时，只能依投保人的申报和介绍来决定是否承保及承保的保险费率。另一方面，保险人则须向被保险人解释有关的免责及限制责任的条款，而不能诱使被保险人投保。又因为海上保险合同是射幸合同，容易发生被保险人为了图利而故意制造损害的行为，因此，要求在海上保险合同的履行时也要遵守诚信原则。

---

① 参见司玉琢、胡正良、傅廷忠、李海、朱清、汪鹏南：《海商法详论》，大连海事大学出版社1995年版，第431页；王家福：《合同法》，中国社会科学院出版社1986年版，第409页；覃有土主编，李玉泉副主编：《保险法教程》，法律出版社1995年版，第57页；杨炳芝：《保险法实用教程》，中国法制出版社1985年版，第68页。

（六）海上保险合同是附合合同（contract of adhesion）

与一般保险合同相同，海上保险合同也是一种附合合同，在一般情况下，要保人与保险人在签订保险合同时，通常都是按照保险人事先制定好的和印就的要保申请书或保险单上规定的条款为条件，要保人只能就这些条款所规定的条件表示愿意与否，而不能提出修改意见（特约承保除外），即没有讨价还价的余地。也就是说，保险合同与其他合同不同，不是通过合同双方商议而起草的。有鉴于此，按照国际法律惯例，当对保险合同的有关条款词义解释有模棱两可的地方，应做有利于要保人的解释。

第二节　海上保险的基本原则

一、最大诚实信用原则

最大诚实信用原则指国际货物运输保险合同的当事人应以诚实信用为基础订立和履行保险合同，该原则主要体现在订立合同时的告知义务和履行合同时的保证义务上。我国《民法典》第7条规定了诚信原则。针对保险关系的特殊性，英国等其他国家强调保险合同关系应适用最大诚实信用原则，此点在我国法律中没有强调，涉及诚实信用原则的告知义务在我国《海商法》和《保险法》中有所体现。见图12-1所示。

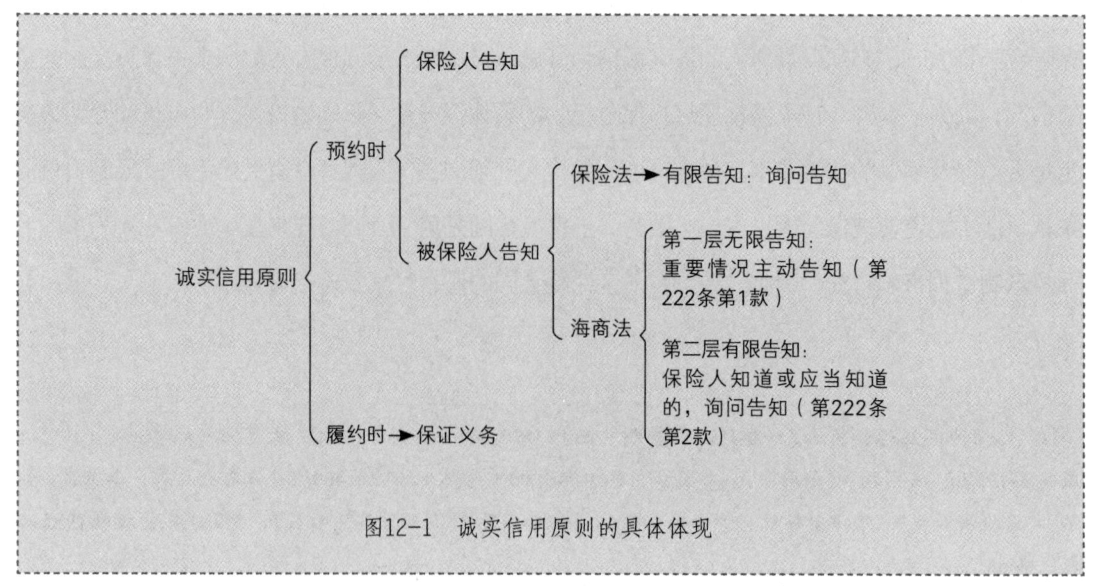

图12-1　诚实信用原则的具体体现

（一）海上保险中的告知义务

告知义务属于最大诚实信用原则的一部分，但两者是有区别的，两者的区别主要体现在下列几个方面：首先，最大诚实信用原则体现在保险合同订立前及履行中的全过程中，而告知义务则主要体现在订立合同前。[①]因此，有人称之为先合同义务。[②]告知义务在性质上属于法定义务。当事人在履行告知义务时，保险合同还没有成立，告知义务是由法律加以规定的，此义务不可能因当事人约定而有所减损。其次，最大诚实信用原则被视为保险合同关系中的首要义务，而告知义务只是最大诚实信用原则中的一个方面。[③]再次，最大诚实信用原则适用于保险合同涉及的任何情况，而告知义务则主要涉及重要情况。可见，告知义务源于最大诚实信用原则，但并不等于最大诚实信用原则，告知义务只是最大诚实信用原则的一部分。

（二）告知义务的主体

1. 保险人的说明义务。依诚实信用原则，告知义务应当是保险合同双方的，作为保险人一方有向被保险人说明的义务，说明的义务特别表现在“除外责任”上。在海上保险的实务中，无论是船舶保险还是货物保险的标准格式中，都有“除外责任”的规定，实务中争议较多的是这些除外责任条款的效力。《海商法》规定了保险人的责任，但并没有涉及保险人的除外责任条款。原《保险法》第18条要求保险人在订立合同时应当向投保人明确说明免除条款（即“除外责任条款”），未明确说明的，该条款不产生效力。而实务中对于“明确说明”的理解争议很大。发生保险事故后，保险人常以合同中的免责条款抗辩，被保险人则声称不了解该免责条款。为此，2015年修订的《保险法》第17条第1款明确规定，订立保险合同，采用保险人提供的格式条款的，保险人向投保人提供的投保单应当附格式条款，保险人应当向投保人说明合同的内容。该条第2款进一步明确了“说明”的方式，规定：对保险合同中免除保险人责任的条款，保险人在订立合同时应当在投保单、保险单或者其他保险凭证上作出足以引起投保人注意的提示，并对该条款的内容以书面或者口头形式向投保人作出明确说明；未作提示或者明确说明的，该条款不产生效力。

---

① Susan Hodges, *Law of Marine Insurance*, Cavendish Publishing Limited, 1996, p.84.

② 牛海鹏：《海上保险中的告知义务》，载《中国海商法年刊》（1998），第162页。

③ 英国上议院Kerr在CTI案中称最大诚实信用原则是一项压倒一切的义务。参见*Container Transport International Inc. v. Oceanus Mutual Underwriting Association (Bermuda) Ltd* (1984) 1 Lloyd's Rep. 476.

2. 被保险人的告知义务。我国《海商法》第222条将被保险人设定为告知义务的主体。由于保险活动的信息不对称，被保险人一般对于保险标的的重要情况所知晓的信息远远多于保险人，在订立保险合同时，保险人不可能对每项业务均进行彻底的调查，从这个意义上讲，保险人是受投保人支配的，而保险合同的订立及履行又与保险标的的状况关系密切。因此，尽管在法律上告知义务对于保险合同的双方当事人都是存在的，但在实务中，往往更强调被保险人一方的告知义务。

（三）告知的方式

在告知义务的方式上，有“无限告知主义”和“有限告知主义”之分。“无限告知主义”指对于保险人没有询问的重要情况，被保险人也须主动告知。“有限告知主义”又称主观告知，指被保险人只需如实回答保险人的询问，如实填写投保单，即认为已尽了告知义务，因此又称“询问告知主义”①，即投保人是问了才说，不负无限告知的义务。我国《海商法》在告知方式上采用了“无限告知”加“有限告知”两层方式：其一，“重要情况”无限告知。依第222条第1款，告知的内容并不限于投保单上所列项目和保险人所询问的事项，而是一切影响保险人是否承保及保险费率的重要情况。在无限告知的情况下，被保险人承担的是一种积极的义务，他必须主动向保险人披露重要情况，而不是在被询问时才告知。其二，“应当知道的情况”询问告知。依第222条第2款，保险人知道或者在通常业务中应当知道的情况，保险人没有询问的，被保险人无需告知。我国《保险法》第16条的规定采取的是有限告知主义，依该条规定，订立保险合同，保险人就保险标的或者被保险人的有关情况提出询问，投保人应当如实告知。投保人故意或者因重大过失未履行如实告知义务的，足以影响保险人决定是否同意承保或提高保险费率的，保险人有权解除合同。从上述可以看出，无限告知义务重于有限告知义务。

（四）违反告知义务的后果

1. 保险人违反说明义务的后果。依《保险法》第17条第2款的规定，对保险合同中免除保险人责任的条款，保险人在订立合同时应当在投保单、保险单或者其他保险凭证上作出足以引

① 参见汪鹏南：《海上保险合同法详论》，大连海事大学出版社1996年版，第77页。

起投保人注意的提示，并对该条款的内容以书面或者口头形式向投保人作出明确说明；未作提示或者明确说明的，该条款不产生效力。该款涉及的是保险人未履行向被保险人说明义务将会导致“免责条款”无效的后果。

2. 被保险人违反告知义务的后果。依《海商法》第223条规定，被保险人故意不履行告知义务时，保险人有解除合同的权利。被保险人并非故意不履行如实告知义务的，保险人具有解除合同或要求增加保险费的权利。实践中常出现尽管被保险人未履行如实告知义务，保险人也不主张解除合同的情况。如保险人未主张解除合同，而收取了保险费，则是否应认定其选择继续履行合同，应承担保险赔偿责任；如保险人知道被保险人未履行如实告知义务，在发生保险事故后进行了保险赔付，则是否还能以被保险人未履行如实告知义务为由，要求被保险人退还已支付的保险赔偿金，对此并无明确的法律规定。为此，2006年《司法解释》第4条进行了细化，规定保险人知道被保险人未如实告知《海商法》第222条第1款规定的重要情况，仍收取保险费或支付保险赔偿，保险人又以被保险人未如实告知重要情况为由请求解除合同的，人民法院不予支持。

2015年修订的《保险法》第16条关于投保人违反告知义务的后果规定得更为详尽：（1）合同解除权。规定投保人故意或者因重大过失未履行如实告知义务，足以影响保险人决定是否同意承保或者提高保险费率的，保险人有权解除合同。保险人在合同订立时已经知道投保人未如实告知情况的，保险人不得解除合同；发生保险事故的，保险人应当承担赔偿或给付保险金的责任。（2）解除权的放弃。规定合同的解除权，自保险人知道有解除事由之日起，超过30日不行使而消灭。自合同成立之日起超过2年的，保险人不得解除合同；发生保险事故的，保险人应当承担赔偿或者给付保险金的责任。（3）不退还保险费的情况。规定投保人故意不履行如实告知义务的，保险人对于合同解除前发生的保险事故，不承担赔偿或者给付保险金的责任，并不退还保险费。（4）退还保险费的情况。投保人因重大过失未履行如实告知义务，对保险事故的发生有严重影响的，保险人对于合同解除前发生的保险事故，不承担赔偿或者给付保险金的责任，但应当退还保险费。

（五）保证义务

在海上保险方面，我国《海商法》第235条有关于保证的规定：“被保险人违反合同约定的保证条款时，应当立即书面通知保险人。保险人收到通知后，可以解除合同，也可以要求修改承保条件、增加保险费”。我国人保船舶保险条款第6条第3款也有关于续保的规定[①]，该规定与英国协会船舶定期险保单第3条的规定基本一致。有学者认为，上述两者的规定显然是不同的，前者对保险人更有利，因为即使被保险人立即通知了保险人，保险人也有权选择解除保险合同。如《海商法》的该项规定是强制性的，则船舶保险条款中的约定应视为无效。也有学者认为，即使第235条是强制性的，仍未禁止合同双方事先约定“续保”来缓和被保险人违反保证条款所带来的严重法律后果。[②]

在被保险人违反保证的情况下，合同应如何解除分下列情况：其一，违反保证未通知，合同解除。依《司法解释》第6条，保险人以被保险人违反合同约定的保证条款未立即书面通知保险人为由，要求从违反保证条款之日起解除保险合同的，人民法院应予支持。其二，违反保证但通知，依续保是否达成协议而定。如被保险人违反保证并通知保险人，保险人可以选择协商“续保”的条件，实践中对于达不成协议时合同应何时解除是有争议的，一种认为应在达不成协议时解除，另一种认为应自违反保证时解除。对此，《司法解释》第8条明确，保险人收到被保险人违反合同约定的保证条款的书面通知后，就修改承保条件、增加保险费等事项与被保险人协商未能达成一致的，保险合同于违反保证条款之日解除。言外之意，如达成协议，则保险合同继续有效。其三，违反保证，保险人继续履行，合同不解除。实践中常常出现被保险人违反了保证条款，保险人也不主张解除合同的情况。对此，《司法解释》第7条明确规定：“保险人收到被保险人违反合同约定的保证条款书面通知后仍支付保险赔偿，又以被保险人违反合同约定的保证条款为由请求解除合同的，人民法院不予支持。”

二、保险利益原则

（一）相关法律规定

我国相关法律中的规定并不明确。我国《海商法》并没有关于海上保险可保利益的专门规定，该原则隐含在各项有关的规定中，例如，我国《海商法》第225条有关在超额保险的情况

① 人保船舶保险第6条第3款规定：“当货物、航程、船行区域、拖带、救助工作或开航日期方面有违背保险单条款规定时，被保险人在接到消息后，应立即通知保险人并同意接受修改后的承保条件及所需加付的保险费，本保险仍继续有效，否则，本保险应自动终止。”

② 张贤伟、吕越瑾、吴传红：《论海上保险中的保证》，载《中国海商法年刊》（1997），第208页。

下，被保险人所获得的赔偿保险标的受损价值的规定。关于海上保险中的保险利益的定义，我国有学者认为将保险利益简单地定义为被保险人对保险标的所具有的利害关系是不够准确的，保险利益应定义为投保人对保险标的具有的法律上承认的利益，即在保险事故发生时，可能遭受的损失或失去的利益。[①]我国《保险法》第12条规定：保险利益是指投保人或者被保险人对保险标的具有的法律上承认的利益。在我国《海商法》有关海上保险的规定中，由于没有投保人的概念，投保人一般理解为被保险人。这种利益表现为被保险人与保险标的之间的法律承认的经济联系。我国《海商法》对保险利益的概念、转让、确定及其对保险合同效力的影响等方面均未作出规定。

（二）表现形式

由于保险的种类很多，可承保的危险又不一样，因此，保险利益也多种多样，保险利益的表现形式主要有：（1）财产利益，包括所有利益、占有利益、抵押利益、担保利益、债权利益等；（2）期待利益，包括经营收入利益、租金收入利益、运费收入利益、票房收入利益等；（3）责任利益，包括民事赔偿责任利益、雇主责任利益、产品责任利益等；（4）人际关系利益，包括夫妻关系利益、父母子女关系利益、雇佣关系利益等；（5）人身利益，包括生存利益、医疗利益、职业利益等。

（三）保险利益的转让

保险利益的转让是与保险单的转让紧密联系在一起的。关于保险单的转移，《海商法》第229条规定："海上货物运输保险合同可以由被保险人背书或者以其他方式转让，合同的权利、义务随之转移。合同转让时尚未支付保险费的，被保险人和合同受让人负连带支付责任。"关于保险单的转让是否须与货物所有权的转让联系在一起的问题，学者有不同的主张。有学者认为，两者须联系在一起，认为无论被保险人是以背书方式还是以其他方式转让保险单，均必须在货物所有权转移前或者开始转移时一并进行。[②]也有学者认为，依有关的规定和理论，保险单在转让时没有与货物所有权或提单一起转让的要求。保险单的转让只需满足实质要件和形式

① 李玉泉：《保险法》（第二版），法律出版社2003年版，第75页。

② 傅旭梅主编：《中华人民共和国海商法诠释》，人民法院出版社1993年版，第427页。

要件两方面。实质要件为保险单的持有人具有保险利益；形式要件为保险单已进行背书或以其他形式进行转让。在保险单的转让时间上，只要保险单的持有人具有保险利益，就可以对所持有的保险单进行转让，而不管保险单的转让时间是在保险事故发生之前或之后。[①]

（四）具备的条件

保险利益应具备下列条件：第一，保险利益必须是合法的，是在法律上可以主张的利益。被保险人对于其偷窃取得的物品就不具有保险利益。如被保险人以违禁品投保货物运输险，尽管被保险人对这批违禁货物具有财产利益，但由于该货物在法律上是违法的，因此，不能构成合法的保险利益，即使签订了保险合同，也属无效。合法性和公共政策是保险利益的基础。第二，保险利益应该是确定的，是可以实现的利益。如被保险人仅以推断可能得到的利益投保，不能构成保险利益，无法订立有效的保险合同。但某些期待利益也可以作为保险利益，但该项利益应该是可以合理确定的，如待销商品的利润、受灾后利润损失等，虽然在保险合同订立时并不具体存在，但在保险事故发生时都能实际估计其受损金额，在客观上也可以得到社会的承认，因此，也可以作为保险标的列入保险合同。这种利益是确定的，并且是可以实现的。第三，保险利益必须是经济的利益，无经济价值衡量的利益不能作为保险利益。保险利益可以用货币来计算，且数额应合理确定。但有些物品对其所有人来说具有相当的利益，如票证、账册，又如古玩、艺术品等，由于这些物品无法计算其实际价值，除非特别约定，一般不得作为保险标的列入保险合同。

三、损失赔偿原则

海上货物运输保险合同是一种损失补偿合同，财产保险的根本职能是补偿被保险人的经济损失，从被保险人的角度看，保险的目的是为了转移风险。海上保险合同的最根本原则是损失补偿原则（principle of indemnity）。损失补偿原则包括三方面的含义，即及时赔偿原则、全部赔偿原则和赔偿实际损失原则。

---

① 张贤伟：《论海上货物保险中的保险利益》，1999年中国海商法年会论文。

（一）及时赔偿原则

保险人对合同约定范围内的保险赔偿，必须及时支付，以便使被保险人及时恢复到受损前的经济状况。经济损失能够得到及时填补是财产保险的最大吸引力和根本目的所在。我国《海商法》第237条和《保险法》第23条均明确规定了保险人的及时赔偿义务。《保险法》第23条和第25条对及时赔偿做了如下具体规定：其一，保险人须在完成核赔和同被保险人就保险赔偿达成协议后10日内，支付保险赔偿；其二，如果案情复杂，不能迅速结案，在被保险人提赔后60日内，对根据被保险人已提供的证据和材料可以确定的最低保险赔偿额，保险人有义务先行支付；其三，保险人有违及时核保和支付义务的，被保险人或受益人有权请求赔偿因此遭受的损失。

及时赔偿的前提是被保险人须及时提供全部保险索赔文件和证据，被保险人不及时提赔，保险人无法准确估计未决赔款，无法准确计算本年度的赔付率和决定下一年度对保险费率的调整，不仅对保险人不利，也对其他被保险人不公平。因此，保险条款往往要求被保险人须在损失发生后一年内提赔，否则对此损失不负赔偿责任。

（二）全部赔偿原则

被保险人在发生保险事故并遭受经济损失时，有权获得全面充分的赔偿。全部赔偿原则的前提是被保险人须足额投保，且依法履行了出险后的通知义务和施救义务，否则，对因此而扩大的损失，保险人可拒绝赔偿。全部赔偿是指对于保险人承担的风险，保险人应全部负责赔偿被保险人，并不是对被保险人的损失的全部赔偿。依《海商法》第219条的规定，对于不定值保险单，最高赔偿是风险开始时保险标的的价值。在不足额保险的情况下及在出现部分损失时的“免赔额”情况下，被保险人遭受的损失不能得到全部赔偿，但保险人所承担的部分是全部赔偿的。依风险管理的理论，保险只是风险控制的方式之一，而且并不是对被保险人经济上最有利的方式，因此，被保险人可能有意安排不足额保险，即有意自留一部分风险，在出现部分损失时，与保险人约定一定的免赔额，以减少保险费的支出。这与全部赔偿并不矛盾，后者是指对保险人承担的风险，保险人应全部负责赔偿被保险人。

（三）赔偿实际损失原则

与上述全部赔偿原则强调保险赔偿不能少的要求不同，赔偿实际损失原则强调的是保险赔偿不能多。这两个原则是相辅相成的。如果保险使被保险人获得了额外利益，也会给社会带来新的不安定因素，可能引起被保险人人为制造保险事故的道德风险。海上货物运输保险合同是一种损失补偿合同，因此，在发生超额保险和重复保险的情况下，保险人只赔实际损失，理由是不能通过保险得利，而且对于被保险人来说，在超额保险中超过保险标的实际价值的部分，被保险人也没有保险利益。

超额保险是指保险金额高于保险价值的保险。《海商法》第225条规定，在发生超额保险的情况下，被保险人获得的赔偿金额总和不得超过保险标的的受损价值。各保险人按照其承保的保险金额同保险金额总和的比例承担赔偿责任。任何一个保险人支付的赔偿金额超过其应当承担的赔偿责任的，有权向未按照其应当承担的赔偿责任支付赔偿金额的保险人追偿。

随着保险事业的发展以及投保人对保险要求的扩大，在当代保险业务中，也出现了偏离赔偿实际损失原则的现象，如"定值保险"和"重置重建保险"等做法，但由于其存在有合法理由而为法律所认同，成为赔偿实际损失原则的例外情况。依赔偿实际损失原则，保险应是不定值的，保险合同中只载明保险金额，在出险后，再核定保险标的的价值，并依该价值进行赔付的保险。但在海上运输货物保险上，货物的流动性导致价值核定的不稳定性，因此，海上货物运输保险例外采用了定值保险，即由保险人与被保险人对保险标的事先约定一个价值，并依该价值确定保险金额，依该保险金额收取保险费并支付保险赔款的保险。重置重建保险在计算赔偿额时不扣除折旧，即按超过实际价值按重置重建价值投保保险标的，如厂房等的重建价值投保，以使被保险人在出险后，可以得到重置重建原样厂房的保险补偿。

四、近因原则

近因原则作为确定海损原因的一项重要原则，已被各国保险界广泛采用。我国《海商法》和《保险法》对于近因原则都没有明文规定。但在我国保险实践中却广泛运用近因原则处理保险事故。随着我国加入世界贸易组织后保险业市场日益对外开放，为了健全我国的保险及海上保险的法律法规，应当对近因原则作出明文规定，作为处理海损赔偿事件的法律根据。

近因是指主要的、决定性的、直接的原因。近因是造成保险标的损失的直接原因，而并不一定是与发生的损失在时间上最接近的原因。一般来说，造成损失的原因可能有好几个，而其中有些损失原因不属承保范围，所以在发生损失后，一定要核定哪个是最直接的原因，这是确定保险公司对保险标的的损失是否负保险责任以及负何种保险责任的一条重要原则。

第三节　海上保险合同的内容

一、海上保险合同的定义

《海商法》第216条规定："海上保险合同，是指保险人按照约定，对被保险人遭受保险事故造成保险标的的损失和产生的责任负责赔偿，而由被保险人支付保险费的合同。"海上保险合同从性质上讲属于双务有偿合同，在这种合同中，被保险人的义务是依合同向保险人支付保险费，保险人的主要义务则是在保险事故发生使保险标的遭受约定的损失或产生约定的责任时承担赔偿的责任。这里的"保险事故"是指保险人与被保险人约定的任何海上事故，包括与海上航行有关的发生于内河或者陆上的事故。造成海上事故的原因主要有两类：一类是自然的原因，如台风、海啸、雷电等自然灾害；另一类为人为的原因，如战争、政府扣押、船员的不法行为等。具体哪些事故属于保险人承担赔偿责任的保险事故，应由保险人与被保险人在保险合同中加以约定。上述"海上事故"并不一定发生在海上，其特征是"与海上航行有关"，因此，海陆混合风险引起的事故仍可以作为"海上事故"。

Interpretation of insurance contracts an oral marine insurance contract will be upheld. **Marine insurance contracts** are subject to the rules that generally govern contracts, except to the extent that legislation provides a specific rule to apply to insurance contracts. An ambiguous marine insurance contract drafted by the insurer will be interpreted in favor of the insured.[①]

二、海上保险合同的内容

《海商法》第217条规定的海上保险合同的内容主要包括下列几项：保险人名称；被保险人名称；保险标的；保险价值；保险金额；保险责任和除外责任；保险期间；保险费。下面将予以具体介绍。

① *Great Am. Ins. Co. of N.Y. v. Maxey*, 193 F. 2d 151 (5th Cir. 1951). In contrast, the British Marine Insurance Act requires that a marine insurance contract be in writing.

（一）当事人

海上保险合同的当事人为保险人（insurer）和被保险人（insured）。保险人是保险合同中收取保险费，并在合同约定的保险事故发生时，对被保险人因此而遭受的约定范围内的损失进行补偿的一方当事人。保险人在我国通常以法人的形式出现，保险合同应当载明保险公司的名称，该名称通常印刷在保险单的上方。被保险人指在保险范围内的保险事故发生时受到损失的一方当事人。当被保险人与投保人为一个人时，被保险人应当承担支付保险费的义务。而在人身保险合同中，有时投保人是以他人的身体作为投保的标的订立保险合同的，此时，被保险人与投保人是分离的，投保人才是与保险人订立保险合同并承担支付保险费义务的人。在这种情况下订立的保险合同就出现了保险人、投保人和被保险人三方当事人。海上保险合同中的投保人一般也是被保险人。

（二）保险标的

《海商法》第218条列明了可以作为保险标的的种类范围，海上保险合同的保险标的主要包括：（1）船舶，包括货船、客船、油轮、集装箱船等种类的船舶；（2）货物，包括贸易货物和非贸易货物；（3）船舶的营运收入，包括运费、租金、旅客票款等；（4）货物预期利润；（5）船员工资和其他报酬；（6）对第三人的责任；（7）由于发生保险事故可能受到损失的其他财产和产生的责任及费用；（8）保险人承担的赔偿责任，即保险人将其承保的责任分摊给其他保险人承担的再保险（reinsurance）。

（三）保险价值

保险价值（insurable value）是被保险人投保的财产的实际价值。投保人在投保时需说明所要投保标的的价值，而准确地确定标的的实际价值是很困难的，因此，保险价值通常是由被保险人与保险人协商确定的。这个价值是估算形成的，因此它可以是标的的实际价值，也可能与实际价值有一定的距离。依《海商法》第219条的规定，保险标的的保险价值由保险人与被保险人约定。双方未约定的，应依下列规定计算：（1）船舶的保险价值，是保险责任开始时船舶的价值，包括船壳、机器、设备的价值，以及船上燃料、物料、索具、给养、淡水的价值和保险费的总和；（2）货物的保险价值，是保险责任开始时货物在起运地的发票价格或者非贸易商品在起运地的实际价值以及运费和保险费的总和；（3）运费的保险价值，是保险责任开始时承运人应收运费总额和保险费的总和；（4）其他保险标的的保险价值，是保险责任开始时保险标的实际价值和保险费的总和。上述保险价值均包括了保险费，这样被保险人在保险标的发生损失时，可以使随保险标的一起损失的保险费也能得到补偿。

（四）保险金额

保险金额（amount insured）指保险合同约定的保险人的最高赔偿数额。当保险金额等于保险价值时，为足额保险。当保险金额小于保险价值时，为不足额保险。当保险金额大于保险价值时，为超额保险。财产保险中的保险金额通常以投保财产可能遭遇损失的金额为限，即不允许超额保险，因为保险是以损失补偿为原则的，如果允许超额保险就等于被保险人可以通过保险赚钱。正因为如此，我国《海商法》第220条规定，保险金额不得超过保险价值，超过保险价值的，超过部分无效。

（五）保险责任和除外责任

保险责任是保险人对约定的危险事故造成的损失所承担的赔偿责任。“约定的危险事故”就是保险人承保的风险。保险人承保的风险可以分为保险单上所列举的风险和附加条款加保的风险两大类，前者为主要险别承保的风险，后者为附加险别承保的风险。在主要险别承保的风险中，从内容上又可将其分为海上风险和人为因素造成的风险。海上风险包括自然灾害和意外事故。前者指由于台风、雷电、海啸、地震等自然原因引起的灾害，后者指船舶碰撞、触礁、沉没、搁浅等意外事故。人为因素造成的风险如政府扣押、捕获、船员的不法行为等。附加条款加保的风险是须经特别约定保险人才承保的风险，此类风险不能单独承保，必须附在主要险别的项下。海洋运输货物保险的附加风险有一般附加险、特别附加险和特殊附加险三类。

除外责任就是保险人不承保的风险。保险所承保的是一种风险，风险可能发生，也可能不发生。如果该风险必然发生则保险人是不承保的，因此，自然损耗这种必然发生的风险，保险人通常会约定不予承保。市价跌落引起的损失属于间接损失，保险人也往往将其列入除外责任的范围。此外，被保险人的故意行为或过失造成的损失、属于发货人责任引起的损失等，不是由于自然灾害、意外事故或约定的人为风险引起的损失，保险人也不予承保。

【案例】除外条款争议案[①]

F. W. Berk & CO., Ltd. v. Style. 案是关于海上货物运输保险“除外条款”的案例。该案原告F. W. Berk 公司为伦敦的进口商，即本案被保险人，曾向本案被告Mr. Godfrey William Style（保险人）投保，承保装载于Rijeka轮上的100吨硅藻土货物从北非的Mostaganem运往伦敦的风险。保险单规定，承保“一切造成损失或损害的风险，不论损失的比例如何”。两张保险单均规定了施救条款，且保险单加入了协会货物保险条款第6条的规定：“本保险决不承保保险标的固有缺陷或性质引起的损失、损害或者费用。”货物于1951年6月5日离开非洲的 Mostaganem，并于当年6月12日到达英国泰晤士河，并将货物硅藻土越过船舷卸载到驳船，准备在Alpha Wharf码头卸载。此时原告发现许多纸袋已经破损，为了装载，原告重新包装了货物，并由此产生了一定费用。原告认为这些费用应该属于保险单中规定的施救费用（sue and labour charges），由此向被告索赔这笔费用，但被告认为，用纸袋包装的硅藻土货物的损坏是包装上的固有缺陷，属于保险的除外责任而拒不赔付，由此产生诉讼。

法院认为，本案被保险的标的用纸袋包装不能承受正常运输的磨损，该包装在运输期间有缺陷，在驳船上发生的重新包装产生的特别费用是由于包装的固有缺陷导致的，而依协会货物保险条款第6条的规定，“一切造成损失或损害的风险”是受到限制的，不包括重新包装的费用，这是由原告引起的，因此不能依据施救条款获得赔偿，因为保险单的承保范围是风险，而不是一个确定的事实。最后，法院判保险人胜诉，不必承担向被保险人赔偿的责任。

（六）保险期间

保险期间也就是保险责任的期间，保险责任的期间有三种确定方法：一种是以时间来确定，例如规定保险期间为1年，自某年、某月、某日起至某年、某月、某日止。另一种是以空间的方法来确定，例如规定保险责任自货物离开起运地仓库起至抵达目的地仓库止。第三种是采用以空间和时间两方面对保险期间进行限定的方法，例如规定自货物离开起运地仓库起至货物抵达目的地仓库止，但如在全部货物卸离海轮后60天内未抵达上述地点，则以60天期满为止。

① *F. W. Berk & Co., Ltd. v. Style.* [1955] 1 Lloyd’S Rep. 382.

【案例】保险责任期间争议案[①]

*John Martin of London, Ltd. v. Russell*案[②]是关于保险期间中的扩展责任条款的案例。本案的原告 John Martin of London, Ltd.是案中的被保险人，被告Russell为保险人。原告从美国进口了7 200箱纯精炼猪油，向保险人投保了一切险，采用英国协会保险一切险条款，1957年7月2日和3日，货物运抵利物浦，收货人收到货物后，将货物堆放在卸货泊位对面的“转运货棚”（transit shed）里，因为该货棚允许免费堆放3天，并且以后会给予特别租金待遇。7月4日，发现猪油受甲虫污染，这些甲虫由于受热，已从存储在猪油上层的货物中飞出来。原告主张货物仍旧在保险单第一款承保范围内，因为他们仍在转运货棚中并没有交付给收货人，因为转运货棚不属于条款中的最终仓库，要求被告赔偿损失。被告辩称保险期限在货物被放入转运货棚，即最终货场时已经终止，如果收货人没有意图将其放入最终货场时，承保期限也终止，被告拒不赔偿，由此产生诉讼。

法院认为，“转运货棚”不是收货人最终的仓库，专家意见认为，干椰子肉害虫在非常炎热情况下飞到了位于转运货棚下层的猪油上是造成损害的原因。若要消除污染，就需要把猪油冷冻起来，并且事实上也采取了这一措施。转运货棚并非仓库，损害发生在保险期间内，保险人应当对本案原告发生的损失负赔偿责任。

（七）保险费和保险费率

保险费率是计算保险费的百分率。保险费率有逐个计算法和同类计算法之分。船舶保险的保险费率通常采用逐个计算法来确定，每条船舶的保险费率由保险公司依该船舶的危险性大小、损失率高低及经营费用的多少来确定。同类计算法指对于某类标的，保险人均采用统一的保险费率的方法。例如，火险采用的就是同类计算法的方法来确定保险费率的。

保险费是投保人向保险人支付的费用。保险费等于保险金额乘保险费率。例如，CIF价格保险费的计算如下：

（成本+运费）× 保险费率=保险费（1）

由于保险费（1）也要保险，使该笔保险费在货物受损时也能得到补偿，因此：

---

① 刘志心主编：《中国典型商事案例评析》，法律出版社1998年版，第554页。

② *John Martin of London, Ltd. v. Russell.* [1960] 1 Lloyd’s Rep. 554.

保险费（1）× 保险费率 = 保险费（2）

应收保险费 = 保险费（1）+ 保险费（2）

为了使预期的利润在标的出险时也能得到补偿，因此一般均允许对此部分利润进行加成保险，但此项加成一般不应超过110%，经保险加成后，实收的保险费为：

应收保险费 × 保险加成（一般为110%）= 实收保险费

（八）被保险人义务条款

如前所述，保险合同是双务合同，保险人收取保险费，就必须承担保险事故发生后，赔偿保险标的遭受的约定损失或产生的约定责任，而被保险人要得到保险人对保险标的所给予保障的权利，就必须向保险人缴付保险费，并履行其他约定的义务。我国《海商法》第234～236条规定了被保险人的三项义务：（1）除合同另有约定外，被保险人应当在合同订立后立即支付保险费；被保险人支付保险费前，保险人可以拒绝签发保险单证。（2）被保险人违反合同约定的保证条款时，应当立即书面通知保险人。保险人收到通知后，可以解除合同，也可以要求修改承保条件、增加保险费。（3）一旦保险事故发生，被保险人应当立即通知保险人，并采取必要的合理措施，防止或者减少损失。被保险人收到保险人发出的有关采取防止或者减少损失的合理措施的特别通知的，应当按照保险人通知的要求处理。上述规定属于任意性的规定，即如果保险合同中有关于被保险人义务的规定，则适用保险合同的约定，在没有规定时才适用《海商法》的上述规定。

中国人民保险公司的“海洋运输货物保险条款”规定了被保险人的如下义务，并规定被保险人应按照规定的应尽义务办理有关事项，如因未履行规定的义务而影响保险人利益时，保险公司对有关损失有权拒绝赔偿：（1）当被保险货物运抵保险单所载明的目的港（地）以后，被保险人应及时提货，当发现被保险货物遭受任何损失，应立即向保险单上所载明的检验、理赔代理人申请检验，如发现被保险货物整件短少或有明显残损痕迹，应立即向承运人、受托人或有关当局（海关、港务当局等）索取货损货差证明。如果货损货差是由于承运人、受托人或其他有关方面的责任所造成，并应以书面方式向他们提出索赔，必要时还须取得延长时效的认证。（2）对遭受承保责任内危险的货物，被保险人和本公司都可迅速采取合理的抢救措施，防止或减少货物的损失，被保险人采取此项措施，不应视为放弃委付的表示，本公司采取此项措施，也不得视为接受委付的表示。（3）如遇航程变更或发现保险单所载明的货物、船名或航程有遗漏或错误时，被保险人应在获悉后立即通知保险人并在必要时加缴保险费，本保险才继续有效。（4）在向保险人索赔时，必须提供下列单证：保险单正本、提单、发票、装箱单、磅码单、货损货差证明、检验报告及索赔清单。如涉及第三者责任，还须提供向责任方追偿的有关函电及其他必要单证或文件。（5）在获悉有关运输契约中“船舶互撞责任”条款的实际责任后，应及时通知保险人。

三、海上保险合同的订立、解除、转让和终止

（一）海上保险合同的订立

海上保险合同的订立是由投保人以填制投保单的形式向保险人提出保险要求，经保险人同意承保，并就海上货物运输保险合同的条款达成协议后，保险合同即成立。投保单中须列明保险标的的名称、保险金额、运输路线、运输工具及投保险别等事项。保险人应当及时向被保险人签发保险单或者其他保险单证，并在保险单或其他保险单证中载明当事人双方约定的合同内容。可以看出，海上保险合同的成立分为要约和承诺两个阶段，要约就是投保人提出投保申请的行为，通常以投保单的形式出现。保险人表示接受投保人的申请即为承诺。在实践中，保险人在承诺后有时会马上出具保险单，有时会出具暂保单，待保险的具体事项确定后，再将暂保单换为保险单。

（二）保险合同的解除

保险合同的解除即保险合同的当事人取消其间法律关系的行为。保险合同的解除分为被保险人的解除和保险人的解除。

1. 被保险人解除合同的情况。我国《海商法》第226～228条对保险合同在保险责任开始前和开始后的解除进行了不同的规定：

（1）在保险责任开始前，被保险人可以要求解除合同。保险人的保险责任是依合同规定的保险期限开始和结束的，只有在该期限内发生的保险事故，保险人才承担赔偿责任。保险责任的开始与保险合同的成立在时间上常常是不一致的，例如，保险合同于1994年5月20日订立，合同中规定的保险人的责任期限为一年，自1994年6月1日起至1995年6月1日止。在合同成立后、保险责任开始前，如保险标的出险，尽管有保险合同存在，但保险人并不承担赔偿责任。因为，此时合同的效力仅限于约束保险人承保该保险标的，但其赔偿责任尚未开始。因此，保险合同成立后、保险责任开始前，应当允许被保险人解除合同，保险人应当退还保险费。但保险

人为了订立保险合同也支付了一些成本，为此，《海商法》第226条又规定，被保险人在此种情况下解除合同的，应当向保险人支付手续费。

（2）在保险责任开始后，被保险人是否可以解除合同须依情况而定。在保险合同对此没有约定的情况下，依《海商法》第227条的规定，被保险人和保险人均不得解除合同。在保险合同有约定的情况下，双方均可以解除合同，但货物运输和船舶的航次保险在保险责任开始后，被保险人不得要求解除合同。因为此类保险所针对的就是某个航次，其保险责任期间往往短于定期的保险，如在该航次开始后，仍然允许被保险人解除合同，则对保险人就显失公平，也容易助长被保险人通过保险赚取保险赔偿的投机做法。对于依约定可以解除合同的情况，如是被保险人要求解除的，保险人有权收取自保险责任开始之日起至合同解除之日止的保险费，剩余部分予以退还；保险人要求解除合同，应当将自合同解除之日起至保险期间届满之日止的保险费退还被保险人。

2. 保险人解除合同的情况。依《保险法》第15条规定，除本法另有规定或保险合同另有约定外，保险合同成立后，投保人可以解除合同，保险人不得解除合同。依《保险法》的“另有规定”、《海商法》以及《司法解释》的相关规定，保险人能够解除合同的情况主要包括：（1）被保险人未支付保险费。依《海商法》的规定，除保险合同另有约定，被保险人应在合同订立后立即支付保险费。但没有规定被保险人违反此项规定后保险赔偿责任的承担，只规定在被保险人支付保险费之前，保险人可以拒绝签发保险单证。尽管保险人有权拒绝签发保险单证，但此时保险合同已经成立，保险责任也可能已经开始，依《海商法》的规定，一旦保险责任开始，保险人不得解除合同。但海上货物运输保险中的保险单是可以转让的，向保险人要求保险赔偿的被保险人可能不是与保险人签订保险合同的人，如果保险人已经签发了可转让的保险单，即使被保险人未支付保险费，在保险责任开始前保险人也无权解除保险合同。为此，《司法解释》第5条明确，被保险人未向保险人支付约定的保险费的，保险责任开始前，保险人有权解除保险合同，但保险人已签发保险单证的除外；保险责任开始后，保险人不能以被保险人未支付保险费为由请求解除合同。该规定既强调了被保险人支付保险费的义务，也考虑到海上货物运输保险中的特殊性，保证了保险单证依法可以转让的性质。（2）违反告知义务。依《保险法》第16条，投保人故意或者因重大过失未履行如实告知义务，足以影响保险人决定是否同意承保或者提高保险费率的，保险人有权解除合同。保险人在合同订立时已经知道投保人未如实告知的情况的，保险人不得解除合同。（3）违反保证条款。依《司法解释》第6条，被保险人违反合同约定的保证条款未立即书面通知保险人的，从违反保证条款之日起，保险人得解除保险合同。又依《司法解释》第8条，双方就“续保”未达成协议的，保险合同于违反保证条款之日解除。

（三）海上保险合同的转让

海上保险合同的转让指被保险人将其在保险合同中的权利转移给第三方的行为。《海商法》第229～230条将海上保险合同的转让分为不需经保险人同意的转让和需经保险人同意的转让两类情况：

1. 不需经保险人同意的转让。依第229条的规定，海上货物运输保险合同的转让不需经保险人的同意，可以由被保险人背书或者以其他方式转让，合同的权利和义务也随之转移。合同转让时尚未支付保险费的，被保险人和合同受让人负连带支付责任。海上货物运输保险合同的转让不需经保险人的同意是由此类保险的保险标的的流动性决定的，因为运输中的货物在途中其所有权可能因提单的转让而多次转移，所以货物运输保险合同的转让不像固定财产的保险那样需要征得保险人的同意。保险单是保险合同的证明，海上货物运输保险合同的转让一般就是保险单的转让，保险单的转让有两种形式：一种是空白背书的方式，即由保险单抬头署名的被保险人在保险单后面背书，此保险单即可随着货物所有权的转让而一起转让；另一种方式为指名背书，即在背书时明确受让人的一种背书方式。

2. 需经保险人同意的转让。《海商法》第230条规定的船舶保险合同的转让是需经保险人同意的转让。一般保险合同的转让，均应经保险人的同意，因为保险人承保的责任的风险大小与被保险人本人的因素有关，不同的被保险人，保险合同约定的承保条件常常不同，例如，一个经营管理良好的船舶所有人，其船舶的出险率就会低于一个经营作风恶劣的船舶所有人，后者的保险费率当然也会高于前者，因为船舶所有人的经营作风对船舶的安危会产生很大的影响。《海商法》第230条对需经保险人的同意才可转让的船舶保险合同进行了规定，依该条的规定，因船舶转让而转让船舶保险合同的，应当取得保险人同意。未经保险人同意，船舶保险合同从船舶转让时起解除；船舶转让发生在航次之中的，船舶保险合同至航次终了时解除。合同解除后，保险人应当将自合同解除之日起至保险期间届满之日止的保险费退还被保险人。

关于航次中发生转让的情况，实践中常出现如船舶转让后发生保险事故，已经取得船舶价款的船舶出让人可能不向保险人提出保险赔偿请求，而新的买受人又因不是保险合同的当事人而无法向保险人行使保险赔偿请求权，为解决这一问题，《司法解释》第9条规定：在船舶出让

人不行使保险合同项下权利时，船舶受让人只要提供船舶转让的证明以及保险单证，也可以向保险人行使保险赔偿请求权。

（四）海上保险合同的终止

保险合同的终止指在合同关系存续期间，由于一定事由发生，或基于法律的规定，或由于一方的意思表示而使合同的效力不再继续。合同终止与合同解除与无效不同，后两者是自始无效，而合同终止并不溯及既往，在合同终止以前应交付而已交付的保险费，不得请求返还。海上保险合同的终止可以由于各种原因，引起合同终止的情况主要有以下几种：

1. 自然终止。指保险单规定的保险期限届满，保险人的保险责任即告终止的情况。自然终止是保险合同终止最普通的原因。在保险单到期以后再续保的并不是原保险合同的延长，续保所订的保险合同是一个新的保险合同。

2. 因义务已履行而终止。在海上保险合同有效期间发生保险事故，保险人即应履行保险给付义务。当保险人履行了保险合同规定的全部义务后，尽管保险合同的期限尚未届满，但保险人所承担的责任已告终止。

3. 协议终止。指由合同双方协议在保险单上订明在保险合同自然终止前终止保险合同。例如，在船舶战争保险合同中规定“在发出通知后14天终止船舶战争险责任”。战争险所承保的一般为和平时期的战争风险，因此，在办理战争险的保险时，一般会列明一些除外的地区，被保险人的船舶在这些除外的地区遭遇战争风险，保险人是不负责赔偿的。对于战争风险较大的地区，必须额外加收保险费，保险人才有可能承保，否则，保险人的风险就会过大。船舶战争险的保险合同期间通常为1年，在1年的合同期中，有可能某一地区突然出现了战火，所以保险合同通常约定如果在1年的合同期内，某个未除外的地区突然打起仗来，保险人就会发出通知，规定在14天后终止该保险合同，在这14天内如在这些非除外但出现了战火的地区因战争风险损失的船舶，保险人仍然予以赔偿，14天以后，合同终止。在此以后订立的合同，该新出现战火的地区就会成为新的被除外的地区，如果一定要前往该地区，并需要保险的话，被保险人就得增加保险费。

4. 违约终止。保险人因被保险人的违约行为而终止保险合同。

5. 保险标的因保险事故之外的原因而灭失。在海上保险中，如果保险标的因保险事故之外的原因而全部毁损灭失，被保险人即不再具有保险利益，保险合同即应终止。

四、海上保险的保险单

保险单是保险合同的书面证明。海上保险合同的成立并不以出立保险单为准，而是以保险人的承诺为准。承诺可以是书面的，也可以是口头的，为了防止口头承诺可能发生的争议，一般口头承诺之后均会以书面的形式加以补充，这种书面的形式就是保险单。海上保险的保险单从不同的角度可以进行不同的分类。依保险标的，可将保险单分为船舶保险单、货物保险单、海上石油开发保险单等。依价值标准可将保险单分为定值保险单和不定值保险单。依保险的期限可将保单分为定期保险单、航程保险单和混合保险单。依承保的方式可将保单分为逐笔保险单（specific policy）、流动保险单（floating policy）、总括保险单（blanket policy）或闭口保险单（closed policy）、预约保险单或开口保险单。中国海上货物运输保险的保险单表现形式主要有以下几种。

（一）保险单

保险单又称大保单，是保险合同的主要组成部分，保险单上主要载有当事人的名称、保险标的、保险金额、保险期限、保险费率等事项，并印有规定当事人双方权利义务的保险条款。保险单是被保险人向保险人索赔的主要依据，也是保险人理赔的主要依据。

PICC货物运输保险单

（二）保险凭证

保险凭证又称小保单，保险凭证是不载明保险条款的简化的保险单。保险凭证只载明大保单正面的内容，有关双方当事人的权利和义务以大保单上所载明的条款为准。保险凭证与大保单具有同等的效力。这种保单大量地用于对我国香港、澳门的出口运输。

（三）联合凭证

联合凭证是一种简化的保险凭证，该凭证附在外贸的商业发票上，凭证上只注明承保险别和保险金额，其他事项均以发票上所列的内容为准。在货物出险后，则依与承保险别有关的条款及发票所载内容办理。联合凭证仅用于对我国香港、澳门的出口运输。

（四）保险批单

保险批单是对保险单或保险凭证的内容进行修改、补充或删除时出具的单证。批单的效力大于保险单或保险凭证。批单应贴附在保险单上，并应加盖骑缝章。批单中应列明出具批单的日期、批单号码、保单号码、被保险人名称、保险金额、船名和开航日期等事项，然后列明批改内容。

第四节　海洋运输货物保险条款

海洋运输货物保险是由保险人承保的海上运输的货物遭遇各种海上风险受到损失时负责赔偿的保险。中国人民保险公司（以下简称“人保”）承保的海洋运输货物保险（以下简称“人保条款”）的主要险别包括平安险、水渍险和一切险，附加险别包括一般附加险、特别附加险和特殊附加险。其承保的海洋运输货物的专门保险，包括海洋运输货物冷藏货物保险和海洋运输货物散装桐油保险。海上货物运输保险的险别如图12-2所示。

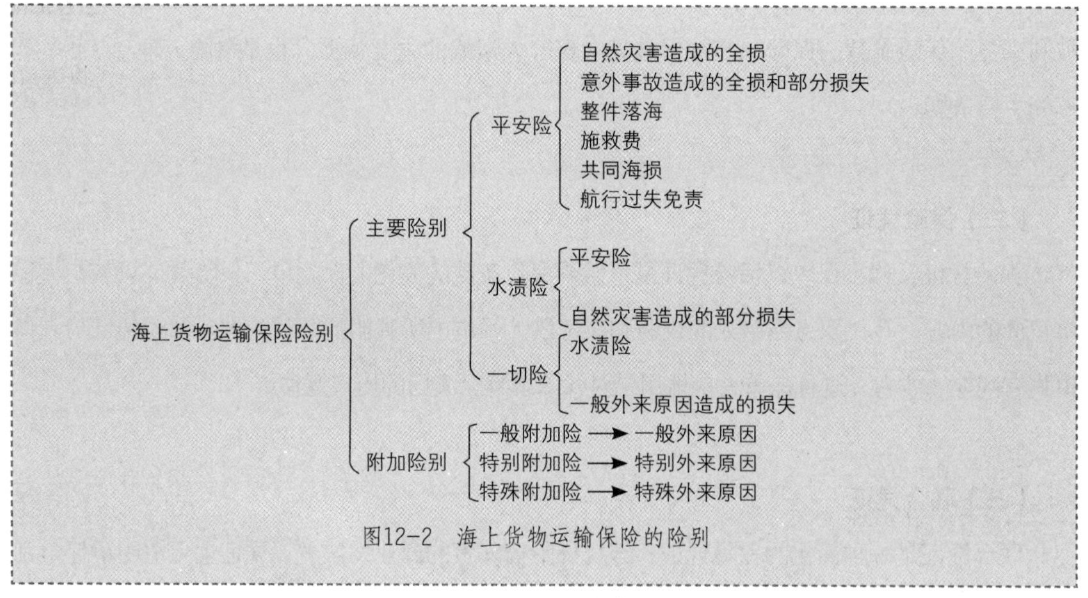

图12-2　海上货物运输保险的险别

人保目前使用的是1981年的海洋运输货物条款，1963年在引进英国协会条款的基础上制定了人保海洋运输货物条款，该条款在1972年修改时废除了平安险、水渍险和一切险的名称，采用全损险、基本险和综合险的名称，合并了一些条款，共有8条。由于该条款与国际上采用的条款差别较大，条款过于简单，使用了一些与责任范围无关的政治口号，责任范围也比国外的小，因此，没有受到国际保险同业的认同。人保条款在1976年和1981年又进行了两次修改。现在采用的是1981年的版本。

一、主要险别

主要险别指可以独立承保，不必附加在其他险别项下的险别。中国人民保险公司海洋运输货物保险的主要险别有三种，即平安险、水渍险和一切险。

（一）平安险（Free from Particular Average/F.P.A.）

平安险的英文意思为：单独海损不赔。该险以前的保障范围是只赔全部损失，经过长期的实践，该险经过不断地修改和补充，其责任范围已经超出了全部损失的限制。该险的责任范围主要包括：

1. 被保险货物在运输途中由于恶劣气候、雷电、海啸、地震、洪水等自然灾害造成的整批货物的全部损失或推定全损。“自然灾害”指非常的自然力所造成的灾害，如洪水、雷电、海啸等。“全部损失”（total loss）又称“实际全损”（actual total loss），依《海商法》第245条的规定，实际全损指保险标的发生保险事故后灭失，或者受到严重损坏完全失去原有形体、效用，或者不能再归被保险人所拥有的损失状态。“不能再归被保险人所拥有”的情况如船舶失踪，在这种情况下，虽然船舶的实体可能并没有灭失，但被保险人无法有效地对其进行占有，因此，船舶失踪的情况视为实际全损。依《海商法》第246条的规定，货物的“推定全损”（constructive total loss）指货物发生保险事故后，认为实际全损已经不可避免，或者为避免发生实际全损所需支付的费用与继续将货物运抵目的地的费用之和超过保险价值的损失状态。在发生推定全损时，被保险人须将受损货物委付给保险公司。全损包括“部分”全损，即指在运输货物的保险上，如果一批货物分几张提单装运，一张提单中的货物又分几批驳运，此时应如何判断全部损失呢？一般来说，全部损失的含意可以理解为：一张保险单上的货物全部损失；一张提单上的货物全部损失；一条驳船上的货物全部灭失。例如，一张保险单承保的货物分三张提单出运，如一张提单项下的货物全部损失，保险公司按全损赔偿。如一张提单上的货物分四批驳运，一条驳船上的货物全部损失即视为全损，保险公司也按全损赔偿。

2. 由于运输工具遭受搁浅、触礁、沉没、互撞、与流冰或其他物体碰撞以及失火、爆炸意外事故造成货物的全部或部分损失。“意外事故”指运输工具所遭遇的外来的、不可预料的事故。可以看出，与第1项相比，在发生“自然灾害”时，保险人只赔全部损失；而在发生“意外事故”时，保险人既赔全部损失，又赔部分损失。此点已突破了传统的平安险只赔全部损失的范围。平安险在这一点上的让步实际上是与出险率有关的。在发生自然灾害时，灾害对保险标的的破坏程度高，所以，只有在发生全损时才予赔偿，如被保险人希望在发生部分损失时也能得到赔偿，就应多交一些保险费，投保对自然灾害引起的“部分损失”也承担赔偿责任的水渍险。但在发生意外事故的情况下，如平安险也规定只有在发生全损时才赔偿，则对被保险人就不太公平了，因为，在发生意外事故时出现全损的情况远远地少于发生自然灾害的情况，因此，现在的平安险还只是在意外事故的部分损失上退了一步，对于自然灾害造成的部分损失仍然不予赔偿。

3. 在运输工具已经发生搁浅、触礁、沉没、焚毁等意外事故的情况下，货物在此前又在海上遭受恶劣气候、雷电、海啸等自然灾害所造成的部分损失。依此项规定，如果货物的致损原因中既有自然灾害，又有意外事故，则保险人对因此而造成的部分损失承担赔偿责任。

4. 在装卸或转运时，由于一件或数件整件货物落海造成的全部或部分损失。平安险对于此项整件落海的损失予以赔偿是视其为一个全损。以前，保险公司在对此项整件落海的损失进行理赔时需认定货物确实全部损失了才进行赔偿，后来为了防止被保险人不积极地对保险标的进行抢救，保险公司又退了一步，只要发生了整件落海的事实，不论该保险标的是否发生了全损，保险人均承担赔偿责任。例如，棉纱整件落入海中，依以前的理赔方法，如将其捞上来了即不认为是发生了全损，保险人不予赔偿。于是在发生此种情况时，被保险人往往不愿打捞落海的棉纱。而依现在的做法，保险公司不论该保险标的是否打捞并得到了保全，只要发生了整件落海的事实，保险人就予以赔偿。

5. 被保险人对遭受承保责任内危险的货物采取抢救、防止或减少货损的措施而支付的合理费用，但以不超过该批被救货物的保险金额为限。此项所针对的是“施救费”，施救是被保险人一方进行的自救活动。施救与救助是有区别的：首先，两者实施行为的主体不同，施救的行为主体为被保险人一方，而救助的行为主体是保险人与被保险人以外的第三人。其次，给付赔偿的原则不同，救助采取的是“无效果，无报酬”的原则，而施救则不论其施救行为是否有效果，保险人均予以赔偿。

6. 运输工具遭遇海难后，在避难港由于卸货所引起的损失以及在中途港、避难港由于卸货、存仓以及运送货物所产生的特别费用。“海难”是指与海洋有关的意外事故或自然灾害。

这种意外事故或自然灾害不仅要发生在海上，而且还需由于海洋的原因而发生。例如，船舶沉没在某种意义上是由于海难发生的，但当船舶是被人有意凿沉时，该事故的发生就不是由于海洋的原因引起的，而是由于被保险人的恶意行为引起的，所以，由此而引起的避难港费用，保险人是不承担赔偿责任的。

7. 共同海损的牺牲、分摊和救助费用。共同海损（general average）相对于单独海损（particular average）而言，共同海损的牺牲、分摊和救助费用均属于部分损失，这些损失应由各受益方来分担。被保险人的此项分摊额可以从平安险的保险中得到补偿。

8. 运输合同中订有“船舶互撞责任”条款，根据该条款规定应由货方偿还船方的损失。①

【案例】棕榈油平安险的责任范围争议案②

1995年1月9日，广西防城港市粮油贸易公司（以下简称“粮油公司”）与香港固达有限公司（以下简称“固达公司”）签订一份买卖合同，购买2 000吨棕榈油，价格条件为CFR越南鸿基港，每吨748美元，总价款1 496 000美元。3月7日，固达公司与香港高威船务有限公司签订租船合同，租用“Tradewind”轮从马来西亚Pasir Gudang 港将上述货物运至越南鸿基港。3月24日，该轮船舶代理签发了提单，提单记载的承运人为Pacific Tradewind Internatioal（太平洋贸易国际公司，以下简称“太平洋公司”）。

4月6日，粮油公司就上述货物运输向中国平安保险股份有限公司南宁办事处（以下简称“平安公司”）投保，险别为平安险，保险金额1 200万元。平安公司签发的保单背面附有中国人民保险公司1981年海洋运输货物保险条款。

“Tradewind”轮没有在预期时间抵达卸货港。经国际海事局调查，“Tradewind”轮于1995年3月16日到达巴西古丹港，装载了4 479.9吨棕榈油，于4月3日离开Pasir Gudang港，之后下落不

① “船舶互撞责任”条款（both to blame collision clause）涉及在双方均有责任的碰撞中，船上所载货物的货主向本船承运人要求赔偿的成功率不高，因为货物运输合同往往规定承运人对于航行过失有免责的权利。于是本船货主往往依连带侵权的理论向对方船东请求100%的赔偿。对方船东在赔偿之后，就会向本方船东要求偿还本应由本方船东承担的那部分赔偿。这样，本船船东就间接地赔偿了本船的货主，为了符合货物运输合同的规定，在提单中常常加入“船舶互撞责任”条款，规定本船货主应将通过对方船的船东取得的那部分赔偿还给本船船东，以符合运输合同的规定。这样，货主无论是通过合同关系，还是通过侵权关系均不能取得全额的损失补偿。该条款规定的内容就是将这部分无法从船方取得的补偿纳入平安险的赔偿范围。

② 参见中国海事审判网站，https://cmt.court.gov.cn。

明。经调查证实，“Tradewind”轮非法悬挂伯利兹国旗，太平洋公司未进行合法注册登记，在其联络通信中注明的办公地址找不到这家公司。国际海事局分析：船东提供了虚假的地址和不真实的船舶注册登记情况，以及船舶起航后种种令人不解的事情和虚假消息，都说明了“Tradewind”轮是一艘“鬼船”。可以确信，货物已被船东窃取，船舶可能被凿沉或拆掉。

粮油公司在向平安公司索赔受拒后，向广州海事法院提起诉讼，请求法院判令平安公司赔偿其保险金额1 200万元及利息。平安公司答辩认为，货物损失是由于海运欺诈造成的，海运欺诈不属于平安险的责任范围。法院经审理认为，海运欺诈造成货物的灭失不属于中国人民保险公司1981年海洋运输货物保险条款平安险的承保范围，不属于本案保险合同约定的保险事故，平安公司无需赔偿。据此判决：驳回粮油公司的诉讼请求。

（二）水渍险（With particular average/W.A.）

该险的责任范围除平安险的各项责任外，还负责赔偿被保险货物由于恶劣气候、雷电、海啸、地震、洪水等自然灾害造成的部分损失。

（三）一切险（All Risks）

该险除包括水渍险的责任范围外，还负责赔偿被保险货物在运输途中由于外来原因所致的全部或部分损失。外来原因指偷窃、提货不着、淡水雨淋、短量、混杂、沾污、渗漏、串味异味、受潮受热、包装破裂、钓损、碰损破碎、锈损等原因。

【案例】一切险责任范围争议案①

*Fuerst Day Lawson Ltd. v. Orion Insurance Co. Ltd.*案是关于一切险责任范围的案例。该案原告Lawson公司（即本案中的被保险人）于1976年4月7日至6月12日签订了18个合同，从印度尼西亚Farmaport公司以CFR价格购买了495桶精油。货物分批于1976年5月18日到6月28日装船。由原告向本案被告Orion保险公司投保了协会一切险，责任期间为“仓至仓”条款。货物到目的港后，卸货时本案被保险人（买方）发现，桶里装的是水，只是在表面漂了一层精油，由于此时卖方

① *Fuerst Day Lawson Ltd. v. Orion Insurance Co .Ltd* [1980] 1 Lloyd’s Rep. 656.

已通过信用证取得货款，买方遭受重大损失。本案原告认为，保险人应为其所遭受的损失承担保险责任，认为其所购买的各批货物在到达Farmaport公司在雅加达的仓库时，在海关的监管下检验过，并经Bogor的官方实验室化验并出具化验报告。原告为此提出一系列的书证、证人证言，即在装船之前，桶里装的是其所购买的精油，到港卸货时，桶里是水，依据双方的保险合同，保险人应承担保险责任。被告保险人则认为，首先，桶里一直装的是水而不是精油。如果说曾经装过精油，但后并被替换成水，那也只可能是发生在装船之前，而在CFR价格条件下，原告只有在货物装船之后才享有可保利益，所以原告的主张不能成立，被告不应承担保险责任。被告同样提出一系列的证据支持其主张。双方就争议诉诸法院。法院经分析认为，原告没能证明其所购买的货物装上指定的船舶之后被盗，故保险人不需承担保险责任。

二、运输货物保险的保险期限

保险期限是保险人承担对海洋运输货物赔偿责任的期间。中国人民保险公司海洋运输货物保险条款主要以“仓至仓条款”“扩展责任条款”“航程终止条款”和“驳运条款”来确定保险人的责任期限。

（一）仓至仓条款（Warehouse to Warehouse Clause）

仓至仓条款英文简称W/W，该条款规定，保险人的责任自被保险货物运离保险单所载明的起运地仓库开始，到货物运达保险单载明的目的地收货人的最后仓库时为止。究竟起至的仓库是指什么仓库，1995年《保险条款费率辞释大全》对人保海洋运输货物保险条款中“仓至仓”责任的解释如下：（1）货物在保险单载明的起运地发货人仓库尚未开始运输时所受的损失，保险公司不负责任。（2）货物一经运离上述发货仓库，保险责任即告开始，保险公司按照货物所保险别规定的责任范围予以负责。（3）货物运离发货人仓库，不是直接装船，而是先放在承运人机构（例如外贸运输公司的仓库里）等候装船，在此期间货物遭受到保险责任范围内的损失，保险公司予以负责。（4）货物在装船前存放在港区码头仓库待运期间，如果发生损失，已出保险单或已办投保手续的，保险公司按保险险别负责。（5）有些外贸公司在港区码头设有专用仓库，货物从该外贸公司市内仓库运入该专用仓库等候装船，虽然同为发货人仓库，但后者并非“仓至仓”条款所指的起运仓库，应视为承运机构仓库，如发生保险责任的损失，也应负责。（6）若发货人自己没有固定的仓库，而是临时租用承运机构仓库或是港区码头仓库，直接将货物集中储于上述仓库等候装船，则上述仓库应视为发货人仓库，货物储存期间发生损失，不属保险责任。

为防止货物抵达目的港后，耽搁过长而不运入保险单上载明的收货人仓库，使保险人的责任过大，仓至仓条款一般都附有时间的限制，规定如货物未抵达收货人的仓库或储存处所，则保险人的责任以被保险货物在最后卸货港全部卸离海轮后满60日为止。保险人的责任具体应在哪一点终止，应依实际情况而定：（1）当保险单载明的目的地是卸货港时，如收货人提货后运进其仓库，保险责任终止。如收货人提货后未运进其仓库，而是对其货物进行分配、分派或分散转运，则保险责任从分配时终止。（2）当保险单载明的目的地为内陆仓库时，保险责任应于货物运抵内陆仓库时终止。（3）保险单载明的目的地为内陆仓库，而收货人在提货后并未运往仓库，而是在中途进行分配、分派或分散转运，则保险责任从分配时终止。

（二）扩展责任条款（Extended Cover Clause）

该条款规定，由于被保险人无法控制的原因而使船舶延迟、绕道、被迫卸下、重新装载、转运，或承运人依运输合同所赋予的权限而改变航程，保险依然有效。仓至仓条款规定的有效期间只包括正常运输过程中的海上、陆上、内河运输，并不包括绕道、转运、变更航程等情况。为了保障被保险人在无法控制的原因下产生绕道等情况时的货物利益，保险人采用了扩展责任条款。

（三）航程终止条款（Termination of Adventure Clause）

该条款规定，在被保险人无法控制的情况下，保险货物被运往非保险单所载明的目的地，使运输条款先于保险责任的终止而失效，保险继续有效，保险责任至货物被出售交付时止。但如货物在卸离海轮后60日内仍未交付，保险责任亦终止。

（四）驳运条款（Craft & C Clause）

该条款规定，保险人对被保险货物在驳运过程中的损失负责。海轮在卸货时，有时需要依靠驳船，驳船并非保险单上所载明的海轮，所以在驳船上发生的货损，保险公司不予赔偿。加入该条款，就可以使驳运中的货物也有了保险的保障。

三、海洋运输货物保险的除外责任

除外责任是保险单中规定的保险人不负责赔偿的海洋运输货物损失。中国人民保险公司海洋运输货物的除外责任包括：（1）被保险人的故意行为或过失所造成的损失；（2）属于发货人责任引起的损失；（3）在保险责任开始前，被保险货物已存在的品质不良或数量短差所造成的损失；（4）被保险货物的自然损耗、本质缺陷、特性以及市价跌落、运输延迟引起的损失和费用。（5）海洋运输货物战争险条款和货物运输罢工险条款规定的责任范围和除外责任。

四、附加险别

海洋运输货物的附加险别是指投保人在投保主要险时，为保障主要险范围以外可能发生的某些危险所附加的保险。附加险又可分为一般附加险、特别附加险和特殊附加险三类。

（一）一般附加险

一般附加险承保各种外来的原因造成的货物全损或部分损失，是保险人在主要责任范围基础上扩展的责任。"外来原因"（extraneous risks）指与海上的自然因素或运输工具没有联系的原因。例如，淡水雨淋险是一种附加险，尽管淡水雨淋也是一种自然因素，但与海水无关。附加险别不能单独承保，它必须附于主险项下。如果已经投保了一切险，就不必再加保附加险，因为一切险已包括了所有一般附加险所承保的责任。在投保平安险和水渍险时，可依货物的具体情况加保附加险。例如，在运输茶叶时，即可在投保水渍险的基础上，加保串味异味险。这样既可以使运输的货物得到保险的保障，又可以适当地节省开支。一般附加险包括：

1. 偷窃、提货不着险（risk of theft pilferage & non delivery）。承保被保险货物因遭受偷窃或整件提货不着所造成的损失。为了便于确定责任，对于因偷窃引起的损失，被保险人应在及时提货后 10 日内申请检验。对于提货不着的损失，被保险人应向责任方索取短交证明，否则，保险人不负赔偿责任。

2. 淡水雨淋险（rain damage）。承保被保险货物因直接遭受雨淋或淡水浸渍所致的损失。平安险和水渍险所赔偿的损失中包括了因海水所致的损失，不赔因淡水引起的损失。为了区分责任，在请求赔偿时，应有确定是淡水所致损失的证明，如化验是否有盐的成分等。本附加险要求被保险人及时提货，并在提货后10日内申请检验，否则，保险公司不负赔偿责任。

3. 短量险（risk of shortage）。该险对于被保险货物在运输过程中发生的数量短少和重量损失负责赔偿。对于有包装货物的短少，为了区别是原来发生的短少还是因外来原因造成的短少，应查验外包装是否有异常，如裂袋、扯缝等现象。散装货物的短量以装船重量和卸船重量之间的差额为计算的依据，但正常的途耗 除外。

4. 混杂、沾污险（risk of contamination）。该险对被保险货物在运输过程中，因混杂、沾污所致的损失负责赔偿。在运输矿砂等类似货物时，如担心矿砂会混进泥土等杂物而使质量下降，可在投保平安险和水渍险的基础上，附加本险。纸张、服装等易受沾污的货物也应附加此险。

5. 渗漏险（risk of leakage）。该险对在运输过程中，因容器损坏引起的渗漏损失，或用液体储藏的货物因液体的渗漏而引起的货物腐败等损失负赔偿责任。在运送液体货物或用液体装存的货物时，如湿肠衣，应加保渗漏险。

6. 碰损、破碎险（risk of clashing & breakage）。该险对被保险货物在运输途中因震动、碰撞、受压造成的破碎和碰撞损失负赔偿责任。碰损主要指金属器皿、搪瓷品等因震动等原因造成的凹痕、划痕、脱瓷等损失。破碎主要指玻璃器皿、陶瓷器等因颠簸等造成的破碎。

7. 串味异味险（risk of odour）。该险对被保险货物在运输过程中，因受其他物品的影响而引起的串味异味损失负赔偿责任。在运输茶叶、中药材、化妆品原料等货物时，应附加本险。

8. 受潮受热险（damage caused by sweating & heating）。该险负责对被保险货物在运输过程中因气温突然变化或由于船上通风设备失灵致使舱内水汽凝结引起的受潮受热损失进行赔偿。运输食品、纸张等因受潮或受热容易引起经济损失的货物，应附加本险。

9. 钩损险（hook damage）。该险负责对被保险货物在装卸过程中因遭受钩损引起的损失，及对包装进行修补或调换所支付的费用进行赔偿。钩损是指在装卸货物时因使用平钩或吊钩等工具引起的损失。运输袋装粮食、纸张、捆装棉布等均应加保钩损险。

10. 包装破裂险（loss & damage caused by breakage of packing）。该险负责对被保险货物在运输过程中因搬运或装卸不慎，包装破裂所造成的损失进行赔偿。

11. 锈损险（risk of rusting）。该险负责对被保险货物在运输过程中发生的锈损损失进行赔偿。锈损险不适用于在运输中几乎必然会出现锈损的裸装金属条、块、板的运输。

（二）特别附加险

特别附加险也必须附属于主要险别项下，此种附加险对因特殊风险造成的保险标的的损失负赔偿责任。特别附加险与一般附加险的区别在于，一般附加险属于一切险的范围，保了一切险，就不必再附加任何一般附加险；而特别附加险所承保的责任已超出了一切险的范围，其致损原因往往与政治、行政等人为因素及一些特别的因素联系在一起。特别附加险包括：

1. 交货不到险（failure to deliver）。负责对自被保险货物装上船起6个月内不能运抵原定目的港交货的损失进行赔偿。为了与提货不着险相区别，该险要求被保险人要获得进口货物所需的一切许可证，保险公司才予以赔偿。同时，由于交货不到险与战争险及其他运输险的责任范围在某些地方有重复，因此，在战争险及其他运输险中负责赔偿的损失不包括在交货不到险的责任范围中。例如，货物因捕获、拘留等原因而不能运抵目的港，这种损失在战争险中负责赔偿，不应包括在本险责任范围中。

2. 进口关税险（import duty）。承保由于货物受损后，而被保险人仍须按完好货物缴纳进口关税所造成的损失。对于受损货物的进口关税，有些国家规定可以按其价值减税或免税，例如，《中华人民共和国进出口关税条例》第25条规定，对在境外运输途中或者在起卸时，遭受损坏或者损失的进口货物，海关可以酌情减免税。但也有些国家规定对受损或短少的货物仍须按完好价值完税。进口关税险就是承保被保险人依完好价值对受损货物的完税造成的损失。在货物运往目的地国的法律规定对受损货物的关税不予减免时，应加保进口关税险。

3. 舱面险（on deck）。承保被保险货物存放舱面时因被抛弃或风浪冲击落水造成的损失。本险的保险标的是体积大、有毒性或污染性，且依航运习惯应载于舱面的货物，对于应装于舱内的货物，却将其装在舱面，保险公司不负责赔偿。为避免责任过大，保险公司通常只接受在平安险的基础上加保舱面险。

4. 拒收险（rejection）。承保被保险货物在进口港被进口国有关当局拒绝进口或没收所产生的损失。在拒绝进口或没收的情况下，保险公司依被拒收或没收货物的保险价值赔偿。在货物起运后，进口国宣布实行禁运时，保险公司仅负责赔偿将货物运回出口国或转到其他目的地而增加的运费，但最多不得超过该批货物的保险价值。在投保该险时，被保险人应保证：（1）被保险货物的生产、质量、包装和商品检验必须符合产地国和进口国的有关规定。（2）被保险货物应具备进口所需的一切特许证或许可证。否则，货物遭拒收就是必然的了。

为了避免保险公司的责任过大，拒收险条款中明文规定，对下列原因引起的损失不负赔偿责任：（1）违反被保险人的保证，例如未具备进口许可证等；（2）市价跌落；（3）有关被保险货物记载的错误、商标或标记的错误、贸易契约或其他文件发生的错误或遗漏；（4）违反产地国政府或有关当局关于出口货物的有关规定；（5）被保险货物在起运前，进口国已宣布实行禁运或禁止。

此外，拒收险还特别规定了该险的终止时间，规定自被保险货物卸离海轮存入卸货港的仓库时为止，或依下列两者中首先发生者为准而终止：（1）被保险货物在目的港卸离海轮满30日终止；（2）被保险货物已被进口国的政府或有关当局允许进口时为止。

拒收险的责任期间短于主要险，这主要是为了避免因货物在进口港耽搁过久而使保险人的责任过大。

5. 黄曲霉素险（aflatoxin）。承保在货物中含有的黄曲霉素比例超过进口国家的限制标准时，被拒绝进口或被没收或强制改变用途引起的损失。黄曲霉素是花生含有的一种有毒菌素，各国一般都规定了花生含该种菌素的限制标准，以保证国民的卫生和生命安全。该险是一种专门原因的拒收险，它并不负责由于其他原因所致的被有关当局拒绝进口或没收或强制改变用途而造成的货物损失。

6. 出口货物到香港或澳门存仓火险（fire risk extension clause for storage of cargo at destination Hongkong, including Kowloon, or Macao）。承保货物在港澳过户银行指定仓库存储时的火险。该险主要是为了保障过户银行的利益，货物的卖方是通过银行办理押汇的，在收货人未向银行付款赎单前，银行掌握着货物的所有权。因此，保险单上必须注明过户银行，如在保险期间发生火灾，保险公司可负责赔偿。凡出口到港澳的货物，附加该项保险，即可延长存仓期间的火险责任。该险的保险期从货物运入过户银行指定的仓库时开始，至过户银行收回押款解除对货物的权益时止，或自运输险责任终止时起计满30日止，如被保险人在期满前用书面申请延长并缴付所需的保险费后，得予继续延长。

（三）特殊附加险

特殊附加险包括战争险和罢工险。

1. 战争险（war risk）。该险不能独立承保，必须附于主险项下，该险负责赔偿下列损失：（1）直接由于战争、类似战争行为和敌对行为、武装冲突或海盗行为所致的损失；（2）由于战争等上述行为引起的捕获、拘留、扣留、禁制、扣押所造成的损失；（3）各种常规武器，包括水雷、鱼雷、炸弹所致的损失；（4）战争险责任范围引起的共同海损的牺牲、分摊和救助费用。

战争险的除外责任有：（1）由于敌对行为使用原子或热核制造的武器所致的损失和费用；（2）根据执政者、当权者或者其他武装集团的扣押、拘留引起的承保航程的丧失和挫折而提出的任何索赔。

战争险的保险期限与运输险不同，运输险的保险期限为仓至仓，而战争险的保险期限限于水上危险或运输工具上的危险。这是为了避免当某地发生战争时，保险货物在该地仓库的积累数额过大，保险公司的风险过于集中。

2. 罢工险（strikes risk）。该险可以附加于各种货物运输保险项下，例如，海洋运输货物保险、陆上运输货物保险、航空运输货物保险等。其责任范围为：负责对被保险货物由于罢工者、被迫停工工人或参加工潮、暴动、聚众斗争的人员的行动，或任何人的恶意行为所造成的直接损失和上述行为所引起的共同海损牺牲、共同海损分摊和救助费用进行赔偿，但对于间接损失不负责任。罢工险条款明文将由于罢工引起的间接损失排除在赔偿责任之外，规定在罢工期间由于劳动力短缺或不能运用所致保险货物的损失，包括因此而引起的动力或燃料缺乏而使冷藏机停止工作所致冷藏货物的损失，均不负赔偿责任。

海洋运输货物保险各险别相互关系如图12-3所示。

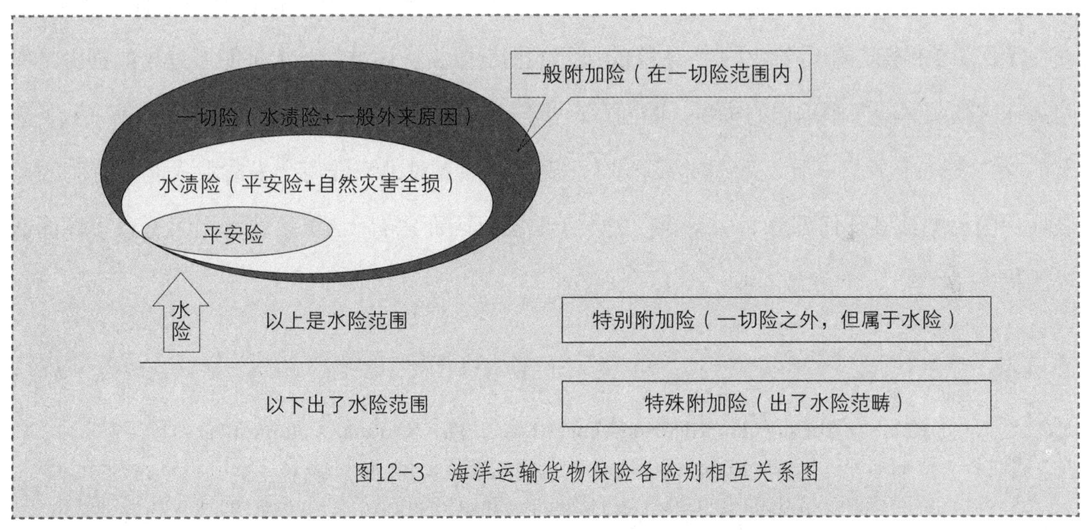

图12-3 海洋运输货物保险各险别相互关系图

五、英国伦敦保险协会货物保险条款

二百多年来，英国海上保险一直采用的是以S.G保单格式，即劳氏船货（Ship and Goods）保险单。随着海运的不断发展，原来的S.G保单已不能适应客观的要求了。为了适应发展的需要，同时又保持S.G保单的权威性，在实践中不断加贴条款以补充或修改原保单的内容。尽管在1963年这些加贴的分散的条款正式形成了一套完整的伦敦协会货物保险条款，联合国依然于

1979年作出了一份报告，批评S.G保单在语言上和结构上的毛病，并组成了一个小组进行草拟新保险单的工作。联合国的报告是英国修改已实行了二百多年的S.G保单的一个主要原因。英国的保险市场经过对货物保险条款的修改，形成了1982年伦敦协会货物保险新条款，新条款在结构上改变了以前依附于S.G保单的方法，取消了原来平安险、水渍险和一切险的险别名称，代之以（A）（B）（C）条款的方法来区分险别。新条款分为8节19条。8节内容分别为：承保范围、除外责任、保险期限、索赔条款、保险利益、减少损失、法律、实践以及备注。

（一）伦敦保险协会货物保险（A）条款

依新条款，（A）条款承保除了除外责任以外的一切风险导致的保险标的的损失或损坏，其所承保的风险在实质内容上与旧条款的一切险大致相同。（A）条款与（B）条款和（C）条款的区别是在第一条承保范围上：（A）条款采用的是概括的陈述方式，（B）条款和（C）条款采用的是"列明风险"的陈述方式。在承保（A）条款的风险的情况下，如承保货物发生损失，应由保险人证明此项损失不是其承保范围的损失才能免除赔偿责任，因而举证责任在保险人。而在承保（B）条款的风险和（C）条款的风险的情况下，应由被保险人证明所发生的损失是保险人在"列明风险"中承保的损失，因而举证责任在被保险人。此外，在（B）条款和（C）条款的除外责任中多了一项"恶意损坏条款"，规定保险人对由于任何个人或数人非法行动故意破坏保险标的或其任何部分而引起的损失不予赔偿，因而只有（A）条款承担因恶意损坏而造成的损失。

Rainbow Technicoloured Wood Veneer Ltd. v. The "Canmar Conquest" et al①

This was an action by the Plaintiff against its cargo insurer for damage to a guillotine press in an amount in excess of $100 000.00. The Defendant insurer argued that coverage was excluded by clause 4.3 of the Institute Cargo Clauses (A) in that the press was insufficiently packed and prepared for shipment. The Court reviewed the evidence of the surveyors, all of whom gave the opinion that the securing of the press in the container was inadequate, and dismissed the action.

① *Rainbow Technicoloured Wood Veneer Ltd. v. The"Canmar Conquest"et al.*, https://admiraltylaw.com/2000/06/28/rainbow-technicoloured-wood-veneer-ltd-v-the-canmar-conquest-et-al/.

（二）伦敦保险协会货物保险（B）条款

与旧条款“水渍险”相对应的（B）条款没有采用水渍险的概括责任法，而是采用了逐个列举承保风险的“列明风险”法，只要是所列原因造成的损失均予赔偿，而无需区别损失形态是全损，还是部分损失。从内容上看，（B）条款与水渍险没有实质上的区别，只是（B）条款在文字上更加明确，使被保险人更容易理解。该险保险人负责赔偿的列明风险为：

第一，保险标的的损失可合理地归因于下列原因：（1）火灾或爆炸；（2）船舶或驳船遭受搁浅、触礁、沉没或倾覆；（3）陆上运输工具的倾覆或出轨；（4）船舶、驳船或运输工具同除水以外的任何外界物体碰撞；（5）在避难港卸货；（6）地震、火山爆发或雷电。

第二，由于下列原因引起的保险标的的损失：（1）共同海损的牺牲；（2）抛货或击落海；（3）海水、湖水或河水进入船舶、驳船、运输工具、集装箱、大型海运箱或贮存处所。

第三，货物在船舶或驳船装卸时落海或跌落造成任何整件的全损。

（三）伦敦保险协会货物保险（C）条款

（C）条款与原平安险的内容基本一致，前者的承保略少于后者。原平安险条款在文字上前后有些冲突，被保险人很难一目了然。例如，原平安险先明确只保保险标的的全损，后又规定搁浅、触礁、沉没、焚毁的单独海损也赔，随后又规定对火灾、爆炸、碰撞和避难港卸货的损失，不论全损还是部分损失均予赔偿。（C）条款也采用了“列明风险”的方法来明确保险人的承保范围，规定除除外责任外，（C）条款负责赔偿：

第一，可合理地归因于下列原因的保险标的的损失：（1）火灾或爆炸；（2）船舶或驳船遭受搁浅、触礁、沉没或倾覆；（3）陆上运输工具的倾覆或出轨；（4）船舶、驳船或运输工具同除水以外的任何外界物体碰撞；（5）在避难港卸货。

第二，由于下列原因引起的保险标的的损失：（1）共同海损的牺牲；（2）抛货。

第五节　船舶保险

船舶保险是以各类船舶为保险标的的保险。“各类船舶”包括各种运输用船，各种生产、生活用船，建造中的船舶及海上钻井平台等。海上船舶保险的标的可以分为三大类：（1）船舶；（2）与船舶有关的利益，主要指船舶的租金、船舶抵押贷款等利益；（3）与船舶有关的责任，如船舶的碰撞责任等。船舶保险合同的订立与货物保险合同的订立一样，需经过要约和承诺两个阶段，但这两类合同在转让上有很大的不同，运输货物保险单的转让不需经过保险人的同意，而船舶保险单的转让必须经保险人的同意。因为船舶所有人的经营作风对被保险的船舶的安全有直接的影响。不同的船舶所有人经营的船舶，其保险费率及其他保险条件均有可能不同。

船舶保险从不同的角度可以进行不同的分类：按承保的风险范围，可将其分为船舶保险、船舶战争险和船舶建造险；按保险的期限，可将其分为定期保险和航次保险。

Liability Insurance-Coverage①

This was an action under a policy of commercial insurance. The Plaintiff was in the business of servicing and repairing vessels. One such vessel (which incidentally was owned by the President of the Plaintiff company) was destroyed by fire while in the possession of the Plaintiff for servicing. The boat owner brought an action against the Plaintiff who, in turn, requested coverage under the liability provisions of the insurance policy. The Defendant insurer denied coverage, relying on an exclusion in the policy that excluded coverage for "personal property in your care custody or control". However the policy also contained a specific exclusion for watercraft which provided that the exclusion did not apply to "watercraft while ashore on premises you own or rent". The Court held that clearly the boat in issue was on the premises of the assured and therefore the policy applied.

一、船舶全损险和一切险保险条款

船舶保险承保各类船舶因自然灾害、意外事故及船长、船员疏忽造成的船舶的损失或引起的碰撞责任。中国人民保险公司承保的船舶保险的主要险别为全损险和一切险。

（一）全损险

全损险承保由于下列原因造成被保险船舶的全部损失：

① *Strangemore's Electrical Limited v. Insurance Corporation of Newfoundland Limited*, [1997] I.L.R. I-3475 (Nfld. S.C.).

1. 自然灾害或意外事故。“自然灾害”指人力不能控制的、不能合理地预见并有效预防的海上灾难，如海啸、暴风、洪水等。自然灾害不仅包括海上的灾害，而且也包括一些诸如地震、火山、闪电等可能引起船舶损失的陆上灾害，例如，闪电可能导致油轮的爆炸。“意外事故”指船舶所遭遇的外来的、不能预料的海上事故，如船舶搁浅、碰撞等事故。当船舶碰撞码头时，该险只负责赔偿本船的损失，船舶碰撞造成的码头的损失由互保协会负责赔偿。

2. 船壳和船舶机件的潜在缺陷。“潜在缺陷”指具有熟练技术的人员以通常的注意及周到的检查仍不能发现的瑕疵。该险所承保的是潜在缺陷引起的后果，而不是潜在缺陷本身，例如，投保人于1985年3月投保了船舶保险，1985年8月，船舶因潜在缺陷而发生事故，经查该缺陷在10年前就存在了，对此保险人不能因该潜在的缺陷发生在10年前就推卸其赔偿责任，因为该保险所保的是潜在缺陷的后果，而并不是潜在缺陷本身。

3. 船长、船员、引水人员或修船人员的疏忽。“疏忽”指因责任者主观上的认识或判断的错误，致使所应采取的行为不当。疏忽不包括船舶所有人的疏忽，不保此部分疏忽的原因是为了使船舶所有人能谨慎地挑选船员，并能认真地培训船员。

全损险承担的是由于上述原因造成的全部损失，全部损失包括实际全损和推定全损两种形式。实际全损指船舶在物质上的灭失，船舶失踪由于造成了船舶所有人不能再拥有该船，所以也视为实际全损。船舶失踪的认定依《海商法》第248条的规定，即船舶在合理时间内未从被获知最后消息的地点抵达目的地，除合同另有约定外，满两个月后仍没有获知其消息的，为船舶失踪。推定全损依《海商法》第246条的规定，即船舶发生保险事故后，认为实际全损已经不可避免，或者为避免发生实际全损所需支付的费用超过保险价值的损失状态。

（二）一切险

一切险的责任范围除了全损险的各项责任外，还负责由上述原因引起的部分损失，以及由同样原因引起的下列责任和费用：（1）共同海损的牺牲、分摊；（2）在发生碰撞事故时，被保险船舶应负的碰撞责任；（3）救助费用；（4）向第三者追偿的费用。

从损失形态上，一切险既赔全部损失又赔部分损失。保险人在赔偿部分损失时，应按每一航次扣除保险单规定的免赔额。免赔额只发生在部分损失的情况下，免赔额是保险合同双方约定在发生部分损失的情况下，当损失小于约定的百分比（例如3%）时，保险人不予赔偿的数额。免赔额的作用是为了减少在发生轻微的损失时所引起的麻烦及不必要的开支。因为不论损失的数额大小，均需经过理算，在发生的损失轻微的情况下，有时理算的费用甚至会超过损失的数额。免赔额有两种形式：一种是绝对免赔额，即在免赔额限度以下绝对不赔，例如，保险金额为100万美元，免赔额为3万美元，保险人对3万美元以上的损失负责赔偿，如损失是5万美元，则扣除3万美元，只赔付被保险人2万美元。另一种为相对免赔额，即损失在免赔限度以下不予赔偿，超过免赔限度时则全部予以赔偿。例如，免赔额3万美元，损失为2.5万美元，不予赔偿；损失为5万美元时，全部赔偿5万美元。采用此种免赔额时，船舶所有人有时会在其修理费达不到约定的免赔百分比时，千方百计地提高修理费，以便得到全额的赔偿。人保船舶保险的免赔额采用的是绝对的免赔额。

此外，免赔额还涉及应如何计算的问题，是一个意外一个免赔额，还是一个航次一个免赔额。如果是一个意外一个免赔额，则对被保险人是很不利的，因为船舶在一个航次中可能发生了多起意外，例如，船舶在装货过程中被起重机砸了一个洞，损失不足免赔额，在船舶靠码头时又发生了搁浅，所造成的损失又不足免赔额，于是被保险人就不能得到赔偿。有时几个意外加在一起损失已超过了免赔额，但被保险人仍得不到赔偿。而依航次，免赔额则以一个航次发生的意外所引起的总的损失算作一个免赔额，只要在该航次的损失总额超过了免赔额，被保险人就能获得赔偿。人保船舶保险的免赔额采用的是航次免赔额。

共同海损的分摊指载货的船舶在航次中，由于自然灾害或意外事故而遭遇危险时，船长为了船货的共同安全有意采取措施造成的损失和支付的费用，此项损失和费用应由受益的各方共同分摊。一切险负责赔偿由受益的被保险船舶分摊的那部分共同海损分摊额。

碰撞责任指由于船壳或机件的潜在缺陷或船长、船员或引水员的疏忽引起的碰撞事故造成的被保险人对被碰撞船舶的所有人应负的赔偿责任。在有的国家中，船舶保险只保3/4的碰撞责任，余下的1/4碰撞责任由船舶所有人自保，以使船舶所有人对其所有的船舶能尽到应有的注意。人保的船舶保险所承担的碰撞责任为4/4的碰撞责任，即全部碰撞责任。因为考虑到余下的1/4碰撞责任也往往不是由船东自保，而是由船东互保协会承保，等于全部的碰撞责任均进行了承保，只保3/4的碰撞责任失去了其原有的意义。

救助费用指由于自然灾害或意外事故或船壳和机件的潜在缺陷或船长、船员、引水员或修船人员的疏忽造成被保险船舶发生事故或遇难，而需要第三方进行救助所产生的费用。一切险负责赔偿被保险人此项费用。

（三）航区保证

船舶保险中一般都规定有明示的“航区保证”条款，规定被保险船舶如果驶出保险单规定的航行区域，应事先征得保险人的同意，保险人在必要时可以加收保险费。如被保险人破坏了该明示的保证，保险人可以不负赔偿责任。人保船舶保险单上规定的航行区域为世界各地，但被保险船舶在冰冻季节进入冰区时应事先通知保险人。“冰冻季节”一般指每年11月15日至次年的5月5日止的一段时间。“冰冻区”指北纬56度以北的波罗的海斯德哥尔摩及塔林一线以北的港口和海域。保险人如认为必要可以加收保险费。被保险人如未经通知即驶入上述地区，其所受的损失，保险人可以不负责赔偿。

（四）除外责任

船舶保险的除外责任有：

1. 由于被保险船舶不具备适航条件造成的损失。使船舶具备适航条件是被保险人的一项保证，对于因船舶不具备适航条件引起的损失，保险人不负赔偿责任。例如，由于理应检查出来的船体或机器上的缺陷而未查出，船舶在航行途中因此缺陷发生故障，保险人对由此造成的损失不负赔偿责任。由于被保险人未能适当地配备船员致使船舶在航行中发生事故造成的损失，保险人也不予负责。

2. 由于船东及其代表的疏忽、船东及其代表和船长的故意行为造成的损失。保险所保的是一种风险，风险指所涉及的“损失”可能发生，也可能不发生。如果对被保险人的主观上没有任何要求，在被保险人存在疏忽或故意的情况下仍能获得保险赔偿，这样一方面增加了保险人的责任，另一方面，等于允许被保险人通过故意的行为骗取保险赔偿。疏忽或故意的情况可以有多种表现形式，例如，因船东的疏忽未能配备适当的海图，造成船舶航行的事故，因此造成的损失，保险人不负责赔偿。

3. 被保险船舶的船壳和机件的正常维修、油漆费用及本身的磨损或锈蚀。船舶经过一段时间的航行，即使未发生任何事故，机件也会因长期的运转而受到一定磨损，需要进行维修，船壳则需要定期油漆。这类损失属于正常的损耗，是必然发生的，保险所保的是可能发生也可能不发生的风险，必然的损失是不负赔偿责任的。

4. 船舶战争险条款规定的承保责任和除外责任。此类损失是船舶战争险负责赔偿的损失，不是船舶一切险的责任范围。

5. 滞期损失和间接损失。保险人负责赔偿的损失为直接的损失，被保险船舶在修理期间的营运损失等滞期损失和货物的市价损失等间接损失不属于保险人赔偿的责任范围。

6. 清理航道的费用。当船舶在航道上发生事故并导致沉没时，港口当局一般会强制被保险人清理航道。在船舶沉没的情况下，保险人会对被保险人按全损进行赔付，因此不应由其承担清理航道的义务。清理航道的费用一般是由船舶所有人从其参加的船东互保协会得到补偿。

【案例】"Carribbean Sea"轮船舶潜在缺陷争议案

"Carribbean Sea"轮案[①]是涉及船舶潜在缺陷的案例。该案原告被保险人Prudent Tankers Ltd S.A为"Carribbean Sea"轮的船舶所有人，原告与该案被告保险人The Dominion Insurance Co. Ltd.签订了一份船舶保险合同。其主要内容是：本合同中，保险责任包括直接由潜在的缺陷和船长、船员的疏忽而造成的损失和全损，但是，合同在船级发生变化或取消、撤回时终止，除非保险人以书面形式表达相反的意思。1977年5月，船舶预计从委内瑞拉一港口到美国西海岸，中途为通过巴拿马海峡需要穿过一淤泥海道。5月20日，船舶装货后出发，在该淤泥海道时，为避让正在工作的挖泥船，"Carribbean Sea"轮与海床"擦浅"，之后继续前行。5月27日，"Carribbean Sea"轮在风平浪静的海上沉没。船方因此遭受重大损失，于是请求保险人承担其保险赔偿责任。

保险人认为，船舶是在不适航的状态下航行的，故船舶的全损应归因于不适航。而根据1906年的《海上保险法》，保险人对不适航引起的损失不承担保险责任。即便某部件不能正常工作，也是由于正常的、自然的磨损或者说其设计缺陷造成的，即不是潜在缺陷，而这些都不在保险的范围之内。故认为自己不应承担保险责任。

法院认为，船舶沉没的原因是由于某一部件裂缝导致漏水，而裂缝产生的原因是相关部件的疲劳强度不够，在航行过程中逐步引发裂缝，对此，保险人认为是设计性的缺陷，不属于保险合同所承保的范围。而法院则认为，先例并未否认设计引起的缺陷属于潜在的缺陷。针对被告提出的船级和船级证书失效问题，法院认为，船方确实没有在损害发生时通知船级社，但依据船级社的规定，这并不导致船级的失效，故被告应承担保险责任。

（五）船舶保险的保险期限

船舶保险的保险期限分为定期与航次两种。定期保险的最长期限为一年，起止时间以保险单规定为准。被保险船舶在保险期限内出售或转让时，除非保险人同意，保险责任得立即终

① *The*"*Carribbean Sea*"[1980] 1 Lloyd's Rep. 338.

止。被保险船舶在航程途中出售或转让，保险责任可以延长至航程终了时止。

航次保险的保险期限以保险单订明的航次为准。该期间的起止对于不载货的船舶，应自起运港解缆或起锚时开始，至目的港抛锚或系缆完毕时为止。对于载货船，应自起运港装货时开始至目的港卸货完毕时为止。为了防止由于港口拥挤等原因而无法卸货，造成保险人的责任过大，航次保险又规定，当船舶抵达目的港后30日内仍未卸货完毕的，保险责任亦终止。

（六）退费

船舶保险合同的转让需经保险人的同意，因此，在保险期限内，如船舶的所有权发生变更，船舶保险合同原则上自船舶转让之日起失效。被保险人已经交付的全额保险费就需要按日比例计算进行退还。如果船舶的所有权转让时，船舶尚在海上航行，则停保的日期可以推迟到船舶抵达最后目的港卸完货物时止。

由于船舶在停航期间的风险远远地小于在航行中的风险，因此，停航期间船舶的保险费一般为连续航行的船舶的一半。为此，船舶保险单规定，如被保险船舶在港口内连续停泊达30天以上时，不论船舶在此段时间内有无装卸作业，是否进行修理或港内移泊航行，均可视为停泊，停泊期间的保险费以50%退还给被保险人。航次保险则自保险责任开始一律不退保。

【案例】"Elswick"轮船舶推定全损与委付案①

"Elswick"轮案是关于Elswick号蒸汽拖船的海上保险索赔案。该船造于1906年，1936年11月，因船舶状况不良无法用于渔业而被搁置在Tyne地区。战争爆发后，原告为该船重新投入使用而申请许可证，1940年3月，负责颁发许可证的官员检查该船后认为船舶需修理的地方太多，因此拒绝颁发许可证。1941年11月，原告Ethel Irvin（船舶所有人，本案中的被保险人）被允许将该船拖往Peterhead港修理。1941年12月，原告为该船去Peterhead港的航行向被告John Phillipson Hine（本案中的保险人）投保了一切险，保单中船舶估价为8 000英镑，于1942年1月16日通过背书增加到9 000英镑。该轮于1942年1月20日在Peterhead港入口外因拖绳断开而搁浅，之后又遭到风暴的重创。原告在22日与Peterhead港的修理商通电话后，在未亲自见到船舶的情况下，于2月4日

① *Irvin v. Hine* [1950] Lloyd's List Law Rep. Vol.83, at 162.

决定把船舶委付给被告并于9日发出了委付通知。被告不接受委付，但同意将该通知视为一份令状（writ）。1月23日，被告派人（Smith）检查了该船舶，结论是能看见的损坏是严重的。作为唯一能在战时进行海上救助的机构，海军部海上救助处（the Admiralty Salvage Department）于1942年6月12日将该船打捞出并放在Peterhead港内的海滩上。此后原告和被告进入僵持状态。1943年7月10日，海军部向法庭起诉要求被保险人支付救助费，并从船舶拍卖所得的685英镑中获得500英镑救助费。1947年5月9日，原告提出要求，主张船舶属于推定全损或者不少于9 000英镑的单独海损。法院经审理驳回了原告关于船舶属于推定全损的主张，并认为原告主张的部分损失额过大，只判原告有权根据保险单获得4 920英镑修理费和救助费的赔偿。

二、船舶战争险

船舶战争险承保因战争和敌对行为及各种常规武器等造成的被保险船舶的损失、费用和责任。船舶战争险是船舶保险的一种附加险。

（一）船舶战争险的责任范围

船舶战争险的责任范围为由下列原因造成的被保险船舶的损失、费用和责任：

1. 战争、敌对行为或武装冲突。战争在国际上要求有宣战的行为，而敌对行为或武装冲突则没有那么严格的要求，因此，只列明战争并不能概括所有的交战行为。

2. 由战争、敌对行为或武装冲突引起的扣留、扣押、没收或封锁，但是这种赔偿必须从发生日起满6个月后才受理。“扣留”和“扣押”均指在战争或敌对状态下限制船舶使用的行为，一般民事纠纷引起的司法上的船舶扣押不在此列。“没收”指在战时国家对战时违禁品或企图运往封锁区的供应品所采取的强制剥夺的行为。“封锁”则指有关的敌对国家以武力阻挡对方国家的船舶进入某一区域的行为。由于在扣留、扣押、没收、封锁的情况下，被保险的船舶的命运常常需要经过一段期间才能得到肯定的答案，因此，对于此类赔案，保险单规定应在发生起满6个月才予以受理。

3. 各种常规武器，包括水雷、鱼雷或炸弹。

（二）船舶战争险的除外责任

1. 被保险人的国家或政府对保险船舶的征用、征购、扣留或没收。征用实际上是国家对船舶强行雇用的一种行为，即被保险人的国家依其目的对被保险船舶的营运进行控制的行为。船舶在征用期间一般能得到政府的经营损失补偿。因此，不应再通过保险人取得补偿。征购是政府通过行政命令对被保险船舶进行的强行购买行为。本国政府的扣留或没收一般均有一定的法律依据，是一种战时的法律行为，如前所述，保险中的可保利益必须是一种合法的利益，扣留或没收通常是由于违反本国法律产生的结果，因此不能得到保险的赔偿。

2. 原子弹、氢弹或核武器。原子弹、氢弹或核武器等非常规武器对世界安全的影响极大，这类武器可能产生的赔偿责任也将是巨大的，已经超出了保险人所能承受的范围，因此保险人是不予赔偿的。

（三）船舶战争险的保险期限

船舶战争险的保险期限与船舶保险相同，只是在定期保险的情况下，战争险的保险单一般有经通知终止战争险责任的规定。例如，中国人民保险公司的战争险保险单规定，对于定期保险，本公司有权在任何时候向被保险人发出注销战争险责任的通知，在发出通知后14天期满时终止战争险责任。

三、船舶建造险

依一般的船舶建造合同，船舶建造人需承担船舶从建造开始至交付使用时止的所有风险。在船舶试航时，建造人也可能因船舶碰撞或其他事故而产生对第三者的责任。因此，船舶建造险所承保的是一种综合的风险，既有财产上的风险，又有责任上的风险。船舶建造险的被保险人通常为船舶建造人。船舶建造险承保船舶在船厂建造、试航和交船过程中因自然灾害、意外事故、工人或技术人员的疏忽等原因造成的损失和费用。

（一）船舶建造险的责任范围

1. 保险人对被保险船舶在船厂建造、试航和交船过程中由于下列原因造成的损失和费用负责赔偿：（1）自然灾害或意外事故；（2）工人、技术人员、船长、船员及引水人员的疏忽过失和缺乏经验；（3）船壳和设备机件的潜在缺陷；（4）因船台、支架和其他类似设备的损坏或故障；（5）因被保险船舶设计上的错误引起的损失；（6）船舶下水失败后重新下水产生的费用；（7）为确定保险责任范围内损失而支付的合理费用以及检查搁浅船舶船底的费用。

2. 保险人对下列责任和费用也予赔偿：（1）共同海损牺牲和分摊；（2）救助费用；（3）在发生碰撞事故时，被保险船舶应负的碰撞责任；（4）清除被保险船舶残骸的费用、对第三者人身伤亡的赔偿责任；（5）在发生碰撞或其他事故时，在征得保险人书面同意后，为争取限制赔偿责任而支付的诉讼费用。

（二）承保航区

由于该险所承保的是建造期间船舶的损失，而不是船舶在航行中的损失，因此，其保险条款明确规定了所承保的航区，如被保险船舶超出了承保区域，必须事先通知保险人，并交付规定的保险费，只有这样，在出险时保险人才负赔偿责任。承保区域在船舶建造期间限于造船厂范围内。在试航、交船期间，区分不同吨位的船舶采用不同的承保区域。2万总吨以上的船舶限于500海里以内，1 000总吨至2万总吨的船舶限于250海里以内，1 000总吨以下船舶限于100海里以内。

（三）船舶建造险的责任期间

船舶建造险责任期间自船舶建造开始至被保险船舶建成交付时或保险期限届满时止，两者以先发生者为准。

由于在投保时被保险船舶尚未建造出来，因此，船舶建造险条款规定保险价值为船舶的建造价格或最后合同价格。保险金额应按保险价值确定。在出现部分损失时，保险人负责赔偿合理的配件和修理费用，且不扣除以新代旧的折扣，因为建造险所保的是新建船，几乎没有以新代旧的问题。在船舶失踪或推定全损的情况下，均被视为全部损失予以赔偿。在被保险船舶受损后未及时修理而又遭受全部损失时，保险人只赔一个全部损失。船舶建造险的索赔期限为自交船后3个月以内。

第六节　保赔保险

海上风险是多种多样的，但由于种种原因，保险人不可能对所有的风险均予以承保。例如，许多保险人在碰撞责任的保险上只保3/4的碰撞责任，余下1/4由被保险人自保，其目的是促使被保险人加强管理以减少损失。对于一些商业性的风险，保险法不允许承保。此外，保险人所承保的风险也不是无限的。保赔保险最早出现在英国。依1854年英国商船法的规定，船舶所有人对第三者人身伤亡及船舶碰撞均要承担责任，而船舶所有人所投保的船舶保险的承保范围只是船舶本身的物质损失及有关的施救费用。这样，船舶所有人就要自己承担一般的船舶保险单所不承保的第三者的人身伤亡责任及1/4的碰撞责任。为了减轻船舶所有人自己所承担的这部分风险，船舶所有人自己组织起来，于1855年成立了“船东相互保障协会”（The Shipowners' Mutual Protection Society），即最早的船东互保协会。由参加协会的各船舶所有人各自出资，建立保险基金，共同分担保险人不承保的损失。国际保赔集团（International Group of P & I Clubs）目前参加者有14家，其承保船舶的总吨位占世界商船总吨位的95%以上。参加国际保赔集团的保赔协会详见表12-1。

表12-1　参加国际保赔集团的保赔协会

UK P & I Club	London
Britannia	Standard
Steamship Mutual	North of England
Gard	Liverpool & London
West of England	Swedish
Japan	Newcastle
Skuld	American

一、船东互保协会

船东互保协会（以下简称“保赔协会”）是由船舶所有人自愿组织起来的一种相互保险组织。船东互保协会与一般的保险公司不同。首先，从主体上讲，保险公司只担当保险人的角色，其与被保险人船舶所有人之间是一种“对立”的外部的关系。而保赔协会的成员则既是保险人，又是被保险人。保赔协会与其会员船东之间是一种一致的内部的关系。其次，从目的上讲，保赔协会的保险基金是由各会员船东集资而成的，无外来的资本，其宗旨是为各会员服务，而不是以营利为目的。而保险公司的保险基金则来自公司以外的各被保险人所交付的保险费，其经营则是以营利为目的。最后，从责任上讲，保赔协会的赔偿责任除了油污责任规定了最高的赔偿限额外，其他的赔偿责任是无限的，而保险公司的赔偿责任是以保险金额为限的。

保赔协会与保险公司的主要区别详见表12-2。

表12-2　保赔协会与保险公司的主要区别

	保赔协会	保险公司
主体上	内部关系	外部关系
责任上	除油污外无限	以保险金额为限
目的上	为会员服务； 不以营利为目的	经营； 以营利为目的

保赔协会由董事会和经理公司或管理部组成。董事会是保赔协会的最高权力机构。董事会的董事由船东代表选出，各互保协会董事会的董事人数是不同的，一般来说，大的协会有30多名董事，小的协会有10多名董事，具体的人数依入会船舶的吨位、入会船东的人数、船东分部的地区而定。董事中大多数为船东代表，少数为非船东代表，如英国联合王国保赔协会董事会有31名董事，其中28名是船东，此外的3名特别批准的非船东代表，分别是银行家、律师、政治家。

经理公司或管理部是保赔协会中在董事会领导下，具体经办保赔事宜的机构。采用经理公司形式的互保协会，一般是由董事会委托一个独立公司对互保协会进行管理。经理公司本身是一个合伙组织或股份公司，董事会每年拨一笔款作为经理公司的报酬。采用管理部形式的互保协会由董事会直接委派管理部进行业务管理，管理人员直接对董事会负责。

二、保赔保险所承保的风险

保赔保险是保障与赔偿保险（Protection and Indemnity Insurance/P&I）的简称，保赔保险的承保范围随着船东责任的加重和船东互保协会的发展越来越广。具体的承保风险依各保赔协会各自的章程而定，尽管各保赔协会所规定的承保风险有所区别，但其内容大同小异，概括起来有下列几大类：

1. 人身伤亡的赔偿。保赔保险负责赔偿由于意外事故或疏忽行为所导致的下列人员的伤亡引起的损失：（1）船员；（2）船员以外的船上人员；（3）船外人员。“船员以外的船上人员”指旅客。“船外人员”如装卸工人、海关人员等。由于船员发生意外而受伤引起的有些损失，保险公司是不赔偿的，如船员受伤需送回起运港，由此而引起的往返费用，保赔保险负责赔偿。因船员受伤引起的船东对其家属的赔偿及由于船员致残可能引起的巨额赔偿，由于保险公司可能承担的部分是有限的，保险公司不赔的部分由保赔协会负责赔偿。

2. 1/4的碰撞责任。为了使船舶所有人对其所有的船舶加强管理，保险人一般在碰撞责任上只保3/4的碰撞责任，其余的1/4碰撞责任由船舶所有人自保。而船舶所有人将这1/4的碰撞责任又放入了船东互保协会承保的保赔保险中进行承保。

3. 码头及其他固定或浮动建筑物的损坏赔偿。船舶保险所承保的碰撞责任仅限于船舶与船舶之间的碰撞责任，船舶与码头及其他建筑物发生碰撞，及船舶与渔网发生的碰撞均不属于船舶之间的碰撞，因此而引起的损害赔偿责任不在船舶保险的责任范围之内，这部分责任由保赔保险负责赔偿。

4. 清除残骸的费用。船舶因受损而成为残骸时，船舶保险人会依全损对船舶保险的被保险人进行赔偿，此时保险人自然不会再承担清除残骸的费用。而有时清除残骸的费用可能很高，例如，德国规定当船舶沉没在航道上时，船舶所有人必须对其进行清除，且不能限制责任。

5. 油污赔偿费用及罚款。油污损害所引起的赔偿可能是十分巨大的，保险公司对此部分赔偿不负责任。此部分费用及罚款由保赔保险承担。由于保赔协会负责承担此项保险，其提供的油污责任担保也十分有效。例如，在油轮进入美国时，需要提供联邦海事委员会（FMC）签发的证书，没有证书不能进入。当未办理此证书的油轮需要进入美国时，可由其所属的船东互保协会与联邦海事委员会取得联系，告知该船已保了油污责任险，将来发生油污责任，本保赔协会可以负责赔偿，联邦海事委员会很快就可以为其签发证书。否则，油轮的船舶所有人需要存入一笔款项（例如，100万美元）才能进入美国。

6. 共同海损的货物分摊额。共同海损的牺牲和费用是应由受益的各方共同分摊的。当货运承运人违反《海牙规则》的规定，不能从货主那里取得共同海损的分摊时，此笔共同海损的牺牲和费用可以由保赔保险负责承担。另一种情况是被保险船舶的分担价值高于保险价值而不能在船舶险保险单下获得赔偿的共同海损分担，保赔保险可以进行赔偿。

7. 为处理难民及偷渡者所支出的费用。当船上发现难民或偷渡者时，如继续航行，到达目的港后会引起很多麻烦，例如，港口会对此进行罚款，此外，由于偷渡者无旅行证件，不能上岸，所以需出费用派当地的警察24小时看管等，如将其送回起运港又会构成不合理的绕航。对于因偷渡者引起的损失，船东互保协会可以负责赔偿。

8. 海运承运人应承担责任的损失或费用。海运承运人应承担责任的损失或费用指在被保险人作为海运承运人时，由于违反谨慎收受、积载、承运、保管、照料、卸载及交付货物或财产的义务，或由于被保险船舶不适航造成的货物或其他财产的损失和费用，保赔保险承担赔偿责任。

9. 各种罚款。当入会的船东的雇用人员或代理人员未遵守当地有关海关、移民、防止污染等方面的规定而使船东受到各种罚款的处罚时，保赔保险可以承担有关的费用。

10. 诉讼费用。诉讼费用包括律师的费用，被保险船舶由于进行海事调查和被政府港口有关当局扣留引起的费用等。

11. 检疫费用。检疫费用指在发生疫病时，对保险船舶或船上人员进行消毒产生的费用。

【案例】“Eurysthenes”轮保赔保险争议案①

The “Eurysthenes” 轮案②是关于在保赔保险中，船东对船舶的不适航是知悉而导致丧失赔偿损失请求权的案例。本案原告为“Eursthenes”轮的船东Compania Maritima San Basilio S.A公司，也是保赔协会的会员，即本案被保险人。1972年，原告将其拥有的“Eurysthenes”轮向本案被告Oceanus船东互保协会投了保障与赔偿险，船东互保协会签发了“入会证书”(Certificate of Entry)，该证书表明保险责任的开始时间是1972年2月17日中午。“除非退保或期限届满”，否则该证书将一直有效。

1974年4月25日，该船在将一批货物从美国运往菲律宾的途中，在San Bernadino海峡搁浅，所载货物大部分灭失或受损。货主向船东提出了相当于250万美元的索赔。货主认为，该船在开航时是不适航的，因为没有适当地配备具有相应证书的船员，没有适当的航海图，回声探测仪和锅炉都不能正常使用。据此，货主认为该船的不适航是由于船东缺乏应有的谨慎造成的。船东对货主提出的这项索赔有些已经赔偿了，有些将要赔偿，而该船东同时也向船东互保协会提出了索赔。但互保协会拒绝对该索赔进行理赔，理由是该船在开航时是不适航的，并且船东对这种不适航是知悉(privity)的。

1975年8月3日，船东诉诸法院要求船东互保协会赔偿损失。而保赔协会则申请中止诉讼程序，以便根据互保协会的规则将该案提交仲裁。由于该争议可能引起法律上的难题，而这些难题是应当退回由法院审理的。因此，法院决定将这些法律上的难题作为先决问题予以审理。该案经过两审，最后法院认为，如果船东对不适航是明知的，或者知道某些事实会构成不适航但却放任不管，这两种情况都构成知悉，船东也因此丧失了对船东互保协会的索赔权。

① *Irvin v. Hine* [1950] Lloyd’s List Law Rep. Vol.83, at 162.

② The“*Eurysthenes*”[1976] 2 Lloyd’s Rep. 171.

三、保赔保险的保险费

保赔协会并没有固定的费率表，对每一位会员通常是商定不同的保险费率。商定费率的依据是会员所投保的险别、船龄、船型、航区、管理水平、赔付记录、所承担的免赔额等情况。免赔额订得高的，保险费率就可以订得低一些，因为小的意外损失是被保险人自保的。为了公平起见，每年保赔协会均会对每位会员的赔付记录进行检查，之后就会依据赔付率的情况对保险费率进行调整。否则，每年均采用一样的保险费率就等于损失少的船东资助损失大的船东，损失少的船东就会因得不偿失而转入其他保赔协会。

保赔协会保险费的支付通常采用预付保费和固定保费两种方式。前者指在年初依商定的保险费率计收100%的保险费，即每位会员在年初交清依其费率计算的一笔保险费。在财务年度结束时，依每位会员赔付率的高低再增收一定百分比的保险费。后者指保险费的支付为一次付清，以后不再追加的方式。依固定保费的方式，当会员的赔付率很低时，其支付的保险费就会高于以预付保费方式支付的保险费。

由于保赔协会与会员的关系和保险公司与被保险人的关系不同，在后者之间，只要被保险人未交付保险费，保险公司就可以对其不负任何责任。而在前者之间，只要该船东入会了，保赔协会就须提供一定的服务，这就使得会员有时在保费的支付上产生怠懈。如会员对保费的支付不积极就会影响协会的资金周转，对此，协会采取的措施通常为：（1）催付；（2）停止处理赔案和享受其他权利；（3）取消会员资格；（4）追缴利息。

如前所述，保赔协会对会员提供的赔偿除油污责任外均是无限额的，所以，协会为了稳定就必须与其他保赔协会组成分保集团，建立分保业务。以英国互保协会为例，对于每一笔赔案：60万美元以下的协会自负；60万美元至400万美元的部分分给伦敦船东协保集团；400万美元以上的部分分给劳合社及国际分保市场。

实际上保赔协会资金的来源除了会员交付的保费外，还有一部分是投资的收入。由于从交付保费到支付赔案有一段时间，协会在收到保费后就可以利用此笔资金进行投资，以增加收入，减轻会员的负担。投资的原则是侧重于短期见效且收益较为可靠的投资，如债券等，而不能进行冒险的且投资期限较长的固定资产的投资，如股票、黄金等。

第七节 保险的索赔与理赔

一、保险的索赔

海上保险的被保险人在保险标的遭受损失后，凭保险单向保险人要求赔偿损失的行为称为索赔。在被保险人得知或发现被保险标的受到损失后，应立即通知保险人，该通知表明索赔行为已开始，不再受保险索赔时效的限制。被保险人除向保险人报损以外，还应向损失涉及的有关方提出书面索赔，例如，运输货物的被保险人向承运人或装卸公司等第三方提出索赔，在第三方拒绝赔偿时，再转向保险人索赔，否则保险人可能因为被保险人未向有责任的第三方提出索赔而使其丧失代位求偿权而拒绝赔偿。中国人民保险公司海洋运输货物保险的索赔时效为从被保险货物在最后卸载港全部卸离海轮后起算，最多不超过2年。

（一）海上运输货物保险的索赔

在海上运输货物的索赔中，被保险人应当提交下列单证：（1）保险单或保险凭证，其中保险单是被保险人索赔的主要凭证，它证明保险人的责任范围；（2）运输单证，海上货物运输的单证是提单，提单可以证明货物承运的状况；（3）货损货差证明，货损货差证明是由承运人、受托人或有关当局出具的证明货物残损或短少的文件；（4）发票、装箱单和磅码单，发票是计算保险赔偿的依据，装箱单和磅码单可以用来核对损失数量；（5）向第三方提出索赔的文件，具备该文件，证明被保险人已办完了追偿手续，使保险人不致丧失对第三方的追偿权利；（6）检验报告，此报告用来证明被保险货物的损失原因、损失程度及损失金额等。

（二）船舶保险的索赔

在船舶保险的索赔中，船舶保险条款明确反映了损害通知对保险人的重要性，及保险人对修理地点的严格控制。因为保险人对被保险人赔偿的数额与船舶的修理费用的多少有着密切的关系。当保险船舶发生保险责任范围内的事故时，被保险人应当立即通知保险人，并采取一切可能的措施，以减少被保险船舶的损失。在需要进行修理时，应事先征得保险人的同意。对于不合理的修理费和其他费用，保险人有权扣除。依英国的协会船舶定期保险条款，在发生意外事故所造成的灭失或损坏可能导致保险赔偿时，被保险人应在检验之前通知保险人，如果船舶在国外，还应通知最近地区的劳合社代理人，以便保险人在认为需要时委派检验人代表保险人进行检验。保险人有权决定船舶的修理港口及修理地点。因遵循保险人的要求所产生的实际额外航程费用，可由保险人补偿给被保险人。

（三）船舶建造保险的索赔

中国人民保险公司船舶建造保险的索赔期限不得超过交船后3个月。被保险人在索赔时，应以书面说明事故经过、事故的原因，并提供损失清单、发票、检验报告等必要的单证和文件。如涉及第三者的责任，还须提供向责任方追偿的有关函电及其他必要单证或文件。

二、海上保险的理赔

保险人处理保险索赔案的过程被称为保险的理赔。保险人在收到被保险人的报损通知后，首先应确定索赔的被保险人是否具有可保利益。在国际贸易中，由于保险单是可以背书转让的，所以在保险合同订立时，保险单的最后持有者可能没有可保利益，但在提出索赔时，被保险人必须具有可保利益。否则，不能取得赔偿。在确定了可保利益之后，保险人应确定损失是否由于保险人承保责任范围内的风险引起的直接损失，只有承保风险引起的直接损失，保险公司才予赔偿。例如，被保险人投保了水渍险，其货物遭受了湿损，保险人并非一定赔付，保险公司会进一步查明湿损是由于海水造成的还是由于淡水造成的。如果致损原因是海水，保险公司才赔偿；如是淡水，由于水渍险的承保风险中没有淡水一项，保险公司不予赔偿，只有在加保了淡水雨淋险的情况下，保险公司才负责赔偿。在确定了保险人应承担的赔偿责任之后，就应依全部损失和部分损失等不同情况对赔偿金额进行计算。在部分损失时，还应依约定扣除免赔额，保险公司只对超过免赔额的部分给予赔偿。

三、代位求偿权

（一）代位求偿权的定义

如果保险标的的损失是由于第三者的疏忽或过失造成的，在保险人依保险合同向被保险人支付了约定的赔偿后，即取得了由被保险人转让的对第三者的损害赔偿请求权，也就是代位求偿权（subrogation right）。代位求偿权指保险人向被保险人赔付保险金后所依法享有的，向对造成保险标的损害负有赔偿责任的第三人行使追偿权的权利。我国有关代位求偿权的规定见于

《保险法》《海商法》及《海诉法》。代位求偿从性质上属于一种债权让与。被保险人在法律规定的条件下，依据保险合同将其享有的对第三人的债权转让给保险人，使保险人取代被保险人的地位，来行使和处分该债权。如图12-4所示。

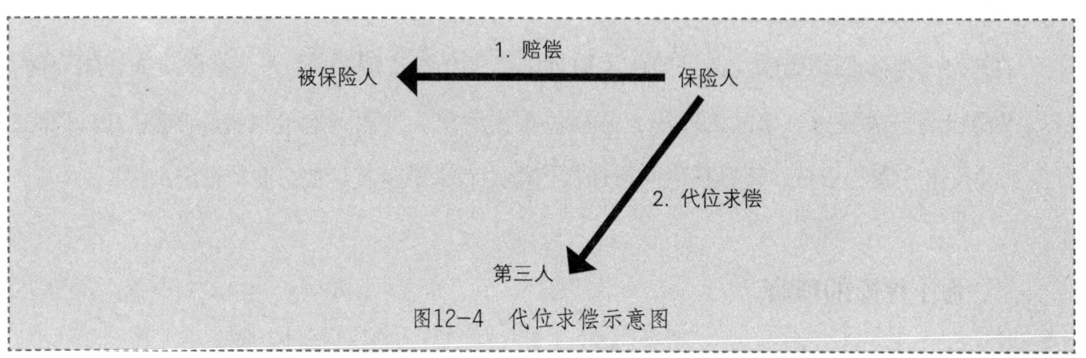

图12-4　代位求偿示意图

（二）代位求偿权的作用

海上保险中的代位求偿权制度有下列主要作用：首先，防止被保险人获得双重赔偿（double recovery），防止道德风险。双重赔偿指被保险人就承保责任范围内的损失在保险人处及第三人处均获得赔偿，且两者金额相加超过了保险标的实际损失的情况。双重赔偿使被保险人从中获利，违反了财产保险合同的补偿原则，容易诱发道德风险。其次，保护保险人的利益，使保险人免于因赔付保险金之后没有继续追偿的权利而遭受损失。同时，限制被保险人随意处分对第三人的权利，例如，依我国《海商法》第253条的规定，被保险人未经保险人同意放弃向第三人要求赔偿的权利，或者由于过失致使保险人不能行使追偿权利的，保险人可以相应扣减保险赔偿。再次，保护被保险人的利益，使被保险人可从向第三方责任人的索赔中解脱出来，及早从保险人处获得损失赔偿。最后，保护整体被保险人的利益，如保险人对未投保的保险事故自愿赔付，会损害全体保险人的利益。因此，法律一般规定保险人取得的代位求偿权以被保险人已获赔偿额为限。[①]

（三）保险人行使代位求偿权的条件

保险人行使代位求偿权必须满足一定的条件：

① 英国1906年《海上保险法》第79条第2款。

1. 保险人已对被保险人实际支付了保险赔偿。保险人只有在依保险合同赔付了保险赔偿金后，才能行使代位求偿权。依《海诉法》第96条的规定，保险人行使代位权时，应向法院提交支付保险赔偿的凭证。又依《司法解释》第13条，保险人在行使代位请求赔偿权利时，未依《海诉法》的规定，向人民法院提交其已向被保险人实际支付保险赔偿凭证的，人民法院不予受理。实践中为了避免争议，保险人在赔付时，通常会要求被保险人签署该保险标的的“权益转让书”以证明向第三方索赔权的转让。因此，也有人认为《海诉法》没有明确对“权益转让证书”进行规定是立法的疏忽，这样理解违背了《海商法》的有关规定，有时还造成保险人不实际赔付，只是取得被保险人签署的权益转让书就向法院提起诉讼的情况。[①]为此，《海诉法解释》规定，“支付保险赔偿的凭证”是指赔偿金收据、银行支付单据或其他支付凭证。这表明，仅有被保险人出具的权利转让书但不能出具实际支付证明的，不能作为保险人行使代位请求赔偿的依据。实践中，还常出现法院在审理保险人行使代位求偿案件时，造成保险事故的第三人常对保险人与被保险人之间的保险合同的效力提出异议，认为该保险合同无效，保险人不应对被保险人进行保险赔付。法院在审理代位求偿的案件时是否也应审理保险合同是否有效呢？对此争议有不同的观点：一种认为应当审理，另一种认为不应当审理。对此，《司法解释》第14条明确，法院应当仅就造成保险事故的第三人与被保险人之间的法律关系进行审理。因为这是两个不同的法律关系，如果允许第三人对保险合同提出异议，等于允许合同外的人对合同效力提出异议。

2. 保险人对被保险人的赔偿必须在保险责任的范围内。海上保险代位求偿权的取得必须基于合法有效的保险合同，保险人对于承保责任范围以外的事故造成的损失进行了不适当的理赔，即使获得了权益转让书，保险人也不能当然具有保险代位求偿诉讼主体的资格。保险人自愿进行承保责任之外的赔付，并无权享有代位求偿权。[②]我国美亚保险公司上海分公司诉东方国际集团上海新海航业有限公司等案即采用了此原则，判决：保险人由于在承保责任范围外赔偿而不享有代位求偿权。[③]

---

① 王淑梅：《〈关于适用海事诉讼特别程序法若干问题的解释〉的理解与适用》，载《人民司法》2003年第3期，第8页。

② *Burnand v. Rodocanachi H. L.* (1882) 7 App. Cas. 333.

③ 美亚保险公司上海分公司诉东方国际集团上海新海航业有限公司等案，载中国海事审判网站，https://cmt.court.gov.cn。

3. 被保险人对特定第三人享有请求权。代位求偿之债是继受之债，保险人债权的存在依赖于被保险人债权的有效存在。如果被保险人对第三人的损害赔偿请求权存在瑕疵，则保险人很可能无法成功行使代位求偿权。

“第三人造成的”还意味着不能对被保险人行使代位求偿权，英国早有判例，判决一个人不能诉自己，在*Simpson v. Thomson*案①中，一船被同属于一位船东的另一船撞沉，保险人在赔偿后无法向肇事船追偿。因为同一船东不能自己诉自己，遇险船也不能将索赔权转让给保险人。该问题后在姐妹船条款中得到了解决。②我国《保险法》第46条规定，保险人不得向被保险人的家庭成员或组成成员代位求偿，除非该保险事故是由其家庭成员或组成人员故意造成的。我国《海商法》对此则并未做规定。依特殊法与一般法的关系，海上保险在《海商法》未作规定时，应适用《保险法》的有关规定。

4. 损害赔偿标的必须一致。保险代位求偿权的法理在于防止被保险人的标的因第三人造成的保险事故而受到损害时，被保险人因该标的的损害同时获得保险人的保险赔偿和第三人的损害赔偿。因此，如保险人依保险合同关系所赔偿的标的与第三人依侵权或违约行为所赔偿的标的不一致时，也谈不上保险代位求偿权的行使，这在法理上称为保险人代位求偿权的“一致必要性原则”。③

（四）行使代位求偿权的名义

在保险人行使代位求偿权的名义上，各国立法及理论界是有争论的，主要有下列三种观点：

1. 保险人以被保险人的名义行使代位求偿权，英国判例即采用以被保险人自己的名义向第三人主张权利。④认为代位求偿权是被保险人对第三人债权的转移，债权是特定人之间的民事关系，保险人与第三人之间没有直接的法律关系，不能就特定的债向债务人主张权利。反对者则认为，保险人与第三人之间不存在任何法律关系的主张是不能成立的。

---

① *Simpson v. Thomson* (1877) 3 App. las.

② Donald O'may & Juliam Hill:《OMAY海上保险法律与保险单》，郭国汀等译，法律出版社2002年版，第595页。英国协会定期船舶保险条款第9条“姐妹船条款”规定：在姐妹船发生碰撞的情况下，被保险人依本保险应当享有与他船完全归属于与被保险船舶无利害关系的所有人所有时一样的权利。

③ 江朝国：《保险法基础理论》，瑞星股份有限公司1984年版，第405页。

④ *James Nelson & Sons Ltd. v. Nelson Line* [1906] 2 K.B. 217; *Oriental Fire & General Ins. Co. v. American President Lines* [1968] 2 Lloyd's Rep. 372; *The Esso Bernicia* [1989] 1 Lloyd's Rep.8.

2. 保险人以保险人的名义行使代位求偿权，我国的《海诉法》采用此观点。我国《海诉法》第94条规定："保险人行使代位请求赔偿权利时，被保险人未向造成保险事故的第三人提起诉讼的，保险人应当以自己的名义向该第三人提起诉讼"。但这仅是指保险人依保险合同的约定全部赔付被保险人后取得全部代位请求赔偿的权利，在保险人部分赔偿被保险人时，其取得的应当是其赔付给被保险人部分的权利。随之在诉讼中，会出现保险人就其已赔付被保险人的部分向有责任的第三人追偿和被保险人就其尚未获得保险赔偿的部分向责任人索赔并存的情况。如保险人提出追偿请求时，被保险人已向第三人提出索赔诉讼了，对此，依《海诉法》第95条规定，在这种情况下，保险人可提出参加诉讼的请求，法院应以裁定的方式作出准许或不准许的决定。

3. 保险人既可以用被保险人的名义，也可以用保险人的名义行使代位求偿权，这是美国所采取的观点。[①]美国的判例认为，保险人向被保险人支付保险金额后，在保险人、被保险人和第三人三方当事人中，保险人被认为暂时处于一种弱者地位。保险人不管以谁的名义，其目的均是通过向保险事故责任人求偿以补偿自己业已赔付的损失。[②]

（五）代位求偿权的范围

保险人的代位求偿权既然来自对被保险人的赔偿，其求偿的范围也应限于保险人的实际赔偿范围。关于保险人的请求范围，保险人的代位权应在其实际赔付的金额范围内行使，超过其所赔偿的范围所获得的利益应当返还给被保险人。[③]《海诉法》第93条已经明确规定，保险人向被保险人支付保险赔偿后，向造成保险事故的第三人代位行使请求赔偿权利的，应当以保险赔偿范围为限。我国《保险法》第60条也明确规定："因第三者对保险标的的损害而造成保险事故的，保险人自向被保险人赔偿保险金之日起，在赔偿金额范围内代位行使被保险人对第三者请求赔偿的权利。"即其请求范围仅限于已向被保险人赔付的款项。该原则具体可概括为下列几项：

1. 保险人不能获得代位求偿取得超过其实际赔偿被保险人的部分。从保险人一方来说，保

① 汪淮江：《谈海上保险人的代位求偿权》，载《海事审判》1997年第2期，第18页。

② 郁志轰：《美国海商法》，杭州大学出版社1996年版，第255~256页。

③ *Yorksshire Insurance Co. Ltd. v. Nisber Shoping Co. Ltd* [1961] 1 Lloyd's Rep. 479. 该案由于货币贬值的原因，使保险人向第三人求偿回的赔偿高于保险人对被保险人的赔偿，法院判保险人应向被保险人退回高出的部分。

险人不得因保险事故而获得额外利益；从被保险人一方来说，其没有获得赔偿的部分如允许保险人代位求偿，实际上就出现了双重赔偿的问题。[①]对此，我国《海商法》及英国《海上保险法》均有规定。[②]因此，当保险人追偿所得超过已付保险金额时，应将超过部分退还给被保险人。

2. 在不足额保险的情况下，保险人应按比例行使代位求偿权，[③]也称分摊原则，让保险人、被保险人按照各自比例分配代位求偿的所得。不足额保险可将被保险人作为未投险部分的自保人（self-insurer），可就该部分损失向第三人请求赔偿，也自然享有向第三人分摊追偿的权利。且保险人行使自己的代位求偿权应以其实际支付的保险金额为限。在诉权上，则应由被保险人与保险人共同进行对第三者的追偿诉。根据我国《海诉法》第95条的规定，在取得保险赔偿后，仍未能弥补全部损失的被保险人，作为共同原告，有与保险人一起向第三人请求赔偿的权利。这说明我国法律承认被保险人对未获赔偿的损失享有请求赔偿权。该规定既确认了保险人应以自己的名义行使代位权，同时又确保被保险人可以就未取得保险赔偿的部分继续行使向第三人的索赔权。保险人与被保险人作为共同原告向第三人提起诉讼，还解脱了第三人的讼累，避免了诉讼资源的浪费，符合诉讼经济的原则。[④]

3. 免赔额。免赔额是保险合同双方约定在发生部分损失的情况下，当损失小于约定的百分比（例如3%）时，保险人不予赔偿的数额。免赔额的作用是为了减少在发生轻微损失时所引起的麻烦及不必要的开支。因为不论损失的数额大小，均需经过理算，在发生的损失轻微的情况下，有时理算的费用甚至会超过损失的数额。有学者认为，保险人在保险单中订入明示的免赔额条款，即表明了其不全额赔付的意思表示，因此从第三人处获得的赔偿应在被保险人与保险人之间按比例分配。[⑤]依英国协会定期船舶保险条款第12条第3款的规定，只有在代位求偿的数额达到了免赔数额后，被保险人才参与赔偿额的分配，[⑥]即在代位求偿来的数额未达到免赔额

---

① 李嘉华：《涉外保险法》，法律出版社1991年版，第65页。

② 参见英国《海上保险法》第79条第2款。中国《海商法》第254条第2款规定：保险人从第三人取得的赔偿，超过其支付的保险赔偿的，超过部分应当退还给被保险人。

③ *The Commonwealth* [1907] 10 Asp. M.L.C.538.

④ 郑田卫：《论海上保险代位权诉讼》，载《法律适用》2002年第10期，第30页。

⑤ Donald O'may & Juliam Hill：《OMAY海上保险法律与保险单》，郭国汀等译，法律出版社2002年版，第583页。

⑥ Institute Time Clauses, Hulls 1995.12.3.

的数额时，被保险人是不参与赔偿额的分配的。

4. 利息。利息的分配以保险人支付保险金额的时间为据。英国协会定期船舶保险条款第12条第4款规定："从第三方所得赔偿所包含的利息，应考虑保险人已付保险赔偿的金额和赔偿日期，在被保险人和保险人之间分享。"[①]一般来讲，保险人赔付之前的利息归被保险人，赔付之后的利息归保险人。

（六）被保险人的义务

由于代位求偿权是从被保险人处移转而来的，因此，被保险人的协助对此权利的有效实施具有重要的意义。为此法律规定了被保险人为保险人行使代位求偿权承担一些法定义务。例如，我国《保险法》第63条、《海商法》第252条均规定，被保险人有协助义务，应向保险人提供必要的文件和所需要知道的情况。《保险法》第61条、《海商法》第253条均规定因被保险人过失导致保险人行使代位求偿权受损的，保险人可以相应扣减保险赔偿。

（七）代位求偿权的时效

依《海商法》，权利人向承运人要求赔偿的时效期间为1年。而有关海上保险合同向保险人要求赔偿的时效期间为2年。这就可能出现被保险人在1年以后向保险人提起诉讼，保险人在实际赔付了被保险人后，再向有责任的承运人提起追偿诉讼时已超过法律规定的1年时效。对此，根据《司法解释》第15条的规定，保险人在实际赔付被保险人后，被保险人取得的诉讼时效中断的权利适用于保险人，以使保险人得以行使其代位求偿权。

四、委付

（一）委付（abandonment）的概念

关于委付的概念，立法及学者有不同的观点，一种为"推定全损说"，另一种为"全损说"。"推定全损说"认为，委付限于在发生推定全损的情况下，我国海商法学者多数采取此

① Institute Time Clauses, Hulls 1995.12.4.

种主张，[①]我国《海商法》第249条也采用了“推定全损说”，该条规定：保险标的发生推定全损，被保险人要求保险人按照全部损失赔偿的，应当向保险人委付保险标的。在发生推定全损的情况下，被保险人表示愿将其保险标的残余物及权利移归保险人所有，由保险人当做实际全损处理，而请求取得全部保险金额的方法即为委付。而英国立法中的委付则不限于在推定全损的情况下，依英国1906年《海上保险法》的规定，在推定全损及实际全损的情况下均可能导致委付，实际全损的委付产生于全额赔偿时。依该法第57条第2款的规定，发生实际全损的，无需发送委付通知。[②]又依该法第61条关于推定全损的效果的规定，如发生推定全损，被保险人可以将其视为部分损失，也可以把保险标的委付给保险人，将该损失视同实际全损。[③]

（二）委付的特征

首先，委付须针对保险标的物的全部，保险人有权接管被保险人对保险标的的一切剩余利益，及与其有关的所有财产利益。[④]这又被称为“委付的不可分性”。依委付的该性质，委付必须委付全部，如只对一部分进行委付，则容易产生争端，被保险人难免就保险标的利益部分选择保留，而对不利部分选择委付，这对保险人是不公平的，且与委付旨在迅速结束当事人间的保险关系的目的不符。[⑤]但当保险单上仅有其中一种标的物发生委付的原因时，法律允许就该一种标的物进行委付，请求其保险金额。

其次，委付不得附有条件。我国《海商法》第249条第2款规定：“委付不得附带任何条件。委付一经保险人接受，不得撤回”。委付的另一个目的就是避免复杂，这就要求委付要“单纯”，如果附有条件，还须等待条件的成熟，与委付的目的不符，容易造成当事人之间的纠纷，因此，委付不应附有条件，否则委付无效。

再次，委付不得撤回。在中国法及英国法中，委付是双方的行为，该行为在行使时，首先

---

① 参见於世成、杨召南、汪淮江：《海商法》，法律出版社1997年版，第426页；吴焕宁主编：《海商法》，法律出版社1996年版，第338页；魏润泉、陈欣：《海上保险的法律与实务》，中国金融出版社2001年版，第114页。

② 英国1906年《海上保险法》第57条第2款。

③ 英国1906年《海上保险法》第61条。

④ 英国1906年《海上保险法》第63条第1款。

⑤ 蔡荫恩：《商事法概要》，梁宇贤修订，三民书局1980年版，第400页。

是被保险人的选择权，在出现推定全损的情况下，被保险人得选择委付以取得全损的赔偿，也可以选择不委付以获得部分损失赔偿。在被保险人行使了选择权后，保险人可以再行使是否接受委付的选择权。如果说选择委付是重在保护被保险人的利益，而选择是否接受委付就是重在保护保险人的利益。[①]因此，被保险人选择委付时应在合理的时间内进行，而保险人一经接受委付，即不得撤回，以平衡双方的利益。

（三）委付通知

委付在法律上是一种制度，在当事人之间则是一种法律行为。此种法律行为须以意思表示为之，并以对方的承诺或法院的判决才能生效。委付既然是一种法律行为，即须以意思表示为之。委付的意思表示形式是被保险人发出委付通知（notice of abandonment）。我国《海商法》只规定了委付，而没有对委付通知进行规定，实践中及学术上均认为，委付的行使首先应由被保险人向保险人递交委付通知。[②]

不需要发出委付通知的例外情况包括：其一，在实际全损的情况下不用发出委付通知，即在实际全损的情况下也有委付，且无须发出委付通知，即一旦发生实际全损，委付即自动产生，其效果则依赖保险人的接受。有人认为此做法不符合设立委付制度的宗旨且“不符合客观事实”。[③]其二，在再保险的情况下，也不用发出委付通知，[④]即保险人在收到被保险人发来的委付通知后无需再向再保险人发委付通知。此外，保险人可以放弃发出委付通知的权利。[⑤]实践中，保险人一般是默示放弃，即在没有委付通知的情况下，也按全损赔偿了被保险人。[⑥]

（四）委付的效力

委付的效力表现在两个方面，即保险标的物的移转及有关权利的转让、保险金额的给付。

---

① 汪鹏南：《海上保险合同法详论》，大连海事大学出版社1996年版，第157页。

② 交通部政策法规司、交通法律事务中心编：《海商法条文释义》，人民交通出版社1993年版，第217页。

③ 张学辉：《海上保险委付制度研究》，武汉大学2001年硕士学位论文，第4页。

④ 英国1906年《海上保险法》第62条第9款规定：保险人将其风险再保险的，该保险人无需发出委付通知。*See Uzielli v. Boston Marine Insurance Co.* (1884) 15 Q.B.D.11.

⑤ 英国1906年《海上保险法》第62条第8款规定：保险人可以放弃发出委付通知的权利。

⑥ *Per Lord Wright Iddows v. Robertson & Other Test Cases* (1941) 70Ll. L. Rep.173.

1. 保险标的物的移转及有关权利的转让。在委付生效后，保险人取得的是只有权利，还是既包括权利又包括义务，对此有不同的理解。一种理解认为，委付取得的是保险标的的所有权，包括随附利益[①]及向第三方追偿的权利，因此随该标的产生的责任也应转由保险人承担。另一种认为，保险人取得的只是权利，是保险标的物的一切权利，至于任何附属于保险标的物上的义务，并不因委付而加诸保险人。

依前一种观点，委付与代位求偿不同，委付所转让的是保险标的的所有权，即使委付的保险标的物的价值高于保险人付出的保险赔偿，保险人也无需将超出部分退还被保险人；而在代位求偿的情况下，当保险人向第三者的追偿所得大于其赔付给被保险人的金额时，应将超出的部分归还被保险人。例如，在 *Yorkshire Insurance Co. Ltd v. Nisbet Shipping Co. Ltd.* 案[②]中，保险人在赔付了被保险人碰撞造成的损失共计72 000英镑后取得了向第三人求偿的代位求偿权，第三人赔偿给保险人的金额为33加元。由于英镑贬值的结果，此项赔偿远远超过了当时的7.2万英镑。被保险人要求保险人退还多出的部分，保险人则认为超出部分不是不当得利，而是货币贬值的结果。法院判决认为多出的部分应由被保险人获得。

2. 保险金额的给付。委付的另一个效力就是保险金额的给付，保险人承诺委付后，即应对被保险人为保险金额全额的给付。

五、超额保险下的赔付

（一）超额保险与赔偿补偿原则

海上货物运输保险合同是一种损失补偿合同，财产保险的根本职能是补偿被保险人的经济损失，从被保险人的角度看，保险的目的是为了转移风险。海上保险合同的最根本原则是损失补偿。因此，在发生超额保险和重复保险的情况下，保险人只赔实际损失，理由是不能通过保险得利，而且对于被保险人来说，在超额保险中超过保险标的实际价值的部分，被保险人也没有保险利益。

超额保险也可能是一个保单下的超额保险，依可保利益原则，这种保险一般是不允许的，

---

① 英国1906年《海上保险法》第63条第2款规定：从委付船舶时起，船舶保险人有权得到正在赚取和在引起损失的事故发生后船舶收取的任何运费。

② *Yorkshire Insurance Co. Ltd. v. Nisbet Shipping Co. Ltd* (1961) 1 Lloyd's Rep. 479.

即使进行了超额的保险，被保险人在出险时所能获得的也只能是实际损失的补偿，超过部分是不赔的，这也是保险的赔偿实际损失原则所要求的。我国《海商法》第225条明文规定，在发生超额保险的情况下，被保险人获得的赔偿金额总和不得超过保险标的的受损价值。

（二）超额保险下赔偿金额的分摊

随着保险事业的发展以及投保人对保险要求的扩大，在当代保险业务中，也出现了偏离赔偿实际损失原则的现象，如“定值保险”和“重置重建保险”等做法，但由于其存在有合法理由，而为法律所认同，成为赔偿实际损失原则的例外情况。依赔偿实际损失原则，保险应是不定值的，保险合同中只载明保险金额，在出险后，再核定保险标的的价值，并依该价值进行赔付。但在海上运输货物保险上，货物的流动性导致价值核定的不稳定性，因此，海上货物运输保险例外采用了定值保险，即由保险人与被保险人对保险标的事先约定一个价值，并依该价值确定保险金额，依该保险金额收取保险费并支付保险赔款的保险。重置成本保险在计算赔偿额时不扣除折旧，即按超过实际价值，按重置重建价值投保保险标的，如厂房等以重建价值投保，以使被保险人在出险后，可以得到重置重建原样厂房的保险补偿。

关于保险人在超额保险的情况下如何分摊赔偿金额的问题上，各国主要采取比例责任和顺序责任。比例责任即以每家保险公司的保险金额在总保险金额中的比例来承担损失金额，我国《海商法》第225条[①]均采用此种方式。顺序责任即依保险时间的先后顺序来分担赔偿责任，即先承保的保险人应当首先承担赔偿责任，不足部分再由后承保的保险人依次承担，直至赔到保险标的的价值为止。

【重要术语提示与中英文对照】

编号	中文术语	英文对照
1	最大诚实信用	utmost good faith
2	损失补偿原则	principle of indemnity
3	告知	disclosure

① 我国《海商法》第225条规定：各保险人按照其承保的保险金额同保险金额总和的比例承担赔偿责任。任何一个保险人支付的赔偿金额超过其应当承担的赔偿责任的，有权向未按照其应当承担的赔偿责任支付赔偿金额的保险人追偿。

续表

编号	中文术语	英文对照
4	保证	warrant
5	代位求偿	subrogation
6	重复保险	double Insurance
7	风险	risks
8	列明的风险	named risks
9	保险人	insurer or underwriter
10	保单持有人	policy-holder
11	被保险人	insured or assured
12	保险经纪人	insurance brokerage
13	承保条	slip
14	伦敦海上保险人协会	institute of london underwriters
15	保险代理人	insurance agent
16	签单代理人	underwriting agent
17	检验代理人	survey agent
18	保险利益	insurable interest
19	无论损失与否条款	lost or not lost clause
20	委付	abandonment
21	权益转让书	letter or form of subrogation
22	超额保险	over-insured
23	劳埃德S.G保单	Lloyd’s S.G. Policy
24	逐笔保险单	specific policy
25	流动保险单	floating policy
26	总括保险单	blanket policy
27	闭口保险单	closed policy
28	投保单	application form
29	暂保单	broker’s cover note
30	保险凭证	certificate of Insurance
31	定值保险单	valued policy
32	不定值保险单	unvalued policy
33	足额保险	full insurance
34	不足额保险	under insurance
35	航程保险单	voyage policy
36	定期保险单	time policy
37	混合保险单	mixed policy
38	保险价值	insurable value
39	保险金额	amount insured
40	保险费	premium
41	平安险	free from particular average
42	水渍险	with particular average
43	一切险	all risks
44	仓至仓条款	warehouse to warehouse clause

续表

编号	中文术语	英文对照
45	扩展责任条款	extended cover clause
46	航程终止条款	termination of adventure clause
47	保险费	premium
48	保赔协会会费	call
49	预付会费	advance call
50	追加会费	supplementary call

【思考与辨析】

1. 海上保险有哪些种类?
2. 海上保险合同的转让有几种情况?
3. 海上保险合同可以在什么情况下终止?
4. 试述委付与代位求偿的区别。
5. 中国人民保险公司海洋运输货物保险的基本险有哪几种?其责任范围分别是什么?
6. 投保了一切险后,是否还需要投保淡水雨淋险?
7. 互保协会与保险公司有什么不同?
8. 为了防止茶叶串味,同时又能节省开支,是否可以单独投保串味险?
9. 海洋运输货物出险后,在理赔时应准备哪些文件?
10. 中国人民保险公司承保的船舶保险的主要险别有哪些?
11. 应如何理解全损?当一批货物由一张保单承保,又分三个提单出运时,请问全损是指一张保险单所保的货物的损失呢?还是指一个提单所载的货物的损失?
12. “保险合同约定的保险人的最高赔偿数额”是指下列哪项? A. 保险价值; B. 保险费; C. 保险费率; D. 保险金额。

【扩展阅读文献提示】

1. 郭建勋. 论重复保险下“另有约定”分摊条款之解决规则. 中国海商法研究, 2021(4).
2. 初北平. 海上保险法. 北京:法律出版社, 2020.
3. 王欣, 苑宏宇.《2015年英国保险法》第一案的弃权规则及其启示. 中国海商法研究, 2020(3).

4. 张丽，张迦皓．海盗赎金保险赔偿问题研究．中国海商法研究，2019（4）.

5. 徐仲建．论船东互保协会在民法中的法律地位．中国海商法研究，2018（2）.

6. 郑睿．海上保险合同解释方法之反思——“成路15”轮案评释．中国海商法研究，2018（1）.

7. 黄永申．世界上最早的海上保险法——巴塞罗那海上保险法．中国海商法研究，2018（1）.

8. 郭建勋．成文法下英国海上保险保险利益原则的立法演变．中国海商法研究，2017（4）.

9. 牛元．英国保险保证新立法及对中国海上保险保证制度完善建议．中国海商法研究，2017（4）.

10. 李澜，章博．船东互保协会担保函法律属性探析．中国海商法研究，2015（4）.

11. 张金蕾，潘秀华．中国海上保险法律制度修改的再审视——以《2015年英国保险法》为背景．中国海商法研究，2015（4）.

12. 周燡．我国海上保险代位求偿权范围的司法实务研究．海大法律评论2014—2015．上海：上海浦江教育出版社，2015.

13. 巴里斯·索耶，郑睿．英国保险法改革对《1906年海上保险法》的影响．中国海商法研究，2014（4）.

14. 刘奕彤，王欣．保险人订约说明义务对海上保险之适用．中国海商法研究，2014（4）.

15. 沈军．论保险人代位求偿权二审程序权利的构建．中国海商法研究，2014（4）.

16. 宋俊文，郭俊莉．船东投保船员团体人身意外伤害保险问题研究．中国海商法研究，2014（4）.

17. 吴勇奇，肖琳．论保险法中“伞状”因果关系下“原因力”规则的适用．中国海商法研究，2014（3）.

18. 张智勇，许绯．关于海上保险合同法修订的思考．中国海商法研究，2014（3）.

19. 金晓峰．海上保险代位求偿诉讼时效起算之特例研究．中国海商法研究，2014（2）.

20. 王婷婷，刘安宁．海上保险代位求偿权之民法法源研究．中国海商法研究，2014（2）.

21. 张金蕾，潘秀华．初论续保条款——以英国海上保险法为视角．中国海商法研究，

2014（1）.

22. 刘孝堂. 论国际经济制裁对海上保险的影响——以伊朗制裁为例. 中国海商法研究，2014（1）.

23. 傅廷中. 海上保险保证制度的过去、现在与未来. 中国海商法研究，2013（4）.

24. 初北平，曹兴国. 海上保险及其立法起源考. 中国海商法研究，2013（4）.

25. 张贤伟. 海上货物运输保险赔偿制度研究. 北京：法律出版社，2009.

26. 孙芳龙. LOF救助合同并入SCOPIC条款在中国的实践及问题探讨. 中国海商法年刊，2009（3）.

27. 朱作贤. 代位求偿权与被保险人剩余赔偿请求权何者优先——兼对英国《海上保险法》中相关规则的反思. 中国海商法年刊，2009（4）.

28. 李兆良. 倒签海洋运输货物保险单有关法律问题探析. 中国海商法年刊，2007.

29. 王晓怡. 保赔协会法律地位研究. 中国海商法年刊，2007.

30. 周岷. 海上保险代位追偿权制度的构建标准与若干争议问题. 中国海商法年刊，2006.

31. 朱作贤，李东. 承运人对海运货物是否具有保险利益——兼析"未公开本人的代理"之适用. 中国海商法年刊，2006.

【拓展阅读】

研究导引

★ 关于近因的争论

★ 关于海上保险中保险利益的争论

★ 一切险的赔偿范围

★ 英国保险法中的最大诚实信用原则

★ 《最高人民法院关于审理海上保险纠纷案件若干问题的规定》

扩展英文阅读资料

★ McAsphalt Marine Transport Limited v Liberty International Canada

精选案例

★ CTI公司告知义务案

★ 船运稻米受损近因案

★ 保险责任期间与仓至仓条款争议案

★ “Blairnevis”轮代位求偿范围争议案

★ 货运保险代位求偿纠纷案

常用单据

★ PICC检验报告

★ PICC赔付协议书

★ PICC权益转让书

【自测习题】

第十三章　时效与法律适用

本章教学目的与要求

了解海事诉讼时效、海事案件法律适用的规定。把握中止和中断的区别。把握有关合同、船舶碰撞、海难救助、海事赔偿责任限制的法律适用规定。

第一节　海事诉讼时效

时效有取得时效和消灭时效之分，前者指经过一定期间或一定事实状态的继续而取得某种民事权利；后者则是指权利人经过一定的期间而丧失某种民事权利。诉讼时效属于消灭时效。诉讼时效（prescription）在不同的国家有不同的称谓，大陆法系国家称时效为“时效期限”，英国法称时效为“诉讼限制”（limitation of action）或“时限”（time bar），美国法则用“怠慢和限制”（laches and limitation）来描述时效，但无论上述的称谓有何不同，其含义基本相同。诉讼时效是指权利人在法定期间内不行使其向法院提起诉讼的权利即丧失请求法院保护其民事权利的法律制度。产生诉讼时效的原因是因为权利人提出的索赔在时间上不应是无限制的，否则，一方面证据容易消失，另一方面也不利于法律关系的稳定。诉讼时效分为一般诉讼时效和特别诉讼时效两类，一般诉讼时效又称普通诉讼时效，是《民法典》规定的适用于一般民事案件的诉讼时效，该时效为3年。特别诉讼时效是指由民事基本法或特别法针对某些民事法律关系规定的时效。海事诉讼时效属于特别诉讼时效。诉讼时效期间届满，权利人即丧失请求法院依诉讼程序强制义务人履行义务的权利，但是权利人的实体权利并不丧失，义务人自愿履行义务时，权利人仍有受领的权利。

一、海商法规定的海事诉讼时效期间

我国《海商法》第十三章专门规定了各种海事请求的诉讼时效。

（一）海上货物运输的赔偿请求和追偿请求的诉讼时效

依《海商法》第257条的规定，海上货物运输赔偿请求的诉讼时效分三种情况：

1. 就海上货物运输向承运人要求赔偿的请求权。我国《海商法》规定的时效期间为1年，自承运人交付或者应当交付货物之日起计算。该时效主要是指有关提单运输的诉讼时效，对于该时效各国有不同的规定，多数国家采用了《海牙规则》或《海牙—维斯比规则》1年时效期间的规定，但起算略有不同。例如，委内瑞拉规定的时效为船舶到达后1年。巴西为航次终止之日起1年。少数国家和地区规定的时效与公约不同，例如，加拿大为自事故发生之日起6年，魁北克省为2年。智利的法律规定，如果契约中有规定，则适用公约或《海牙—维斯比规则》的时效，否则时效期间应为4年。

应该注意的是，这里的规定只涉及托运人向承运人要求赔偿的诉讼时效，对于承运人向托运人或收货人提出索要运费的时效并无明确的规定。海商法界对此有不同的看法，有观点认为，我国《海商法》规定的货方告承运人的1年时效期间属于特别时效，对于反过来承运人告货方的情况没有规定的，就应依《民法典》所规定的3年的一般时效。为此，1997年通过的《最高人民法院关于承运人就海上货物运输向托运人、收货人或提单持有人要求赔偿的请求权时效期间的批复》中规定：承运人向托运人、收货人、提单持有人要求赔偿的请求权时效期间也是1年。

2. 对第三者的追偿诉讼。由于这种诉讼实际上等于包括了两个诉讼，因此，我国《海商法》采用了《海牙—维斯比规则》的规定，即在1年的诉讼时效期间届满以后，仍有90日的时效，该90日的时效自追偿请求人解决原赔偿请求之日起或者收到受理对其本人提起诉讼的法院的起诉状副本之日起计算。尽管我国《海商法》采用了《海牙—维斯比规则》有关追偿时效的规定，但在文字上却采用了不同的描述。依《海商法》第257条的规定，在时效期间内或者在时效期间届满后，被认定为负有责任的人向第三人提起追诉请求的，时效期间为90日，自追偿请求人解决原赔偿请求之日起或者收到受理对本人提起诉讼的法院的起诉状副本之日起计算。应该如何理解“在时效期间内”呢？在某案中，货物在运输中受损，承运人在货物交付后2个月内即赔付了收货人，但在4个月后才向其认为有责任的实际承运人起诉，依《海商法》的规定该承运人对实际承运人的起诉是否已过了时效呢？对于此问题海商法界有不同的看法。一种观点认为，“在时效期间内”就表明当承运人已在2个月内赔收货人后，余下的10个月就不能再算了，承运人应在赔付后3个月内提起追偿诉讼，该案承运人在4个月后才向实际承运人提起诉讼，显然已经丧失诉讼时效了。另一种意见则认为，依上述观点，在包括两个诉讼的情况下，诉讼时效期间反而由于承运人在2个月内赔偿了收货人而变成了5个月，这不应是立法的本意，因此，追偿的时效期间应是在1年时效期间届满以后两加3个月，所以总共是1年3个月，所以该案承运人在4个月后才进行追偿诉讼并未丧失时效。第三种观点认为，承运人与实际承运人之间并不是与“第三人”的关系，所以承运人对实际承运人的诉讼仍应适用1年的诉讼时效，因此，该案承运人在4个月后再向实际承运人起诉并没有丧失诉讼时效。笔者赞成第一种观点，因为如果采用第二种观点，对于《海商法》规定的“在时效期间内”就无从解释了，时效的作用就是促使权利人尽早提起诉讼，以免发生证据丧失的情况。既然《海商法》已规定了该追偿诉讼时效是“在时效期间内”且“自追偿请求人解决原赔偿请求之日”起算，时效期间为90日，赔付人在赔偿后就应在3个月内提起诉讼，而不应有拖延。第三种观点也不可取，因为前个1年的时效期间所针对的是货方向承运人要求赔偿的请求权的时效。

3. 无正本提单交付货物的诉讼时效。依2009年《关于审理无正本提单交付货物案件适用法律若干问题的规定》第14条的规定，无论正本提单持有人是以违约之诉还是侵权之诉要求承运人承担民事责任，时效期间均为1年。承运人无正本提单交付的诉讼，应优先适用《海商法》有关诉讼时效的专门规定，关于一般侵权的诉讼时效，依《民法典》的规定是3年，但无正本提单交付的侵权责任不同于一般的侵权责任，属于运输合同框架内的侵权，因此，应首先适用《海商法》的规定。两种诉讼时效期间的起算也相同，均为自承运人应当交付货物之日起算。时效中断均适用《海商法》第267条的规定，即时效因请求人提起诉讼、提交仲裁或者被请求人同意履行义务而中断。

4. 有关航次租船合同的请求权。有关航次租船合同的请求权时效期间为2年，自知道或者应当知道权利被侵害之日起算。关于航次租船合同，国际上没有统一的公约，各国有关航次租船合同请求权的时效期间的规定也各不相同。例如，关于航次租船合同中滞期费的请求时效，加拿大采用普通法的省采用的是6年的时效期间，自请求发生之日起算，而魁北克省为5年的时效期间。法国有关滞期费的时效期间为1年，自卸货之日起算。英国将有关航次租船合同的诉讼作为简单契约的诉讼，适用6年的时效期间，自引起诉讼的原因产生之日起算，但这个6年的时效期间不是绝对的，可能会由于当事人的约定而改变。英国是崇尚“契约自由”的国

> **T**ime **Bar:** COGSA provides that a suit for damages must be brought within twelve months of the date of delivery of the goods.①

家，其法律不但允许当事人协议延长时效，而允许当事人协议缩短时效。当事人在合同中可以任意约定时效，且可以是几天的时效，为防止由于谈判地位的不平等而造成的不合理的时效的约定，英国于1977年颁布《不公平合约条款法》(Unfair Contract Terms Act 1977)，规定了对一般市民及消费者的合同中条款无效的情况，例如，在对消费者的合同中规定消费者要在出事后极短的时间内起诉，则该条款无效。但该法只针对这两种特别保护的合同，而国际租船合同及国际货物买卖合同等由专业人士订的合同，法律认为当事人的谈判地位相等，只要双方同意，订什么样的时效都可能，法律不予干涉。因此，在英国，6年的一般时效期间只是在当事人没有约定时才适用。美国则没有法定的期限，而是采用“怠慢”原则，即依权利人在向法院提出诉讼请求上的延迟是否“合理”来判断是否应受理该案。在判断是否合理时，法院会参照地方州法律中有关类似案件时效的规定，例如，州法规定契约的时效期间为6年，则有关违反航次租船合同或涉及滞期费的诉讼超过6年再提起就会被认为是“不合理”的。但法院并不受州法的约束，当有证据证明此种拖延实属正当时，法院仍然会予以受理。

(二)海上旅客运输的诉讼时效

《海商法》第258条规定，就海上旅客运输向承运人要求赔偿的请求权，时效期间为2年。在时效的起算上依不同的请求分别为：有关旅客人身伤害的请求权，自旅客离船或者应当离船之日起计算；有关旅客死亡的请求权，发生在运送期间的，自旅客应当离船之日起计算；因运送期间内的伤害而导致旅客离船后死亡的，自旅客死亡之日起计算，但是此期限自离船之日起不得超过3年；有关行李灭失或者损坏的请求权，自旅客离船或者应当离船之日起计算。

(三)船舶租用合同的诉讼时效

《海商法》第259条规定，有关船舶租用合同的请求权，时效期间为2年，自知道或者应当

---

① 46 U.S.C. app. § 1303(6) (2000).

知道权利被侵害之日起计算。船舶租用合同包括定期租船合同和光船租赁合同。

（四）海上拖航合同的诉讼时效

《海商法》第260条规定，有关海上拖航合同的请求权，时效期间为1年，自知道或者应当知道权利被侵害之日起计算。

（五）船舶碰撞的诉讼时效

依《海商法》第261条的规定，有关船舶碰撞的诉讼时效有两种情况：有关船舶碰撞的请求权，时效期间为2年，自碰撞事故发生之日起计算；在互有过失的碰撞中，对第三人的人身伤亡负连带责任的一方在支付了超过其责任比例的赔偿后，再向其他有过失的船舶进行追偿的，时效期间为1年，自当事人连带支付损害赔偿之日起计算。

我国《海商法》的上述有关船舶碰撞的请求权的时效期间与1910年《碰撞公约》有关诉讼时效的规定相同。在有关船舶碰撞的诉讼时效上，大多数国家采用了1910年《碰撞公约》的规定，但有些国家在采用公约的同时又有一些变通，例如，英国规定的船舶碰撞的诉讼时效期间为2年，但法院有延长该时效的处理权。美国在船舶碰撞的诉讼方面没有具体的法定期限，而是采用“怠慢”原则，原告提出的请求如有“不合理”的延迟，法院就会拒绝受理。在确定“不合理”的延迟时，法院会参照州法中有关侵权案件的诉讼时效期间为3年的规定，超过3年就可能被认为是“不合理”的延迟。但法院并不受州法的局限，只要法院认为超过3年仍然是合理的，法院仍会受理该案。

（六）海难救助和共同海损分摊的诉讼时效

《海商法》第262条规定，有关海难救助的请求权的时效期间为2年，自救助作业终止之日起计算。我国《海商法》有关海难救助的诉讼时效与1989年《国际救助公约》及1910年《救助公约》有关时效的规定是一致的。只是1989年《国际救助公约》规定的2年时效期间尚有两项变通：一是被索赔人可在时效期限内的任何时间，通过向索赔人提出声明，延长时效；二是如果起诉地国法律规定的时效长于该公约的规定，则即使公约规定的时效已届满，权利人仍然可以提起诉讼。在救助方面，多数国家采用了1910年《救助公约》规定的2年时效期间，连一向在时效方面使用“怠慢”原则的美国也采用了公约的规定。

《海商法》第263条规定，有关共同海损分摊的请求权，时效期间为1年，自理算结束之日起计算。“自理算结束之日起计算”的原因是只有在理算结束，理算师出具共同海损理算书后，各利益方才能确知分摊的数额，才有明确的诉讼请求。因此，规定时效期间“自理算结束之日起算”。

（七）保险合同的诉讼时效

《海商法》第264条规定，根据海上保险合同向保险人要求保险赔偿的请求权，时效期间为2年，自保险事故发生之日起计算。有关海上保险合同的诉讼时效各国很不统一，我国采用了较多国家所采用的2年时效期间。但在规定2年时效期间的国家中，在起算上又有一些差异，例如：法国有关船舶保险的诉讼时效是自事故之日起算，有关货物保险的诉讼时效期间是自船舶实际或预计到达之日起算；日本是从保险索赔发生之日起2年；苏联是自索赔人知道或应当知道索赔之日起2年。采用3年诉讼时效期间的国家有印度、挪威、瑞典、西班牙等国。智利采用4年的诉讼时效期间。荷兰、波兰、委内瑞拉、南斯拉夫等采用5年的诉讼时效期间。英国、爱尔兰采用6年的诉讼时效期间。

这里还存在保险人在赔付被保险人后，向有责任的人追偿时，时效期间是否已过的问题。例如，海上货物运输向承运人要求赔偿的时效期间为1年。而海上保险合同的时效期间为2年。在发生保险事故后，如被保险人在1年后但未满2年的期间内向保险人提起诉讼，保险人在赔付被保险人后，向有责任的承运人提起追偿诉讼的，会出现超过1年时效期间的情况。这就使保险人无法在时效期间内向承运人追偿。为此，2006年《最高人民法院关于审理海上保险纠纷案件若干问题的规定》第15条规定，保险人取得代位请求赔偿权利后，以被保险人向第三人提起诉讼、提交仲裁、申请扣押船舶或者第三人同意履行义务为由主张诉讼时效中断的，人民法院应予支持。

（八）油污损害的诉讼时效

依《海商法》第265条的规定，有关船舶发生油污损害的请求权，时效期间为3年，自损害发生之日起计算；但是在任何情况下，时效期间不得超过从造成损害的事故发生之日起6年。我国是1969年《国际油污损害民事责任公约》的缔约国之一，该公约规定的有关油污损害的诉讼时效期间为3年，我国《海商法》实际上是将该公约的规定纳入了国内法。上述有关油污损害的诉讼时效期间是通过两个时限加以限制的，第一个是3年，第二个是6年，后者的起算早于前者，并且后者对前者起限制作用。例如，如果油污损害是在事故发生后5年发生的，则3

年的诉讼时效期间被限制为1年；如果油污损害是在事故发生后2年发生的，则有3年的诉讼时效期间；如果油污损害是在事故发生后6年发生的，则已超过了最长6年的时效期间，权利人无权再向法院请求保护。“在任何情况下”表明，6年的时效期间不受时效中止或中断的限制。有关油污损害的诉讼时效，多数国家采用了1969年《国际油污损害民事责任公约》规定的3年时效期间。

海事案件诉讼时效期间如表13-1所示。

表13-1　海事诉讼时效一览

项目	时效期间	起算
海上货物运输合同	1年	1. 赔偿请求：自承运人交付或应当交付货物之日起 2. 向第三人追偿：加90天，自解决原赔偿之日起或收到法院起诉状副本之日起
航次租船	2年	自知道或应当知道权利被侵害之日起
旅客运输	2年	1. 伤害的请求自旅客离船或应当离船之日起 2. 死亡的请求：发生在运送期间的自离船之日起因运送期间伤害而死亡的，自旅客死亡之日起，但此期限自离船之日起不得超过3年 3. 行李灭失或损坏：自离船或应当离船之日起
船舶租用	2年	自知道或应当知道权利被侵害之日起
拖航	1年	自知道或应当知道权利被侵害之日起
船舶碰撞	2年	1. 船舶碰撞的损害赔偿：自碰撞事故发生之日起 2. 连带赔偿责任的追偿请求权：时效为1年，自当事人连带支付损害赔偿之日起
海难救助	2年	自救助作业终止之日起
共同海损分摊	1年	自理算结束之日起
保险赔偿	2年	自保险事故发生之日起
船舶油污	3年	自损害发生之日起，但任何情况下不得超过从造成损害的事故发生之日起6年

二、海事诉讼时效的中止

《海商法》第266条对海事诉讼时效的中止进行了规定，依该条的规定，在时效期间的最后6个月内，由于不可抗力或者其他障碍不能行使请求权的，时效中止。该条规定与《民法典》第194条有关中止的规定是相同的。“不可抗力”诸如发生战争、地震等事件，其他障碍诸如被侵害的限制民事行为能力人的法定代理人丧失代理权或法定代理人本人丧失行为能力等情况。时效中止的法律后果是暂时停止时效期间的计算，待中止的原因消失后，时效期间自消失之日起再继续计算。

三、海事诉讼时效的中断

海事诉讼时效的中断是指时效在进行中由于法定事由而阻碍了时效的继续进行，使以前的时效归于无效，诉讼时效期间自中断时起重新计算。依《海商法》第267条的规定，引起中断的“法定事由”有：

1. 请求人提起诉讼。这里的提起诉讼不仅包括原告的起诉，也包括以其他诉讼方式提出权利请求的形式，例如，申请执行、申请破产债权、反诉等，但请求人撤回起诉或起诉被裁定驳回的，时效不中断。

2. 请求人提交仲裁。但请求人撤回仲裁的，时效不中断。

3. 被请求人同意履行义务。被请求人的这种表示可以是口头的，也可以是书面的，还可以用行为来表示，例如，被请求人作出部分履行、提供担保等行为也是一种履约的表示。但如果权利人提出要求却遭到了被请求人的拒绝，则不能中断时效。

4. 请求人申请扣船。申请扣船是海事诉讼中特有的强制措施，请求人申请扣船的，时效自申请扣船之日起中断。应当注意，中断是自“申请扣船”之日，而不是自“实施扣船”之日。

中断与中止的不同在于：首先，两者发生的时间不同，中止只允许发生在时效期间的最后6个月；而中断可以发生于时效的任何期间。其次，两者的计算方法不同，发生中止原因之前的时效是有效的，中止原因消失后，时效期间继续计算；而中断则使以前的时效归于无效，时效期间自中断时起重新计算。最后，中止只有一次，因此是“永久性”的；而中断可以有多次，是“暂时性”的。例如，在中断后新的诉讼时效内，如被请求人未在其承诺的履行期内履行，权利人可以再次提出请求，被请求人可以再次同意履行其义务，于是时效再次中断。

第二节　法律适用问题

海事案件中的法律冲突主要是通过两个途径来解决的：一个是间接调整的方法，即冲突规范的方法；另一个是直接调整的方法，即统一实体规范的方法。虽然海商法是一门国内法，但该门学科具有较强的国际性，海商法中的主要客体——“船舶”的流动性使处理海事案件法律适用上的地域性正在逐步消弱。有关海运的国际立法之多是其他领域无法比拟的。因此，在处理海事案件时，往往会涉及大量的国际公约的适用。对于不同类型的海商与海事关系的法律适用，我国《海商法》依不同的关系范围进行了规定。为解决涉外合同在司法实践中存在的问题，2007年最高人民法院出台了《关于审理涉外民事或商事合同纠纷案件法律适用若干问题的规定》(以下简称《合同适用规定》)。虽然该规定现已失效，但相关规定已形成司法审判中合同法律适用的参照实践。

一、合同的法律适用

对于合同关系，《海商法》采用了意思自治原则和最密切联系原则。依《海商法》第269条的规定，合同当事人可以选择合同适用的法律，法律另有规定的除外。实践中，当事人的选择必须是明示的，具体的做法是在租船运输合同、海上保险合同、海上旅客运输合同、定期租船合同、海难救助合同等合同中列入法律适用条款。关于当事人选择适用的法律是否须与合同有一定的关系，《海商法》没有明确的规定。学者持两种观点：一种认为，当事人选择的法律应当与合同有一定的联系，如合同订立地的法律、合同履行地的法律、当事人营业所所在地的法律等。另一种观点则认为，只要当事人的选择是善意的，且是经过双方协商同意的，不管该选择与合同是否有一定的联系，均应认为是有效的。笔者赞成后者的观点，特别是在有关海商的合同中，如过分强调所选择的法律与合同之间的联系，就可能导致许多法律选择条款的无效。例如，在海商海事活动中，由于英国的特殊地位，其相对完善和发达的海商和海事立法往往被当事人选择为适用于合同的法律，而当事人的海商活动可能与英国没有任何联系。笔者认为，只要当事人的选择不是故意地规避对其不利的法律的适用，而是一种善意的选择，其选择就应认为是有效的。

最密切联系原则适用于当事人在合同中未选择适用法律的情况。依《海商法》第269条的规定，合同当事人没有选择的，适用与合同有最密切联系的国家的法律。最密切联系的国家的法律是由审理案件的法院来确定的，实践中，在“最密切联系的国家的法律”的确定上采用了“特征履行说”，规定法院依最密切联系原则确定合同争议应适用的法律时，应根据合同的特殊性质，以及某一方当事人履行的义务最能体现合同的本质特性等因素，确定与合同有最密切联系的国家或者地区的法律作为合同的准据法。该条列明的几个与海上运输相关的条文是：保险合同，适用保险人住所地法；仓储、保管合同，适用仓储、保管人住所地法；委托合同，适用受托人住所地法。该条又规定，如果上述合同明显与另一国家或者地区有更密切联系的，适用该另一国家或者地区的法律。在海事案件中，法院在确定最密切联系的法律时，考虑的因素主要有合同的订立地、合同的履行地、当事人的国籍、当事人的营业所所在地、船舶的船旗、起运港和目的港、避难港等因素，法院会在对上述各因素进行平衡以后，再确定什么是与该合同有最密切联系的法律，并予以适用。

二、船舶物权的法律适用

船舶所有权的取得、转让和消灭均属于船舶物权的范畴。依国际私法有关“物权适用物之所在地法”的基本原则，船舶的物权也应适用船舶的所在地法。但如果以船舶的实际所在地作为船舶物权的准据法，则有关船舶物权的适用法就会随着船舶航行所经地点的不同而不断地变化，特别是当船舶行至公海时，无相应的所在地法可言。因此，在船舶物权的法律适用上采用“物权适用物之所在地法”的基本原则是不切实际的。在船舶物权的法律适用方面，各国立法中占主流的做法是采用船舶登记地法。因为船舶所有权的取得、转让与丧失实际上是受船舶登记地法律支配的，船舶与其登记地的联系是一种必然的、紧密的联系，而与船舶的所在地则是一种偶然的、松散的联系。我国《海商法》第270条规定的“船舶所有权的取得、转让和消灭，适用船旗国法律”的规定与适用登记地法的做法是一致的。因为船旗的取得是以登记为条件的，只有在某国进行了登记，才能取得该国的船籍，悬挂该国的船旗。

船舶抵押权是一种担保物权，是为了债权担保而存在的从属物权。关于船舶抵押权的法律适用，各国有不同的做法。第一种观点认为，应适用船舶所在地法，理由是船舶是动产，一切动产的物权均应适用其标的物所在地的法律。但所在地法在船舶抵押权的法律适用中仍会出现上述所在地经常变动的问题。第二种观点是应适用船舶扣押地的法律，认为船舶抵押权的优先受偿取决于扣押船舶的法院地法的规定。但适用船舶扣押地法的缺点是抵押权可能由于外国法院的偶然扣押而丧失，使得船舶抵押权因有待于扣押地的确定而处于一种不稳定的状态。第三种观点是适用船旗国法，船旗国法也就是船舶的登记地法。船舶抵押权的成立一般需办理登记，未经登记的，不得对抗第三人。船舶抵押权的登记地与船旗国相一致就增强了被担保的债权的确定性，有利于保护抵押权人的正当权利。我国也采用了船舶抵押权适用船旗国法律的做法。对于船舶在光船租赁以前或者光船租赁期间设立船舶抵押权的，《海商法》第271条规定适用原船舶登记国的法律。这是因为在光船租赁期间，有的国家的法律允许光船承租人变更船旗，中止原登记国的国籍证书，而向新的登记国申请临时国籍，并悬挂新登记国的国旗航行。依《海商法》的规定，这种在光租中船旗的转换并不影响船舶抵押权原船舶登记国法律的适用。

在船舶优先权的法律适用方面，我国《海商法》对船舶优先权的法律适用采用的是统一适用的方式，依《海商法》第272条规定，船舶优先权适用受理案件的法院所在地法律。

三、船舶碰撞的法律适用

船舶碰撞的法律适用问题主要产生于下列几个方面：一是发生船舶碰撞的双方具有不同的船舶国籍；二是船舶碰撞的双方虽具有同一国的国籍,但碰撞发生在他国的水域；三是尽管双方船舶的国籍相同,而且是在内国水域发生的碰撞,但船上所载的货物属于外国人所有,或造成了船舶所载的外籍乘客的伤亡。关于船舶碰撞的法律适用，一些国家是区分碰撞发生的地点不同而采用不同的法律适用原则。其一，对于发生在内水的碰撞，通常是适用侵权行为地法。认为不论碰撞关系船的国籍如何，由于碰撞这种不法行为所发生的债权债务与碰撞关系船的本国法无关，依“场所支配行为原则”应当适用该侵权发生地的法律来解决，即适用船舶碰撞地的法律。也有学者主张，对于发生在内水的两艘相同国籍船舶之间的碰撞，在没有当然只适用内国法的直接利益关系的理由下，应适用其共同的本国法。我国《海商法》的规定实际上就采用了此种主张。其二，对于在公海上的船舶碰撞，由于公海不属于任何国家，也就不存在相应的某一国家的法律，因此就不能依据侵权行为地法。对此有的主张依船舶的本国法，但这种做法只有在碰撞双方的国籍相同的情况下才行得通，如双方的国籍不同，由于各国之间都是平等的，很难确定应适用一国的法律，而排斥另一国的法律。有的主张应适用法院地法律,认为依法院地法既简便又能获得公平的结果。还有的主张应当适用行为地的法律，持此观点的认为船舶是其国籍所属国领土的延伸，因此，作为所属国领土延伸的船舶即是该侵权行为地，其所属国的法律即为侵权行为地的法律。当碰撞的两船国籍不同时，就会出现两个侵权行为地法，法院应该适用对原告最适宜的国家的法律。

我国《海商法》对于船舶碰撞损害赔偿的法律适用，原则上是适用侵权行为地法，但又规定了两种例外情况：一是船舶在公海上发生碰撞的损害赔偿，适用受理案件的法院所在地法律。二是对于同一国籍的船舶之间发生的船舶碰撞，不论碰撞发生在何地，碰撞船间的损害赔偿适用船旗国法律。

The claim for compensation arising from vessel collision is subject to the law of the place where the tortuous act is committed.

If the claim for compensation arises from a vessel collision taking place at the open sea, the law of the place where the court dealing with the dispute is situated should apply.

If a collision takes place between vessels of the same nationality, the claims for compensation between the vessels are subject to the law of flag regardless of where the collision actually occurs. ①

四、共同海损理算的法律适用

关于共同海损理算的法律适用，当事人在运输合同或提单中通常是有约定的，当事人选择最多的是《约克—安特卫普规则》。各国法律一般也允许当事人的意思自治。在当事人没有对法律适用进行约定的情况下，应如何确定共同海损理算的准据法，各国有不同的主张。一种观点认为应适用航次终止地法，航次终止地也就是发生共同海损船舶的到达地，由于共同海损法律上的性质是不当得利，所以，牺牲措施的结果应受获救船舶及货物的航次终止地法律的支配。另一种观点认为，适用航次终止地的法律并不科学，因为一条船上可能有几百票货物，每票货物的到达地可能不同，这样同一个共同海损理算案不大可能适用多个法律来解决。因此，必须发现一个更为合理的准据法。认为船旗国法是有关船舶一切法律关系的中心，是多数利害关系人均可以预先知道的法律，适用船旗国法既能满足共同海损分摊不可分的原则，又能确保共同海损法律适用的稳定性。

我国《海商法》在共同海损理算的法律适用上，采取与上述观点均不同的规定。《海商法》第274条规定："共同海损理算，适用理算地法律。"理算地有可能是航次终止地，也有可能是别的地点。当航次已完成且到达目的港时，在船货没有分离的情况下，共同海损的理算地就是航次终止地；当航次中断且到达目的港前船货发生分离时，共同海损的理算地为航次中断地。

① Article 273 of the PRC Maritime Law.

五、海事赔偿责任限制的法律适用

各国有关海事赔偿责任限制的法律适用的规定不尽相同，学者也有不同的主张，概括起来主要有侵权行为地法、船旗国法和法院地法。适用侵权行为地法的主张认为，侵权行为地法不仅应适用于责任的确定，责任的大小也应适用侵权行为地法。在海上侵权行为发生后，对侵权行为之债的判定是基于所在国法律的权威性，而并非债务人的意图。法律在这种情况下要求行为人承担其行为后果的责任，而对这种责任能否限制或在多大程度上进行限制显然应由侵权行为地法调整。实际上在以侵权行为地法为海事赔偿责任限制的准据法的国家中，一般都以法院地法为补充，即当侵权行为发生在领海及内水时，适用侵权行为地法，而侵权行为发生在公海时则适用法院地法。适用船旗国法的主张认为，适用侵权行为地法，会由于侵权行为地的不同而适用不同国家的法律，这样会给当事人带来不稳定的法律关系。而以船旗国法作为准据法，无论案件在哪一国法院审理，判决的结果都是一致的，从而使当事人之间的法律关系得以稳定。以法院地法作为海事赔偿责任限制的准据法是英美法国家的传统做法。其理论依据是：其一，英美法将责任限制问题视为对损害的确定或补偿问题，并将其划入程序的范围，从而适用法院地法。其二，基于公正的原则，英美法院在处理责任限制的案件中很少采用“公共政策保留”从而拒绝外国法的适用，然后再适用法院地的法律，而是以所谓的公正原则为理由直接适用法院地法。

依我国《海商法》第275条的规定，海事赔偿责任限制应适用受理案件的法院所在地法律，即我国采取的是法院地法的原则。尽管对于责任限制问题是属于实体问题还是属于程序问题依然存在争议，但无可否认的是，责任限制权利的行使与有关的程序问题密切相关，同时也体现法院地国的海运政策。因此，采用法院地法作为我国海事赔偿责任限制的准据法是比较切合实际的。法院地如果是中国，就会涉及应适用中国的什么法的问题，对此2010年《最高人民法院关于审理海事赔偿责任限制相关纠纷案件的若干规定》就法律适用的层次进行了规定。依该规定第1条，审理海事赔偿责任限制相关纠纷案件，适用《海诉法》《海商法》的规定；《海诉法》《海商法》没有规定的，适用其他相关法律、行政法规的规定。

【重要术语提示与中英文对照】

编号	中文术语	英文对照
1	海事诉讼时效	time limitation on maritime claims
2	时限	time bar
3	合同的准据法	proper law of the contract
4	意思自治	the doctrine of autonomy
5	法律适用条款	the choice of law clause
6	准据法	governing law
7	明示选择	express choice
8	最密切联系	the closest and most real commection
9	海事侵权	maritime torts
10	船旗国法	the laws of the flag of the vessel
11	侵权行为地	the place where the tort was committed
12	法院地法	the law of the forum

【思考与辨析】

1. 涉及共同海损的诉讼，是否必须先理算后诉讼？
2. 一艘悬挂巴拿马国旗并由一希腊海运公司经营的海船，运送一批属澳大利亚一家公司的货物从澳大利亚到中国，在韩国附近海域发生意外。为了安全完成本航程，该海船驶入韩国某港口避难，发生共同海损，后在中国某港口进行理算。该共同海损理算应适用什么法律？A. 船旗国法律；B. 共同海损发生地法律；C. 希腊的法律；D. 理算地法律。
3. 中国甲公司与德国乙公司签订了进口一批仪器的国际货物买卖合同，合同约定有关合同的一切争议适用德国法，此批货物由新加坡籍货轮“比西”号承运，并投保了一切险。“比西”号在印度洋公海航行时与巴拿马籍货轮“丽莎”号相撞。“比西”号船长为了避免该轮沉没采取了自愿搁浅的措施，“比西”号在救助人的帮助下进入了避难港，经修理继续航行到达中国目的港。但在途中曾突遇特大暴风雨，使部分仪器湿损。如果该船舶碰撞案在中国法院审理，有关买卖合同、船舶碰撞、共同海损理算应分别适用何国法律？

【扩展阅读文献提示】

1. 王天红.《海诉法》中海事仲裁司法审查条款的修改研究. 中国海商法研究，2021（1）.

2. 程鑫，初北平. 国际海事司法下的民事管辖权问题研究——以《海诉法》修改为视角. 中国海商法研究，2021（1）.

3. 王娜. 海运强国战略背景下船舶“活扣押”制度存废探究——以《海诉法》的修改为视角. 中国海商法研究，2021（1）.

4. 高嘉轩，孙思琪. 邮轮治安事件的管辖冲突与因应对策. 中国海商法研究，2020（3）.

5. 刘燕. 司法视角内完善中国海事强制令制度的建议. 中国海商法研究，2020（3）.

6. 杨巍，杨滢. 海上保险合同的保险金请求权诉讼时效起算研究. 中国海商法研究，2020（3）.

7. 张勇，匡浩. 论海事法院受理实现担保物权案件范围之扩张——兼议《海事诉讼特别程序法》修订. 中国海商法研究，2020（4）.

8. 许俊强，陈永灿. 论保险人可二审代位进入诉讼程序——兼议《海事诉讼特别程序法》修订. 中国海商法研究，2019（4）.

9. 徐春龙，孙阳. 论海事电子证据的认证——以技治主义证据观的可行性为视角. 中国海商法研究，2019（3）.

10. 匡浩，孙婕. 海事案件电子数据证据真实性认证研究——基于部分裁判文书的数据分析. 中国海商法研究，2019（3）.

11. 闻志强，李啸飞. 海事海商案件涉拒不执行判决、裁定罪的诉讼管辖问题研究. 中国海商法研究，2019（1）.

12. 刘瑶. 中国跨境破产国际合作的法律问题研究——以韩进破产案为例. 中国海商法研究，2018（3）.

13. 吴胜顺.《中华人民共和国海事诉讼特别程序法》债权登记与受偿程序缺陷及制度重构. 中国海商法研究，2018（2）.

14. 何丽新，梁嘉诚.《海商法》实施25年司法适用研究报告. 中国海商法研究，2018（2）.

15. 曹兴国. 海事刑事案件管辖改革与涉海刑事立法完善——基于海事法院刑事司法

第一案展开. 中国海商法研究，2017（4）.

16. 朱小菁. 第三人撤销之诉制度研究. 中国海商法研究，2017（4）.
17. 张蕾，沈延军. 劳动争议解决机制与海事法院专门管辖的冲突之法律应对. 中国海商法研究，2017（4）.
18. 牛元，林爱民. 提单管辖冲突研究——以一起中英提单管辖冲突案件为例. 中国海商法研究，2017（1）.
19. 汪洋，潘涔. 上海海事法院关于委托仲裁调解机制的探索与实践. 中国海商法研究，2016（2）.
20. 沈延军，张蕾. 海上人身损害赔偿计算标准适用“受诉法院所在地”案例分析. 中国海商法研究，2015（1）.
21. 黄素芳. 集装箱超期使用费诉讼时效起算点探析——一个案例引发的思考. 中国海商法研究，2015（1）.
22. 储宁玉. 中国海事仲裁司法审查制度的检讨与完善——以“适度审查原则”为指导. 中国海商法研究，2015（1）.

【拓展阅读】

研究导引

★ 关于提单运输合同的准据法的争论

★ 关于船舶优先权准据法的争论

★ 关于货物运输的诉讼时效是否可以延长的争论

扩展英文阅读资料

★ McAsphalt Marine Transport Limited v. Liberty International Canada

精选案例

★ 提单中管辖权条款是否当然有效

★ 香港长发（国际）运输公司在仲裁中申请保全及仲裁后申请执行仲裁裁决案

【自测习题】

郑重声明

读者意见反馈

为收集对教材的意见建议，进一步完善教材编写并做好服务工作，读者可将对本教材的意见建议通过如下渠道反馈至我社。

咨询电话 400-810-0598

反馈邮箱 gjdzfwb@pub.hep.cn

通信地址 北京市朝阳区惠新东街4号富盛大厦1座
高等教育出版社总编辑办公室

邮政编码 100029